AF758633

Eksploitasi Lebih Besar – 1

– Edisi 2026 – 2

Menampilkan - John G. Lake – Kathryn Kuhlman – Lester Sumrall –Frank dan Ida Mae Hammond – Derek Prince – Novel Hayes – Joseph Ayo Babalola - Robert Schambach

Anda Dilahirkan untuk Ini – Penyembuhan, Pembebasan dan Pemulihan – Ketahui caranya daripada Orang-orang Hebat

Eksploitasi Lebih Besar Siri 1

Oleh Duta Besar Isnin O. Ogbe; Zacharias Godseagle

Table of Contents

Eksploitasi Lebih Besar – 1

- Mengenai buku itu

Eksploitasi Lebih Besar – 1 (Edisi 2026)
Anda Dilahirkan untuk Ini — Penyembuhan, Pembebasan, dan Pemulihan
Kini diterjemahkan ke dalam 50 bahasa.

Bagaimana jika mukjizat-mukjizat dalam Bible bukanlah sejarah… tetapi warisan anda?
Dalam *Greater Exploits – 1* , anda dijemput ke dalam perjalanan penyembuhan, pembebasan, dan pemulihan yang hebat dan didorong oleh iman — yang berasaskan Kitab Suci dan diterangi oleh kehidupan beberapa menteri penyembuhan yang paling berkesan dalam 100 tahun yang lalu.
Menampilkan kehidupan dan testimoni daripada:
John G. Lake
Kathryn Kuhlman
Lester Sumrall
Frank & Ida Mae Hammond
Derek Prince
Norvel Hayes
Joseph Ayo Babalola
Robert Schambach
Buku ini bukan sekadar bercerita. Ia juga melengkapi anda.
Adakah Anda Bersedia untuk Kebebasan?

- Adakah anda penat dengan rasa tidak berdaya, putus asa, atau kitaran kekalahan?

- Adakah anda sedang bergelut dengan penindasan fizikal, emosi atau rohani?
- Adakah doa-doa seolah-olah tidak dimakbulkan?
- Adakah anda dahaga untuk melayani penyembuhan dan pemulihan kepada orang lain?

Buku ini ditulis untuk anda.

Apa yang Akan Anda Temui di Dalam:

✓ Lebih 80 testimoni penyembuhan dan pembebasan yang hebat

✓ Garis panduan praktikal untuk melayani penyembuhan dan pemulihan

✓ Asas kitab suci yang berakar umbi dalam Markus 16:15–20 dan Yohanes 14:12

✓ Jawapan kepada soalan lazim tentang penyembuhan dan pembebasan

✓ Tujuh keadaan rohani kritikal yang mengaktifkan penembusan

✓ Perjalanan iman kehidupan sebenar yang menunjukkan komitmen yang teguh

Pembaca menggambarkan buku ini sebagai:

"Asas yang kuat dan didorong oleh iman untuk pembaca yang ingin memperdalam perjalanan rohani mereka."

"Memberi inspirasi melangkaui agama — satu pengajaran universal tentang sifat tidak mementingkan diri sendiri dan komitmen."

"Dipenuhi dengan bukti-bukti iman dan penyembuhan yang sebenar... berkuasa dan memperkaya."

Ini Bukan Teori. Ia Adalah Pengaktifan.

Penyembuhan. Pembebasan. Pemulihan.

Bukan teologi abstrak — tetapi iman yang boleh diamalkan.

Anda akan menerima:

- Solat
- Kitab Suci
- Wawasan kerohanian strategik

- Langkah praktikal yang boleh anda gunakan serta-merta

Ini adalah manual pengaktifan pelayanan yang dibina berdasarkan sejarah kebangkitan dan kesaksian hidup.

Anda Dilahirkan untuk Ini

Yesus menyatakan dalam Yohanes 14:12 bahawa mereka yang percaya akan melakukan perbuatan yang sama — dan perbuatan yang lebih besar lagi.

Persoalannya bukanlah sama ada eksploitasi yang lebih besar mungkin dilakukan.

Persoalannya ialah sama ada anda akan berkata ya.

Jika anda dahagakan iman yang lebih mendalam…

Jika anda inginkan kebebasan…

Jika anda ingin membantu orang lain berjalan dalam pemulihan…

Kemudian melangkah ke hadapan.

Eksploitasi Lebih Besar bermula sekarang.

Ulasan Amazon

https://www.amazon.com/product-reviews/B0C7KY958F/

Dari Amerika Syarikat

***5.0 daripada 5 bintang* Asas yang ampuh dan didorong oleh iman untuk pembaca yang ingin memperdalam perjalanan rohani mereka**
Disemak di Amerika Syarikat pada 22 Oktober 2024
Format: **Pembelian Disahkan Kindle**
Tema-tema penyembuhan, pembebasan, dan pemulihan diterokai dengan mendalam dan penuh semangat. Buku ini merangkumi asas-asas rohani yang diperlukan untuk pembebasan daripada kuasa negatif, mencari penyembuhan dalaman, dan memulihkan kedamaian dan kegembiraan dalam hidup. Ini bukan sekadar konsep abstrak; penulis melengkapi pembaca dengan doa, kitab suci, dan langkah-langkah yang boleh diambil tindakan untuk melaksanakan pengajaran ini dalam kehidupan mereka sendiri.
Membantu

Ponn Virulrak

***4.0 daripada 5 bintang* Pengajaran Universal tentang Ketidakpentingan dan Komitmen**
Disemak di Amerika Syarikat pada 6 Oktober 2024
Format: **Pembelian Disahkan Kindle**
Sebagai seseorang yang bukan Kristian, saya pada mulanya memilih Greater Exploits - 1 semata-mata kerana kulit dan tajuknya yang menarik. Saya ingin tahu apa maksud "greater exploits". Semasa saya mula membaca, saya mendapati cerita-cerita itu sangat menarik, bukan sahaja dari perspektif agama, tetapi dari perspektif manusia yang

mendalam.

Konsep tidak mementingkan diri sendiri yang menjadi teras buku ini adalah sesuatu yang melangkaui agama. Terlepas dari kepercayaan, idea untuk mengutamakan orang lain daripada diri sendiri dan menjaga kesejahteraan orang lain adalah nilai universal. Individu-individu yang dipaparkan dalam buku ini—orang yang beriman mendalam—mendedikasikan hidup mereka untuk membantu orang lain. Apa yang paling menarik perhatian saya ialah betapa teguhnya komitmen mereka. Dari awal perjalanan mereka hingga akhir hidup mereka, mereka tidak pernah teragak-agak, tidak pernah hilang fokus. Ketabahan seperti itulah yang mengubah orang biasa menjadi legenda.

Saya terfikir bagaimana ini berlaku di luar bidang agama. Dedikasi yang sama untuk melayani orang lain dapat dilihat pada dermawan, jururawat, guru, dan ramai individu yang bekerja secara senyap untuk menjadikan dunia lebih baik. Sama ada orang-orang ini memberi impak kepada berjuta-juta orang atau menyentuh kehidupan satu persatu, prinsipnya adalah sama—membantu orang lain adalah apa yang benar-benar meninggalkan legasi yang berkekalan.

Banyak kisah dalam buku ini sangat memberi inspirasi, dan saya mendapat perspektif baharu tentang agama Kristian, yang tidak pernah saya ketahui sebelum ini. Saya memuji penulis kerana menulis ini dan kerana memberi pembaca seperti saya, yang mungkin tidak biasa dengan agama ini, gambaran sekilas tentang belas kasihan dan komitmen mendalam individu-individu ini.

Saya akan memberikan buku ini empat bintang kerana kandungannya yang merangsang pemikiran dan memberi inspirasi.
Seorang mendapati ini membantu

Rahmat melebihi

***5.0 daripada 5 bintang* Saya suka kisah-kisah Penyembuhan!**
Disemak di Amerika Syarikat pada 24 Oktober 2024
Format: **Pembelian Disahkan Kindle**
Eksploitasi Lebih Besar—1: Anda Dilahirkan untuk Ini—Penyembuhan, Pembebasan, dan Pemulihan memang hebat! Saya suka cara penulis memulakan kisah penyembuhannya sendiri dan membawa kepada kisah-kisah lain dengan kesaksian iman dan penyembuhan. Terdapat beberapa bukti iman yang sebenar di sini. Ia sangat menarik dan hebat. Saya mengesyorkan Eksploitasi Lebih Besar—1: Anda Dilahirkan untuk Ini—Penyembuhan, Pembebasan, dan Pemulihan untuk memperkayakan iman anda.
Seorang mendapati ini membantu

Eksploitasi Lebih Besar - 1

- Mengenai Pengarang

Duta Kristus, Isnin Ogwuojo Ogbe ialah duta pasaran Kristus yang mempunyai hati untuk perpaduan dalam tubuh Kristus. Pertemuan bersemuka beliau dengan Tuhan Yesus Kristus pada hari Sabtu, 22 April 2006 jam 5 pagi telah mengubah hala tuju hidup-Nya selama-lamanya.

Duta Monday O. Ogbe ialah seorang menteri Tuhan yang ditahbiskan dengan Open Ministries, San Diego, sebuah kementerian bukan denominasi yang melancarkan orang-orang kudus kepada kerja kementerian tanpa sempadan. Monday telah mendaftar sebagai pelajar sepanjang hayat Christian Leadership Institute (CLI) https://www.christianleadersinstitute.org/ dan ahli Christian Leadership Alliance (CLA) Spring Lake, Michigan, Amerika Syarikat

Sebagai pakar ICT, beliau menggunakan kemahirannya untuk menjangkau para pencari dalam talian dan melengkapkan orang percaya kepada kerja pelayanan melalui laman pelayanannya otakada.org – Seorang Menteri di Otakada Cyber Church Ministries, sebuah gereja tanpa tembok, sempadan dan denominasi di mana lebih 2 juta kandungan berfokuskan Kristian yang kini dihoskan dan diedarkan kepada khalayak di seluruh dunia yang terdiri daripada pencari dan Kristian.

Kandungan Otakada.org mencecah lebih setengah juta khalayak dalam talian setiap bulan dan semakin meningkat!

Isnin menjadi tuan rumah kepada siri "Cukuplah Cukup untuk Tawanan dan selamat datang kepada kebebasan dalam Kristus dalam penyembuhan, pembebasan, dan pemulihan yang melengkapi di mana Dia mengajar dan melengkapi orang-orang kudus untuk melayani penyembuhan, pembebasan, dan pemulihan diri dan orang lain di dalam dan di luar lingkungan mereka – Penyembuhan adalah roti anak-anak dan tanda kepada orang yang tidak percaya untuk mengesahkan sokongan Tuhan terhadap harapan panggilan kita. Kita telah melihat penyembuhan, pembebasan dan pemulihan yang luar biasa berlaku untuk kemuliaan Tuhan!

Beliau telah menulis beberapa buah buku iaitu: Sekolah Praktikal Roh Kudus dalam 8 Subtajuk; Berita Terkini Nubuat 2020 Bahagian 1 daripada 4; 2 daripada 4; 3 daripada 4; Seks di Bait Suci Tuhan – 15 Cara Mudah untuk Memahami, Mengenal Pasti dan Mengatasi Kemaksiatan Seksual dan Perangkap Emosi dalam Hidup Anda; Tanpa Sempadan – Membayangkan dan mengalami satu komuniti gereja orang percaya tanpa tembok, sempadan, dan denominasi; Melarikan diri ke dunia pemahaman – penawar kepada kebencian terhadap orang Islam, Kristian dan orang di mana-mana sahaja; Tidak Tahu: – Pergi Jadikan Murid, buku praktikal cara menjadikan murid; Menangi Pertempuran Hidup Setiap Hari – deklarasi kitab suci harian yang ditujukan untuk memenangi kehidupan setiap hari; Melibatkan Tuhan Ghaib – Tuhan ingin berfirman jika kita dahaga untuk mendengar dan bertindak balas; Nyalakan kuasa api mentah dalam diri anda – Di mana Roh Kudus tersedia untuk melakukan eksploitasi melalui kita dan doa kebangkitan bebas sebanyak 12 siri dari Januari hingga Disember – Berdoa untuk kebangkitan dalam kehidupan kita dalam komuniti gereja di sekeliling kita dan pelbagai judul lain yang diterjemahkan ke dalam beberapa bahasa.

Beliau menerbitkan blog mingguan yang menjangkau khalayak di media sosial, siaran satelit dan di laman web penerbitannya otakada.org.

Pautan blog:
https://www.otakada.org/category/blog/

Pengarang Amazon Isnin O. Ogbe Halaman dengan Siri Eksploitasi Lebih Besar
https://www.amazon.com/~/e/B07MSBPFNX

Halaman Amazon Zacharias Godseagle

https://www.amazon.com/stores/Zacharias-Godseagle/author/B0FCZ89D4K

Dia berkahwin dengan Comfort dan mempunyai empat orang anak iaitu ***Diana Odjo, Joseph – Ojima, David – Ojonogwa dan Isaac – Unekwu.***

Eksploitasi Lebih Besar - 1 – Bagaimana saya menjadi mahir dan terdorong ke dalam Kementerian Penyembuhan, Pembebasan dan Pemulihan

Kawan-kawan, saya tidak tahu bagaimana untuk memulakan bahagian ini. Tetapi, kesimpulannya ialah sejak saya dikandung, penyembuhan, pembebasan dan pemulihan telah pun mula berlaku – sejak dari rahim ibu saya. Bagaimana itu?

Ibu saya, seorang jururawat bidan perubatan terlatih, setelah mengetahui bahawa dia hamil untuk lelaki bukan suaminya – kerana dia telah berpisah dengan suami pertamanya selama kira-kira 4 tahun, memutuskan untuk menggugurkan kehamilan tersebut.

Dengan bantuan doktor lain, mereka telah mencuba sedaya upaya untuk mengeluarkan saya dari rahim sebelum waktu yang ditetapkan tetapi Tuhan telah menyelamatkan saya daripada mereka – Haruskah saya katakan, daripada syaitan yang ingin menggugurkan takdir ilahi ke atas hidup saya. Itulah pembebasan pertama daripada rahang Syaitan.

Pembebasan dan pemulihan kedua adalah, beberapa bulan selepas saya dilahirkan, kes mahkamah berlaku antara bapa kandung saya dan suami pertama ibu saya untuk menentukan siapa yang sebenarnya harus mengambil alih pemilikan saya. Bapa kandung saya memenangi kes itu. Itulah pembebasan dan pemulihan kedua.

Penyembuhan, pembebasan dan pemulihan ketiga adalah semasa saya tinggal bersama nenek saya pada usia kira-kira lima (5) tahun, saya ternampak bahan kimia soda, yang dibeli oleh nenek saya untuk membuat sabun - ia kelihatan seperti gula. Saya mengambil sejumlah besar soda dan menelannya. Lidah saya mula cair, darah merata-rata. Lidah saya bengkak. Saya tidak dapat bercakap selama berhari-hari! Syukur kepada Tuhan atas kuasa penyembuhan Tuhan. Saya sekali lagi sembuh, dibebaskan dan dipulihkan. Lidah saya sembuh. Saya boleh bercakap hari ini seolah-olah tiada apa yang berlaku pada lidah saya.

Pembebasan dan pemulihan keempat adalah daripada nenek saya. Dia enggan menyerahkan saya kepada ayah kandung saya. Itulah sebabnya saya tinggal bersamanya. Tetapi syukur kepada Tuhan, pada usia 6 tahun, dia melepaskan saya untuk menyertai ayah saya.

Penyembuhan, pembebasan dan pemulihan kelima berlaku di rumah ayah saya. Ayah kandung saya berpoligami – Dia mempunyai empat orang isteri. Pada suatu hari, semasa bersamanya, salah seorang isteri memanggil saya ke biliknya. Sebaik sahaja masuk, terdapat seorang lelaki tua yang berjanggut panjang. Isteri itu menunjuk ke arah saya dan berkata kepada lelaki tua itu, "inilah budak lelaki yang saya ceritakan." Saya meninggalkan mereka. Pada waktu malam, semasa bermimpi, saya melihat lelaki tua ini menunggang saya seperti kuda. Itulah permulaan pelbagai masalah saya.

Sebaik sahaja saya terjaga daripada mimpi itu, saya mula muntah dan termuntah. Saya tidak dapat menyimpan makanan di dalam perut saya. Cobaan ini berterusan selama berbulan-bulan, saya menjadi kurus - kurus seperti bulu burung.

Ibu kandung saya datang ke bandar, membawa saya bersama ayah saya, dan kami menuju ke rumah penyembuhan dan pembebasan di bandar lain. Semasa mereka berdoa untuk saya, satu wahyu datang. Roh Kudus mendedahkan bahawa salah seorang isteri ayah saya melihat masa depan dan merasakan bahawa budak lelaki ini akan menjadi hadiah yang hebat kepada anak-anaknya sendiri. Jadi, dia menyerahkan saya ke alam kejahatan, supaya mereka boleh membuat saya marah dan menggugurkan takdir ilahi. Semasa berdoa untuk pembebasan, sehelai rambut manusia, yang dibungkus dalam bentuk bola bulat kecil dan disatukan oleh dua jarum, telah tercabut dari kepala saya. Malam itu, semasa pembebasan, rambut dan jarum-jarum itu hangus.

Itulah pengakhiran penyakit itu dan di sekolah, saya menjadi genius kelas. Saya pernah berada di kedudukan kedua hingga terakhir dalam kelas saya sebelum pembebasan ini. Saya tidak dapat memahami apa-apa yang saya fikirkan di dalam kelas. Dalam satu malam, saya sembuh, saya dibebaskan dan saya dipulihkan. Haleluya? Amin

Pembebasan dan pemulihan keenam berlaku semasa saya hendak diterima masuk ke universiti. Ayah saya, seorang lelaki kaya, menghadapi masalah kewangan. Saya berjaya diterima masuk tetapi sukar untuk mendapatkan dana penyelenggaraan. Saya memohon biasiswa luar negara dan dengan cara pemulihan Tuhan, negara saya dan negara asing memutuskan untuk membiayai pendidikan saya untuk program ijazah sarjana dalam bidang kejuruteraan – Apa yang saya lakukan hari ini dalam pelayanan di mana sebahagian daripada ilmu yang diperoleh hasil daripada biasiswa yang Tuhan sendiri permudahkan. Hari ini, saya dididik oleh yang terbaik antara yang terbaik. Puji Tuhan!

Pembebasan dan pemulihan ketujuh berlaku dalam perkahwinan pertama saya dan seterusnya perkahwinan kedua saya. Bekas isteri saya bangun pada suatu hari dan berkata dia tidak lagi jatuh cinta dan mahu bercerai. Saya merayu, saya telah melakukan segala yang saya mampu untuk mengekalkannya tetapi dia pergi bersama anak perempuan saya. Hari ini, Tuhan memulihkan perkahwinan itu dengan memberikan saya isteri yang telah ditahbiskan-Nya untuk saya. Penghiburan telah menjadi penghiburan bagi saya dengan ketiga-tiga anak lelaki ini.

Penyembuhan, pembebasan dan pemulihan ketujuh berlaku kepada anak perempuan saya. Di Perancis, dia didiagnosis menghidap kemurungan dan skizofrenia. Itu adalah setahun dalam program universiti kami. Dia berakhir di hospital pakar fisioterapi beberapa kali. Pada suatu hari, kira-kira 24 jam sebelum hari lahirnya. Saya mula berseru kepada Tuhan mengisytiharkan bahawa dia tidak akan menghabiskan sehari lagi di hospital dan dia akan disembuhkan pada hari lahirnya. Keesokan harinya, para doktor terkejut dengan transformasi dan pemulihan yang luar biasa dan membenarkannya keluar pada hari lahirnya. Dia tidak pernah melihat burung hospital sejak itu.

Saya terlepas pandang pembebasan dan pemulihan semasa renjatan elektrik yang hampir meragut nyawa saya, keracunan makanan, beberapa kemalangan kereta yang saya alami tanpa sebarang calar, pelbagai kegagalan perniagaan dan pemulihan berikutnya untuk kemuliaan Tuhan Yang

Maha Esa – Terlalu banyak untuk dimasukkan dalam penulisan ini!

Sekarang, aku beribadah kepada Tuhan Yang Maha Esa dengan sepenuh hati

Aku telah Sembuh, Aku telah Dibebaskan dan Aku telah Dipulihkan - Kemuliaan!

Aku berhutang budi kepada Tuhan Yang Maha Esa atas segala kewujudanku. Sungguh menakjubkan bagaimana Tuhan mendorong kita ke dalam pelayanan yang Dia sediakan untuk kita melalui pertempuran hidup kita. Pertempuran-pertempuran itu menjadi tempat latihan yang melahirkan pelayanan. Jadi, jangan sia-siakan kesakitanmu. Jangan hina perjuangan itu. Jangan rasa malu sedikit pun kerana jika kamu dapat melihat melalui pertempuran itu, kamu akan mengalami sedikit pun apa yang Tuhan sediakan untukmu. Kristus belajar ketaatan melalui perkara-perkara yang diderita-Nya. Dia duduk di tempat kita duduk, Dia hidup untuk menjadi syafaat bagi kita. Dia menunjukkan Penyembuhan, Pembebasan dan Pemulihan kepada kita semasa Dia bersama kita dan memerintahkan kita untuk melakukan perkara yang sama (Markus 16:15-20).

Markus 16:15-20
Bible Amplified, Edisi Klasik
15 Lalu Ia berkata kepada mereka: "Pergilah ke seluruh dunia, beritakanlah dan sebarkanlah Injil kepada setiap makhluk [seluruh umat manusia].
16 Sesiapa yang percaya [yang berpegang teguh dan percaya dan bergantung pada Injil dan Dia yang dinyatakannya] dan dibaptis akan diselamatkan [[b] daripada hukuman maut kekal]; tetapi sesiapa yang tidak

percaya [yang tidak berpegang teguh dan percaya dan bergantung pada Injil dan Dia yang dinyatakannya] akan dihukum.
[17] ***Tanda-tanda ini akan menyertai orang-orang yang percaya: mereka akan mengusir roh-roh jahat demi nama-Ku; mereka akan berkata-kata dalam bahasa-bahasa baru;***
[18] ***Mereka akan memegang ular; dan walaupun mereka minum minuman yang boleh membawa maut, ia tidak akan mencederakan mereka; mereka akan meletakkan tangan mereka atas orang sakit, dan orang itu akan sembuh.***
[19] ***Kemudian, setelah Tuhan Yesus berfirman kepada mereka, Dia terangkat ke syurga dan duduk di sebelah kanan Tuhan.***
[20] ***Lalu pergilah mereka memberitakan Injil ke mana-mana, sementara Tuhan terus bekerja bersama mereka dan meneguhkan firman itu dengan tanda-tanda dan mukjizat-mukjizat yang menyertainya. Amin (jadilah demikian).***

Pertempuran anda adalah tempat latihan yang tulen untuk tujuan hidup anda. Buat inventori hidup anda hari ini. Iaitu, jika anda sedang bergelut untuk mencari tujuan ilahi Tuhan untuk hidup anda.

Untuk menggalakkan anda, sebagai tentera Tuhan yang hidup, saya membawa ke tempat kesaksian hari ini pengalaman Imam Agung kita - Yesus Kristus dalam

Ibrani 5:7-10
Bible Amplified, Edisi Klasik
[7] ***Dalam zaman-Nya sebagai manusia, [Yesus] telah mempersembahkan permohonan yang pasti dan khusus [untuk apa yang bukan sahaja Dia inginkan*** [a] ***tetapi juga diperlukan] dan permohonan dengan ratapan yang kuat***

dan air mata kepada Dia yang [sentiasa] sanggup menyelamatkan-Nya [keluar] dari maut, dan Dia didengarkan oleh kerana rasa hormat-Nya kepada Tuhan [ketakutan-Nya yang saleh, kesalehan-Nya, [b] kerana Dia mengelak daripada kengerian pemisahan daripada hadirat Bapa yang terang].
8 Walaupun Dia Anak, Dia telah belajar ketaatan melalui penderitaan-Nya.
9 Dan, [pengalaman-Nya yang lengkap] menjadikan-Nya sempurna [dilengkapi], Dia menjadi Pengarang dan Sumber keselamatan abadi bagi semua orang yang memperhatikan dan mentaati-Nya,
10 Dilantik , diiktiraf , dan diberi penghormatan oleh Tuhan sebagai Imam Besar mengikut susunan (dengan pangkat [d]) Melkisedek .

Hari ini, Otakada.org Cyber Church Ministries mengabdikan penyembuhan, pembebasan dan pemulihan melalui lebih 2 juta kandungan kepada seberapa ramai yang akan membuka diri mereka untuk keajaiban dalam Kristus Yesus. Pelayanan ini adalah pelayanan yang Roh Kudus turunkan ke dalam roh saya pada 14 Jun 2003 semasa saya tinggal di United Kingdom. Dia berfirman kepada saya, "Aku mahu kamu menggunakan internet untuk menyebarkan firman-Ku ke hujung bumi." Pada masa itu, tiada telefon pintar. Hari ini, ada dan firman itu tersebar tanpa halangan. Otakada.org dilahirkan pada Januari 2013, sepuluh tahun selepas arahan ilahi.

Jika ada sesuatu yang saya doakan untuk tubuh Kristus, ia adalah ini - Agar setiap orang secara individu akan menemui Kristus untuk diri mereka sendiri dengan cara yang luar biasa yang akan mengubah hala tuju hidup mereka selama-lamanya! Amin

Berikut adalah pertemuan dengan Kristus kismis pada tahun 2006. Semoga diberkati olehnya.
Ini daripada buku saya – ***melibatkan Tuhan ghaib!*** - Selamat menikmati

https://www.amazon.com/~/e/B07MSBPFNX

Halaman Amazon terkini - https://www.amazon.com/stores/Zacharias-Godseagle/author/B0FCZ89D4K

Kisah Benar: Pertemuan Saya dengan Roh Kudus di London Sabtu, 5 pagi, 22 April 2006

Saya dilahirkan dalam keluarga Kristian, telah menjadi seorang Kristian, sibuk pergi ke gereja, menghadiri aktiviti dan berkhidmat sebaik mungkin sehinggalah pertemuan ini yang mengubah hidup saya. Pada 16 Mac 2006, saya sedang mundar-mandir di lorong hospital di London kerana isteri saya telah pun bersalin selama tiga hari. Doktor akhirnya membuat kesimpulan bahawa jika dia tidak melahirkan bayi secara semula jadi menjelang pagi, dia perlu menjalani pembedahan caesarean. Tanpa kami sedari, ibu mertua saya telah melihat dalam satu penglihatan bahawa dia mungkin tidak akan dapat melalui proses kelahiran ini. Syukur kepada Tuhan atas ibu mertua yang saleh. Sudah tentu, saya dan isteri saya tidak tahu tentang perkara ini.

Semasa berjalan-jalan ini, saya menerima impak yang kuat di fikiran saya untuk memulakan puasa empat puluh (40) hari bermula pada keesokan harinya, iaitu 17 Mac 2006. Saya berasa cemas kerana saya tidak pernah melakukan puasa empat puluh hari sebelum ini. Beginilah cara anda membezakan fikiran dan pemikiran yang berjiwa yang tertanam dalam diri anda dari hati kita ke fikiran kita oleh Roh Kudus di dalam kita. Dia akan memberitahu anda untuk melakukan sesuatu yang berdasarkan kitab suci yang anda tidak akan tunduk secara semula jadi. Saya memulakan perbualan dengan fikiran spontan yang menyinari fikiran saya, fikiran sebagai tindak balas kepada tanggapan fikiran, saya meminta untuk mengetahui apa yang akan saya doakan selama empat puluh hari.

Arahan seterusnya ialah saya harus mengambil buku nota dan pen dan saya mula menulis di wad hospital tentang tanggapan yang saya terima. Daripada berdoa untuk isteri saya, saya mendapati perkara-perkara doa yang terlintas di fikiran saya adalah tentang pastor, gereja, perpaduan dalam tubuh dan semuanya. Ketika itulah saya bertanya kepada Tuhan, jika saya melaksanakan tugas ini, saya ingin berjumpa dengan-Nya sebelum puasa 40 hari ini berakhir. Saya percaya tiada jawapan sekarang kerana syarat untuk Dia menjelma bergantung pada kepatuhan saya kepada arahan pertama untuk berpuasa 40 hari.

Satu perkara yang perlu diperhatikan di sini sebelum saya meneruskan cerita ini ialah Tuhan tidak akan mengambil langkah seterusnya selepas titik ketaatan terakhir anda. Jika Dia mengarahkan anda untuk melakukan sesuatu, anda tidak melakukannya, Dia akan berhenti sehingga anda kembali ke titik ketidakpatuhan dan ketaatan terakhir. Baca kisah Yunus. Yunus berlari ke arah yang bertentangan dengan tugasan Tuhan. Melalui ribut, selagi Yunus berada dalam ketidakpatuhan, Tuhan tidak pernah berfirman, sehinggalah Yunus, selepas percubaannya yang sia-sia untuk membunuh diri gagal, dia berseru kepada Tuhan.

Yunus 2:1-10

1 Kemudian Yunus berdoa kepada TUHAN, Allahnya, dari dalam perut ikan itu.
2 Maka katanya: "Aku berseru kepada TUHAN oleh sebab kesesakanku, dan Ia menjawab aku. Dari dalam rahim dunia orang mati aku berseru, dan Engkau mendengar suaraku.
3Sebab Engkau telah melemparkan aku ke dalam laut yang dalam, ke tengah-tengah laut, dan banjir mengelilingi aku; segala ombak dan gelombang-Mu meliputi aku.
4 Lalu aku berkata, 'Aku telah dibuang dari hadapan-Mu, namun aku akan memandang kembali ke bait-Mu yang kudus.'
5 Air mengelilingi aku, bahkan sampai ke jiwaku; tubir-tubir menutupi aku; rumput liar melilit kepalaku.
6 Aku telah turun ke tempat berlabuh di gunung-gunung; bumi dengan palangnya telah menutup aku untuk selama-lamanya; namun Engkau telah mengangkat hidupku dari lubang kubur, ya TUHAN, Allahku.
7 "Ketika jiwaku lemah lesu di dalam diriku, aku teringat kepada TUHAN; dan doaku sampai kepada-Mu, ke dalam bait suci-Mu yang kudus.
8 "Orang yang menganggap berhala-berhala yang tidak berguna meninggalkan belas kasihan mereka sendiri.
9 Tetapi aku akan mempersembahkan korban kepada-Mu dengan suara syukur, aku akan membayar apa yang telah kunazarkan. Keselamatan adalah dari TUHAN."
10 Lalu berfirmanlah TUHAN kepada ikan itu, lalu ikan itu memuntahkan Yunus ke darat.

Satu Kata Untuk Seseorang

"Dengarlah wahai anak perempuan dan anak lelaki Tuhan yang hidup dan penyayang. Tuhan itu penyayang dan berbelas kasihan tetapi Tuhan juga bermain bola sepak yang keras dan padu. Adakah kamu mahu

melibatkan-Nya dalam perlawanan bola sepak yang buruk? Janganlah kamu memikirkannya. Anggota badan kamu akan bengkak. Walaupun begitu, Dia mengasihi kamu dan terus mengasihi kamu dan saya dengan kasih yang abadi. Kamu membawa Roh-Nya di dalam dirimu. Kamu diciptakan menurut gambar dan rupa-Nya.

Kamu adalah projek kesayangan-Nya, Dia bersemangat untukmu walaupun kamu berada dalam dosa yang mendalam, dan Dia memandangmu dengan belas kasihan, meneroka, mengatur keadaan dan situasi yang akan membawamu kembali kepada sedekah-Nya yang penuh kasih. Kamu bukan milikmu sendiri, kamu telah diperoleh dengan harga yang mahal, kamu dikasihi dalam Kristus, dalam Tuhan. Kamu adalah biji mata-Nya, kamu adalah raja, kamu adalah imam bagi-Nya, kamu istimewa. Dia berkata jika kamu dapat mempertimbangkan betapa terangnya bintang-bintang, kamu lebih terang daripada bintang-bintang di syurga. Dia berkata tiada sehelai rambut pun yang jatuh dari kepalamu yang tidak diketahui-Nya. Dia mengira mereka dan mengetahui bilangan mereka."

Lukas 12:4-7

4 "Dan Aku berkata kepadamu, hai sahabat-sahabat-Ku, janganlah takut kepada mereka yang dapat membunuh tubuh, tetapi setelah itu tidak dapat berbuat apa-apa lagi.
5 Tetapi Aku akan menunjukkan kepadamu siapa yang harus kamu takuti: Takutlah kepada Dia yang, setelah membunuh, mempunyai kuasa untuk melemparkan ke dalam neraka; ya, Aku berkata kepadamu, takutlah kepada-Nya!
6 Bukankah lima ekor burung pipit dijual dengan dua keping wang logam? Dan seekor pun tidak dilupakan di hadapan Allah.

7 Tetapi rambut kepalamu pun terhitung semuanya. Oleh itu, janganlah takut, kerana kamu lebih berharga daripada banyak burung pipit.

Kini pertemuan itu berterusan: Lihatlah, pada 22 April 2006, tiga hari sebelum berakhirnya puasa empat puluh hari tepat jam 5 pagi, Tuhan menepati perjanjian-Nya. Saya separuh terjaga apabila Makhluk ini, dalam rupa manusia, dengan tangan-Nya dilipat ke belakang, sedikit membongkok ke hadapan, memandang saya di atas lantai, berjalan perlahan-lahan, selangkah demi selangkah, tidak tergesa-gesa, berjalan ke arah saya ke ruang tamu melalui kawasan tingkap. Saya dapat melihat rupa-Nya tetapi tidak dapat melihat wajah-Nya dengan jelas.

Anda tahu jenis pakaian Yesus yang dipakaikan dalam filem-filem Timur Tengah yang kita tonton. Sejurus Dia datang mendekati saya, kawasan di sekitar kaki saya tempat Dia berdiri mula bergetar dengan begitu kuat seolah-olah ia tidak pernah wujud, lebih seperti kawasan itu hanya berubah bentuk. Semasa Dia bergerak ke arah dada, leher dan kawasan kepala saya, perkara yang sama berlaku dan Dia terus bergerak ke depan dan ke belakang. Setiap kawasan yang Dia tinggalkan bergabung semula seperti sebelumnya dan proses itu berterusan seperti sebelumnya. Tiada kata-kata untuk menggambarkan kuasa mentah pengalaman itu; saya hilang jejak masa dan saya menjadi takut dan mula merayu agar Dia berakhir dan Dia memberitahu saya apa yang Dia mahu saya lakukan untuk-Nya sambil berguling-guling di atas lantai tanpa kawalan. Itulah pertemuan saya dengan kuasa nyata Bapa syurgawi kita.

Selepas pengalaman berkhayal itu, saya mula melihat visi yang berbeza tentang tubuh Kristus. Pada satu ketika, dalam mimpi itu, Tuhan Yesus Kristus masuk, tubuh-Nya terputus-putus tetapi bersambung dengan ligamen kulit yang kecil.

Setiap bahagian adalah pelayanan gereja. Saya dapat melihat pelayanan yang saya kenali. Hubungan antara bahagian-bahagian tubuh tidak kukuh. Kini saya faham bahawa institusi atau pelayanan gereja seperti yang kita kenali hari ini, sedang memecahbelahkan tubuh-Nya, ahli-ahli gereja-Nya membentuk tubuh-Nya kerana keangkuhan, ego kecil dan semua nafsu yang dibawa oleh daging. Menjelma sebagai persaingan antara gereja, perebutan kepimpinan, pengalihan ahli, menjatuhkan pelayanan lain, pergaduhan yang berlaku antara ahli gereja, pencurian kepimpinan dan menjalani gaya hidup flamboyan yang tidak mencerminkan taraf hidup ahli dan banyak lagi. Jika anda sedemikian, tinggalkan kejahatan, kerana Tuhan kita adalah api yang menghanguskan dan ingatlah dosa Bileam yang kerana nafsu wang, salah menggambarkan Tuhan dan menyerahkan anak-anak Tuhan yang diberkati kepada syaitan melalui nasihat jahat kepada musuh.

Sekarang aku bertanya kepada Tuhan di mana aku harus berada dalam tubuh-Nya yang terputus-putus dan ringan ini. Dia menyuruhku mencari gereja-gereja yang menjadikan manusia pengikut-Nya dan agar aku tidak tergerak oleh bilangan orang.

Selebihnya adalah Sejarah. Kini saya sedar keyakinan saya kepada-Nya telah dibina selepas pertemuan itu, kini saya mempunyai tujuan dan misi. Semua tugasan yang Tuhan berikan kepada saya dalam mimpi-mimpi berikutnya adalah selaras dengan tugasan pertama ini. Tiada kontroversi langsung. Kadang-kadang saya tergelincir, tetapi Dia dengan penuh kasih memimpin saya kembali dan kadang-kadang dengan lebam untuk menunjukkan ketidakpatuhan. Kuasa dan kehadiran Roh Kudus telah membolehkan saya mencapai perkara-perkara yang secara semula jadi saya tidak dapat capai dalam bidang tugasan tertentu. Tuhan memenuhi kita dengan Roh Kudus-Nya untuk melengkapi kita untuk pelayanan. Jangan sekali-kali mengambil sebarang tugas untuk Tuhan tanpa kuasa dan tugasan ilahi.

Wahyu ini memberi saya keyakinan dan kepastian bahawa Tuhan sentiasa ada dan lebih daripada sekadar ingin melibatkan kita dalam perbualan, jika kita mahu mendengar frekuensi-Nya dan meminta daripada-Nya dalam iman. Dia berfirman melalui trans (penglihatan terbuka) seperti dalam kes ini, melalui mimpi, melalui gambaran, pemikiran spontan yang menerangi minda kita, melalui keadaan yang kita hadapi, orang yang kita temui, lelaki dan wanita yang ditahbiskan untuk Tuhan, melalui kanak-kanak, melalui kesunyian dan melalui firman Tuhan. Adalah penting untuk diperhatikan bahawa kesaksian dalaman dan firman Tuhan harus selaras dengan apa yang telah kita lihat, dengar atau terkesan dalam minda kita. Syaitan dan roh jahat juga bersuara, terkesan dalam minda kita juga. Yesus telah memberi amaran kepada kita tentang perkara ini dalam :-

Yohanes 10:27

27 Domba-domba-Ku mendengar suara-Ku, dan Aku mengenal mereka, dan mereka mengikut Aku.

Tugasan 1
Pernahkah anda mengalami pertemuan dengan Bapa Syurgawi anda seperti yang baru saya ceritakan? Jika belum, saya menggalakkan anda untuk memintanya. Bukan untuk menunjuk-nunjuk tetapi untuk menunjukkan bahawa anda ingin membina hubungan yang lebih kuat dengan-Nya daripada yang anda miliki sekarang. Mulakan dari titik di mana anda berada. Adakah anda tersasar, mulakan dari situ. Ingatlah anak yang hilang, bapanya menyambutnya walaupun berdosa. Itulah hati bapa. Kadangkala, kita menjadi kucar-kacir kerana kita tidak merasakan Tuhan dalam hidup kita. Dia

sedang menunggu, menunggu untuk melibatkan anda dan saya.

Berhenti sekarang dan berdoalah meminta-Nya untuk menyatakan diri-Nya kepada anda, maksud saya manifestasi yang nyata. Bukan pertemuan sia-sia yang anda lupakan begitu sahaja dalam beberapa hari. Setiap kali saya teringat pengalaman di atas, ia segar seperti biasa. Ia terpahat dalam DNA saya selama-lamanya. Mintalah Dia untuk menyatakan diri-Nya kepada orang yang anda sayangi, isteri, suami, pasangan dan sebagainya dan percayalah. Lihat apa yang berlaku. Tuhan mahu dipercayai, Dia rindu untuk dipercayai. Iman kita mengatakan bahawa saya percaya kepada anda dan bergantung pada anda untuk melakukan apa yang anda mahu lakukan.

Selain daripada siri penyembuhan, pembebasan dan pemulihan yang saya alami sendiri, beberapa peristiwa berikut telah membakar kemarahan saya terhadap paderi ini - Ibu saya meninggal dunia pada usia 44 tahun akibat tekanan darah tinggi - Kakak sulung saya meninggal dunia pada usia 44 tahun akibat kanser payudara dan ayah saya pada usia 77 tahun akibat kanser prostat. Jadi, saya marah kepada syaitan kerana mencuri daripada orang tersayang dan saya dahagakan yang terbaik daripada Tuhan. Bukan sahaja untuk diri saya sendiri tetapi untuk orang lain supaya mereka tidak perlu kehilangan ibu bapa atau adik-beradik mereka pada usia muda dan saya dapat menjalani hari-hari mereka dengan sihat dan sempurna dalam nama Yesus, amin.

Tuhan telah menjanjikan ini kepada saya dan anda dalam:

Keluaran 23:25-27
Bible Amplified, Edisi Klasik

[25] ***Kamu harus beribadah kepada TUHAN, Allahmu; Dia akan memberkati roti dan airmu, dan Aku akan menjauhkan penyakit dari tengah-tengahmu.***
[26] ***Tiada seorang pun yang akan keguguran atau mandul di negerimu; Aku akan memenuhi bilangan hari-harimu.***
[27] ***Aku akan mengirimkan kegentaran-Ku mendahului engkau dan akan mengacaukan semua orang yang engkau datangi, dan Aku akan membuat semua musuhmu berpaling dari padamu.***

Bersama anda semua, saya berhasrat untuk menepati janji itu dalam nama Yesus, Amin. Dalam buku ini ***"Eksploitasi Lebih Besar - 1 – Anda berkobar-kobar untuk ini – Penyembuhan, Pembebasan dan pemulihan – Ketahui daripada orang-orang Hebat*** daripada rekod lebih 100 tahun eksploitasi oleh lelaki dan wanita Tuhan, yang Tuhan gunakan untuk zaman mereka. Ia juga untuk kita. Buku ini akan menunjukkan kepada anda caranya. Kita sudah melihat hasilnya melalui penerapan pembelajaran dan begitu juga anda. Amin

Eksploitasi Lebih Besar - 1

- Mengenai Penerbit

Tentang Kami – Kementerian Helang Tuhan (GEM)

Menyemai Bangsa-Bangsa. Mengubah Kehidupan.
"Supaya mereka semua menjadi satu..." — Yohanes 17:21–23
Visi Tadbir Urus Kami
Dunia Kristian yang Bersatu — Dibentuk, Bukan Sekadar Berkumpul
Kementerian Helang Tuhan wujud untuk mengambil bahagian dalam tujuan abadi Tuhan:
sebuah Gereja yang bersatu padu yang berjalan dalam ketaatan, kematangan, dan transformasi yang kelihatan, berakar umbi dalam Kristus dan dibimbing oleh Roh Kudus.
Kami membayangkan Tubuh Kristus global yang bukan disatukan oleh keseragaman, platform, atau keperibadian—tetapi oleh **penyerahan bersama kepada kebenaran, pemuridan berasaskan ketaatan, dan kehidupan yang diubahkan**.
Perpaduan, bagi kami, bukanlah slogan.
Ia adalah buah daripada **penjajaran**, **pembaharuan**, dan **Kristus yang dibentuk dalam diri manusia**.
Mandat Asas Kami
Transformasi Menurut Roma 12:1–2
Semua yang kita lakukan—buku, renungan, ajaran, filem, audio, video, platform digital dan teknologi masa depan—wujud untuk **satu tujuan yang mentadbir**:
Pembaharuan minda yang menghasilkan transformasi yang boleh diukur dan dihayati.

Komunikasi kami **tidak direka untuk penggunaan maklumat** , rangsangan emosi atau inspirasi pasif.
Ia direka untuk:

- Taubat dan penjajaran semula
- Pembaharuan pemikiran
- Ketaatan kepada Kitab Suci
- Perubahan watak yang ketara
- Kematangan rohani yang berterusan

Transformasi tidak diandaikan.
Ia **direka untuk, dijaga, diukur dan ditindaklanjuti** .
"Ukuran Kejayaan Kami"
Dengan bahasa seperti:

- Kita tidak mengukur kejayaan hanya dengan trafik
- Kita mengukur kejayaan dengan kehidupan yang diubah
- Kami mengutamakan kepatuhan berbanding penglibatan
- Kami mengutamakan pembaharuan berbanding keviralannya

Misi Kami
Membenihkan Bangsa-Bangsa — Satu Nyawa pada Satu Masa
Kementerian Helang Tuhan wujud untuk:

- **Cipta, kumpulkan, dan edarkan sumber-sumber yang berasaskan Kitab Suci** yang membawa kepada transformasi, bukan sekadar pengetahuan
- **Terlibat dalam penginjilan, pemuridan, penyembuhan, pembebasan, pemulihan, dan kaunseling** , roh, jiwa, dan tubuh
- **Mengendalikan perjalanan pemuridan berstruktur** yang menggerakkan orang percaya daripada pertemuan kepada ketaatan
- **Sokong ketaatan kenabian dan dedikasi wilayah** , seperti yang dipimpin oleh Roh Kudus
- **Mentadbir sistem digital berskala besar** di bawah autoriti alkitabiah dan pengawasan manusia

Mandat kita bukanlah skala untuk kepentingannya sendiri, tetapi **kesetiaan pada skala yang besar** .

Nilai Teras Kami

Nilai-nilai ini mengawal **kementerian, penerbitan, kepimpinan dan teknologi** :

- **Keberanian dan ketakwaan dalam Kristus**
- **Kepimpinan pelayan**
- **Kecemerlangan dengan akauntabiliti**
- **Integriti dan ketelusan**
- **Kelajuan dengan kebijaksanaan**
- **Kreativiti berlabuh dalam kebenaran**
- **Kemurahan hati yang dipimpin oleh Roh**

Semangat Kami

Kami amat komited untuk:

- **Kesatuan Roh dan kesatuan iman** (Efesus 4:3, 13)
- **Memperlengkapi orang-orang kudus untuk kematangan dan perbuatan baik** (Efesus 4:11–16)
- **Penyembuhan, pembebasan, dan pemulihan** yang berkekalan—bukan kitaran
- **Pemuridan yang menghasilkan ketaatan, bukan kebergantungan**
- **Membesarkan orang percaya yang boleh berdiri teguh, membezakan, dan memuridkan orang lain**

Tujuh Ekspresi Teras Kerja Kami

1. **Penglibatan Perpaduan Gereja**
   Membina perpaduan hubungan dan pembentukan merentasi denominasi, budaya dan negara.
2. **Doa & Puasa Global Tahunan**
   Empat puluh hari (17 Mac – 26 April) didedikasikan untuk perpaduan, kebangkitan, penyelarasan, dan pemuridan. Berdoa khusus untuk Gereja dan para pemimpinnya di seluruh dunia. Di

mana sahaja mereka berada di tujuh gunung pengaruh!

3. **Penerbitan & Pengurusan Kandungan**
    - tajuk yang dikarang dan diterbitkan
    - Diedarkan di 66+ buah negara
4. **Pengedaran Kandungan Global**
   Lebih **2 juta sumber Kristian** dijaga dan diedarkan merentasi platform digital.
5. **Perjalanan Pemuridan Berstruktur**
   Termasuk laluan automatik dan berpandu yang dihoskan melalui platform Otakada.
6. **Kaunseling, Penyembuhan & Pemulihan**
   Berasaskan web dan secara bersemuka, menangani seluruh individu.
7. **Ketaatan Bernubuat & Dedikasi Wilayah**
   Dilaksanakan hanya seperti yang dipimpin oleh Roh Kudus, di bawah pertanggungjawaban.
8. **Doa & Puasa Berterusan untuk Bangsa-Bangsa**

Kita berkumpul dalam doa dan puasa:

• Setiap Khamis

• Tiga hari terakhir setiap bulan

Setiap benua didoakan dua kali setiap tahun, menyeru pemerintahan Kerajaan Tuhan merentasi **Tujuh Gunung Pengaruh** , selaras dengan Matius 21:13, Yesaya 56:7, dan Yeremia 7:11.

Kami menjemput anda untuk menyertai dengan setia.

Platform Kami (Satu Ekosistem, Satu Etos)

- **Otakada.org** — Pemuridan, pengajaran kenabian, perjalanan transformasi
- **Store.Otakada.org** — Perpustakaan digital, buku, siri dan kandungan kehidupan masa depan
- **shop.otakada.org – Bahagian hadapan kedai buku**
- **Saluran Penerbitan** — lebih 40,000 pengedar global di seluruh dunia

- **Saluran Media** — Kandungan pengajaran, testimoni, filem dan pemuridan

Semua platform beroperasi di bawah **satu piagam transformasi** , bukannya agenda yang bersaing.

Jangkauan & Pengawasan Global

- Jangkauan bulanan: **500,000+**
- Sumber yang diagihkan: **2 juta+**
- Kehadiran aktif: **66+ negara**
- Jangka masa pemuridan: **100 juta jiwa menjelang 2045**

Siapakah Kami

Kementerian Helang Tuhan ialah:

- **Dipimpin oleh semangat**
- **Tanpa sempadan**
- **Denominasi-agnostik tetapi berlabuh secara doktrin**
- **Berkomitmen kepada Kristus yang terbentuk dalam diri manusia**
- **Gereja tanpa tembok, tetapi bukan tanpa ketertiban**

"Kristus di dalam kamu, pengharapan akan kemuliaan." — Kolose 1:27

Perpaduan, dengan Kejelasan Alkitabiah

- **Kesatuan Roh** (Efesus 4:3)
  Realiti masa kini yang kita jaga melalui kerendahan hati dan kasih.
- **Kesatuan Iman** (Efesus 4:13)
  Hasil pertumbuhan yang dicapai melalui pemuridan berasaskan ketaatan.

Perpaduan bersifat **relasional dan formasional** , tidak pernah dangkal.

Platform Kementerian Kami

- **Otakada.org** – Pemuridan, sumber, pelayanan kenabian
- **Shop.otakada.org** – Buku dan alatan pemuridan digital

- **Pengarang Amazon Muka Surat 1** – https://www.amazon.com/stores/Zacharias-Godseagle/author/B0FCZ89D4K Zacharias Godseagle/ Duta Isnin O. Ogbe Muka surat Pengarang
- **Halaman Pengarang Amazon 2** – https://www.amazon.com/stores/author/B07MSBPFNX/allbooks . Halaman Pengarang Duta Isnin O. Ogbe
- **Saluran YouTube – UTAMA** – https://www.youtube.com/@godseagleministries — Pengajaran, testimoni & jangkauan
- **Saluran YouTube – Terkini** – https://www.youtube.com/@AmbassadorMondayogbe — Filem dan Kandungan Lain untuk Pemuridan dan Penginjilan global

Berhubung dengan Komuniti Pelengkap Kami

- **Komuniti Syafaat Pergerakan 10 Juta – Sertai di Facebook**
- **Pemuridan Sekolah Roh Kudus – Sertai di Facebook | Sertai di Telegram**
- **10 Juta Pendoa Syafaat – Sertai di WhatsApp**

Komuniti WhatsApp Kementerian Helang Tuhan

- **Komuniti 1**
- **Komuniti 2**

Inisiatif Tandatangan

- **Doa & Puasa Global 40 Hari Tahunan: 17 Mac – 26 April**
- **Doa & Puasa Bulanan untuk Negara-negara:** Tertumpu pada **Afrika, Amerika, Eropah, Asia, Timur Tengah, Oceania, Kawasan Kutub**
- **Siri Eksploitasi Lebih Besar: 20+ Jilid** tentang penyembuhan, kebangkitan semula dan kelengkapan rohani

Siapakah Kami

God's Eagle Ministries ialah **pergerakan tanpa sempadan yang dipimpin oleh Roh** yang komited untuk:

- Membina **bait suci rohani** di hati orang percaya
- **Memulihkan kehidupan** : Roh, Jiwa, dan Tubuh
- Menggalakkan **kesatuan Roh** dan **kesatuan iman** *(Efesus 4:3,13)*

"Kristus di dalam kamu, pengharapan akan kemuliaan!" — Kolose 1:27

Mari Berhubung

Emel: ambassador@otakada.org
Telefon/WhatsApp: +1 804-778-2759 (WhatsApp) | +1 302-492-2440 | +2348032835348 (WhatsApp)
Blog: otakada.org/blog
Perkongsian & Pemberian: Klik Di Sini

Kehadiran Global Kami

Pantai Timur Amerika Syarikat: 3825 Lancaster Pike, Wilmington, DE;
Pantai Timur Amerika Syarikat: 4510 Burkes Promise Drive, Bowie, Maryland
Pantai Barat Amerika Syarikat: 1985 Del Amo Blvd, Torrance, CA
Ibu Pejabat Afrika Barat: 8 Sahaba Residence, Lugbe Abuja |
Ibu Pejabat Afrika Barat: 14 Olalere Close, Off Millionaire Quaters, Jos North, Jos, Plateau State

Kepimpinan

Duta Isnin O. Ogbe
(Nama samaran: Zacharias Godseagle)
Pengasas, Penulis,
Pelayanan Helang Tuhan —
Gereja Tanpa Tembok, Sempadan, atau Denominasi

Mandat Hidup

Kenyataan ini tidak statik.
Ia mentadbir:

- Penciptaan kandungan
- Piawaian penerbitan

- Sistem pemuridan
- Penghantaran berbantukan AI
- Penglibatan komuniti
- Akauntabiliti dan pengawasan

Ia akan **berkembang dalam ekspresi** , tetapi tidak pernah dalam **kebenaran atau tujuan** , ketika pekerjaan Tuhan berkembang ke bangsa-bangsa.

Eksploitasi Lebih Besar - 1 - Pengakuan

Buku ini tidak akan terhasil tanpa sumbangan daripada umat Tuhan yang hebat berikut melalui bahan-bahan yang telah menjadikan buku ini kaya:

- ***John G. Lake***
- ***Kathryn Kuhlman***
- ***Lester Sumrall***
- ***Frank dan Ida Mae Hammond***
- ***Derek Prince***
- ***Novel Hayes***
- ***Joseph Ayo Babalola***
- ***Robert W. Shambach***
- ***Ashish Raichur***
- ***Curry Blake***
- ***Cindy Trimm***
- ***Dan pelbagai lagi yang telah saya pelajari selama ini***

Saya juga ingin menghargai isteri saya – Comfort dan empat orang anak saya – Diana, Joseph, David dan Isaac yang telah menyumbangkan banyak perkara melalui pengalaman hidup kami. Perjuangan, suka duka, kejayaan dan kegagalan yang telah membantu menyalurkan kami kepada tujuan ilahi dalam Kristus. Tuhan memberkati anda semua dengan limpah kurnia dalam pelbagai cara yang tiada tandingan dalam nama Yesus, Amin!

Eksploitasi Lebih Besar - 1 – Dedikasi

Aku mendedikasikan buku ini kepada Tuhan Bapa yang telah menciptakanku dan memelihara hidupku.
Saya mendedikasikan buku ini kepada Tuhan Yesus Kristus atas pengorbanan tertinggi yang telah memberikan saya akses tanpa batas kepada Bapa dan dalam persekutuan dengan Allah Bapa, Anak dan Roh Kudus.
Saya mendedikasikan buku ini kepada Tuhan Roh Kudus, untuk kuasa dan pemerkasaan, untuk mengajar, untuk memimpin dan untuk kehadiran yang menghiburkan sentiasa supaya saya dapat menjadi semua yang Kristus telah mati untuk berikan dan ciptakan untuk saya.
Saya mendedikasikan buku ini kepada isteri saya – Comfort and the Children – Diana, Joseph, David dan Isaac dalam perjalanan hidup bersama saya dengan sedikit atau tiada pilihan untuk masuk dan menuju ke arah yang tidak diketahui dalam Tuhan.

Eksploitasi Lebih Besar - 1

- Pengenalan

Dalam buku ini, ***"Eksploitasi Lebih Besar - 1 – Anda Dilahirkan untuk Ini – Penyembuhan, Pembebasan dan Pemulihan – Ketahui Caranya daripada Orang-orang Hebat,"*** anda akan menemui kisah-kisah, kisah nyata dan lebih banyak kisah serta lebih lapan puluh (80) testimoni untuk mengukuhkan mesej dan memperkukuhkan pembelajaran anda untuk aplikasi dalam hidup anda dan kehidupan orang lain pada masa hadapan.

Anda akan menemui ***pautan podcast audio dan muat naik video bab 1 hingga bab 10 untuk keseronokan mendengar dan menonton anda di mana sahaja.***

Anda akan menemui ***doa pembayar perjanjian, penyembuhan diri, pembebasan dan pemulihan pada akhir bab 2, 4, 5, 6.7.8.9 dan 10 kerana ini adalah buku cara melakukannya sendiri yang praktikal.***

Anda akan menemui ***biografi orang-orang hebat dan apa yang menjadikan mereka hebat supaya anda boleh mempelajari prosesnya dan menjadi hebat sendiri.***

Anda akan menemui ***kesaksian sepanjang tahun untuk menguatkan iman anda kepada Tuhan kerana Dia masih ada di sini dan tersedia seperti pada zaman Alkitab untuk melakukan yang paling banyak, melebihi semua yang dapat anda fikirkan, renungkan atau bayangkan menurut kuasa yang bekerja di dalam diri anda jika anda mengizinkan-Nya.***

Anda akan menemui ***cara untuk dibaptis dalam Roh Kudus dan mula memancarkan cahaya Tuhan ke dunia yang sedang nazak dan reput.***

Anda *akan mendapati* ***Cukuplah untuk ditawan dan dialu-alukan kepada kebebasan dalam Kristus - Memancarkan cahaya Tuhan di Dunia yang Jahat ini + Doa untuk Pembaptisan dalam Roh Kudus + 2 Cerita oleh Trevor Farrell dari Trevor Place dan Robert W. Schambach tentang Nyawa Seorang Lelaki yang Diselamatkan daripada Kerusi Elektrik - Pengenalan***

Anda *akan dapati* ***Cukuplah Untuk Tawanan Syaitan dan Selamat Datang Kebebasan dalam Kristus – Dikuasakan oleh Kelaparan untuk MENERIMA daripada Tuhan dan Kemarahan dengan Iblis kerana MEROMPAK kita tanpa mengetahui warisan kita! + Dua (2) Cerita – Cerita satu: oleh Norvel Hayes: Kerja Mukjizat – Mukjizat kreatif di tangan anak perempuannya dan Eksploitasi Robert Schambach di India + Skrip Doa Pembebasan Diri + Doa perjanjian Penyembuhan, Pembebasan dan Pemulihan Bahagian 1***

Anda *akan mendapati* ***Cukuplah untuk Ketawanan dan selamat datang ke Kebebasan – Cara menyembuhkan atau disembuhkan daripada COVID-19, Kanser & Lain-lain – Bahagian 2***

Anda *akan mendapati* ***Cukuplah untuk DIBAWAH syaitan dan Selamat Datang ke KEBEBASAN dalam Kristus Yesus – Pengaktifan ke dalam Perang Harian – Deklarasi Harian Doa untuk latihan amali Melengkapkan Diri sebagai Ganti Doa – Bahagian 3- Skrip oleh Cindy Trimm***

Anda *akan mendapati* ***Cukuplah untuk Penawanan Syaitan dan Selamat Datang ke Kebebasan dalam Kristus – Bolehkah orang Kristian ditawan? Pembohongan Penangkap, Syaitan Jual untuk menahan ramai orang Kristian dalam kurungan melalui Kejahilan. Cara menemui kehadiran mereka dalam hidup anda dan menghalau mereka + Kisah benar daripada testimoni bantuan kongres terkemuka tentang pembebasan diri berpandu seperti yang diceritakan oleh Derek Prince Bahagian 4 + Skrip Doa Pembebasan Diri + Doa perjanjian Penyembuhan, Pembebasan dan Pemulihan***

Anda *akan mendapati* ***Cukuplah untuk Penawanan Syaitan dan Selamat Datang ke Kebebasan dalam Kristus Yesus - Tujuh (7) langkah penting untuk pembebasan + Cara Mengenal Pasti dan Mengusir Kumpulan Syaitan dan Visi Konflik Akhir dan Cara Menang Secara Strategik di Empat (4) Barisan Hadapan Penglibatan seperti yang diceritakan oleh Frank dan Ida Mae Hammond – Bahagian 5 & Bahagian 6 + Skrip Doa Pembebasan Diri + Doa perjanjian Penyembuhan, Pembebasan dan Pemulihan***

Anda *akan mendapati* ***Cukuplah untuk Tawanan Syaitan dan Selamat Datang ke Kebebasan dalam Kristus Yesus – KUASA ROH KUDUS yang bersemayam dalam ANDA dalam kata-kata yang dipindahkan melalui udara ke dalam AIR dan MINYAK sebagai agen untuk PENYEMBUHAN, PEMBEBASAN DAN PEMULIHAN dalam hidup Anda dan Orang Lain – Skrip Doa Contoh disertakan di atas air dan minyak + 2 Cerita tentang PEMBEBASAN seorang Pastor dan seorang Budak Perempuan berusia 6 tahun daripada Skizofrenia dan sekumpulan syaitan lain sebagai pembelajaran untuk ANDA oleh Frank dan Ida Mae – Bahagian 7 + Doa***

persetujuan untuk penyembuhan, pembebasan dan pemulihan

Anda akan mendapati ***Cukuplah Cukup untuk Tawanan Syaitan dan Selamat Datang ke Kebebasan dalam Kristus Yesus – Di manakah di bumi ini KEHENDAK dan KEDAULATAN Tuhan dalam semua ceramah tentang KEBEBASAN ini? Mengapa tidak SEMUA ORANG yang kita doakan DISEMBUHKAN, DILEPASKAN atau DIPULIHKAN? Mengapa ada yang BERANTARANCANG atau SEPARUH? Apakah Halangan kepada PENYEMBUHAN, PEMBEBASAN dan PEMULIHAN? Dan Beberapa Perkara Yang Perlu dan Tidak Perlu + Satu (1) Kisah untuk Meneguhkan tajuk ini dan memecahkan cengkaman semangat ketakutan oleh Bro Robert Schambach – Bahagian 8 + Skrip Pembebasan Diri dan doa persetujuan untuk Penyembuhan, Pembebasan dan Pemulihan***

Anda akan mendapati ***Cukuplah untuk Ditawan Syaitan dan Selamat Datang ke Kebebasan dalam Kristus Yesus – Terima Jawapan kepada Soalan Lazim tentang penyembuhan, pembebasan dan pemulihan + Garis Panduan Praktikal untuk Melayani Penyembuhan, Pembebasan dan Pemulihan + Sintesis Skizofrenia seperti yang diwahyukan oleh Roh Kudus kepada Ida Mae Hammond dan cara menangani roh bahagian 9***

Anda akan menemui ***kesimpulan untuk anda mengesahkan sama ada buku itu telah memenuhi keperluan anda dan juga, halaman keselamatan dan pautan perjalanan pemuridan 40 hari disertakan.***

Selamat mencuba!

Eksploitasi Lebih Besar - 1

Biografi Ringkas - John G. Lake – Kathryn Kuhlman – Lester Sumrall –Frank dan Ida Mae Hammond – Derek Prince – Novel Hayes – Joseph Ayo Babalola - Robert Schambach

Untuk mula menghargai manusia dan apa yang Tuhan telah gunakan untuk mereka dalam generasi kita, anda dan saya perlu mula melihat kembali sejarah mereka. Jika ada sesuatu yang telah gagal dengan teruk, ia adalah – Ketidakupayaan untuk melihat kembali dengan penuh minat dan belajar daripada sejarah supaya kita boleh mula merangka tindakan yang positif dan bermaklumat untuk masa hadapan.

Dalam hal inilah saya telah sertakan dalam Eksploitasi Lebih Besar - 1 apa yang membentuk pemikiran mereka yang mendorong mereka untuk mencapai sesuatu yang melebihi kebiasaan bagi Tuhan.

Jadi, berhati-hatilah dengan ini, pelajari di mana perlu dan terapkan untuk maju ke hadapan dalam hidup anda dan kehidupan orang lain di dalam dan di luar lingkungan anda untuk kemuliaan Tuhan!

John G. Lake

"Yesus Penyembuh"

John Graham Lake dilahirkan pada 18 Mac 1870 di Ontario, Kanada. Semasa kecil, keluarganya berpindah ke Michigan, Amerika Syarikat. Semasa kecil, Lake menghadiri mesyuarat Salvation Army dan menyedari keperluannya untuk seorang penyelamat, lalu dia menjemput Yesus untuk menjadi Tuhan kehidupan. Lake sangat terkesan oleh penyakit. Dia merupakan salah seorang daripada enam belas orang anak, dan sepanjang hayatnya yang muda, lapan daripada mereka meninggal dunia. Dia semakin membenci penyakit, kesedihan, dan kematian yang merupakan sebahagian daripada kehidupan keluarganya.

Lake merasakan panggilan untuk berkhidmat dalam pelayanan, dan belajar untuk menjadi seorang paderi Methodist. Dia mengambil ajaran Methodist tentang pengudusan dan mencarinya dengan penuh semangat. Walau bagaimanapun, apabila pengajiannya selesai, dia membuat keputusan untuk menceburi bidang perniagaan dan memulakan akhbar di Illinois. Kemudian dia berpindah kembali ke Michigan dan memulakan kerjaya dalam hartanah. Dia bertemu Jennie Stevens dan berkahwin dengannya.

Penyakit masih terus menghantui Lake. Abangnya seorang yang kurang upaya, seorang kakaknya menghidap kanser yang teruk, seorang lagi kakaknya mengalami masalah pendarahan, dan isterinya menghidap tuberkulosis dan penyakit jantung. Pada tahun 1899, keluarga itu telah mendengar tentang John Alexander Dowie, di Chicago, kerana dia mendapat perhatian media yang meluas. Mereka membawa abang Lake ke bilik penyembuhan di Chicago, dan dia serta-merta sembuh. Kedua-dua adik perempuan itu juga pergi, dan juga sembuh.

Akhirnya, Lake telah menghubungi orang ramai untuk mendoakan isterinya pada bulan Jun 1899, dan isterinya juga sembuh. Dia membuka kitab suci untuk melihat Kisah Para Rasul 10:38 "*Kamu tahu tentang Yesus dari Nazareth, bagaimana Tuhan mengurapi Dia dengan Roh Kudus dan kuasa, dan bagaimana Dia berjalan berkeliling sambil berbuat baik dan menyembuhkan semua orang yang ditindas oleh syaitan; kerana Tuhan menyertai Dia.* (NASB) Dia melihat dengan jelas bagi dirinya sendiri bahawa Yesus adalah penyembuh dan Syaitan adalah penindas manusia. Lake menjadi ahli Gereja Katolik Kristian Dowie dan sebuah cawangan dibuka di Sault Ste Marie, tempat dia tinggal pada masa itu. Lake menjadi diakon di gereja baru. Pada bulan Ogos 1900, isteri Lake, Jennie, secara tidak sengaja ditembak oleh anak lelakinya yang berusia 4 tahun. Mengikuti ajaran Dowie, Lakes menolak bantuan perubatan dan bergantung pada doa. Peristiwa itu begitu mengejutkan sehingga artikel ditulis dalam Chicago Daily Tribune, yang kerap melaporkan tentang aktiviti Dowie.

Pada tahun 1904, Lake berpindah ke Chicago untuk bekerja dengan Dowie. Melihat kuasa Tuhan, Lake mula berseru untuk mendapatkan lebih banyak Roh Kudus. Dia menghabiskan sembilan bulan mencari tahap kehadiran Tuhan yang lebih penuh. Lake pergi bersama seorang lelaki lain untuk mendoakan seorang wanita yang sakit. Kehadiran Tuhan turun ke atasnya seperti yang belum pernah dialaminya sebelumnya. Enam bulan berikutnya ditandai dengan keyakinan, pertobatan, dan pembersihan hati. Kurniaan Roh menjadi lebih besar, dan kurniaan kebijaksanaan dan penyembuhan meningkat secara dramatik. Lake menerima latihan di bawah John Alexander Dowie, tetapi tidak selalu bersetuju dengan caranya melakukan sesuatu. Pada satu ketika, Dowie menyenaraikan pencapaiannya dan memberitahunya "Jika anda pernah mengembangkan kualiti yang membina, setara dengan kapasiti kritikal anda, anda akan menjadi orang yang lebih hebat daripada saya." John Lake tahu bahawa dia perlu memulakan kerjanya sendiri. Dia rasa terpanggil ke Afrika dan pergi ke sana pada tahun 1908, selepas berkhidmat sebagai pastor jangka pendek di Indianapolis. Sepanjang tempoh lima tahun di Afrika Selatan, Lake menyaksikan 1,000,000 orang memeluk agama Kristian, menanam beratus-ratus gereja, dan membina lebih 1000 paderi tempatan. Walau bagaimanapun, kerja itu berat, dan isterinya meninggal dunia pada Disember 1908. Dia komited untuk menjaga keluarganya bersama. Pada tahun 1913, Lake kembali ke Amerika Syarikat, bersama tujuh orang anaknya.

Sebaik sahaja beliau kembali ke Amerika Syarikat, beliau berkahwin semula, dan memulakan pelayanan pengembaraan. Salah satu tempat yang beliau diminta untuk berucap ialah Spokane, Washington. Beliau diminta untuk memulakan bilik penyembuhan, dan beliau bersetuju. Dalam tempoh kira-kira lima tahun, lebih 100,000 penyembuhan telah dilaporkan. Spokane diisytiharkan sebagai "bandar paling sihat di Amerika Syarikat". Walaupun gereja Lake tidak pernah besar, beribu-ribu orang datang dari seluruh negara dan dunia untuk menerima doa. Pada tahun 1920, beliau berasa terpanggil untuk berpindah ke Portland, Oregon dan memulakan pelayanan bilik penyembuhan di sana. Penyembuhan serupa juga dilaporkan pada tahun-tahun ini.

Lake mempertimbangkan untuk memulakan pelayanan bilik penyembuhan di bandar-bandar di sepanjang pantai barat. Walau bagaimanapun, kekuatannya mula berkurangan kerana dia menjalani kehidupan dengan pantas. Dia pergi ke Houston, Texas untuk memulakan sebuah gereja, tetapi dipanggil pergi oleh krisis keluarga dan tidak pernah kembali. Dia berkhidmat di gereja-gereja di California, kemudian kembali menjadi pastor di Portland selama semusim, dan akhirnya menetap kembali di Spokane sepanjang hayatnya. Dia meninggal dunia pada 15 September 1935. Sumber https://healingandrevival.com/BioJGLake.htm

Kathryn Kuhlman

Saya percaya pada Keajaiban

Kathryn Johanna Kuhlman dilahirkan pada 9 Mei 1907, di Concordia, Missouri. Ibu bapanya berketurunan Jerman dan dia merupakan salah seorang daripada empat orang anak. Ibunya seorang yang tegas dalam hal disiplin, yang kurang menunjukkan kasih sayang. Sebaliknya, dia mempunyai seorang yang sangat rapat dan hubungan kasih sayang dengan ayahnya. Dia akan menggambarkan, semasa kecil

bagaimana, ayahnya akan pulang dari kerja dan dia akan berpaut pada kakinya. Dia sering mengatakan bahawa hubungannya dengan Tuhan Bapa sangat nyata kerana hubungannya dengan ayahnya sendiri.
Kuhlman telah memeluk agama Kristian ketika berusia 14 tahun di sebuah perjumpaan penginjilan yang diadakan di sebuah gereja Methodist yang kecil. Ketika berusia 16 tahun, dia menamatkan pengajian dari sekolah menengah, yang hanya bersekolah di tingkatan sepuluh di bandar mereka. Kakak perempuannya, Myrtle, telah berkahwin dengan seorang penginjil keliling, Everett B. Parrott. Mereka menghabiskan masa mereka melancong dan meminta agar Kathryn dapat menyertai mereka pada musim panas. Ibu bapanya bersetuju dan dia pergi ke Oregon untuk membantu. Dia bekerja dengan mereka, dan sering memberikan kesaksiannya. Apabila musim panas tamat, dia mahu tinggal, dan pasangan itu bersetuju. Dia akhirnya bekerja dengan mereka selama lima tahun.

Pasukan penginjilan itu terdiri daripada empat orang, Everette, Myrtle, Kathryn, dan pemain piano bernama Helen Gulliford. Pada tahun 1928, Everette terlepas mesyuarat di Boise, Idaho. Myrtle dan Kathryn berkhutbah untuk menggantikan Everette. Paderi gereja itu menggalakkan Kathryn untuk keluar sendiri. Helen bersetuju untuk menyertainya. Khutbah pertamanya adalah di sebuah dewan biliard usang di Boise, Idaho. Pasukan itu meliputi Idaho, Utah, dan Colorado selama lima tahun berikutnya. Pada tahun 1933, mereka berpindah ke Pueblo, Colorado. Mereka menetap di sebuah gudang Montgomery Ward yang terbengkalai. Mereka tinggal di sana selama enam bulan.

Denver, sebagai sebuah bandar yang jauh lebih besar, merupakan perhentian seterusnya. Mereka berpindah beberapa kali tetapi berakhir di gudang sebuah syarikat kertas, yang mereka namakan Kuhlman Revival Tabernacle.

Kemudian pada tahun 1935 mereka berpindah sekali lagi ke garaj trak terbiar yang mereka namakan Denver Revival Tabernacle. Kathryn menyaksikan banyak kejayaan di Denver. Gereja itu berkembang kepada kira-kira 2000 ahli. Dia memulakan rancangan radio bertajuk "Smiling Through" dan menjemput penceramah dari seluruh negara. Salah seorang daripada mereka ialah Phil Kerr yang mengajar tentang penyembuhan ilahi. Pada tahun 1935, seorang lagi penginjil jemputan ialah Burroughs Waltrip.

Waltrip merupakan berita buruk bagi Kuhlman. Dia seorang lelaki kacak yang berkarisma dan beberapa tahun lebih tua daripadanya. Terdapat tarikan serta-merta, dan sebuah keluarga mendakwa telah melihat pasangan itu berpelukan pada tahun 1935, tetapi dia telah berkahwin dan mempunyai dua orang anak. Waltrip meninggalkan Denver dan pulang ke Austin, Texas, tetapi hubungan itu membara antara Kuhlman dan Waltrip. Pada tahun 1937, dia dijemput kembali ke Denver untuk berkhutbah selama dua bulan. Tidak lama selepas itu, dia menceraikan isterinya dan meninggalkan dua orang anak lelakinya. Dia kemudian menyebarkan cerita bahawa isterinya telah meninggalkannya. Dia berpindah ke Mason City, Iowa, di mana dia memberitahu semua orang bahawa dia masih bujang, dan memulakan pelayanan baharu. Waltrip mengumpul ikrar sebanyak $70,000 untuk membina sebuah bangunan pelayanan yang dipanggil Radio Chapel. Ia canggih dengan mimbar yang semakin hilang dan gaya art deco. Dia kelihatan seperti seorang pendakwah yang berjaya dan dinamik.

Terdapat hubungan yang berterusan antara Kuhlman dan Waltrip, dan mereka berkahwin pada September 1938. Kuhlman naif tentang akibat daripada pilihannya dan perkahwinan itu menjadi bencana. Dia mengumumkan kepada gerejanya bahawa dia dan Waltrip telah berkahwin dan mereka akan pergi antara Denver dan Mason City untuk berkhutbah di dua gereja mereka. Kebanyakan orang dalam jemaahnya meninggalkan gerejanya kerana hubungannya dengan Waltrip. Dia meninggalkan gerejanya di Denver, kehilangan beberapa orang terdekatnya, dan berpindah ke Mason City. Kejayaan Waltrip juga ternyata menjadi impian. Kapel Radio siap dibina pada bulan Jun tahun 1938. Menjelang Oktober 1938, Waltrip tidak dapat membayar hutangnya. Pada bulan Disember, Waltrip menuntut gaji yang lebih tinggi, walaupun dengan kekurangan pendapatan. Lembaga Pengarahnya meletak jawatan dan membiarkannya menguruskan kewangan. Penyelesaiannya bukanlah membayar gadai janji atau hutang Chapel. Radio Chapel muflis. Khutbah terakhir Waltrip adalah pada Mei 1939. Keluarga Waltrip hidup bersendirian. Wawasan gembira Kathryn tentang dia dan suaminya terbang berulang-alik antara Denver dan Mason City dengan kerjaya dakwah yang berjaya telah musnah sama sekali.

Beberapa tahun berikutnya sangat sukar bagi pasangan itu. Mereka memulakan perjalanan sebagai penginjil keliling, terutamanya tinggal di Midwest. Mereka tidak diterima di banyak tempat kerana sejarah perkahwinan mereka. Iklan awal menyenaraikan Waltrip sebagai penginjil utama. Kemudian sekali-sekala Puan Waltrip juga disebut. Menjelang awal 1940-an, Kathryn Kuhlman Waltrip diberikan panggilan yang sama rata. Akhirnya pada pertengahan 1940-an, Kathryn hanya menggunakan Kathryn Kuhlman dalam mesyuarat di mana beliau merupakan penceramah utama. Pada tahun 1944, Kuhlman melakukan lawatan penginjilan di pantai timur tanpa Waltrip. Ia mungkin keputusan sedar untuk meninggalkannya, atau dia mungkin juga telah mengambil peluang untuk menilai semula hidupnya. Nampaknya ia lebih beransur-ansur apabila Waltrip menulis tentang mereka sebagai pasangan selewat-lewatnya pada tahun 1946. Kuhlman tidak pernah kembali ke Waltrip dan mereka akhirnya bercerai pada tahun 1947. Dia meninggalkan perkahwinannya dan sejak itu bertindak seolah-olah ia tidak pernah wujud pada mulanya.

Pada tahun 1946, Kuhlman diminta untuk berucap di Franklin, Pennsylvania. Beliau diterima baik dan memutuskan untuk tinggal di kawasan itu. Kuhlman mula berkhutbah di siaran radio di Oil City, Pennsylvania. Ini menjadi begitu popular sehingga mereka mendapat liputan di Pittsburgh, dan beliau berkhutbah di seluruh kawasan itu. Beliau mula berkhutbah tentang kuasa penyembuhan Tuhan. Pada tahun 1947, seorang wanita disembuhkan daripada tumor semasa mendengar khutbah Kuhlman. Beberapa hari Ahad kemudian, seorang lelaki juga disembuhkan semasa beliau mengajar tentang Roh Kudus. Beliau kini yakin dengan kerja penyembuhan Tuhan. Satu perkara penting yang perlu diberi perhatian ialah konteks dan masa tempoh kejayaan ini dalam kehidupan Kuhlman. Tahun 1947 merupakan permulaan Kebangkitan Penyembuhan (kadangkala dirujuk sebagai Kebangkitan Hujan Akhir) yang akan berlangsung selama 10 tahun akan datang. Apa yang berlaku dalam mesyuarat Kuhlman sedang meletus di seluruh Amerika Syarikat. Dalam jangka masa inilah Voice of Healing Ministry ditubuhkan dan lelaki seperti William Branham, Oral Roberts, AA Allen dan ramai lagi telah digerakkan ke pentas awam. Kuhlman tidak dikaitkan dengan kumpulan-kumpulan itu, tetapi melangkah masuk ke dalam aliran apa yang sedang dilakukan oleh Roh Tuhan di seluruh negara dan dunia.

Pada tahun 1948, Kuhlman mengadakan beberapa siri mesyuarat di Carnegie Hall di Pittsburgh. Beliau akhirnya berpindah ke Pittsburgh pada tahun 1950, dan terus mengadakan mesyuarat di Carnegie Hall sehingga tahun 1971. Beliau telah digunakan oleh Tuhan untuk membawa mesej karismatik kepada banyak gereja denominasi, termasuk Gereja Katolik. (Beliau menerima banyak kritikan mengenai perkara ini dan dituduh sebagai seorang Katolik tertutup.) Ini adalah tahun-tahun beliau yang paling terkenal. Gayanya sangat flamboyan. Beliau akan mengadakan khidmat mukjizatnya yang terkenal dan auditorium dipenuhi setiap masa. Beliau berada di rancangan radio dan televisyen. Beliau ditahbiskan pada tahun 1968 oleh Evangelical Church Alliance. Beratus-ratus orang disembuhkan dalam mesyuaratnya, dan juga semasa mendengarnya di radio atau televisyen. Orang yang didoakannya sering kali dipukul dengan kuasa Tuhan dan "dibunuh dalam Roh." Kuhlman tidak pernah mendakwa bahawa beliau adalah penyembuh. Beliau sentiasa menunjukkan orang ramai kepada Yesus sebagai penyembuh mereka.

Kuhlman telah didiagnosis dengan masalah jantung pada tahun 1955. Dia mempunyai jadual yang sangat sibuk dan terlalu banyak bekerja, terutamanya pada tahun 1970-an. Dia kerap berulang-alik dari Pittsburgh ke Los Angeles, serta melakukan perjalanan ke seluruh dunia. Jantungnya membesar dan Kuhlman meninggal dunia pada 20 Februari 1976, di Tulsa, selepas pembedahan jantung terbuka. Video beberapa perkhidmatannya masih tersedia dan terus popular sehingga kini.

Lester Sumrall

"Penginjilan, Penyembuhan, dan Pembebasan"

Lester Frank Sumrall dilahirkan pada 15 Februari 1913 di New Orleans, Louisiana kepada George dan Betty Sumrall. Ibunya seorang Kristian yang kuat, tetapi bapanya tidak begitu beriman. Ibunya menyerahkannya kepada Tuhan sebelum Lester dilahirkan dan berdoa agar dia menjadi seorang pendakwah. Dia dilahirkan sebagai anak keenam daripada keluarga yang akhirnya menjadi lapan orang adik-beradik. Betty akan menjemput penginjil keliling untuk tinggal di rumah mereka sementara perjumpaan diadakan di gereja mereka. Ini selalunya bermakna keluarga tambahan untuk diberi makan dan tempat tinggal dan Lester tidak menyukai tekanan yang ditambah kepada isi rumah. Dia memutuskan bahawa dia tidak menyukai penginjil dan pastinya tidak pernah mahu menjadi seorang!

Betty Sumrall merupakan seorang pahlawan doa yang luar biasa dan sentiasa berdoa untuk keluarganya. Lester menyaksikan beberapa peristiwa yang sangat ajaib dalam hidup mereka. Pada suatu hari, dia didiagnosis menghidap kanser payudara. Dia dikelilingi oleh wanita-wanita yang akan mendoakannya secara tetap. Pada waktu malam di tengah-tengah pertempuran ini, Yesus masuk ke biliknya dan menyentuhnya. Dia sembuh sejak itu. Apabila datuk Lester mengalami strok, dia menjadi tidak berupaya. Dia tidak dapat makan atau berpakaian sendiri. Keluarga itu membawanya ke rumah mereka dan Betty memutuskan untuk meminta kumpulan doa wanita mendoakannya. Mereka memimpinnya kepada Kristus dan mula berdoa. Dia berada di atas kerusi roda dan tidak dapat menggerakkan kaki atau lengannya. Kuasa Tuhan datang ke atasnya dan dia bangun dari kerusi roda dan boleh berjalan serta menggerakkan lengannya. Dia pulang ke rumah untuk hidup lima belas tahun lagi bersendirian.

Lester telah bergabung dengan "kumpulan jahat" dan berhenti sekolah pada usia enam belas tahun. Tidak lama kemudian, dia mula mengalami masalah kesihatan dan meludah darah. Dia didiagnosis menghidap tuberkulosis, hukuman mati yang sebenar. Keadaannya semakin teruk dan berat badannya turun kepada 93 paun dan terlantar di atas katil. Sekali lagi ibunya mengumpulkan para pendoa untuk berdoa secara berkala untuk Lester. Pada hari lahirnya yang ketujuh belas, doktor mengisytiharkan bahawa dia akan mati dan juga menulis sijil kematian. Pada malam itu, Tuhan memberi Lester satu penglihatan. Di satu sisi katilnya terdapat sebuah keranda di sisi lain katil terdapat sebuah kitab Bible. Dia diberi pilihan yang jelas - sama ada menyebarkan injil atau mati akibat tuberkulosis pada malam itu! Dia memutuskan untuk menyebarkan injil. Dia sembuh dan keesokan paginya dia makan makanan buat kali pertama.

dalam masa yang lama, dan dalam masa tiga minggu dia telah mengemas begnya untuk memulakan jejak penginjilan. Ia merupakan permulaan yang sukar. Lester dan seorang rakan nelayan, yang turut serta sebagai ketua lagu, pergi ke hutan terpencil di selatan yang dalam. Mereka tidak begitu mahir dan keras terhadap orang ramai semasa Lester menyampaikan khutbahnya. Sesuatu pasti telah berjaya kerana ke mana sahaja dia pergi, dia mendapat kumpulan yang cukup besar untuk memulakan sebuah gereja dan dia akan menghantar seorang pastor kepada denominasinya untuk mendapatkan kumpulan baharu itu. Beratus-ratus orang telah diselamatkan. Melihat kejayaannya, mereka menahbiskannya.

Pada tahun 1931, Tuhan mula menangani motif Lester. Dia bersetuju untuk menyebarkan injil bagi menyelamatkan nyawanya tetapi dia tidak mempunyai keprihatinan yang sebenar terhadap orang ramai. Tuhan memberinya penglihatan tentang ramai orang di negara asing yang akan masuk neraka. Tuhan mematahkan hatinya untuk orang yang sesat pada malam itu. Tuhan memanggilnya untuk menjadi penginjil antarabangsa dan menyebarkan injil ke seluruh dunia. Dia tidak pernah sama lagi. Lapan belas bulan kemudian, Tuhan menghubungkan Lester dengan Howard Carter, seorang guru Bible yang terkenal di peringkat antarabangsa dan mereka mula mengembara ke seluruh dunia bersama-sama. Mereka mengembara ke Australia, Singapura, Hong Kong, Jawa, Hindia Timur Belanda, Tibet, Manchuria, Jepun, Korea, Jerman, Brazil, Bolivia, Perancis, Sepanyol, Portugal, dan England. Mereka akan pergi ke suatu kawasan dan Howard akan pergi ke satu tempat untuk berkhutbah dan Lester ke tempat lain. Beberapa penyembuhan dan pembebasan yang luar biasa mula berlaku dalam pertemuan Lester. Beribu-ribu orang disembuhkan dan diselamatkan.

Semasa perang pada tahun 40-an, Lester kembali ke AS, Mexico, Amerika Tengah dan Selatan. Semasa di Argentina, Lester bertemu dengan seorang lagi mubaligh bernama Louise Layman. Mereka serasi dan berkahwin dua tahun kemudian. Mereka mula berkhidmat sebagai pasangan di Cuba, Haiti dan Puerto Rico. Pada satu ketika, Louise menghidap malaria tetapi Tuhan menyembuhkannya sebagai jawapan kepada doa Lester. Mereka meneruskan perjalanan ke Guyana, Surinam, Brazil, Argentina, Peru, Ecuador, Uruguay dan Panama. Mereka hanya memperlahankan perjalanan apabila Betty hamil dan mereka kembali ke Amerika Syarikat. Tuhan memanggil pasangan itu untuk menubuhkan pangkalan di South Bend, Indiana untuk beberapa tahun akan datang.

Pada tahun 1950, Tuhan memanggil keluarga itu ke Manila, Filipina. Kerja itu sukar sehinggalah seorang gadis yang dirasuk syaitan menjadi berita nasional. Tuhan meminta Lester untuk mendoakannya. Pembebasan dan penyembuhan itu begitu umum dan dramatik sehingga akhbar-akhbar di mana-mana menyiarkan cerita itu. Seluruh negara menjadi terbuka kepada injil. Dia mengadakan pertemuan kebangkitan selama enam minggu dan orang ramai dianggarkan pada suatu malam berjumlah enam puluh ribu orang. Clifton Erickson datang dari Amerika Syarikat untuk membantu dalam pertemuan tersebut. Seratus lima puluh ribu orang telah diselamatkan selama beberapa minggu tersebut. Seorang pelakon terkenal yang tidak dapat berjalan telah disembuhkan yang memberikan lebih banyak perhatian media kepada kumpulan itu. Seorang peguam yang telah menggunakan tongkat selama dua belas tahun berjalan keluar sambil memegang mereka di tangannya dan sembuh sepenuhnya.

Tuhan memanggil keluarga itu kembali ke Amerika Syarikat pada tahun 1960-an untuk memulakan kerja perintis televisyen. Dakwahnya mula didengari di seluruh AS dan dunia. Dia juga memulakan pelayanan untuk memberi makan kepada orang yang kelaparan di seluruh dunia selepas Tuhan memberinya visi yang memanggilnya untuk menjaga orang yang nazak. Dia tetap setia **kepada visi yang Tuhan berikan kepadanya dan pulang ke rumah untuk bersama Tuhan pada 28 April 1996.**

Frank dan Ida Mae Hammond

Frank Davis Hammond (12 Okt. 1921 - 17 Mac 2005) ialah seorang penulis buku berkaitan Kristian, terutamanya mengenai pelayanan pembebasan. Pada tahun 1980, Hammond mengasaskan The Children's Bread Ministry bersama isterinya (dan kadangkala penulis bersama) Ida

Mae Hammond. Hammond ialah alumni Baylor University dan Southwestern Baptist Theological Seminary. Ajaran Hammond mengajar bahawa isu etika seperti kebencian dan gosip – bersama-sama dengan isu-isu seperti makan kompulsif, pelupa, masalah seks, dan penyakit mental – disebabkan oleh syaitan yang memerlukan pelayanan pembebasan, dan semua orang memerlukan pembebasan sedemikian. Dia dan isterinya Ida Mae telah digelar "mungkin pengamal pelayanan pembebasan yang paling berpengaruh."

Buku mereka yang diterbitkan pada tahun 1973, Pigs in the Parlor: A Practical Guide to Deliverance, merupakan antara buku yang paling berpengaruh dalam topik ini, dan telah terjual lebih sejuta naskhah. Buku-buku Hammond telah membantu memindahkan idea-idea pelayanan pembebasan ke dalam Pembaharuan Karismatik Katolik, khususnya konsep pengaruh iblis selain daripada kerasukan iblis yang memerlukan pengusiran roh jahat oleh seorang paderi. Dilahirkan di Terrell, TX pada Oktober 1921, beliau berkahwin dengan Ida Mae Loden (juga dari Terrell) pada tahun 1948. Bibliografi Mengatasi Penolakan (1987) Ikatan Jiwa (1988) Menghadapi Roh-roh yang Biasa: Pemalsuan kepada Roh Kudus (1988) Dipromosikan oleh Tuhan (1989) Peperangan Kita - Melawan Iblis dan Roh Wilayah (1991) Iblis dan Pembebasan dalam Kementerian Yesus (1991) Mengampuni Orang Lain: Kunci kepada Penyembuhan & Pembebasan (1995) Manual untuk Pembebasan Kanak-kanak (1996) Ranjang Perkahwinan (1999) Tuhan Memberi Amaran kepada Amerika (2000) Kisah-kisah Dua Orang Frank: Pengalaman Pembebasan Luar Biasa (2000, bersama Frank Marzullo) Berkat Bapa (2001) Akibat daripada Dosa Seksual (2002) Orang Kuat Ketidakpercayaan (2002, bersama Dorman Duggan) Bahaya Kepasifan (2004) Orang Suci Berperang (2012) Bersama Ida Mae Hammond Pigs in the Parlor: A Practical Guide to Freedance (1973)

Kehidupan Kerajaan untuk Keluarga (1985) Pemecahan Kutukan (1993) Keselesaan untuk Roh yang Terluka (1994) Lihat juga peperangan rohani https://bookpedia.co/writer/frank-hammond

Derek Prince

Peter Derek Vaughan Prince (14 Ogos 1915 – 24 September 2003) ialah seorang guru Bible yang program radio hariannya, *Derek Prince Legacy Radio* , disiarkan di seluruh dunia dalam pelbagai bahasa.

Perkahwinan dan pertumbuhan pelayanannya

Derek Prince bekerja di Faith Tabernacle di Chicago, dan kemudian berpindah ke Good News Church di Ft. Lauderdale, Florida. Pada Mei 1971, Derek Prince Publications membuka pejabat di Ft. Lauderdale, Florida. Derek Prince Publications menjadi Derek Prince Ministries pada Disember 1990.

Putera-putera ini banyak mengembara dalam pelayanan sehingga isterinya Ruth meninggal dunia pada 29 Disember 1998. Senarai negara berikut merangkumi pelayanan mereka dari tahun 1993 hingga 1998. Beberapa negara ini telah dikunjungi lebih daripada sekali: Rusia, Jerman, Kazakhstan, Hungary, Afrika Selatan, Kenya, Indonesia, Malaysia, Singapura, Turki, Poland, Bahrain, Cuba, Colombia, Switzerland, Perancis, Portugal, India dan England.

Beliau merupakan pengarang 51 buah buku, 600 audio dan 100 video, yang kebanyakannya telah diterjemahkan dan diterbitkan dalam lebih 60 bahasa. Antara subjek yang dibincangkan dalam ajarannya ialah doa dan puasa, asas-asas iman Kristian,[5] peperangan rohani,[6] kasih Tuhan serta perkahwinan dan keluarga.[8] Radio hariannya diterjemahkan ke dalam bahasa Arab, Cina (Amoy, Kantonis, Mandarin, Shanghai, Swatow), Croatia, Jerman, Malagasy, Mongolia, Rusia, Tamil, Samoa, Sepanyol, Bahasa Indonesia, Tonga, Telugu, Malayalam, Kannada, Hindi dan banyak lagi bahasa lain. Program radio ini terus menjangkau ramai orang di seluruh dunia.

Derek Prince Ministries meneruskan sepanjang hayatnya untuk menyebarkan ajarannya dan melatih para mubaligh, pemimpin gereja, dan jemaah.

Syaitan dan pembebasan

Sebagai seorang Pentecostal, Prince percaya kepada realiti kuasa rohani yang beroperasi di dunia, dan kuasa syaitan untuk menyebabkan penyakit dan masalah psikologi. Semasa di Seattle, beliau diminta untuk melakukan pengusiran roh jahat ke atas seorang wanita, dan beliau mula percaya bahawa orang Kristian boleh "dirasuk syaitan" (biasanya digambarkan sebagai "dirasuk" oleh syaitan - Prince mengelakkan istilah ini yang membayangkan 'pemilikan'). Ini bertentangan dengan pandangan Pentecostal yang lebih biasa bahawa syaitan boleh "merasuki" orang yang tidak percaya, tetapi hanya boleh "menindas" orang Kristian. Prince percaya bahawa kementerian pembebasannya menggunakan kuasa Tuhan untuk mengalahkan syaitan.

Israel

Kubur Derek Prince di Tanah Perkuburan Antarabangsa Alliance Church, Jerusalem

Prince sangat menentang teologi penggantian. Bukunya The Destiny of Israel and the Church berpendapat bahawa Gereja tidak menggantikan Israel dan perjanjian yang dibuat Tuhan dengan bangsa Israel masih berlaku hingga kini. Prince juga percaya bahawa penciptaan negara Israel adalah penggenapan nubuatan alkitabiah. Derek menyatakan dalam bukunya Promised Land, "Tema utama nubuatan alkitabiah, seperti yang sedang diungkapkan pada zaman kita, berkisar tentang tanah dan umat Israel. Tuhan sedang melaksanakan rancangan-Nya yang telah ditentukan untuk mengumpulkan kembali orang Yahudi dari penyebaran mereka di seluruh dunia dan mengembalikan mereka ke tanah air kuno mereka."

Gerakan Penggembalaan

Prince telah mewujudkan Gerakan Penggembalaan bersama rakan-rakan menteri Don Basham, Bob Mumford, Charles Simpson dan Ern Baxter, yang dikenali sebagai 'Fort Lauderdale Five'. Mereka berusaha untuk mengatasi apa yang dilihat sebagai keterlaluan dalam Gerakan Karismatik, dengan menekankan pemuridan dan penjagaan pastoral. Amalan 'penyerahan peribadi kepada pihak berkuasa rohani' dianggap kontroversi. Hubungan Prince dengan Gerakan Penggembalaan memberikan pendedahan antarabangsa. Selepas meninggalkan gerakan itu, beliau menumpukan perhatian pada pelayanan antarabangsanya sendiri.

Penerbitan

Prince menerbitkan banyak buku dan merakam lebih 600 khutbah pengajaran audio dan 100 pengajaran video.
Buku-bukunya termasuk

- ***Siri Asas* (1966)**
- ***Berdoa untuk Kerajaan* (1970)**
- ***Membentuk Sejarah Melalui Doa dan Puasa* (1973)**
- ***Pelantikan di Baitulmaqdis* (1975)**
- ***Iman untuk Dijalani* (1977)**
- ***Rahmat Mengalah* (1977)**
- ***Perjanjian Perkahwinan* (1978)**
- ***Tanah yang Dijanjikan* (1982)**
- ***Kata-kata Terakhir tentang Timur Tengah* (1982)**
- ***Tuhan Adalah Pencadang Jodoh* (1986)**
- ***Rahmat atau Kutukan: Anda Boleh Pilih* (1990)**
- ***Takdir Israel dan Gereja* (1992)**
- ***Adakah Lidah Anda Perlu Disembuhkan?* (1992)**
- ***Ubat Tuhan untuk Penolakan* (1993)**

- ***Perlindungan daripada Penipuan*** **(1996)**
- ***Mereka Akan Mengusir Syaitan: Apa yang Anda Perlu Tahu tentang Syaitan - Musuh Anda yang Tidak Kelihatan*** **(1998)**
- ***Siapakah Roh Kudus?*** **(1999)**
- ***Suami dan Bapa*** **(2000)**
- ***Penghakiman: Bila? Mengapa? Bagaimana?*** **(2001)**
- ***Melalui Mazmur bersama Derek Prince*** **(2002)**
- ***Perang di Syurga: Pertempuran Epik Tuhan melawan Kejahatan*** **(2003)**
- ***Dibeli dengan Darah*** **(2007, sebelum ini diterbitkan pada tahun 2000 di bawah tajuk** ***Penebusan, Temujanji Anda dengan Tuhan*** **)**
- ***Memasuki Hadirat Tuhan: Melangkaui Pujian dan Kesyukuran kepada Penyembahan Sejati***
- ***Lucifer Terbongkar: Rancangan Iblis untuk Memusnahkan Hidup Anda***
- ***Panduan Kenabian untuk Akhir Zaman*** **(2008)**
- ***Peraturan Penglibatan: Bersedia untuk Peranan Anda dalam Pertempuran Rohani*** **(2006)**
- ***Rahsia Seorang Pahlawan Doa*** **(2009)**
- ***Berubah Seumur Hidup: Bagaimana Mengenali Tuhan dengan Lebih Baik dan Mengasihi-Nya dengan Lebih Banyak*** **(2002)**

https://en.wikipedia.org/wiki/Derek_Prince

Novel Hayes

Dr. Norvel Leon Hayes, 91, meninggal dunia pada hari Sabtu, 6 Oktober 2018, di rumahnya.
Beliau dilahirkan pada 20 April 1927, kepada mendiang Charles dan Arizona Lewis Hayes.
Dia berasal dari keluarga pekerja keras dan petani, dan seiring usia Norvel, dia memulakan pekerjaan pertamanya sebagai budak bas dengan pendapatan $2 sehari. Hari dia mula bekerja, ia mengubah hidupnya. Selama bertahun-tahun, dia menjadi salah seorang ahli perniagaan paling terkenal dan memulakan banyak perniagaan di Indianapolis, Indiana.

Dia bertemu isteri pertamanya, Noreen Langdon, dan mereka dikurniakan seorang anak perempuan, Zona Hayes. Zona adalah anak mata Norvel. Ketika Zona berusia 9 tahun, dia memutuskan untuk kembali ke Cleveland, di mana dia memulakan beberapa restoran dan perniagaan. Dia sebenarnya orang pertama yang membawa piza ke Cleveland. Dia juga memiliki Perkhidmatan Teksi Yellow Cab di Cleveland.

Norvel akhirnya menyerahkan hidupnya kepada Tuhan, dan menjadi salah seorang pendeta injil paling terkenal yang pernah dilihat oleh dunia. Dia mengembara ke seluruh dunia, menyebarkan firman Tuhan dari Hong Kong, ke Afrika, ke Australia, dan banyak lagi negara, termasuk di Amerika Syarikat. Dia memulakan New Life Bible College pada tahun 1977, di mana dia mengajar orang ramai cara untuk memenangi jiwa dan berjalan dengan iman. Dia juga memulakan dapur komuniti pada tahun 1988, yang terletak di Cleveland, di mana dia memberi makan orang ramai setiap hari dengan hidangan panas. Visi itu masih berterusan sehingga kini, memberi makan lebih 1,300 orang sebulan. Norvel juga memulakan Sekolah Bible New Life dan rumah kanak-kanak di India, dan Rumah Bersalin New Life dan Campus Challenge Ministries di beberapa kolej dan universiti. Dia juga mengarang lebih 50 buah buku, dan membuat banyak video dan CD.

Dia bertemu isteri keduanya, Maggie Combs, pada tahun 1980-an. Mereka berkahwin pada tahun 1997, sehingga isterinya pulang untuk bersama Tuhan pada tahun 2016. Selama bertahun-tahun, dan sehingga dia pulang untuk bersama Tuhan, Norvel menjalani kehidupan yang penuh keperibadian dan integriti dan tidak pernah berkompromi dengan apa yang dia rasa Tuhan mahu dia lakukan. Pelayanan yang telah dibinanya akan terus berjalan dan menjangkau dunia sekali lagi melalui cucu perempuannya, Lee Cornelison. Dia akan meneruskan pelayanan dan visi yang Tuhan berikan kepada Norvel, dengan bantuan kakitangan di New Life Bible Church dan Bible College.

Brother Hayes mengasaskan New Life Bible College, yang terletak di Cleveland, Tennessee, pada tahun 1977. New Life Bible Church berkembang daripada perkhidmatan gereja kecil sekolah Bible. Antara pelbagai jangkauannya yang lain, gereja ini menyampaikan Firman Tuhan dan makanan panas setiap hari kepada orang miskin melalui New Life Soup Kitchen.

Brother Hayes juga merupakan pengasas dan presiden New Life Maternity Home, sebuah pelayanan yang didedikasikan untuk keperluan rohani, fizikal dan kewangan gadis-gadis muda semasa kehamilan; Campus Challenge, jangkauan penginjilan di kampus kolej di seluruh Amerika; Street Reach, sebuah pelayanan yang didedikasikan untuk remaja pelarian yang terletak di Daytona Beach, Florida; dan Children's Home, sebuah rumah anak yatim dan pusat pendidikan yang terletak di India.

Dikenali di peringkat antarabangsa kerana penjelasannya yang dinamik tentang Firman Tuhan, Brother Hayes menghabiskan sebahagian besar masanya mengajar dan melayani kuasa pembebasan dan penyembuhan Tuhan di gereja, bilik darjah kolej, konvensyen dan seminar di seluruh dunia.

Pelayanan Dr. Hayes menjangkau lebih daripada lima puluh tahun dan menyentuh beribu-ribu kehidupan, dan beliau pergi bersama Tuhan pada Oktober 2018.

Joseph Ayo Babalola

Joseph Ayo Babalola (25 April 1904 – 26 Julai 1959) merupakan Penginjil Umum pertama Gereja Kerasulan Kristus, yang lebih dikenali sebagai CAC di Nigeria. Beliau dikreditkan dengan kuasa penyembuhan.

Kehidupan awal

Babalola dilahirkan oleh ibu bapa Yoruba di Odo-Owa, Negeri Kwara, Nigeria. Beliau dibesarkan sebagai penganut Anglikan. Beliau berdaftar di sebuah sekolah rendah di Oto-Awori di Jalan Badagry, Negeri Lagos, pada tahun 1914. Beliau sampai ke darjah empat, sebelum menjadi perantis tukang besi dan mempelajarinya selama dua tahun, sebelum menjadi pengendali mesin stim di bawah JKR (Jabatan Kerja Raya), kemudian di bawah kawalan Great Britain, belajar untuk menjadi pemandu mesin stim. Selepas 15 hari belajar memandu ulat stim, beliau dapat memandunya tanpa sebarang bantuan. Selepas sembilan bulan; beliau menjadi pakar dalam kelasnya. Sebuah mesin stim pertama kali diberikan kepadanya pada 1 April 1928 untuk bekerja di jalan Osogbo – Ilesha. Pada 14 Jun 1928, beliau dipindahkan ke jalan Akure – Ilesha. Babalola dibaptis di lagun Lagos pada Disember 1929.

Kementerian dan penyembuhan

Pada tahun 1931, Faith Tabernacle bergabung dengan Gereja Apostolik dengan ibu pejabat am di United Kingdom (dan bukan Gereja Apostolik British, seperti yang disalah anggap oleh sesetengah penulis). Kemudian, susulan perpecahan dalam Gereja Apostolik sekitar tahun 1940, Babalola pergi bersama sebuah kumpulan yang diketuai oleh Pastor JB Akinyele dan DO Odubanjo untuk membentuk sebuah gereja bebas yang baharu, Christ Apostolic Church (CAC), di mana beliau meneruskan aktiviti penyembuhan dan kebangkitan semula sehingga kematiannya. CAC menganggap Babalola sebagai seorang rasul, manakala dalam erti kata sebenar melalui pentahbisan gereja yang sebenar, beliau tidak pernah ditahbiskan secara sejarah ke dalam jawatan itu. Sebuah pusat retret CAC telah dibina di Ipo Arakeji, Negeri Osun di mana Babalola pertama kali dipanggil pada tahun 1928. Walau bagaimanapun, Babalola bukanlah satu-satunya pengasas CAC seperti yang didakwa ramai hari ini tetapi salah seorang daripada tiga Bapa Pengasas CAC.

Gereja Kristus Apostolik tidak mati bersama Rasul Joseph Ayo Babalola pada tahun 1959. Malah, ia telah berkembang pesat selama ini, dengan banyak gereja di bawah nama Gereja Kristus Apostolik tetapi setiap gereja mempunyai nama cawangan tertentu. Universiti Joseph Ayo Babalola (JABU), sebuah universiti swasta Nigeria yang terletak di Ipo Arakeji dan Ikeji-Arakeji, dua komuniti berjiran di Negeri Osun, yang ditubuhkan oleh Gereja Kristus Apostolik (CAC) Seluruh Dunia dinamakan sempena namanya, terletak di tempat di mana beliau mengatakan bahawa beliau dipanggil oleh Tuhan pada tahun 1928.
https://en.wikipedia.org/wiki/Joseph_Ayo_Babalola

Dalam kes penginjil dan aktivis kebangkitan semula Afrika yang hebat, Rasul Joseph Ayodele Babalola, aktiviti ajaib Tuhan telah dinyatakan dengan jelas. Jika Babalola seorang mubaligh kulit putih, orang kulit hitam, malah, orang Afrika mungkin akan menganggap kuasa Roh Kudus sebagai hak milik eksklusif orang kulit putih. Maha Suci Tuhan kerana telah menganugerahkan kepada seorang lelaki kulit hitam yang sebenar kuasa luar biasa Roh Kudus yang dengannya dia dapat memusnahkan kubu kuat aktiviti jahat.

KELAHIRAN, PENDIDIKAN DAN KERJAYA KERJA

Joseph Ayo Babalola dilahirkan di Odo-Owa (Negeri Kwara) pada 25 April 1904. Bapanya ialah Mendiang Pa David Rotimi, Baba Ijo (Presiden Awam) pertama Gereja Anglikan St. Peter di Odo-Owa di Negeri Kwara pada masa kini. Ibunya ialah Madam Marta Talabi.

Anak Ayo adalah anugerah Tuhan kepada ibu bapa yang saleh ini. Bapanya seorang Kristian yang taat yang memperkenalkan agama Kristian ke Odo-Owa dan beberapa kampung sekitarnya. Kelahiran Ayo Babalola adalah luar biasa. Menurut sumber yang boleh dipercayai, sesuatu yang luar biasa berlaku pada hari hamba Tuhan itu dilahirkan, satu bunyi kedengaran dari atas seperti guruh dan menggoncang awan.

Sejak zaman kanak-kanaknya, dia telah menunjukkan tanda-tanda seorang hamba Tuhan yang istimewa. Siasatan mendedahkan bahawa pada zaman kanak-kanaknya dia sering mengucapkan perkara-perkara tertentu yang melebihi kebijaksanaan dan pengetahuan rakan-rakannya. Dia seorang yang murah hati memberi kepada rakan-rakan zaman kanak-kanaknya.

Menjelang 18 Januari 1918, Babalola menemani sepupu pertamanya, Encik MO Rotimi ke Lagos. Sepupunya itu merupakan seorang Katekis di bawah Persatuan Misionari Gereja (CMS) di Ifo, berhampiran Lagos. Semasa di sana, Babalola memulakan pendidikan rendah sebelum kemudiannya dipindahkan ke Sekolah Methodist, Ago Ijaye di Ebute Meta, Lagos. Babalola mengalami kemunduran dalam kehadiran sekolah dan sesi akademik disebabkan oleh perpindahan mentornya yang berterusan dan kerap dari satu lokasi ke lokasi lain. Beliau kemudiannya melanjutkan pelajaran ke Sekolah Anglikan All Saints, Oshogbo di mana beliau berhenti bersekolah di Nigeria Reader IV. (Standard IV).

Pencapaian bukan akademik pertama Babalola adalah latihannya sebagai pengedar dadah di Hospital Afrika Oshogbo. Kemudian, beliau mempelajari seni pandai besi dan mekanik. Selepas itu, Babalola mula belajar memandu roller aliran di bawah Jabatan Kerja Raya (JKR). Beliau dapat membezakan dirinya semasa latihan dan diakhiri dengan penempatan di Ilesha untuk penyelenggaraan jalan Persekutuan Ilesha-Akure. Beliau ditempatkan pada skala gaji empat paun, kira-kira lapan naira sebulan. Beliau mempunyai lebih daripada enam puluh pekerja di bawahnya dan keseluruhan projek itu berada di bawah seliaan seorang lelaki kulit putih bernama Encik Fergusson.

PANGGILAN BABALOLA KE KEMENTERIAN

Semasa Babalola sedang mengendalikan traktor dari igbara-Oke ke Owena dan sebelum sampai ke pekan Ikeji Arakeji, dia sampai di suatu tempat yang dipanggil Sungai Ariran, di mana traktor itu enggan berfungsi. Babalola telah mencuba segala yang ada pada dirinya untuk memastikan traktor itu berfungsi, tetapi semuanya tidak berhasil. Dia memanggil pakar lain termasuk penyelianya, Fergusson, namun mereka tidak dapat memastikannya berfungsi. Tiada kerosakan mekanikal yang kelihatan pada traktor itu, hakikat ini membuatkan Babalola keliru dan resah.

Kira-kira tengah hari pada 9 Oktober 1928, Babalola terdengar satu suara yang memanggil Yusuf! Yusuf!! Yusuf!!! Jika kamu tidak berhenti daripada kerja ini, kamu akan mati tahun ini. Babalola tidak memberi perhatian yang serius kepada suara yang hanya boleh didengarinya itu. Mesej yang sama disampaikan kepadanya dengan cara yang sama pada waktu yang sama pada hari kedua, namun Babalola tidak memberi perhatian yang serius kepadanya. Pada hari ketiga, 11 Oktober 1928, suara yang kedengaran itu bergema lagi bahawa pengayuh sungai tidak akan dipaksa bekerja melainkan Babalola mengemukakan peletakan jawatannya. Klausa inilah yang membuatkan Babalola menjadi serius dan berang. Dia kemudian bertanya siapa yang anda panggil saya dan kerja apa yang anda mahu saya lakukan? Jawapan yang diterimanya ialah jika anda meletakkan jawatan dan meninggalkan kerja itu, saya akan menunjukkan kepada anda apa yang perlu dilakukan.

Babalola bertanya kepada mereka yang bersamanya sama ada mereka mendengar suara itu bercakap dengannya, mereka berkata tidak, kerana mereka hanya mendengar jawapan yang diberikan kepadanya kepada suara itu.
Dia meninggalkan tempat kejadian dan pergi ke kediamannya di Ipetu-Ijesa di mana suara itu sekali lagi mengarahkannya untuk memulakan puasa empat hari tanpa makanan baginya untuk mengetahui siapa yang bercakap dengannya. Pada hari keempat ketika dia masih berpuasa, suara itu memintanya untuk menambah tiga hari lagi menjadikan puasa tujuh hari. Pada hari ketujuh, Babalola menyaksikan lawatan besar oleh Tuhan Yesus Kristus.
Sebelum panggilan itu, Babalola mengalami malam tanpa tidur selama seminggu dalam tempoh ini sehingga dia tidak dapat tidur siang dan malam. Dalam tempoh inilah dia dapat membaca semua kitab Mazmur dari 1-150 satu pencapaian yang dapat dilakukannya tanpa berfikir panjang sehingga terjemahannya ke kemuliaan.

LAWATAN YESUS

Pada malam terakhir puasa tujuh hari itu, Babalola melihat penampakan Tuhan Yesus Kristus yang kelihatan. Biliknya penuh dengan cahaya syurgawi.
Cahaya buatan manusia dari lampu yang diletakkan di atas meja telah dipadamkan. Semua orang lain yang hadir di dalam bilik itu sedang tidur semasa pertemuan Babalola dengan Tuhan Yesus Kristus. Sebaik sahaja dia terjaga, dia menjadi gementar melihat penglihatan yang dilihatnya. Tuhan Yesus datang kepadanya diiringi oleh seorang malaikat yang kepalanya menyentuh langit. Babalola berdiri dalam keadaan tidak berpakaian ketika ditanya sama ada dia mahu makan dan dia menjawab ya. Malaikat yang datang bersama Yesus kemudian menyerahkan kepadanya separuh daripada ketulan ubi yang telah dimasak. Dia diberitahu bahawa separuh lagi daripada ubi itu digunakan untuk memberi makan kepada seluruh manusia.

Pada kunjungan agung ini, Tuhan Yesus memberi Babalola loceng doa tangan dengan penjelasan bahawa bunyi loceng itu akan sentiasa menghalau roh jahat di sekeliling. Yesus Kristus yang berpakaian putih sebelum ini telah menunjukkan sekuntum bunga berkepala tiga kepada Babalola sebagai tanda ilahi. Babalola juga diberi sebatang besi dengan tafsirannya yang diberikan dalam Mazmur 2:8-9. Dia juga diberi sebotol air untuk penyembuhan semua jenis penyakit. Dia diyakinkan bahawa bila-bila masa dan di mana sahaja dia berdoa ke dalam air, penyembuhan afektif akan berlaku.
Babalola diarahkan untuk tidak membincangkan dengan mana-mana orang lain beberapa pesanan dan wahyu yang diberikan Tuhan kepadanya. Dia diberitahu bahawa Tuhan menentang penggunaan ubat-ubatan oleh orang Kristian dan mereka harus mempercayai-Nya untuk penyembuhan ilahi.
Babalola takut akan kehadiran kuasa syaitan dalam masyarakat dan dengan itu membangkitkan isu itu kepada Tuhan. Tetapi dia mendapat jaminan ilahi bahawa semua

kuasa telah diberikan kepada Tuhan Yesus Kristus dan oleh itu tiada kuasa musuh yang dapat mengalahkannya.

TIGA PELEPAS SAWIT

Untuk menunjukkan lagi kuasa Tuhan, Babalola diminta untuk pergi ke tempat di mana dia telah mendirikan tiga pelepah palma kira-kira dua belas hari sebelumnya. Setibanya di sana kemudian, satu telah kering sepenuhnya, yang kedua telah layu manakala yang ketiga masih segar seperti ketika dipotong. Maksud sebenar ditafsirkan kepadanya seperti berikut. Mereka yang enggan menerima injil Yesus Kristus yang diserahkan kepadanya akan menjadi seperti pelepah palma kering yang pertama. Mereka yang menerima injil separuh panas akan menjadi seperti pelepah palma yang layu manakala mereka yang menerima injil sepenuh hati akan menjadi seperti pelepah palma yang segar.

MASUK PERTAMA KE ODOOWA SELEPAS PANGGILAN

Selepas lawatan agung Tuhan Yesus Kristus, Babalola diarahkan oleh Tuhan untuk memulakan puasa sembilan belas hari sebagai persediaan untuk pergi ke Odo-Owa. Apa yang perlu dilakukannya hanyalah dijelaskan sepenuhnya kepadanya. Maka Babalola membuat kemasukan pertamanya ke Odo-Owa, kampung halamannya semasa masih berpuasa menjelang Oktober berakhir 1928. Pada hari pasar itulah dia memasuki bandar itu, seperti yang diarahkan oleh Tuhan, dia telanjang bulat, dia berpakaian daun palma dan mengecat tubuhnya dengan arang. Kebanyakan orang menganggapnya sebagai orang gila.

Dia mula menyebarkan mesej Tuhan kepada orang ramai dan menyeru mereka untuk bertaubat dari perbuatan jahat mereka dan berpaling kepada Tuhan, jika tidak, mereka akan dipukul oleh binatang buas dalam masa tiga puluh lima hari.

Daripada mengindahkan amarannya tentang bahaya yang akan datang di hadapan mereka, penduduk kampung halamannya telah menganiayanya.
Babalola kemudiannya diheret ke hadapan Emir Ilorin yang memindahkan kesnya kepada Pegawai Daerah yang akhirnya menahannya selama dua minggu sebelum memutuskan kesnya. Walau bagaimanapun, Pegawai Daerah ekspatriat itu melepaskan dan membebaskannya kerana dia tidak dapat melihat sebarang bukti untuk membuktikan dakwaan gangguan awam yang ditujukan terhadap Babalola.

Sementara itu, penduduk Odo-Owa telah bersenjata lengkap untuk mempertahankan diri mereka daripada binatang buas yang telah diramalkan oleh Babalola. Tetapi yang mengejutkan mereka, beberapa kejadian selepas dia dibebaskan dan kira-kira pada masa yang disebutnya, "binatang buas" yang muncul ialah penyakit cacar yang digeruni. Hanya mereka yang didoakan oleh Babalola sahaja yang terselamat, semua yang lain mati akibat penyakit itu. Namun kebanyakan orang tidak bersedia untuk menerima mesejnya. Mereka memutuskan untuk membunuhnya dengan menggunakan khidmat seorang pakar herba yang berkuasa yang berjanji untuk menghapuskannya dalam tempoh tujuh hari. Dalam tempoh ini, Babalola berkata dia pernah melihat makhluk jahat mengikutinya tetapi pada satu masa seorang malaikat Tuhan tiba-tiba muncul dan memusnahkan kuasa jahat. Apabila pada akhir hari ketujuh, Babalola masih hidup, pakar herba itu dipanggil sekali lagi ke istana untuk menjelaskan mengapa dia tidak dapat membunuhnya seperti yang dijanjikan sebelum ini. Pakar herba itu hanya memberitahu orang ramai untuk meninggalkan Babalola sendirian dan hanya Tuhan yang boleh membunuhnya.

Pada masa ini, Babalola biasa mengadakan pertemuan doanya di Gereja Anglikan di mana bapanya merupakan Presiden awam. Ramai orang menghadiri pertemuan tersebut hasil daripada tanda-tanda dan keajaiban yang biasanya mereka saksikan di sana. Di sini sekali lagi, penganiayaan timbul terhadapnya. Petisyen telah sampai kepada Uskup Smith yang bertanggungjawab ke atas Keuskupan tempat Diakoni Agung Ilorin berada, bahawa gereja di Ilofa telah dirampas oleh para penglihatan, mereka yang bertutur dalam bahasa roh dan mereka yang berdoa dengan bergelora. Kuasa Pentakosta dengan tanda-tanda dan keajaiban yang boleh membawa berkat rohani dan material kepada gereja tempatan telah dihalang sama sekali. Babalola dan pengikutnya didakwa diperintahkan oleh Uskup Smith untuk meninggalkan gereja. Babalola mula menganjurkan doa tetapnya di sebuah apartmen persendirian milik Encik Oluyemi, Pembaca Awam Gereja. Dari sini Tuhan biasa menunjukkan kuasa-Nya melalui Babalola di Ilofa dan kawasan sekitarnya.

Instrumen penghormatan yang digunakan Tuhan dalam menghubungkan Babalola dengan dunia luar adalah seorang Elder berasal dari Ilofa, David Ajibola, yang merupakan ahli kumpulan Faith Tabernacle dan yang ketika itu menetap di Ibadan. Dia menjemput Babalola ke Ibadan dan selepas itu dia menghubungi Pastor DO Odubanjo dari Ibu Pejabat Mubaligh kumpulan itu di Lagos.

Menjelang November 1929, Babalola telah mengadakan pertemuan dengan saudara-saudara di Lagos. Beliau menjelaskan butiran penuh tentang panggilan pelayanannya kepada pihak berkuasa Jemaah Faith Tabernacle dan mereka berdua bersetuju tentang doktrin-doktrin Bible yang kukuh. Akibatnya, Babalola telah dibaptis di Lagos oleh Pastor JB l. Shadare (alias Esinsinade). Selepas pembaptisan air, beliau bertolak ke Odo-Owa bersama Elder (Kemudian Pastor JA Medaiyese).

Di tanah air, Pastor KP Titus, seorang paderi di SIM (Gereja ECWA) menjemputnya untuk program kebangkitan di kawasan Yagba di Negeri Kogi sekarang. Tuhan menggunakan Babalola yang perkasa. Dia tidak memanfaatkan kejayaan yang dicatatkan dalam program kebangkitan tersebut untuk memulakan sebuah gereja baharu sendiri. Dia lebih suka memberitahu pengikutnya tentang keahliannya dalam Jemaah Faith Tabernacle. Memandangkan dia masih baharu dalam jemaah, dia memutuskan untuk melawat pihak berkuasa di Lagos dengan tujuan untuk menjadi lebih biasa dengan doktrin, prinsip dan prosedur pentadbiran gereja. Dia menulis surat yang menunjukkan minatnya untuk melawat Lagos untuk tujuan itu. Sebagai balasan kepada surat itu, dia diminta untuk menunggu pihak berkuasa yang berkenaan di Ibadan.

Pihak berkuasa Faith Tabernacle ingin menggunakan peluang pertemuan penting di Ilesha untuk memperkenalkan Babalola kepada jemaah di Ilesha, dan juga membiarkannya pergi ke Ibu Pejabat Umum gereja di Ijebu-Ode selepas itu untuk tujuan mempelajari lebih lanjut tentang doktrin gereja. Jadi sebagai balasan kepada permintaannya, dia diminta untuk menunggu delegasi Lagos di kediaman mendiang Pastor IB Akinyele (yang kemudiannya menjadi Olubadan Ibadan dan Presiden pertama Gereja Kerasulan Kristus).

Mesyuarat Ilesha pada asasnya bertujuan untuk menjadi mesyuarat perdamaian yang bersifat pendamaian. Terdapat salah faham antara mendiang Pastor JA Babatope yang mengetuai Ibu Pejabat Kawasan Ilesha bagi Jemaah Faith Tabernacle dan isu poligami antara lain. Untuk menyelesaikan pertikaian tersebut dengan cepat, mesyuarat Ilesha telah diatur. Walau bagaimanapun, ia ternyata merupakan peristiwa terhebat yang pernah disaksikan dalam sejarah agama Kristian di Nigeria.

KEBANGKITAN SEMPURNA 1930

Mesyuarat keamanan itu dijadualkan diadakan pada 9 dan 10 Julai 1930 dengan dua puluh empat perkara dalam agenda. Perkara teratas dalam senarai agenda ialah isu poligami bagi orang Kristian manakala perkara kedua berkaitan dengan penggunaan perubatan untuk penyembuhan oleh orang Kristian. Para perwakilan sedang mempertimbangkan perkara kedua apabila Tuhan yang hidup memutuskan untuk mengubah hari tersebut menjadi hari Pentakosta Nigeria. Seorang kanak-kanak yang mati sedang dibawa ke premis gereja yang mengalih perhatian perhatian mereka yang menyertai mesyuarat keamanan itu.

Kanak-kanak yang mati bernama Obi Ogundipe baru berusia 10 tahun.

Ibunya terpaksa menggunakan khidmat penyembah berhala dengan tujuan untuk menghidupkan semula anaknya tetapi semuanya sia-sia. Bertekad untuk tidak berpisah dengan anak tunggalnya, dan sudah tentu, agar kemuliaan Tuhan dimanifestasikan sepenuhnya, dia berkeras untuk membawa anaknya yang telah meninggal dunia ke gereja Oke-Oye sekurang-kurangnya untuk melihat apa yang boleh dilakukan oleh apa yang dipanggil "agama orang kulit putih". Apabila mayat itu akhirnya dibawa ke arena gereja, keadaan menjadi kecoh di mana-mana. Babalola yang ditempatkan di bilik berasingan digerakkan oleh roh Tuhan untuk menghentikan keadaan. Dan dengan sokongan dan dorongan daripada para menteri Tuhan yang hadir, dia bertindak. Nabi Babalola memerintahkan agar budak lelaki yang telah meninggal dunia itu diletakkan di bawah platform tempat dia akan berdiri untuk menjalankan upacara kebangkitan hari itu. Pada akhir upacara, Babalola turun dari platform dan terus pergi untuk merawat mayat itu. Dia memanggil nama budak lelaki itu tiga kali, menuangkan air dengan loceng tangan kepadanya dan tiba-tiba dan secara ajaib, budak lelaki yang telah meninggal dunia itu menjawab namanya sendiri—dia telah hidup semula!

Pembangkitan kanak-kanak yang ajaib ini mendorong ibu kanak-kanak itu untuk meninggalkan penyembahan berhala, membawa semua berhalanya untuk dibakar. Ramai orang mula menyebarkan berita bahawa seorang nabi yang hebat telah datang ke Ilesha. Maklumat itu membuatkan ramai orang bergegas ke tempat kejadian di Jalan Oke-Oye di Ilesha. Peristiwa-peristiwa berikutnya tidak dapat membolehkan para perwakilan meneruskan perbincangan mereka. Fenomena Pentakosta menamatkan mesyuarat secara tiba-tiba.

Orang ramai semakin ramai dan mereka terpaksa dipindahkan ke kawasan semak yang lebih luas. Orang ramai menggunakan kaki mereka untuk menyikat semua semak di sekitar kawasan kebangkitan terbuka. Tanda-tanda dan keajaiban menjadi kebiasaan pada hari itu. Penyembuhan ajaib telah direkodkan melalui penggunaan loceng doa dan minum dari sungai yang disucikan (Omi Ayo) yang diarahkan oleh Tuhan kepada Babalola untuk tujuan tersebut.

Kuasa dari tempat tinggi turun kepada Nabi. Orang buta dapat melihat, orang tempang mula berjalan, orang pekak dapat mendengar, orang bisu dapat berkata-kata. Orang gila mendapat pembebasan mereka. Orang kusta menjadi tahir. Wanita yang mandul selama bertahun-tahun menjadi subur.

Kehamilan yang telah lewat tempoh telah dilahirkan dengan aman. Penzina, pemabuk, perokok datang untuk bertaubat. Ramai orang jahat yang datang untuk menggoda kuasa Tuhan di Babalola telah ditangkap oleh Roh Tuhan, dan mereka mengakui perbuatan memalukan mereka, menyerahkan azimat mereka untuk dibakar di tanah kebangkitan.

Kebanyakan pesakit di pelbagai hospital dan rumah penyembuhan dibawa ke tempat pemulihan dan mereka menerima penyembuhan mereka. Beribu-ribu orang datang ke tempat pemulihan dengan berjalan kaki dari tempat yang jauh. Kuasa Tuhan dimanifestasikan dengan ketara apabila embun turun ke atas orang ramai walaupun matahari bersinar pada siang hari.

Tuhan mewahyukan kepada Babalola tentang keperluan untuk membakar sebatang pokok besar di hadapan pemerintah tradisional Ilesha-Owa dari Ijeshaland. Pokok itu dikhuatiri menjadi tempat pertemuan ahli sihir dan penyihir. Terdapat beberapa paderi juju yang biasanya mempersembahkan korban kepada syaitan yang tinggal di dalam pokok besar itu. Apabila Babalola membakar pokok itu, ramai orang menyangka bahawa itu akan menjadi pengakhiran hayatnya. Tetapi tiada apa-apa yang negatif berlaku kepada nabi dan pengikutnya. Pelayanannya terus menjadi lebih kuat untuk kemuliaan Tuhan. Peristiwa tunggal itu membuatkan Raja, ketua-ketua tingginya dan tokoh-tokoh penting di bandar itu lebih menghormati Nabi Babalola.

Gereja-gereja yang sedia ada di Ilesha dan kawasan sekitarnya hampir lengang apabila para jemaah memenuhi kawasan pemulihan untuk menerima ajaran dan berkat rohani daripada hamba Tuhan itu. Kebanyakan mereka tiba-tiba menyedari kepentingan Bible Suci. Mereka yang memiliki Bible mula mencari dan membersihkannya untuk digunakan manakala mereka yang tidak pernah memiliki salinan mereka sendiri. Walau bagaimanapun, kebangkitan itu menimbulkan kepahitan daripada organisasi keagamaan seperti Anglikan, Methodist, Katolik Rom dan Baptis. Mereka tidak gembira kehilangan ahli mereka akibat kebangkitan yang meluas.

Kebanyakan ahli gereja ortodoks yang ditinggalkan telah dianiaya dalam bidang cukai pendapatan, keengganan untuk mendaftarkan kanak-kanak di sekolah rendah mereka dan penamatan pelantikan pekerjaan. Berita baiknya, sudah tentu, para mualaf itu menemui perkenan Tuhan dalam semua yang mereka lakukan.

PENYEBARAN KEBANGKITAN KE TEMPAT LAIN

Ramai orang yang datang ke tempat kebangkitan kembali kembali ke bandar masing-masing untuk menyebarkan berita baik. Akibatnya, mereka telah membasahkan tanah untuk bersedia menjadi tuan rumah sekiranya nabi itu melawat bandar mereka sendiri. Namun Nabi Babalola tidak begitu sahaja memutuskan untuk pergi ke mana-mana melainkan jika Roh Tuhan mengarahkannya. Dan selepas program kebangkitan Ilesha, baginda terus dibawa ke Odo-Owa, kampung halamannya pada 1 September 1930. Baginda menyerahkan khidmat kebangkitan Ilesha kepada Nabi Daniel Orekoya. Sebaik sahaja orang ramai mengetahui niatnya untuk pergi ke Odo-Owa, kebanyakan mereka mengikutinya. Malangnya, orang Odo-Owa pada tempoh ini belum bersedia untuk menerima berita baik. Tidak lama kemudian, Babalola dibawa ke tempat yang sunyi kira-kira 60 kilometer dari bandar utama. Di sana, baginda tidak melihat sesiapa pun, baginda bersendirian dengan Tuhan yang hidup menerima arahan daripada bala tentera syurgawi. Baginda kemudiannya diarahkan untuk kembali ke bandar utama kerana pelawat dari tempat lain telah berkumpul untuk berjumpa dengannya. Selepas itu, baginda pergi ke puncak bukit yang kini dikenali sebagai Gunung Sembah Rasul Ayo Babalola di Odo-Owa.

Dari Odo-Owa, Babalola diarahkan untuk pergi ke Offa di Negeri Kwara pada masa kini. Orang Islam di bandar itu meminta bantuan Pegawai Daerah untuk membawanya keluar dari bandar itu kerana mereka bimbang kehadirannya mungkin menjejaskan agama mereka secara negatif.

Dari Offa, Nabi Babalola pergi ke Usi di Negeri Ekiti pada masa kini. Baginda disambut khas oleh orang-orang yang telah menyaksikan kebangkitan semula Ilesha sebelum ini. Setibanya di Usi, baginda dibawa ke sebatang pokok di mana sebatang pokok yang sebelum ini telah ditebang tetapi telah bangkit semula untuk berdiri tegak. Setibanya di tempat itu, Babalola dan pengikutnya berdoa dengan bersungguh-sungguh dan selepas itu menebang pokok itu sehingga tidak pernah bangkit lagi.

Dari Usi, baginda pergi ke Efon-Alaye juga di Negeri Ekiti sekarang. Pemerintah tradisional bandar itu, Alaaye, telah meminta Nabi Babalola dan pengikutnya agar tidak memasuki rumah lain untuk penginapan selain istananya. Atas permintaan ini, abdi Tuhan itu menghantar pesanan kepada raja bahawa pengiringnya ramai dan jika dibenarkan datang ke istana, mereka boleh merosakkan tempat itu. Tetapi Alaaye itu berkeras, baginda menjawab sekali lagi bahawa walaupun pengikutnya mencemarkan istana, baginda tidak keberatan menggunakan tangannya sendiri untuk membersihkannya. Ini menyebabkan Nabi terus datang ke istana dan menduduki apartmen tingkat atas yang telah dikhaskan untuknya dan pengikutnya.

Apabila kebangkitan bermula, adalah penting untuk mencari tanah lapang yang luas untuk kebangkitan. Untuk ini, Raja memberi Nabi kebebasan sepenuhnya untuk memilih mana-mana tapak yang dianggapnya sesuai di seluruh bandar. Dan apabila nabi membuat pilihan tempat yang dipanggil "Igbo

Airo" (hutan simpanan), raja dan penduduk bandar menjadi takut. Mereka memujuk Nabi untuk tidak memilih tapak itu kerana sifatnya yang misteri. Dikhuatiri tiada siapa yang akan membersihkan semak dan terselamat daripada proses itu. Tetapi demi kemuliaan Tuhan, Babalola dan pengikutnya membersihkan semak dan mengubah tempat itu menjadi tempat kebangkitan terbuka dan tempat sembahyang. Tiada apa-apa yang negatif berlaku kepada mana-mana daripada mereka akibat pembersihan semak itu.

Nabi Babalola kemudian mengarahkan setiap orang yang memiliki berhala dan azimat untuk membakarnya. Sambutan itu menggalakkan sehingga Raja ketakutan, tetapi apabila nabi memberitahunya untuk tidak risau, Alaaye sendiri membawa keluar semua berhala dan azimat di istana untuk dimusnahkan sepenuhnya.

Tanda-tanda dan keajaiban-keajaiban segera menyusul. Banyak keajaiban telah berlaku dan ini telah menarik ramai orang ke Efon-Alaaye. Penduduk bandar itu memeluk agama Kristian secara besar-besaran. Raja itu dibaptis dan namanya ditukar kepada Solomon Aladejare Agunsoye - Raja yang meninggalkan azimat asli untuk menerima air yang memberi kehidupan. Raja itu tidak berhenti di situ, malah beliau juga menyampaikan mesej keselamatan kepada sahabatnya, Raja Aramoko, yang juga dibaptis dengan nama Hezekiah Adeoye.

Dari Efon-Alaaye, Nabi Babalola dapat menyebarkan injil Yesus Kristus ke seluruh bahagian Ekiti, Akoko, Owo dengan berkesan.

PENJARA RASUL BABALOLA

Semasa tempoh prapaskah tahun 1932, Nabi Babalola berada di kampung halamannya, Odo-Owa untuk sembahyang. Di sanalah waran tangkap dikeluarkan terhadapnya. Satu tuduhan palsu yang dibuat terhadapnya oleh dua wanita di Otuo (kini di Negeri Edo) yang mendakwa bahawa Babalola memaksa mereka minum herba tempatan beracun yang digunakan untuk mengesan kerasukan ilmu sihir dan yang telah pun diharamkan oleh kerajaan. Walaupun penafian ikhlas tentang penglibatannya dalam latihan sedemikian dan bahawa dia tidak pernah bertemu dengan mana-mana wanita itu, Babalola telah dipenjarakan selama enam bulan di Penjara Benin. Adalah penting untuk ditekankan di sini bahawa Tuhan telah memaklumkan Babalola untuk bersedia pergi ke tempat yang tidak selesa bagi menyelamatkan seorang personaliti yang bermaruah. Dan apabila Babalola sampai di penjara, Tuhan mendedahkan orang itu, seorang lelaki Yunani bernama Encik Cyprian E. Ufon. Kesihatannya telah merosot tetapi apabila Babalola berdoa untuknya, dia menerima penyembuhannya serta-merta.

Kawasan penjara tidak dapat menampung aktiviti dakwah Babalola kerana tempat kurungan itu menjadi pusat kebangkitan dan penyembuhan yang lain. Penjaga penjara mendapat banyak manfaat daripada kehadirannya kerana mereka membawa saudara-mara mereka juga untuk berdoa. Apabila Pastor George Perfect dan Idris Vanghan datang ke Nigeria dari Eropah, dalam aktiviti dakwah, mereka dipimpin oleh Pastor JA Babatope untuk melihat Nabi Babalola di kawasan penjara.

Babalola sebelum ini bersetuju untuk mengikuti Encik Ufon ke kampung halamannya, Greek di Calabar selepas meninggalkan penjara. Walau bagaimanapun, Babalola terpaksa pergi ke Efon-Alaaye apabila beliau meninggalkan penjara. Dari Efonlah beliau dan Encik Ufon pergi ke Calabar untuk program kebangkitan semula. Tidak syak lagi, Tuhan menggunakan pemenjaraannya untuk membuka aktiviti dakwahnya ke bahagian timur Nigeria. Adalah wajar untuk dinyatakan di sini bahawa Babalola menerima sambutan hebat dari penjara oleh penduduk Efon-Alaaye dan Tuhan yang hidup membuka langit untuk hujan yang telah turun untuk tempoh yang lebih lama sebelum waktu itu.

Apabila Nabi Babalola kembali dari perjalanan dakwahnya ke Calabar, baginda mula menetap sedikit. Menjelang tahun 1935, baginda berkahwin dengan Dorcas dan perkahwinan itu dikurniakan tiga orang anak perempuan iaitu Apeke, Wura dan Abiye.

Pada tahun 1936, Babalola pergi ke Ghana (dahulunya Gold Coast) bersama Evangelist Timothy Bababusuyi. Mereka yang telah menyaksikan kebangkitan semula Ilesha yang hebat dapat mengenali beliau dan dengan cepat menyertai menggerakkan orang ramai untuk kempen evangelis yang berjaya sebelum kembali ke Nigeria.

SIFAT-SIFAT KEPIMPINAN

i. Kerendahan Hati: Rasul Ayo Babalola adalah seorang hamba Tuhan yang rendah hati. Dia tidak pernah membiarkan dirinya dikuasai oleh kesombongan. Walaupun pada peringkat awal panggilannya, dia tidak berusaha untuk membentuk organisasi keagamaannya sendiri. Dia menghormati semua orang terutamanya orang tua. Dia tidak pernah mengejek sesiapa sahaja yang datang bersamanya secara terbuka.

ii. Keramahan: Sebagai seorang pemimpin, Nabi Babalola mengamalkan dan mengajar pengikutnya tentang keperluan untuk menunjukkan belas kasihan dan kebaikan kepada orang ramai. Apa sahaja yang dimilikinya, baginda berkongsi dengan orang yang berhubung dengannya. Baginda sangat pemurah kepada orang miskin, balu dan orang yang memerlukan dalam masyarakat. Baginda menaja majlis perkahwinan ramai lelaki di bawah kementeriannya. Memandangkan baginda menerima hadiah daripada semua lapisan masyarakat, baginda juga berkongsi dengan murah hati. Baginda tidak mempunyai simpanan peribadi, pakaiannya tidak mempunyai poket. Menjelang kematian hamba Tuhan yang hebat ini, satu-satunya wang yang terdapat di dalam beg tangannya (dua puluh tiga paun (kira-kira Empat Puluh Enam Naira) adalah satu-satunya wang yang dimilikinya. Baginda tidak memperoleh sebarang harta tanah. Semua yang dimilikinya digunakan untuk memberkati

orang di sekelilingnya. Satu-satunya rumah yang dimilikinya dibina untuknya oleh penduduk Efon-Alaaye.

iii. Doa: Rasul Babalola menunjukkan bahawa doa adalah kunci utama yang mampu membuka khazanah Tuhan. Dia akan berdoa dan berdoa selama berjam-jam tanpa menunjukkan sebarang tanda keletihan. Malah pada malam sebelum perjalanan bersejarah ke Ilesha untuk kebangunan rohani yang hebat, Pastor I.

B. Akinyele (Presiden pertama CAC dan bekas Olubadan Ibadan) yang menjadi tuan rumah kepada Babalola pada malam itu menceritakan bagaimana Rasul berdoa dengan kuat dengan suaranya bergema lebih daripada ribuan guruh. Baginda menyeru pengikut dan rakan-rakannya untuk berdoa tanpa henti. Nabi Babalola akan berundur ke gunung-ganang terpilih untuk berdoa. Bukit-bukit doa yang sering digunakannya termasuk Ido Ajinare, Erio, Efon Alaaye di Negeri Ekiti sekarang.

Dalam salah satu sesi doa Rasul di bukit Ido-Ajinare, Ido-Ile (Negeri Ekiti), seekor ular sawa besar merangkak ke arahnya dengan tujuan untuk mencederakan hamba Tuhan itu tetapi bahang di dalam badan nabi itu menjadi beracun kepada ular berbahaya itu yang kemudiannya menyebabkannya mati dan kering serta-merta.

iv. Puasa: Puasa merupakan senjata yang ampuh dalam pelayanan Rasul Ayo Babalola. Malah pada

permulaan pelayanan awamnya, beliau sedang berpuasa apabila tiba di kampung halamannya, Odo-Owa.
Dalam banyak kesempatan, baginda memulakan puasa empat puluh hari, selain daripada puasa Prapaskah 40 hari yang hampir dilembagakannya. Rabu dan Jumaat dipilih sebagai hari puasa untuk pembaharuan kuasa oleh tokoh kebangkitan semula yang hebat itu.

v. Pembelajaran Bible: Aset terbesar Ayo Babalola terletak pada firman Tuhan. Dia tidak pernah membiarkan jadualnya yang sibuk mengalihkan perhatiannya daripada pembelajaran Bible yang teliti. Dia boleh membaca kitab Mazmur dari 1 – 150 secara tiba-tiba.

vi. Kerjasama dengan Roh Kudus: Rasul Ayo Babalola menganggap Roh Kudus sebagai rakan kongsi seniornya. Dia tidak pernah membuat sebarang keputusan dalam pelayanan tanpa terlebih dahulu mencari bimbingan rohani.

TERJEMAHANNYA KEPADA GREAT BEYOND

Pengangkatan Rasul Babalola ke alam baka telah mengejutkan ramai orang. Dia tidak sakit, dia sihat dan bertenaga serta aktif dalam pelayanan awamnya. Pada masa lalu, terdapat beberapa peristiwa apabila Tuhan menyatakan rancangan-Nya untuk membawanya pergi kerana salah laku sesetengah orang di sekelilingnya. Walau bagaimanapun, selepas beberapa siri doa untuk pengampunan, Tuhan menyelamatkan nyawanya sekali lagi. Tetapi kali ini, tiada pandangan sedemikian diberikan dan oleh itu ia datang seperti kilatan dari kesedihan.

Pada pertengahan Julai 1959, Rasul Babalola meninggalkan Odo-Owa menuju ke Sapele dan Warri dengan tujuan untuk menyelesaikan beberapa pertikaian dalam lingkungan gereja tempatan dan juga menjalankan kempen evangelis di Negeri

Delta sekarang. Selepas itu, beliau pergi ke Ibadan pada 24 Julai 1959 untuk mesyuarat Jawatankuasa Eksekutif Pusat Gereja di Olugbode, Ibadan.

Rasul Babalola berdoa seperti biasa untuk semua lapisan masyarakat. Sebelum meninggalkan Ibadan menuju ke Ede, adik perempuannya, Allahyarham Puan Orangun, bertanya kepadanya bilakah dia akan melawat Ibadan seterusnya dan Nabi menjawabnya seolah-olah bergurau bahawa dia tidak akan datang ke Ibadan lagi.

Dari Ibadan, Rasul Babalola singgah di Sekona dan selepas itu menuju ke Ede pada 25 Julai 1959. Baginda menghabiskan malam Sabtu sebagai tetamu Almarhum Nabi Akande (Baba Abiye).
Pada 26 Julai 1959, Nabi Babalola menghadiri Kebaktian Ahad di CAC Oke Talafia,

Ede di mana beliau membaca doa pertama bersama orang kanannya yang berkebolehan, Pastor Medayese, yang menyampaikan khutbah. Selepas Kebaktian Ahad, Nabi Babalola berucap kepada para perwakilan dari pelbagai daerah gereja yang telah berkumpul di Ede untuk membincangkan pusat bersalin gereja. Selepas itu, baginda berundur ke bilik penginapannya. Tuan rumahnya, Pastor Akande, merasakan bahawa dia selsema, lalu membuatkan teh untuk Nabi Babalola dan memberinya banyak kain penutup. Sementara itu, Pastor Babajide, Pastor Odutola dan Pastor Medayese telah memasuki bilik untuk mendoakannya. Semasa berdoa, Rasul sendiri berdoa dengan kuat dan mengucapkan rahmat dan ketiga-tiga pastor meninggalkannya di dalam bilik.

Tidak lama selepas solat kira-kira jam 5:00 petang pada hari yang malang itu, 26 Julai 1959, Rasul Babalola berseru dengan suara yang kuat: atas nama Bapa, Anak dan Roh

Kudus dan baginda meninggal dunia ke alam baka. Dua orang pengikut yang bersama baginda di dalam bilik itu, Michael Osabi dan Samuel Oluwatusin, teringat bagaimana seluruh bilik itu digoncang sehingga ke asasnya pada masa kematiannya. Berdasarkan arahannya yang cemerlang, Nabi Babalola dibawa ke Efon-Alaaye pada hari yang sama. Berita kematiannya yang mengejut tersebar seperti api liar ke seluruh pelosok negara. Para penyokong berpusu-pusu ke Efon-Alaaye dalam jumlah yang besar.

Rasul Babalola telah dikebumikan di sebelah kubur bapanya di Sekolah Rendah St. Stephen, Efon Alaaye pada 27 Julai 1959. Walaupun beliau telah meninggal dunia, karya-karyanya terus berbicara dan kehidupannya terus menjadi sumber inspirasi kepada ramai orang yang mempercayai kuasa Pentakosta sejak dahulu lagi.

Robert W. Schambach

Dia menyampaikan khutbah-khutbah iman yang tidak kenal kompromi, diikuti dengan banyak tanda dan mujizat.

Robert W. Schambach ialah seorang penginjil televisyen, pastor, penyembuh iman dan penulis Amerika. Program televisyennya, *Power Today* , boleh ditonton di rangkaian TV Kristian DayStar serta melalui internet dalam penstriman podcast.

Kelahiran dan Kehidupan Awal

Robert W. Schambach dilahirkan pada 3 April 1926, di Harrisburg, Pennsylvania, kepada Harry Ellsworth dan Ann Moyer Schambach.

Seorang pemuda yang peramah, dia dilahirkan semula di sudut jalan apabila seorang penginjil (CM Ward) memberikan panggilan altar selepas menyebarkan Injil

Yesus Kristus kepada orang ramai yang berkumpul. Robert segera merasakan panggilan untuk berdakwah, tetapi memutuskan untuk mengejar impian lain terlebih dahulu. Akhirnya dia menyertai Tentera Laut AS, dan berkhidmat sebagai pembuat dandang tentera laut di sebuah kapal pemusnah di Pasifik Selatan dan Asia semasa Perang Dunia II. Selepas melihat Tuhan memelihara nyawanya semasa banyak pertemuan berbahaya dan menyaksikan penghantaran pulang tawanan perang Amerika, RW menyerah sepenuhnya kepada Tuhan dan bertekad untuk menyebarkan Injil ke mana sahaja Tuhan mengutusnya, untuk melihat orang lain dibebaskan dari penjara dan ikatan dosa dan menemui kegembiraan kebebasan sejati melalui Kristus.

Kementerian

Sepulang dari perang, Schambach mendaftar di sekolah Bible, di mana beliau bertemu dan berkahwin dengan isterinya, Winnie. Beliau ditahbiskan oleh CM Ward dan mula menjadi pastor di sebuah gereja. Beliau menerima latihan formalnya di Central Bible Institute di Springfield, Missouri, pada pertengahan 1940-an.

Robert dipengaruhi oleh perang salib khemah TL Osborn dan kemudiannya oleh AA Allen. Banyak mukjizat yang luar biasa telah dicapai melalui pelayanan orang-orang ini dan RW tahu bahawa Tuhan telah memanggilnya untuk menjadi sebahagian daripada ini. Apabila salah satu perang salib AA Allen berakhir, dia bertanya
RW untuk menjadi sebahagian daripada pasukannya. Ini bermula beberapa tahun perjalanan ke seluruh AS membantu perang salib, menyampaikan beberapa khidmat masyarakat, dan melakukan kerja-kerja pendahuluan. Akhirnya, dia merasakan Tuhan memanggilnya untuk memulakan pelayanannya sendiri. Dia mengasaskan 4 'gereja khemah' di

bandar-bandar besar dan memulakan program radio popularnya, The Voice of Power. Ungkapan khasnya, "Anda tidak mempunyai sebarang masalah. Apa yang anda perlukan hanyalah iman kepada Tuhan" telah membangkitkan iman dalam kalangan ramai orang.

Pelayanan Saudara Schambach kepada mereka yang terluka telah diterima di banyak negara di dunia: di seluruh Eropah, Rusia, India, Asia, Filipina, Afrika, Hindia Barat, Amerika Tengah, dan Amerika Selatan. Beliau terus bekerjasama dari segi kewangan dengan penubuhan gereja dan sekolah Bible di Rusia dan China; dengan rumah anak yatim di Indonesia dan Haiti; dengan jangkauan bandar mega di Bandar Mexico; dan dengan jangkauan bandar di Bandar New York. Dia menyampaikan firman iman yang tidak kenal kompromi, diikuti dengan tanda-tanda dan mujizat-mujizat.

Kehidupan dan Kematian Keluarga

Schambach telah berkahwin dengan Mary Winifred Donald (lahir pada 3 September 1926, di Philadelphia, Pennsylvania). Dia bertemu dengannya semasa dia menjadi pelajar di Eastern Bible Institute of the Assemblies of God di Valley Forge, Pennsylvania, pada tahun berikutnya, apabila pada 4 September 1948, (hanya 1 hari selepas hari lahir Mary), pasangan itu berkahwin, dan dikurniakan dua orang anak lelaki dan seorang anak perempuan: Bobby, Bruce dan Donna.

Donna Schambach ialah seorang pastor dan penyembuh iman di kawasan Tyler.

Schambach mempunyai enam orang cucu: Rachel, Bobby III, Mark, Amanda dan Christi.

Dia telah berkahwin dengan isterinya selama 61 tahun sebelum isterinya meninggal dunia akibat sebab semula jadi di Tyler, Texas, pada 20 April 2010, pada usia 83 tahun.

Dua tahun kemudian (17 Januari 2012), Schambach meninggal dunia akibat serangan jantung pada usia 86 tahun. Dia dikebumikan di sebelah isterinya di Katedral di Tanah Perkuburan Pines di Tyler, Texas. https://believersportal.com/biography-evangelist-rw-schambach/

Charles S. Price

Beliau merupakan salah seorang Penyembuh Penginjil yang cemerlang pada separuh pertama abad kedua puluh. Dilahirkan di Sheffield, England, beliau berhijrah ke Kanada dan kemudian ke Spokane, Washington. Dilahirkan semula di Misi Methodist di Spokane, beliau memasuki pelayanan sepenuh masa di Gereja Methodist.

Dilahirkan: 1887, England, United Kingdom
Meninggal dunia: 8 Mac 1947

"Injil Sepenuhnya"

Charles Sydney Price dilahirkan di England pada tahun 1887 oleh pasangan Mary Hannah Bee dan Charles Henry Price. Ibunya meninggal dunia ketika dia berumur empat tahun dan bapanya kemudiannya berkahwin semula dengan seorang wanita yang disayangi dan dihormati oleh Charles. Price menghadiri sekolah menengah tempatan untuk cendekiawan Methodist dari sekitar tahun 1899-1904. Walaupun dikenali sebagai Wesley College, ia hanya mengekalkan pelajar sehingga mereka berumur 18 tahun sebagai persediaan untuk kemungkinan menghadiri Universiti London. Bergelut dengan apa yang perlu dilakukan selepas meninggalkan Wesley, Price menyertai Tentera Laut Diraja pada tahun 1906 sebagai penolong penjaga gudang, tetapi diberhentikan dalam masa beberapa bulan kerana lutut yang sakit. Dia kemudiannya mengatakan bahawa dia pergi ke Oxford Law School untuk seketika, tetapi Oxford tidak mempunyai rekod kehadirannya. Pada tahun 1907, Price berhijrah ke Kanada untuk mencari pekerjaan dan akhirnya menjadi kru kereta api. Dia kemudian berpindah ke Spokane, Washington dengan harapan dapat mencari pekerjaan di sana. Dia pergi ke upacara gereja di Free Methodist Mission dan memeluk agama Kristian. Dia memutuskan untuk tinggal bersama misi itu sebagai pekerja dan ditahbiskan sebagai menteri Methodist pada tahun yang sama. Dia juga bertemu dan berkahwin dengan Bessie Rae Osborn. Pasangan itu kemudiannya mempunyai 4 orang anak dan seorang anak perempuan dari England.

Price berada di bawah pengaruh teologi "modenistik" atau liberal. Ajaran-ajaran tersebut merangkumi kurangnya kepercayaan terhadap Bible sebagai Firman Tuhan, dan penolakan terhadap keajaiban. Dia meninggalkan gereja Methodist dan menjadi pastor Kongregasionalis. Kemudian, dia menggambarkan tempoh hidupnya ini sebagai seorang yang 'buta secara rohani, memimpin umatnya ke dalam parit'. Dia menjadi pastor dengan cara ini selama dua belas tahun. Price berpindah ke California di mana dia menjadi pastor di First Congregational Church of Lodi. Pada tahun 1921, terdapat kebangkitan semula yang dipimpin oleh Aimee Semple McPherson di San Jose, California. Salah seorang ahli gerejanya memberitahunya tentang bagaimana dia telah menghadiri kebangkitan semula dan mengalami pengalaman dipenuhi dengan Roh Kudus. Tidak lama kemudian, ini mula merebak ke seluruh ahli gerejanya yang lain. Dia pergi ke perhimpunan untuk mengumpulkan bukti untuk mengajar menentang doktrin ini. Sebaliknya, dia mendapat keyakinan yang kuat tentang kekosongannya sendiri. Pada malam ketiga, dia duduk di platform bersama pastor lain. Apabila panggilan altar tiba untuk orang berdosa diselamatkan , Price secara terbuka menjawab. Dia dipenuhi dengan kegembiraan. Dia menghadiri beberapa "pertemuan sementara" di sebuah gereja Baptist dan menerima "kepenuhan Roh" beberapa malam kemudian, dan mula bertutur "dengan bahasa-bahasa lain".

Price segera kembali ke gerejanya dan memberikan kesaksiannya. 1000 ahli mula mengadakan pertemuan pencari Tuhan sambil berseru kepada Tuhan untuk kehadiran-Nya. Satu kebangkitan semula telah dimulakan. Salah satu hasilnya ialah 1000 ahli gereja memulakan jangkauan penginjilan. Price mula melihat orang ramai disembuhkan dalam pertemuannya. Pemimpin denominasi mengkritik apa yang berlaku di gerejanya. Price meninggalkan Kongregasionalis untuk memulakan Lodi Bethel Temple. Pada tahun 1922, beliau mula mengadakan pertemuan penginjilan keliling di Oregon dan British Columbia. Terdapat beberapa penyembuhan yang sangat ajaib di Victoria, British Columbia. Pada tahun 1923, Price berkhutbah kepada lebih 250,000 orang dalam tempoh tiga minggu dan ramai yang disembuhkan. Pada tahun 1923, beliau mengadakan pertemuan penyembuhan di mana Lorne Fox dan seluruh keluarganya disembuhkan. Lorne dan kakaknya memulakan pelayanan penginjilan dan penyembuhan mereka sendiri tidak lama kemudian.

Price mengadakan mesyuarat di Calgary, Edmonton, Winnipeg, Toronto, Minneapolis, Duluth, St Louis dan Belleville, Illinois. Pada tahun 1926, Price mula menerbitkan terbitan berkala "Golden Grain", yang merangkumi banyak testimoni tentang penyembuhan dan keajaiban. Pada tahun 1928, Price mengalami tekanan apabila peguamnya melarikan diri dengan semua dananya. Penyokongnya membantu mengumpul sebahagian daripada wang itu, tetapi dia memutuskan untuk membeli sebuah khemah untuk mengadakan mesyuarat, supaya dia tidak lagi perlu membayar perbelanjaan auditorium yang besar. Dia menamakannya Kanvas Katherdral. Dilaporkan terdapat 1000 penukaran agama sehari dalam 10 hari terakhir mesyuarat Belleville. Dia terus mengembara ke barat laut selama beberapa tahun berikutnya. Ke mana sahaja dia pergi, dia melihat penyembuhan ajaib dalam mesyuaratnya dan beribu-ribu orang datang kepada Kristus. Dia mengira 35,000 penukaran agama pada tahun 1928 sahaja. Pengembaraan yang berterusan memberi tekanan kepada perkahwinannya. Menjelang tahun 1930, dia dan isterinya berpisah. Mereka akhirnya bercerai pada tahun 1930-an.

Walaupun banyak pelayanan ditutup atau dikurangkan dengan teruk pada tahun 1930-an, disebabkan oleh kemelesetan, Charles S. Price terus menarik ribuan orang ke mesyuaratnya. Pada akhir 1930-an, beliau berkhidmat di Norway, England, Mesir, Palestin, Turki, Syria, Lubnan, Itali, dan juga terus berucap di seluruh AS. Beliau mula merujuk dirinya sebagai Dr. Price, yang nampaknya merupakan gelaran kehormat dan bukannya gelaran pendidikan. Pada tahun 1939, Price menganggarkan bahawa beliau telah mengembara lebih sejuta batu dalam kempen penginjilan sejak beliau memulakannya pada tahun 1922. Jadualnya sangat padat. Dalam mesyuarat di mana beliau merupakan penceramah utama, beliau akan berucap dua atau tiga kali sehari dan sering berdoa untuk penyembuhan sehingga larut malam. Semasa tahun-tahun perang, semakin sukar untuk menarik ramai orang dan Price sering berucap di gereja dan mesyuarat perkhemahan. Pada tahun 1940 antara pertengahan Mac dan pertengahan Ogos, beliau berkhutbah sebanyak 218 kali selain mengadakan 35 upacara penyembuhan, berdoa sehingga lewat malam untuk orang sakit, memberikan beberapa ucapan komuniti kepada kumpulan seperti Kelab Rotary, membuat ucapan di radio, semua ini sambil menempuh perjalanan sejauh 2700 batu dengan kereta api dan 8500 batu dengan kereta. Dalam satu hari sahaja, beliau berkhutbah sebanyak 5 kali di Springfield, Missouri.

Price tidak bergabung dengan mana-mana denominasi tertentu dan perjumpaannya sering disokong oleh pelbagai gereja dalam sesebuah kawasan. Beliau mempunyai hubungan istimewa dengan kepimpinan denominasi Assembly of God dan kerap berucap di perjumpaan perkhemahan mereka dan sering dijemput untuk berucap di gereja mereka. Beliau seorang penulis yang prolifik. Beliau menulis beberapa buah buku termasuk: *And Signs Followed the Life Story of Charles S. Price* , *The Potter and the Clay, Spiritual and Physical Health, Made Alive, Two Worlds, The Real Faith, You Can Know God Here and Now, Divine Intervention* , dan *Miracles* selain menerbitkan Golden Grain Magazine dari tahun 1926 hingga 1947. Beliau menggunakan radio secara meluas dan sering berkhutbah dari Los Angeles, California apabila beliau tidak dalam perjalanan. Beliau juga mengajar di Southern California Bible College dan sering diminta untuk menggantikan tempat pastor di kawasan Los Angeles. Pada tahun 1945, beliau merasakan bahawa Tuhan memanggilnya untuk meluangkan masa di rumah. Dua tahun berikutnya difokuskan pada penulisan, berkhutbah di kawasan tempatan, dan rehat dan berdoa. Beliau meninggal dunia pada 8 Mac 1947.

Stephen Jeffreys

Stephen Jeffreys pada 2 September 1876 merupakan anak ketiga daripada lapan orang anak lelaki Thomas dan Kezia Jeffreys. Thomas merupakan seorang pelombong tetapi menghidap asma dan bergelut dengan masalah pernafasan. Untuk membantu menyara keluarga, Stephen menjadi pelombong pada usia dua belas tahun. Dia menghabiskan 24 tahun berikutnya bekerja di lombong. Kesihatan bapanya tidak dapat menampung pekerjaan itu, dan dia meninggal dunia ketika dia baru berusia 47 tahun. Empat orang abang dan seorang kakak Stephen juga meninggal dunia. Abangnya George sakit-sakitan. Kehidupannya sukar. Ketika Stephen berumur 22 tahun, dia berkahwin dengan Elizabeth Lewis, anak perempuan seorang petani tempatan. Mereka akhirnya mempunyai empat orang anak, tiga perempuan dan seorang lelaki. Anak perempuan bongsunya meninggal dunia ketika dia baru berusia enam bulan.

Ahli keluarga itu kerap ke gereja. Mereka merupakan ahli gereja bebas Wales. Tahun 1904 merupakan tahun yang penting bagi Wales. Evan Roberts berkata, 'Saya mempunyai visi bahawa seluruh Wales akan diangkat ke syurga. Kita akan melihat kebangkitan paling hebat yang pernah diketahui oleh Wales, dan Roh Kudus akan datang tidak lama lagi, jadi kita mesti bersedia.' dan itulah yang berlaku. Stephen, dan abangnya George, telah bertaubat semasa Kebangkitan di Shiloh Independent Chapel di Nantyfyllon, Wales pada 20 November 1904. Tiga belas bulan berikutnya, seluruh kawasan luar bandar bergegar dengan kehadiran Tuhan. Stephen tidak mempunyai latihan teologi formal dan tidak merancang untuk menjadi seorang menteri, namun Tuhan memanggilnya keluar dari lombong dan ke mimbar.

Stephen mula berkhutbah di jalanan. Di bandar Maesteg, dia berkhutbah begitu lama sehingga hari menjadi gelap dan mereka terpaksa membawa lampu untuknya meneruskan. Tuhan telah memanggilnya untuk menjadi seorang penginjil.

Evan Roberts adalah pemimpin gerakan yang membara di Wales. Kemudian dalam hidupnya apabila ditanya siapa yang penting dalam kebangkitan semula, dia menyatakan "Melebihi semua orang yang saya kenali - Stephen Jeffreys." Jeffreys terus bekerja di lombong tetapi berkhutbah setiap kali dia berpeluang. Khutbahnya ringkas dan memanggil orang ramai kepada Kristus.

Kebangkitan semula orang Wales mula reda. Salah seorang pendeta yang terlibat dalam kebangkitan semula itu ialah Alexander. A. Boddy. Kerana dahagakan lebih banyak kehadiran Tuhan, Boddy mendengar tentang pencurahan Pentakosta di Oslo, Norway di bawah Thomas Barrat. Dia pertama kali pergi ke Oslo dan kemudian meminta Barratt datang ke gerejanya di Sunderland, England pada tahun 1907. Ia menjadi pusat kebangkitan Pentakosta. Pada Disember 1907, seorang pastor tempatan Wales bernama Thomas Madog Jeffreys dipenuhi dengan Roh ketika bertemu dengan seorang pastor lain yang telah menerima pembaptisan Roh Kudus di Sunderland. Stephen dan abangnya George pada mulanya teragak-agak tentang langkah baharu ini. Walau bagaimanapun, anak lelaki Stephen, Edward, mempunyai pengalaman Pentakosta semasa bercuti dan kembali untuk memberitahu keluarganya mengenainya. Pada tahun 1908, pertemuan telah diadakan di Maestag dan Stephen dan George pergi untuk mencari tahu sendiri. Mereka dibaptis dalam Roh Kudus dan mula bertutur dalam bahasa roh. Stephen melihat peningkatan keberkesanan serta-merta dalam kerja penginjilannya.

Abang Stephen, George, berasa terpanggil untuk berkhidmat. Dia menyertai Kesatuan Misionari Pentecostal pada tahun 1912. George meminta Stephen untuk berkhutbah di sebuah pekan kecil bernama Cwmtwrch pada Oktober 1912. Ia berjalan dengan lancar sehingga mereka meminta agar dia kembali pada bulan Disember untuk tiga hari lagi. Pertemuan Disember itu bertukar menjadi kebangkitan kecil dan Stephen akhirnya tinggal di sana selama tujuh minggu. Penyembuhan yang luar biasa menandakan pertemuan tersebut. Abangnya George datang untuk menyertainya dan membantu dengan pertemuan tersebut. Dia pergi dari sana ke Pen-Y-Bont di mana seorang wanita yang kakinya hendak dipotong sembuh serta-merta. George kembali belajar tetapi Stephen pergi ke Llanelly di mana dia berkhutbah dan memulakan gerejanya sendiri. Dia tinggal di sana selama tujuh tahun.

Di Llanelly berlaku satu keajaiban yang ketara. Pada suatu malam semasa berkhutbah, satu penglihatan muncul di dinding gereja. Mula-mula ia adalah anak domba dan kemudian wajah Yesus sebagai orang yang penuh kesedihan, dengan air mata di wajahnya. Beratus-ratus orang melihat penglihatan itu yang berlangsung selama berjam-jam ketika orang ramai datang dan masuk ke tempat kudus. Apabila Stephen berdoa tentang penglihatan itu, dia merasakan bahawa ia telah muncul sebagai tanda penderitaan besar yang akan berlaku. Beberapa minggu kemudian Perang Dunia I bermula. Stephen menjadi begitu terkenal sehingga dia diminta untuk berucap di banyak gereja. Dia mengekalkan jawatan pastoral sehingga tahun 1920, tetapi sering mengembara dalam tempoh ini.

Pada tahun 1920, Stephen menyertai abangnya George untuk bekerja untuk Elim Pentecostal Alliance milik George. Dia mengadakan mesyuarat di Dowlais dan menubuhkan sebuah gereja serta menjadi pastornya. Pada tahun 1924, Stephen dan George pergi ke Amerika Syarikat dan Kanada. Mereka pergi ke Los Angeles di mana mereka bertemu Aimee Semple McPherson di Angelus Temple. Dia memberi impak yang besar kepada saudara-saudara itu. Selepas mereka kembali, mereka pergi ke London dan mula mengadakan mesyuarat. Mereka menjemput Aimee Semple McPherson dan kemudian mengadakan mesyuarat sendiri. Ini berlangsung selama kira-kira dua tahun.

Terdapat perselisihan faham yang semakin meningkat antara George dan Stephen. Personaliti mereka sangat berbeza. Stephen mungkin lebih berbakat antara mereka berdua, tetapi George mempunyai bakat pentadbiran yang kuat. Stephen sering bersetuju untuk mengadakan mesyuarat di lebih daripada satu tempat untuk tarikh tertentu. Dia akan membiarkan mesyuarat berjalan tanpa mengambil persembahan atau membiarkan orang lain melakukan bahagian mereka. Stephen akan mengatakan apa sahaja yang terlintas di fikirannya, tidak kira apa akibatnya. Dia juga mula percaya bahawa George cemburu dengannya. Pada tahun 1926, Stephen meninggalkan gerakan Elim dan menyertai Assembly of God of Britain and Ireland. Keadaan kekal tegang antara adik-beradik itu selama beberapa tahun berikutnya.
Ke mana sahaja Stefanus pergi, penyembuhan yang dramatik dan mukjizat kreatif berlaku.

Dia pergi ke Amerika Syarikat, New Zealand, Australia, dan Afrika Selatan. Beribu-ribu orang datang ke perhimpunannya. Pada tahun 1933, dia pergi ke Sweden dan Norway untuk berdakwah. Dia memaksa dirinya siang dan malam, mengabaikan amaran doktor tentang kesihatannya. Keadaan berubah secara dramatik pada pertengahan 1930-an. Perang salib besar-besaran menjadi kurang popular dan kurang berjaya dalam mencapai mereka yang sesat. Jadual Stephen yang padat memenatkannya dan kesihatannya mula merosot. Dia menjadi lumpuh akibat artritis. Pada tahun 1940, George meninggalkan gereja-gereja Elim dan mula memulakan Bible Pattern Church Fellowship.

Dia berjaya memujuk Stephen dan anak lelakinya Edward untuk menyertai gerakan gereja baharunya. Disebabkan masalah kesihatan, Stephen tidak dapat menyokong kerja tersebut secara aktif. Dia menjalani lapan tahun terakhir hidupnya dalam persaraan yang tenang bersama anak perempuannya May di Porthcawl, Wales. Dia dibantu oleh doktor-doktor dari Bible College of Wales, yang dikendalikan oleh Rees Howells. Dia meninggal dunia pada 17 November 1943.

Eksploitasi Lebih Besar - 1 - Testimoni

Oleh pelbagai hamba Tuhan sepanjang zaman untuk membina iman anda bahawa Tuhan masih bekerja hari ini dan selama-lamanya.

Charles S. Price – Organ Wanita Baharu Dicipta

Dr. Charles Sydney Price merupakan salah seorang paderi paling berpengaruh pada abad kedua puluh. Beliau menjadi pastor pada tahun 1909 pada usia 22 tahun dan menghabiskan 12 tahun menjadi gembala di bawah pengaruh teologi liberal progresif.

Ada seorang paderi yang hadir dan menceritakan kisah yang luar biasa kepada kami. Dia seorang paderi Anglikan yang pada asalnya ditempatkan berhampiran Saskatoon. Bertahun-tahun yang lalu ketika kami, dengan izin Tuhan kami, berpeluang berucap di Arena di bandar itu, dia menghadiri pertemuan-pertemuan tersebut. Isterinya telah menjalani pembedahan di mana organ-organ dalam tubuhnya telah dibuang. Dia tidak akan pernah dapat melahirkan bayi. Dan mereka telah mengidamkan dan mengimpikan bayi. Dia dibawa untuk didoakan. Pengkritik mengatakan bahawa tiada penyembuhan organik. Namun Tuhan menjawab doa dan seorang bayi dilahirkan di rumah itu. Keajaiban itu berlaku. Organ-organ itu MESTI telah tumbuh semula. Tidak ada penjelasan lain. Inilah kesaksian yang diberikan kepada kami dari bibir paderi itu yang kini percaya dan mengamalkan penyembuhan ilahi dengan sepenuh hatinya.

Mata Baharu Dicipta

Salah seorang daripada ratusan orang yang memeluk agama Kristian dalam lawatan penting itu ialah seorang pemuda bernama Tom Wilson. Ibunya pergi ke salah satu perjumpaan petang pada awal kempen dan agak lewat pulang ke rumah. Tom dan bapanya mula risau, takut sesuatu telah berlaku kepadanya, sehingga apabila dia akhirnya kembali, mereka ingin tahu di mana dia berada. Apabila dia menjelaskan bahawa dia telah menghadiri perjumpaan keagamaan di Dewan Bandaraya, suaminya agak tidak percaya dan ingin tahu jenis perjumpaan keagamaan yang berlangsung selama berjam-jam itu. Penuh dengan kegembiraan, dia mula memberitahu mereka: "Anda tahu gadis buta Celia Brown; dia boleh melihat."

"Jangan mengarut, ibu," kata Tom, "itu mustahil; kita semua tahu Celia langsung tidak mempunyai mata, jadi bagaimana dia boleh melihat? Matanya hanyalah soket kosong."

"Saya beritahu awak," jawab ibunya, "apabila lelaki Wales ini, Stephen Jeffreys, berdoa untuknya malam ini, dia menerima sepasang mata biru dan dia boleh melihat."

Celia berumur tiga belas tahun dan terkenal di kawasan tempatan. Mereka masih tidak percaya apa yang dikatakan oleh Puan Wilson tetapi mereka tidak lama kemudian mendapati ia benar. Ini, bersama-sama dengan keajaiban penyembuhan yang lain, menjadi bualan orang ramai.

Vikar Wall, Rev JW Adams, menjadi sangat mesra dengan Stephen dan membantu dalam kempen di Walworth, Kensington, Bedford, Southend-on-Sea, Chelmsford, Bishop Auckland, Sunderland, Maidstone, Tunbridge Wells, Wakefield dan lain-lain. Beliau tidak hadir pada mesyuarat itu apabila Celia sembuh tetapi tiba sedikit kemudian dalam kempen itu dan mendapat laporan Stephen sendiri:

Pada 11 Mac, dia datang untuk berdoa. Dia ketika itu kelihatan tidak mempunyai mata walaupun dalam keadaan embrio dan tidak pernah mengenali perbezaan antara terang dan gelap, siang dan malam. Sejurus selepas penumpangan tangan, dunia baru mula dibuka untuknya: dengan matanya yang baru dan sangat kecil, dia dapat melihat perbezaan yang ketara antara cahaya dan bayang-bayang. Keesokan harinya dia melihat dengan lebih jelas, dan kuasa mula dalam dirinya untuk mengira dan mengambil sen dari alas meja putih.

Encik Adams sendiri memberi keterangan: "Saya telah melihat dan bercakap dengannya sejak itu beberapa kali dan setiap kali matanya sedikit membesar dari segi saiz dan keupayaan. Dia boleh mengira jari yang diletakkan di hadapannya dan membuat anggaran jarak. Dalam hal ini dia semasa bayi belajar melihat. Matanya berwarna biru dan seperti mata bapanya."

Petikan daripada "Tujuh Perintis Pentakosta" oleh C. Whittaker. Gospel Publishing House, 1985

Pendeta Lee Stoneking Dibangkitkan Daripada Kematian

Rev Stoneking memulakan keterangannya di Pertubuhan Bangsa-Bangsa Bersatu dengan kenyataan "anda sedang melihat keajaiban." Pada November 2003, beliau jatuh meninggal dunia akibat serangan jantung yang teruk di lapangan terbang di Sydney, Australia. Beliau meninggal dunia secara klinikal selama 45 minit. Mereka memberikan

CPR dan memberikan 10 rawatan renjatan elektrik pada jantungnya. 3 atau 4 biasanya merupakan rawatan paling banyak yang mereka berikan di AS dan Australia. Darah telah terkumpul di bahagian kakinya. Tiada harapan langsung untuknya. Dia hanyalah mayat. Mereka memasukkannya ke dalam ambulans. Surat pengisytiharan kematiannya telah pun siap di hospital. Di dalam ambulans, Yesus masuk dan jantungnya mula berdegup kencang dan nafasnya kembali. Pemandu dan paramedik terkejut. Mereka kemudiannya mengatakan bahawa mereka tidak pernah melihat sesiapa pulih daripada apa yang berlaku kepadanya. Dalam beberapa minggu, dia pulang ke AS sendirian, dia sembuh sepenuhnya.

Selepas dia kembali ke AS, dia pergi ke sebuah hospital di Jackson, Tennessee untuk pemeriksaan utama. Mereka melakukan ujian darah, termasuk ujian DNA. Doktor mengisytiharkan bahawa dia adalah satu keajaiban. Bukan sahaja dia berada dalam kesihatan yang sangat baik tetapi penanda genetik untuk penyakit jantung telah dikeluarkan dari setiap sel badannya! Doktor berkata itu mustahil, hanya Tuhan yang boleh melakukan perkara sedemikian. Tuhan bukan sahaja membangkitkannya tetapi menyembuhkannya sepenuhnya dalam segala cara. Doktor memberitahunya "anda telah menentang semua hukum sains perubatan." Rev Stoneking berkata "Saya tidak menentang tetapi saya tahu orang yang menentang dan namanya ialah Yesus."

https://youtu.be/a_-s-KobZ64

Penyembuhan Leukemia dalam Mesyuarat Tommy Hicks

Dalam satu mesyuarat di Karlsruhe, Jerman, keterangan berikut telah dihantar kepada Tommy Hicks dua tahun selepas beliau mengadakan mesyuarat di sana.

Saya menghidap Leukemia dalam keadaan nazak. Kesakitannya sangat teruk. Saya hampir mati, ia hanya mengambil masa beberapa minit. Pada 28 Disember 1955, saya dibawa dengan pengusung ke perhimpunan Tommy Hicks di Sporthalle di Beplaz (tapak pesta). Saudara Hicks berdoa bersama, bersama seluruh jemaah, tetapi saya tidak berasa lebih baik. Segera fikiran itu terlintas di fikiran saya: Sekarang saya telah didoakan oleh penginjil. Sekarang saya perlu melepaskan iman saya dan perlu bertindak berdasarkan iman saya. Saya melemparkan kedua-dua tangan ke belakang, turun ke platform, menggeletar dan menggigil, dan berjalan sendirian tanpa sesiapa yang membantu saya. Baru sekarang saya menyedari bagaimana penyakit itu meninggalkan jantung dan perut saya. Saya berdiri diam, kemudian saya memegang bantal saya, berlari ke platform dan memuji Tuhan atas keselamatan dan Rahmat-Nya yang indah. Sejak hari itu saya menghadiri perhimpunan setiap malam. Hari ini saya sihat sepenuhnya (1 Ogos 1957). Haleluya!

Puan Erna Schaudt, Karlsruhe, Bachstrasse

Budak Lelaki Sembuh daripada Cerebral Palsy Melalui Charles dan Frances Hunter

Seorang budak lelaki dilahirkan dengan cerebral palsy dan tidak pernah berjalan seumur hidupnya. Ibu bapanya

membaca buku Hunter "Heal the Sick" dan merasakan anak lelaki mereka harus didoakan. Mereka mendapati bahawa keluarga Hunter akan berucap di sebuah pertemuan kira-kira 100 batu jauhnya. Budak lelaki itu memakai pendakap pada kakinya untuk membantunya berdiri tetapi dia tidak pernah berjalan. Keluarga Hunter berdoa untuk budak lelaki itu dan kemudian meminta ibu bapanya menanggalkan pendakap supaya dia boleh cuba berjalan. Budak lelaki itu mengambil satu langkah dan kemudian satu lagi dan akhirnya berlari ke belakang gereja tempat datuknya duduk. Kemudian dia berpaling dan berlari kembali ke hadapan. Budak lelaki kecil yang tidak pernah berjalan ini melompat ke atas Frances Hunter dan memeluknya berulang kali. 32 tahun kemudian Frances memikirkan peristiwa itu dan memanggil lelaki yang telah sembuh itu. Dia masih sihat sepenuhnya selepas bertahun-tahun!
Kisah asal penuh yang diceritakan oleh Frances Hunter boleh didapati di sini: http://www.sidroth.us/2013/05/30/our-guest-frances-hunter/

Penyembuhan Jack Hayford

Ketika saya berumur satu tahun, saya sepatutnya mati. Ketika saya dilahirkan, ada sesuatu yang tidak kena dengan leher saya yang tidak dapat diubati oleh doktor, dan tidak dapat dielakkan bahawa seiring dengan peredaran masa, keadaan itu akhirnya akan memusingkan leher saya dan saya akan mati. Doktor tahu tiada apa yang boleh dilakukannya untuk mengubahnya.

Lima bulan, tiga kali seminggu ibu saya membawa saya menjalani rawatan untuk melegakan kesakitan saya buat sementara waktu. Tetapi doktor itu begitu yakin bahawa tiada apa yang boleh dilakukan untuk membetulkannya, dia hanya mengenakan bayaran kepada ibu bapa saya untuk enam rawatan walaupun dia memberikan antara 50 dan 60 rawatan.

Ibu bapa saya tidak mengenali Tuhan. Sepupu ibu saya juga tidak mengenali Tuhan, tetapi dia pernah mendengar tentang Gereja Foursquare di Long Beach, California. Dia pernah mendengar bahawa di gereja itu, Yesus menyembuhkan orang, dan dia menuliskan apa yang salah dengan saya dan membawa nota ini ke gereja. Di sana dia menemui seseorang dan bertanya, "Ada seorang bayi kecil yang sedang nazak, dan saya membawa nota ini. Sudikah kamu mendoakan bayi ini?" Orang ramai berkata, "Kami akan." Mereka membawanya ke dalam pertemuan doa malam Rabu gereja itu.

Keesokan harinya, ibu bapa saya mula menyedari bahawa keadaan telah berubah. Sepupu ibu saya memberitahunya bahawa dia telah membawa permintaan doa ke gereja. Dalam beberapa hari berikutnya, doktor berkata, "Bayi ini sihat. Tiada apa-apa yang salah dengannya." Dan doktor bukan sahaja mengisytiharkan saya sihat, dia juga enggan mengambil wang daripada ibu bapa saya untuk beberapa bayaran yang akan dikenakannya, kerana, katanya, "Saya tidak ada kena mengena dengan penyembuhan bayi ini. Ini pasti sesuatu yang Tuhan lakukan."

Kisah ini boleh didapati di Blog Jack Hayford di https://www.jackhayford.org/teaching/articles/my-personal-testimony-of-healing

Tumor Hilang pada Bayi Selepas Solat oleh AA Allen

Testimoni ini telah diterbitkan dalam majalah Voice of Healing Januari 1951.

"Saya telah membawa bayi saya ke Hospital Highland sejak 16 Ogos 1949. Satu ketulan atau tumor telah mula tumbuh di lehernya, dan kepalanya mula membesar dan mula mengecut ke belakang. Ketulan itu terus membesar. Kepala bayi saya ditarik ke belakang dalam keadaan sedemikian jadi dia hanya boleh memusingkannya ke satu arah. Oleh kerana dia tidak sembuh, saya berhenti membawanya ke doktor. Saya mengurut lehernya setiap hari tetapi ia semakin teruk. Jururawat datang dan cuba menyuruh saya membawanya kembali untuk rawatan lanjut, tetapi sementara itu saya telah mendengar Rev. AA Allen berkhutbah tentang penyembuhan dan saya telah memutuskan untuk mempercayai Tuhan.

Saya membawa bayi saya melalui barisan penyembuhan. Saudara Allen meletakkan tangannya pada bayi saya dan mengutuk tumor itu dalam nama Yesus dan memerintahkannya untuk hilang. Rupa-rupanya tiada apa yang berlaku sehinggalah saya pulang ke rumah dan sedang menyediakan bayi saya untuk tidur. Ibu saya bersama saya dan kami berdua memerhatikan ketulan yang mengerikan itu. Semasa kami berdua melihat, ia tiba-tiba hilang dan lenyap. Saya dan ibu saya melihatnya, tetapi saya juga ketika saya mendukung bayi saya dan merasakan ia keluar. Saya mempunyai kenyataan daripada doktor yang mengatakan bayi saya telah sembuh sepenuhnya.
Thelma Phillips
San Leandro, CA

Wanita Sembuh daripada Cerebral Palsy Selepas Tuhan Memberinya Penglihatan

Marlene Klepees dilahirkan pramatang dengan berat kurang daripada dua paun semasa lahir. Dia menghidap cerebral palsy dan cacat. Kemudian ketika dia berumur dua tahun, ibu bapanya terkorban dalam kemalangan motosikal. Dia tinggal bersama moyangnya, keluarga angkat, dan datuk neneknya. Pada usia 12 tahun, beberapa remaja membawanya ke sebuah perjumpaan belia di mana dia menyerahkan hidupnya kepada Kristus. Dia menganggap dia menghidap cerebral palsy kerana Tuhan telah menjadikannya sedemikian.

Marlene bergelut ketika dia memasuki usia remaja dan mula mengalami kekejangan yang teruk. Keadaan itu begitu teruk sehingga penjaganya mengalami patah tulang. Selepas satu kekejangan, dia hampir lumpuh sepenuhnya, dan datuk neneknya juga diberitahu bahawa dia mati otak. Penglihatannya semakin teruk dan dia merasakan hidupnya tidak tertanggung.

Sebagai jalan terakhir, dia dibawa ke Klinik Mayo di Rochester Minnesota. Mereka tidak dapat membantunya selama tiga bulan dia tinggal di sana. Marlene hampir dihantar ke rumah jagaan tanpa harapan untuk sembuh. Dia berseru kepada Tuhan. Dia merasakan kehangatan datang menyelubunginya dan menyelubunginya. Kemudian Tuhan memberinya visi bahawa dia akan sembuh. Dia menunjukkan kepadanya siapa yang akan berdoa untuknya, apa yang akan dipakainya, apa yang akan dipakainya, bagaimana rupa bahagian dalam gereja, dan juga memberinya tarikh - 29 Mac.

Atas desakan Marlene, jururawatnya membantunya melihat halaman kuning di gereja-gereja dan satu iklan untuk Gereja Bible Terbuka terpapar pada halaman itu. Dia tahu ini adalah iklan yang betul. Jururawat itu tidak mempercayainya dan menghempas buku telefon. Kemudian jururawat itu akan menghubungi pastor dan memberikannya nombor bilik, tetapi bukan nama hospital.

Paderi itu tidak pasti mengenainya, tetapi mencari Marlene. Apabila dia tiba, Marlene memberitahunya bahawa dia kelihatan sama dengan lelaki yang berdoa untuknya dalam penglihatan itu. Emmerson bersetuju untuk berdoa dan mengatur agar dia dibawa ke gerejanya. Dia terpaksa diikat kerana dia menggigil dengan begitu kuat.

Pastor Emmerson tidak pernah mengalami keajaiban di gerejanya. Hanya terdapat 7 orang dalam kebaktian malam Ahad. Orang ramai berkumpul di sekelilingnya untuk berdoa. Emmerson mengurapinya dengan minyak dan meminta Tuhan untuk menyembuhkan Marlene dari atas kepala hingga ke hujung jari kakinya. Kemudian dia bertanya kepada Marlene sama ada dia mahu berdiri teguh di atas iman. Sebaik sahaja dia mula berdiri, Marlene merasakan kekuatan datang ke kakinya. Apabila kakinya menyentuh lantai, dia merasakan lantai buat kali pertama dalam hidupnya. Lutut dan jari kakinya menghala ke dalam tetapi dengan setiap langkah ia menjadi lurus. Dia menjadi semakin kuat dengan setiap langkah. Dia mengambil beberapa langkah sendiri kemudian secara literal berlari di sekitar gereja. Tuhan menyuruhnya menanggalkan cermin matanya dan penglihatannya juga secara ajaib sembuh.

Dia kembali ke Klinik Mayo dengan berjalan kaki, sesuatu yang tidak pernah dilakukannya sejak dia dimasukkan ke unit tersebut. Dia dibenarkan keluar pada keesokan harinya. Apabila dia kembali untuk pemeriksaan beberapa minggu kemudian, keadaannya semakin pulih. SEMUA tanda-tanda keabnormalan telah hilang! Malah imbasan otak tidak menunjukkan tanda-tanda lumpuh lampau. Dia berjalan seperti biasa dan mempunyai penglihatan yang lebih baik daripada 20/20.
Kehidupan Marlene berjalan seperti biasa sejak itu. Dia kerap berkongsi kesaksiannya dan berdoa untuk orang sakit. Dia boleh melakukan semua yang boleh dilakukan oleh

orang yang sihat. Kehidupannya telah dipulihkan sepenuhnya.
Testimoni Daripada Rancangan Sid Roth:

https://youtu.be/4bsKnpOYMUs

https://youtu.be/z4TN2uxS7DA

Keajaiban Selepas Arteri Meletup

Chris Robinson ialah seorang guru dan atlet angkat berat. Dia membesar dalam keluarga Kristian dan mengenal Tuhan. Perkahwinan yang sukar telah membawa banyak kemarahan ke dalam hidupnya dan dia memutuskan bahawa itu adalah salah Tuhan lalu berpaling daripada-Nya.
Pada suatu hari, Chris sedang angkat berat di gimnasium bersama anak tirinya. Tiba-tiba dia merasakan jantungnya meletup dan dia tidak dapat lagi merasakan kaki kanannya. Dia sampai di rumah dan rebah di atas katil. Apabila isterinya membawanya ke bilik kecemasan, imbasan kucing menunjukkan arterinya telah dibedah dan semua darahnya dari jantungnya mengalir ke dalam perutnya. Tiada darah yang mengalir ke bahagian kaki atau otaknya. Pakar bedah itu masuk dan memberitahunya, "Saya tidak faham bagaimana awak bercakap sekarang. Kebanyakan orang yang menghidap penyakit awak sudah meninggal dunia."

Mereka membawa Chris ke klinik dan merawatnya selama 9 jam. Mereka tidak dapat membaiki kerosakan itu dan doktor memutuskan untuk berhenti kerana tiada harapan. Pada masa ini, rakan-rakan, keluarga, dan pelajar sedang berdoa di hospital dan orang ramai di seluruh dunia juga berdoa untuk

Chris. Seorang lagi doktor bertanya kepada pakar bedah itu jika dia boleh berdoa bersamanya. Walaupun pakar bedah itu tidak percaya pada doa, dia bersetuju. Selepas berdoa, dia rasa terdorong untuk masuk semula dan cuba lagi. Dia sedang melihat arteri Chris dan tiba-tiba gelombang kuasa Tuhan melanda bilik bedah. Semasa pakar bedah itu melihat ke dalam dada Chris, semua arteri yang telah mengeluarkan darah tiba-tiba bersatu, tanpa disentuh oleh pakar bedah, dan pendarahan berhenti. Pakar bedah itu menutup mulut Chris dan pergi bercakap dengan keluarganya.

Pakar bedah itu memberitahu keluarga Chris bahawa dia masih hidup tetapi mungkin akan menjadi sayur dan kehilangan anggota badannya. Dia tidak pernah mempunyai pesakit yang hidup selama itu tanpa darah ke organ penting. Orang ramai terus berdoa. Chris dimasukkan ke dalam koma yang diinduksi untuk menghalangnya daripada bergerak.

Pada satu ketika, Chris terjaga, menyedari bahawa dia belum mati dan dia mula bercakap dengan Tuhan. Setelah bertanya kepada Tuhan mengapa dia masih hidup, dia mendapat satu penglihatan. Dia melihat dirinya di bilik pembedahan dan dua makhluk gelap berada di kepala meja pembedahan. Dia tahu mereka berada di sana untuk menghentikan pembedahan daripada berfungsi. Dia melihat semua orang di bilik pembedahan dan bagaimana perasaan mereka. Kemudian dia melihat makhluk malaikat yang besar masuk ke dalam bilik itu. Dia berkata dia dapat melihat bahawa malaikat itu setinggi 3 tingkat. Malaikat itu berkata "dia tinggal." Makhluk gelap itu pergi.

Sebaik sahaja Chris terjaga, dia boleh bercakap dan anggota badannya mula berfungsi. Seorang doktor buah pinggang datang dan memberitahunya bahawa buah pinggangnya telah mengecut dan mati. Dia perlu menjalani dialisis. Chris memberitahunya, "tidak, Tuhan yang melakukan keajaiban

ini dan buah pinggang saya akan berfungsi." Doktor menyangka dia gila tetapi berkata dia akan kembali pada keesokan harinya. Keesokan harinya buah pinggangnya telah kembali ke saiz normal dan mula berfungsi. Doktor kembali dan memberitahunya bahawa dia memerlukan shunt kerana satu buah pinggang tersumbat. Chris sekali lagi berkata, "tidak, Tuhan telah melakukan keajaiban dan buah pinggangnya akan sembuh sepenuhnya." Keesokan harinya apabila doktor kembali, buah pinggang menunjukkan fungsi sepenuhnya.
Ini adalah satu keajaiban yang tidak dapat dijelaskan. Semua orang di hospital termasuk doktor, jururawat, dan kakitangan mendengarnya kerana ia sangat menakjubkan. Kristus terus memberikan kesaksian-Nya di mana sahaja Dia boleh.

Anda boleh menonton keseluruhan video testimoni di sini: https://youtu.be/VHzZE7a72Xw

Mata tercipta ketika Mel Bond Berdoa

Mel Bond mempunyai satu pasukan dan mereka sedang berkhidmat di Chinandega, Nicaragua pada Januari 2000. Mereka bermesyuarat di dataran bandar dan terdapat antara 3000 dan 3500 orang yang hadir. Mel telah membawa beberapa wanita yang buta ke hadapan dan mendoakan mereka. Mereka berdua telah mendapat penglihatan. Terdapat seorang ibu dalam kalangan hadirin yang mara ke hadapan bersama anak perempuannya yang berumur enam atau tujuh tahun. Mata anak perempuannya berwarna putih dengan bahan berlemak yang berketul di tempat sepatutnya berada dan dia buta sepenuhnya. Tiada bola mata atau sedikit pun sebiji bola mata. Ibu itu bertanya kepada Mel, "Bolehkah Tuhanmu menyembuhkan anak perempuanku?" Saya menjawabnya, "sudah tentu Tuhanku boleh." Dia yakin bahawa semua perkara mungkin berlaku dengan Tuhan. Mel menutup matanya supaya dia boleh fokus dan berdoa seperti yang diajarkan oleh Yesus kepadanya. Walaupun mata Mel tertutup, paderi di belakangnya, Pastor Eddie Rogers, melihat puting beliung atau pusaran air putih datang dan hinggap di setiap mata.

Itu berterusan selama 60 hingga 90 saat. Apabila Mel berhenti berdoa, puting beliung itu telah hilang dan terdapat dua mata coklat yang cantik. Gadis itu kelihatan begitu berbeza sehingga apabila Mel membuka matanya, dia menyangka seseorang telah menukar gadis kecil itu dengan yang lain semasa dia sedang berdoa. Pastor Rogers dapat memberi keterangan bahawa itu adalah gadis yang sama. Dia berpaling dan melihat ibunya buat kali pertama. Semua orang menangis. Pastor Rogers memberi keterangan bahawa itu adalah keajaiban paling menakjubkan yang pernah dilihatnya.
Cerita penuh boleh didapati di rancangan Sid Roth:
https://youtu.be/NgNiGyds4EA

Buah pinggang yang mati hidup semula

Charles Shamp sedang berkhidmat di Reno, Nevada apabila dia berkongsi kesaksian tentang seorang wanita yang telah sembuh daripada penyakit buah pinggang. Kurt, seorang lelaki dari gereja yang mendengar cerita itu mula menangis tanpa henti. Buah pinggangnya telah ditutup dan dia telah menjalani dialisis selama 5 bulan. Orang ramai di gerejanya mengetahui situasinya dan datang kepadanya untuk mendoakan dan meletakkan tangan ke atasnya. Seorang wanita menggalakkannya untuk menabur dalam pelayanan. Semasa dia berjalan, Roh Kudus memberitahu Kurt untuk memberitahu Charles "Saya memerlukan buah pinggang baharu." Charles berdoa untuknya dan dia jatuh di bawah Roh Tuhan. Semasa menerima doa, buah pinggangnya mula

berfungsi buat kali pertama dalam 5 bulan! Dia akhirnya menggunakan tandas 3 kali pada malam itu, yang mustahil dalam situasinya. Gerejanya sangat teruja untuknya sehingga beberapa orang juga mengikutinya ke tandas untuk mengesahkan perubahan itu!
Berikut adalah video asal kesaksian tersebut dan Charles juga berdoa untuk orang yang menonton:
https://youtu.be/6tNAsEUd-5A

Keajaiban Kreatif Melalui Charles Shamp

Charles Shamp berada di Perth Australia di mana seorang wanita bernama Deborah memberikan kesaksiannya tentang keajaiban kreatif. Dia telah didiagnosis dengan kanser payudara metastatik dan limfoma. Dia terpaksa menjalani pembedahan untuk membuang kedua-dua payudaranya dan walaupun dia mempunyai implan, ia menyebabkan masalah selanjutnya dan akhirnya dia membuangnya. Semasa pertemuan itu, Charles berkongsi kesaksian tentang keajaiban kreatif di mana Tuhan memulihkan payudara seorang wanita yang telah dibuang. Deborah menangkap perkataan itu dan menyedari bahawa dia merasakan sesuatu berlaku. Haba bermula di bahagian tengahnya dan kemudian bergerak ke kawasan dadanya. Kemudian ia menjadi berduri dan panas. Kemudian prostetiknya juga menjadi panas. Apabila dia menurunkan gaunnya, dia menyedari bahawa belahan dadanya sedang terbentuk. Dia pergi ke tandas dan memeriksa dan terkejut melihat payudaranya semakin membesar. Seorang rakan yang merupakan seorang jururawat juga memeriksa dan bersetuju bahawa payudaranya semakin membesar. Kesaksiannya ialah Tuhan boleh melakukan apa sahaja.

Testimoni video asal boleh ditonton di sini:
https://youtu.be/CVnjjH8Jo1I

Herb Mjorud Membangkitkan Seorang Wanita dari Kematian

Apabila Reverend Mjorud dipanggil ke hadapan Majlis Lutheran Amerika untuk mempertahankan tindakan karismatiknya, kisah berikut adalah salah satu yang perlu dijelaskannya. Ia berlaku semasa upacara penginjilan di Gereja Lutheran. Walaupun kebanyakan orang akan melihatnya sebagai satu keajaiban yang menakjubkan, mereka tidak bersetuju. Dia telah diberhentikan daripada jawatannya sebagai Penginjil Lutheran.

Pada akhir upacara petang, saya meminta mereka yang mencari keselamatan untuk berdoa dalam hati untuk pengampunan. Saya mencadangkan agar mereka yang ingin menerima Yesus Kristus sebagai Penyelamat mengangkat tangan mereka. Banyak tangan terangkat serta-merta. Kemudian seorang wanita di belakang mengangkat tangannya, dan kemudian menurunkannya dengan agak lembik, seolah-olah dia telah pengsan. Seorang lagi wanita, yang saya ketahui kemudian ialah seorang jururawat berdaftar, segera pergi membantunya.

Tetapi saya asyik dengan jemputan itu. Tangan terus terangkat. Hampir empat puluh lima orang mengangkat tangan untuk menerima Kristus. Saya berdoa, memberi kata-kata arahan, dan menyerahkan upacara kepada pastor untuk penutup. Kami menyanyikan himne penutup, dia mengucapkan doa berkat, kemudian meminta saya untuk menyertainya di belakang koir untuk menyambut orang ramai di pintu ketika mereka keluar.

Kira-kira separuh jalan upacara perpisahan di pintu, seorang wanita mendesak saya melalui orang ramai. Dia menangis.

“Oh Pastor Mjorud,” dia merayu, “tolonglah datang dan bantu kami. Puan Ford sama ada sedang nazak atau sudah meninggal dunia. Datang dan berdoa bersama kami.”

Saya meninggalkan sesi berjabat tangan dan segera menuju ke bangku belakang. Dua orang jururawat berdiri di belakang Puan Ford yang sedang meniarap di bangku. Semasa saya menyelinap ke bangku di hadapan Puan Ford, seorang jururawat menggelengkan kepalanya (untuk memberi amaran kepada saya tetapi tidak mengganggu Encik Ford), seolah-olah berkata "tiada apa yang boleh dilakukan oleh Encik Ford." Seseorang berkata Puan Ford pengsan. "Ya, saya tahu," kata jururawat berdaftar itu, "tetapi apabila anda pengsan, terdapat degupan jantung. Puan Ford tidak mempunyai degupan jantung."
Saya tidak tahu apa yang perlu dilakukan dan berdoa untuk pertolongan Tuhan. Roh Tuhan mula merasuk saya lagi. Saya tidak dapat menunjukkan ini kepada anda, ia hanyalah satu kesedaran, anda tahu. Saya meletakkan tangan saya di muka Puan Ford. Ia sejuk dan lembap. Saya meletakkan belakang tangan saya di bawah hidungnya untuk merasa nafas. Saya tidak dapat merasakan apa-apa. Saya mengambil lengannya yang longgar untuk merasa nadi. Saya menunggu untuk merasakan degupan jantung, tetapi tiada degupan jantung. Jururawat itu menggelengkan kepalanya.

Saya memberitahu orang-orang di belakang gereja bahawa Puan Ford telah meninggal dunia. Saya berkata “betapa indahnya tempat dan cara untuk pergi, di sini di gereja, di kalangan rakan-rakan dan orang tersayang.” Tetapi tiba-tiba dengan kata-kata itu Roh Tuhan berfirman kepada saya: “Apakah yang dilakukan oleh Paulus apabila Eutikhus jatuh di rumah ibadat dan diangkat mati?” Saya teringat apa yang dilakukan oleh Paulus. Dia berdoa untuk lelaki itu dan dia hidup semula.

Kemudian saya melakukan sesuatu tanpa berfikir panjang. Saya menghulurkan tangan saya dan meletakkannya pada Puan Ford dan berdoa. "Ini adalah untuk kemuliaan Tuhan. Tiada apa yang mustahil bagi kami yang percaya kepada Yesus Kristus. Adalah perkara yang sangat mudah bagi-Mu, ya Tuhan, untuk menghidupkan kembali saudari kami yang tersayang. Tuhan, tunjukkan kemuliaan-Mu dan kembalikan kehidupan kepada wanita ini." Saya merasakan sesuatu berlaku di tubuhnya. Saya meletakkan tangan saya di wajahnya. Kali ini saya dapat merasakan nafas yang sangat perlahan. "Puan Ford bernafas." Saya berkata. Jururawat itu mengangkat lengannya dan berkata "dia tidak boleh bernafas kerana tiada denyutan jantung." Kemudian dada Puan Ford mula berombak dan saya berkata "Dia bernafas, lihat dadanya." Jururawat itu berkata "itu mesti sejenis tindakan refleks kerana tiada degupan jantung. Tunggu, tunggu sebentar. Jantungnya sudah mula berdegup, denyutannya berdegup."

Kemudian Puan Ford membuka matanya dan berkata, "Saya perlu pulang." Jururawat itu berkata, "Awak tak boleh pulang lagi, kami dah hubungi doktor dan ambulans." "Oh, saya tidak apa-apa," kata Puan Ford kepada jururawat itu. "Berpaling ke arah saya, dia menjabat tangan saya dengan tenang dan berkata, "Terima kasih Pastor Mjorud atas khutbah yang sangat indah itu." Kemudian doktor datang dan mengeluarkan stetoskopnya dan mendengar degupan jantung Puan Ford. Dia memeriksa nadinya, mengambil lampu pen dan memandang matanya. Akhirnya dia berkata, "Puan Ford, tiada apa-apa yang salah dengan anda, anda boleh pulang." Jadi dia pun pulang.

Saya telah memikirkan tentang keadaan sekitar pemulihan Puan Ford berulang kali. Ia akan dapat mengelakkan pelbagai masalah jika saya hanya mengikut pendapat umum ini. Semua orang sedang menunggu saya berkata "Puan Ford pengsan dan dia pulih selepas saya berdoa untuknya." Tetapi saya berada di sana! Dengan hati nurani yang baik, saya tidak dapat berbuat demikian. Kedua-dua jururawat yang merawat Puan Ford mengisytiharkan kematiannya. Kami semua percaya ketika itu, dan juga kemudian, bahawa dia telah dibangkitkan secara literal daripada kematian. Memang, tiada doktor di sana dengan peralatan perubatan untuk memeriksanya sehingga selepas dia pulih. Tetapi apabila saya memeriksanya dengan cara yang dangkal, saya percaya dia telah mati. Saya percaya Roh Kudus juga tahu dia telah mati. Roh Kudus memimpin saya untuk melakukan apa yang Paulus lakukan apabila dia membangkitkan Eutikhus daripada kematian. Dalam fikiran saya, dia telah mati. Doa saya bukanlah agar dia sedar daripada pengsan. Tetapi agar Tuhan menghidupkannya semula.

Saya benar-benar merasakan kehidupan kembali ke dalam tubuhnya dengan tangan saya di atasnya. Semua yang berada di sana, jururawat, suaminya, saudara-maranya, Pastor, dan juga Puan Ford sendiri, percaya bahawa dia telah dibangkitkan dari kematian.

Petikan daripada "Your Authority to Heal" oleh Herbert Mjorud. Diterbitkan oleh Creation House pada tahun 1975.

Pastor Supressa Sithole Berdoa untuk Wanita yang Menerima Mata Baharu

Pastor Supressa (Surprise) Sithole dikaitkan dengan Iris Ministries dan Rolland dan Heidi Baker. Beliau menceritakan kisah seorang wanita yang didoakan di sebuah persidangan. Dia menghidap penyakit semasa tinggal di Malawi yang menyerang matanya. Sebaik sahaja penyakit itu bermula pada seseorang, bola mata akhirnya akan hancur dan hilang. Mata wanita ini hilang sepenuhnya apabila dia didoakan. Beberapa orang mendoakannya, tetapi

nampaknya tiada apa yang berubah. Malam itu dia tidur dan bermimpi indah. Dia bermimpi bahawa dia boleh melihat dan dia pergi ke taman dan mula menyanyi. Wanita-wanita yang bersamanya keluar dan bertanya bagaimana dia boleh keluar. Dia memberitahu mereka "Saya bermimpi bahawa saya boleh melihat." Mereka memberitahunya "awak tidak bermimpi!" Dia mempunyai mata yang baru.
Kisah-kisah ini dan kisah-kisah lain termasuk kisah tentang seorang gadis yang dibangkitkan daripada kematian boleh didengari dalam temu bual Pastor Sithole dengan Sid Roth.
https://youtu.be/9d-ncO92hr0

Florence Hedges sembuh daripada Lupus melalui doa pada tahun 1998

Lapan tahun yang lalu, saya menyusukan suami saya sepanjang enam bulan terakhir hidupnya. Tidak lama selepas kematiannya, saya jatuh sakit. Saya mengalami sakit-sakit badan. Saya mengalami sakit belakang yang hampir berterusan. Kebanyakan masa ia terasa seperti ditikam pisau, dan ia sangat mengurangkan pergerakan saya. Saya tidak bertenaga dan hanya mahu tidur sepanjang masa. Selepas beberapa kali berjumpa doktor, dia merujuk saya kepada pakar reumatologi, dan dia mengatur pelbagai ujian darah. Keputusannya tidak normal, tetapi mereka tidak dapat mengenal pasti puncanya. Akhirnya, selepas lapan belas bulan dan ujian DNA, penyakit autoimun lupus didiagnosis. Saya meneruskan ujian darah bulanan dan diberi ubat, d-penisilin, yang membantu mengurangkan simptom, tetapi tidak dapat menyembuhkan saya.

Walaupun telah mengambil ubat, selama bertahun-tahun berikutnya saya hampir selalu sakit. Saya tidak pernah dapat membuat pengaturan untuk keluar, kerana saya tidak tahu sama ada saya akan cukup sihat. Saya sering terlalu letih. Empat kali saya mengalami serangan teruk yang menyebabkan saya dimasukkan ke hospital, di mana saya diberi oksigen. Serangan terakhir sebegini adalah pada Mei tahun lepas. Ia adalah serangan terburuk yang pernah saya alami. Saya berada di hospital selama lima hari.

Beberapa bulan selepas keluar dari hospital, saya sentiasa berjumpa doktor. Pada bulan September, saya bertanya kepada mereka tentang keadaan saya, dan kedua-duanya memberitahu saya bahawa apa yang saya alami adalah apa yang perlu saya hadapi. Mereka boleh membantu saya dengan ubat tahan sakit, tetapi hanya itu sahaja yang mereka mampu lakukan.

Saya menjadi sangat sedih selepas berita ini, sehingga saya memutuskan untuk mendapatkan bantuan daripada gereja. Hari itu hari Rabu dan saya akan menghubungi Richard, pastor, pada petang itu. Namun, dia menghubungi saya dahulu. Saya berkata, "Richard, awak takkan percaya, saya cuma nak hubungi awak". Dia berkata, "Saya cuma duduk di sini, dan perkataan "call Flo" asyik terlintas di fikiran saya, jadi saya menghubunginya.

Saya memberitahunya apa yang dikatakan oleh doktor dan bertanya sama ada gereja boleh berdoa untuk saya pada hari Ahad. Apabila hari Ahad tiba, saya agak yakin Tuhan akan menyembuhkan saya. Di tengah-tengah upacara itu, terdapat jemputan umum, untuk sesiapa sahaja yang mempunyai penyakit kronik untuk menerima doa. Sekumpulan besar orang berkumpul di sekeliling saya, meletakkan tangan ke atas saya dan berdoa. Selepas upacara itu, salah seorang wanita yang tidak dapat menghubungi saya terlebih dahulu, bertanya sama ada dia boleh berdoa untuk saya juga. Semasa dia berdoa, saya merasakan sensasi terbakar di tulang belakang saya.

Kemudian saya pergi makan tengah hari bersama kakak saya. Setelah makan selesai, dia bertanya sama ada saya baik-baik saja. Saya berkata "kenapa awak tanya". Dia berkata "sebab awak nampak pelik". Kemudian saya berkata "Ed, kesakitan saya dah hilang. Saya tak percaya!"

Sejak hari itu, sakit belakang saya telah hilang sepenuhnya. Gejala-gejala lain hampir tiada sepenuhnya. Saya terus mengambil ubat tersebut. Ujian darah saya yang seterusnya mendedahkan apa yang telah berlaku. Keputusannya tidak lagi tidak normal, malah berada dalam julat normal. Pakar saya memberitahu saya bahawa saya tidak lagi menghidap Lupus, dan berkata, "Ini pasti kerja seseorang yang lebih tinggi daripada kami. Kami tidak boleh melakukan ini!" Mereka memberitahu saya bahawa ujian darah adalah jelas, dan saya harus meneruskan ujian bulanan dan pengambilan ubat. Semua ujian ini telah jelas. Saya tahu bahawa Tuhan telah menyembuhkan saya dan terus memuji-Nya untuknya! Pautan asal boleh didapati di sini: http://jesusisreal.org/HealedOfLupus.htm

Penyembuhan Melalui Gayle Jackson

Ia merupakan satu kebangkitan semula sekitar tahun 1980 di Salem, MO. Penginjil yang saya kenali ialah saudara Gayle Jackson. Saya berumur 7 tahun. Saya memakai cermin mata untuk mata juling sejak usia 2 tahun dan saya sebenarnya telah menjalani pembedahan untuk membaikinya tanpa sebarang kesan. Saya benci cermin mata saya, saya sentiasa diejek. Pada malam saya menghadiri kebangkitan semula, saya terpaksa meningkatkan keberanian saya, terdapat ramai orang di sana. Tetapi saya tahu saya mahu mata saya sembuh. Saya berjalan ke arah Saudara Jackson dan memberitahunya apa yang saya mahu sembuh. Dia meletakkan tangannya di atas mata saya dan kami berdoa. Dia mengangkat tangannya dan saya akan mengingati kata-katanya selama-lamanya. "Lurus seperti anak panah!" Sepanjang perjalanan pulang, saya ingat menyenaraikan semua perkara yang tidak perlu saya tanggung kerana saya tidak perlu memakai cermin mata lagi!

Beberapa hari kemudian, adik kembar saya mengalami keadaan yang sama! Dia telah didoakan dan sembuh juga! Saya pergi ke sekolah pada keesokan harinya dan guru saya bertanya di mana cermin mata saya. Gadis kecil berusia tujuh tahun itu memandang tepat ke matanya dan berkata kepadanya, "Saya tidak memerlukan cermin mata saya lagi, Yesus telah menyembuhkan mata saya!" Malam itu saya mengetahui bahawa pihak sekolah telah menghubungi ibu saya dan memberitahunya bahawa kami harus memakai cermin mata kami sehingga pemeriksaan menyatakan sebaliknya. Ibu saya dengan sopan memberitahu mereka. Kami akan mendapatkan pemeriksaan, bukan untuk kami tetapi untuk anda, dan mereka tidak akan memakainya sehingga doktor mengatakan mereka perlu memakainya.

Kami berdua, saya dan kembar saya, kembali berjumpa doktor yang sama yang telah kami temui sejak awal. Saya ingat dia merenung mata saya dengan mesinnya sambil duduk terlentang dan memandang ibu saya dengan terkejut, memandang lagi kemudian duduk terlentang memandang ibu saya dan berkata "apa yang kamu buat!! Mereka tidak lagi memerlukan cermin mata!!" Ini telah memberi kesan yang mendalam terhadap hidup dan kepercayaan saya. Saya suka menceritakan kisah saya kepada orang lain!
Malinda Hagenhoff (Varner)
Terima kasih Malinda kerana berkongsi testimoni yang hebat ini!

Penyembuhan Ibu Lester Sumrall

Semasa Sumrall kecil, ibunya, Betty, menghidap kanser payudara. Dia mengalami luka terbuka sebesar satu dolar perak. Disebabkan kesakitan itu, dia menangis sehingga tertidur selama beberapa malam. Pada masa itu, sejurus selepas Perang Dunia I, pakar bedah tidak mempunyai teknik atau ubat yang digunakan oleh doktor moden. Doktornya berkata jika dia cuba membuang kanser itu, dia akan mati. Dia membalut luka itu dan memastikan ia bersih. Pada suatu malam, Betty berjalan di atas lantai hampir sepanjang malam, menangis kepada Tuhan untuk melegakan kesakitannya. Tepat sebelum matahari terbit, dia jatuh di atas katilnya dan tidur. Ibu Sumrall bermimpi bahawa Yesus masuk ke dalam bilik tidurnya dan memandangnya dengan penuh belas kasihan. Dia menyentuh dadanya dengan lembut. Selepas dia terjaga, dia memberitahu bapa Sumrall, George, tentang mimpi itu. Bapa Sumrall ragu-ragu. Dia ragu-ragu.

Beberapa hari kemudian, George bertanya tentang kesakitannya. Betty berkata dia "hampir terlupa tentang kanser itu." Dia menambah "kesakitannya sudah hilang." Kemudian apabila Betty masuk ke bilik tidurnya, kanser itu hilang dari badannya.

Betty Sumrall hidup lebih daripada 40 tahun selepas penyembuhan itu. Dia meninggal dunia pada usia 87 tahun akibat punca semula jadi.

Petikan daripada "Saya Percaya pada Penyembuhan" oleh Cecil Murphey.

Tidak Lagi Lumpuh – Penyembuhan Melalui John dan Olive Kellner

kami dilahirkan dengan pinggul kanannya tumbuh ke luar. Akibatnya, kaki kanan dan lututnya terbelit teruk, dan kakinya terpusing sepenuhnya ke kanan. Dia tidak dapat berdiri dengan kedua-dua belah kakinya rata di atas lantai. Kaki kanannya lebih pendek. Dia tidak boleh melangkah dengannya. Apabila dia duduk di kerusi tinggi, kakinya akan tertarik ke bawah. Dia tidak boleh menggantungkan kakinya dari kerusi semasa dia duduk.

Kami membawa anak perempuan kami berjumpa dengan dua orang pakar bedah ortopedik. Mereka berdua menetapkan pendakap kasut sehingga pinggulnya tumbuh secara normal, yang akan menjadikan anak perempuan kami separuh lumpuh. Kami membeli pendakap kasut, dan hanya menunggu untuk memasangnya, apabila kempen pertemuan penyembuhan keselamatan bermula di gereja kami (November 1954). John dan Olive Kellner adalah penginjil. Kami memutuskan untuk meminta penginjil untuk mendoakan anak perempuan kami sebelum memasang pendakap kasut.

Apabila Sister Kellner berdoa, kaki gadis kami diluruskan dan dipanjangkan serta-merta. Dia dapat berdiri tegak di atas kakinya! Dia kini boleh melangkah seperti biasa, berdiri seperti biasa, dan duduk seperti biasa dengan kakinya tergantung di atas tempat duduk kerusinya. Sekarang apabila saya memberitahu orang ramai tentang keajaiban itu, saya akan menegakkannya dan meminta mereka meneka kaki yang mana Tuhan luruskan. Biasanya mereka memilih kaki kiri, dan apabila saya memberitahu mereka bahawa itu adalah kaki kanan, mereka bersetuju bahawa Tuhan telah menyembuhkannya dengan baik. Saya membawanya berjumpa doktor dan dia bertanya kepada saya apa yang telah berlaku. Dia berkata kakinya sudah normal sekarang.

Puan William J. Madden, Laluan 3, Jalan Chapin, New Castle, Pa. (Disokong oleh SW Brewer, Pastor Gereja Pentekosta Pertama, New Castle, PA)

Dicetak semula daripada Pentecostal Evangel November 1955

Penyembuhan Suara Pastor – Mazmur 103

Pastor Dwayne Miller memberikan kesaksiannya tentang penyembuhannya di sebuah gereja Baptis.
17 Januari 1993

William Jefferson Clinton sedang membuat persediaan untuk pelantikan sulungnya, pasukan Cowboys menewaskan 49ers, dan Tuhan menunjukkan diri-Nya yang berkuasa dan kontemporari dalam kelas Sekolah Minggu di First Baptist Church Houston di Houston, Texas.

Pengajaran pagi itu adalah daripada Mazmur 103, terutamanya ayat 1-5. Daud sedang bercakap dengan dirinya sendiri dan mengarahkan dirinya untuk "Memuji Tuhan" yang bermaksud memuji atau bersyukur kepada Tuhan. Dia kemudian menyenaraikan beberapa sebab untuk dirinya berbuat demikian.
Dia (Tuhan) mengampuni segala dosaku; Dia menyembuhkan segala penyakitku; Dia menebus hidupku dari kubur, lubang, dan kebinasaan; Dia memahkotai aku dengan kasih dan belas kasihan, dan kemurahan hati; dan Dia memulihkan masa mudaku seperti burung helang.

Saya berdiri untuk mengajar kelas yang terdiri daripada 150 orang atau lebih pada pagi itu. Saya tidak pernah lebih letih secara emosi berbanding pagi itu. Saya tidak pernah kurang iman berbanding pagi itu. Lubang yang digambarkan oleh Daud sedang menelan saya. Tetapi Tuhan (bukankah kata-

kata hebat itu dari Kitab Suci?) telah mengubah segala-galanya. Biar saya jelaskan…

Kisah Belakang

Pada tahun 1990, saya berkhidmat sebagai Pastor Kanan di First Baptist Church di Brenham, Texas dan telah berkhidmat di sana untuk beberapa waktu. First Baptist merupakan sebuah gereja yang hebat dan Gereja Southern Baptist yang bersejarah. Pada bulan Januari, saya dijangkiti virus selesema yang akhirnya menembusi sarung mylan pada lipatan vokal saya dan merosakkan tisu saraf sehingga tidak dapat dibaiki lagi.

Sepanjang tiga tahun berikutnya, saya telah berjumpa dengan lebih 63 pakar dan pasukan mereka (berjumlah lebih 200 doktor) ketika mereka cuba mendiagnosis dan merawat saya. Saya telah dibiarkan dengan suara yang kedengaran seperti kes laringitis terburuk yang pernah anda dengar, dan hanya boleh didengari jika saya menjerit sekuat hati . Kedua-dua anak perempuan saya adalah pelajar di Baylor dan saya tidak dapat menghubungi asrama mereka kerana saya kedengaran seperti pemanggil telefon yang lucah.

Walaupun jemaah sangat sabar dengan kecacatan saya, saya telah meletak jawatan atas sebab-sebab yang jelas pada tahun 1991. Semua yang pernah saya lakukan untuk mencari nafkah telah dikaitkan dengan keupayaan saya untuk bertutur dan tiba-tiba "kit peralatan" saya hilang.

Kami telah berpindah kembali ke Houston dan isteri saya telah menjadi pencari nafkah utama dalam keluarga kami. Seorang rakan karib memberi saya pekerjaan sebagai penyiasat persendirian yang bekerja di bidang di mana suara saya tidak penting, tetapi saya ingin sekali melakukan pelayanan yang telah saya terima.

Kelas Katakombe

First Houston mempunyai kelas Sekolah Minggu yang pertama kali bermesyuarat di ruangan bawah tanah gereja, oleh itu dipanggil "The Catacombs". Sekumpulan orang yang hebat yang saya berpeluang untuk mengajar sebelum saya pergi ke Brenham dan mereka tidak pernah terputus hubungan. Apabila mereka mengetahui bahawa kami akan berpindah kembali ke Houston, mereka datang ke Brenham dengan mayat dan trak dan memindahkan kami... atau, seperti yang dikatakan oleh salah seorang pengarah kami, "Membawa" kami.

Kepada Gereja Baptis Pertama Houstonlah kami kembali dan kepada kelas itu sebagai ahli. Sokongan dan persekutuan mereka adalah (dan masih) lebih berharga daripada yang dapat diungkapkan dengan kata-kata.

Pada bulan April 1992, guru Catacombs terpaksa mengambil sedikit masa atas sebab-sebab peribadi. Pengarah kami (suami isteri) bertanya sama ada saya akan menggantikan tempat saya sementara pengganti tetap dicari. Saya membantah kerana saya terlalu sukar difahami yang kemudiannya dibalas dengan "kami akan mendengar dengan SANGAT teliti." Saya telah faham bahawa mereka bertanya, bukan kerana saya seorang guru yang begitu mendalam, tetapi kerana mereka menyayangi saya dan tahu betapa saya perlu mengajar.

Separuh wanita dalam pasukan pengarah kami berkeras untuk saya menjadi guru tetap walaupun kakitangan pendidikan gereja meluahkan keraguan mereka kerana suara saya. Dia memberitahu mereka bahawa dia pasti bahawa Tuhan mahu saya mengajar kelas itu sebaik mungkin dan mereka akhirnya mengalah.

Dia, mereka, atau saya benar-benar tidak tahu apa yang sedang Tuhan persiapkan.

Detik Ini

Seperti yang saya nyatakan sebelum ini, saya berada dalam keadaan yang mengerikan ketika saya naik ke platform pada pagi itu. Dua hari sebelumnya, saya telah duduk berjam-jam di ruang tamu dengan senapang patah di mulut saya dan saya telah sampai ke penghujung hayat saya. "Memberkati Tuhan" adalah sukar bagi saya. Sebenarnya, satu-satunya sebab saya berada di sana adalah kerana saya tidak dapat mencari pengganti dan saya tidak boleh tidak hadir begitu sahaja. Jadi pengajaran saya pada pagi itu adalah sambil lewa, tidak lebih daripada itu.

Semasa saya memulakan rangka kerja ini, saya membincangkan perkataan "semua". Ia secara literalnya bermaksud "setiap orang tanpa terkecuali." Pengampunan Kristus atas *semua* dosa saya adalah yang menjadikan Berita Baik itu HEBAT. Saya tidak mempunyai masalah dengan perbincangan itu.

Tetapi, apabila saya mula bercakap tentang penyembuhan, kata-kata saya adalah, "Saya masih percaya Tuhan menyembuhkan," manakala fikiran saya adalah, "tetapi mengapa bukan saya?" Saya meneruskan perbincangan itu sejujur yang saya boleh dan memulakan fikiran ketiga saya…"Dia menebus hidup saya dari lubang kubur."

Saya memulakan wacana saya, "Saya pernah mengalami, dan anda pernah mengalami, pada masa lalu, pengalaman lubang." Dengan perkataan, "lubang," tekanan yang telah membelenggu tekak saya selama tiga tahun hilang seolah-olah seseorang telah menarik tangan mereka daripada mencekik saya. Saya menyambung, terkejut, "Kita semua pernah mengalami masa-masa di mana hidup kita seolah-olah berada di dalam lubang, di dalam kubur, dan kita tidak mempunyai jawapan untuk lubang yang kita hadapi." Semasa saya bercakap, saya menelan air liur tanpa tercekik, dan saya tidak akan pernah melupakan fikiran saya... "adakah itu yang saya fikirkan?"

Sejak Itu

Doktor mengesahkan bahawa ia adalah seperti yang saya sangkakan ketika saya berjumpa mereka pada hari-hari berikutnya. Suara saya telah pulih sepenuhnya, dan memetik kata-kata doktor utama saya, "Saya tidak dapat menemui sebarang bukti bahawa anda pernah mengalami masalah suara."

Peristiwa itu berlaku pada 17 Januari 1993, Ahad ketiga setiap bulan... hari ini. Peristiwa itu dirakam dengan cara yang paling santai. Peristiwa itu telah mengubah hidup saya dan telah memberi kesan kepada berjuta-juta orang di seluruh dunia.

Kelas Catacombs mula merakam pelajaran beberapa dekad sebelum hari Ahad tersebut. Dalam kumpulan yang besar, kehadiran 100% adalah mustahil. Untuk memberi manfaat, rakaman kaset dibuat tidak kira siapa yang mengajar, dan satu atau dua salinan akan disediakan pada hari Ahad berikutnya. Kaset hanya akan berada di meja belakang dan jika anda mahukannya, ia ada di sana. Apabila saya berkata, "tiada masalah besar," maksud saya, "tiada masalah langsung!" Tetapi di gereja itu dengan lebih 20,000 ahli, itulah satu-satunya kelas yang merakam pelajaran mereka. Tempat lain tidak akan mempunyai impak yang Tuhan inginkan.
Saya tidak meminta untuk mengajar kelas itu, pengarah kami berebut-rebut untuk saya mengajar. Saya tidak menulis bahan saya sendiri, saya menggunakan apa yang dahulunya dipanggil, bahan "Siri Buku Bible" yang digunakan di

seluruh Konvensyen. Dan, jangan lupa, saya tidak mahu berada di sana. Kebetulan? Saya rasa tidak.
Dari hari itu hingga kini, saya meraikan pemulihan kebolehan vokal saya. Saya menulis tentang pengalaman itu pada minggu berikutnya dan menggambarkannya dalam istilah yang menyamakannya dengan Lazarus yang keluar dari kubur. Rasa syukur dan emosi saya tidak pernah berkurangan dalam 20 tahun.

Saya telah menjelajah negara ini dan dunia menceritakan kisah detik itu. Tuhan telah menggunakan saya sebagai contoh pengajaran tentang rahmat dan kuasa-Nya. Saya telah muncul dalam rancangan Oprah dan telah berkongsi kisah saya dengan seorang wanita kecil di rumah jagaan yang tidak dapat bercakap, tetapi menangis ketika saya menceritakan kisah Kebaikan-Nya yang abadi. Saya masih pergi ke mana sahaja peluang diberikan untuk berkongsi kisah ini dan saya akan berbuat demikian sehingga saya tidak mampu berbuat demikian secara fizikal.

Jika anda ingin mendengar sendiri "The Moment of Healing", layari video youtube.
https://www.youtube.com/watch?v=NuBV3uPxaAc .

Maklumat lanjut boleh didapati di laman web beliau
http://www.nuvoice.org

"Penglihatan" ajaib Ronald Coyne

Pada tahun 1951, mata kanan (Roscoe) Ronald Coyne rosak kerana seutas dawai tersangkut di dalamnya. Jangkitan berlaku dan mata itu terpaksa dibuang melalui pembedahan. Dia diberi plastik mata untuk dipakai supaya mata yang hilang itu tidak menonjol. Mata itu kelihatan tidak normal kerana ia tidak dapat bergerak apabila mata yang satu lagi bergerak.

Pada tahun 1952, keluarga Coynes menghadiri Mukjizat Khemah Perang Salib yang dikendalikan oleh Evangelist Daisy Gillock, adik perempuan Dr. TL Osborn. Ibu Ronald menghantarnya ke barisan doa kerana dia mengalami masalah tonsil. Apabila Gillock bertanya kepadanya apa yang dia mahu doakan, dia berkata masalah tekak. Dia berdoa dan Coynes mula menjauhinya . Dia menghentikannya dan bertanya apa yang salah dengan matanya kerana ia kelihatan tidak normal. Dia berkata dia buta pada mata itu (tidak menyebut bahawa ia telah dibuang.) Dia berdoa untuk keajaiban penglihatan dan perkara yang paling menakjubkan berlaku. Ronald mula melihat keluar dari mata, walaupun tiada mata yang boleh melihat keluar! Dia telah diuji oleh doktor dan mereka sampai pada kesimpulan bahawa penglihatannya tidak mungkin berlaku secara normal. Tidak kira sama ada mata plastiknya masuk atau keluar. Dia masih mempunyai penglihatan ajaib.

Sepanjang hayatnya, Ronald Coynes mengembara ke seluruh dunia memberikan kesaksiannya tentang penglihatan ajaib. Akhirnya, dia menjadi seorang pastor dengan pelayanan keliling. Dia menghadapi kritikan yang hebat dan berterusan kerana ramai orang tidak percaya Tuhan akan melakukan perkara seperti itu. Dia memberikan kesaksiannya dalam pertemuan Kristian, rancangan televisyen, gereja, dan mana-mana tempat yang Tuhan bukakan pintu untuknya. Satu-satunya syaratnya ialah dia perlu mempunyai peluang untuk menyampaikan injil. Sepanjang hayatnya, berjuta-juta orang mendengar injil Kristus dan kesaksiannya tentang Tuhan yang melakukan keajaiban.

Untuk melihat video Coynes bersama keterangannya, tonton video YouTube ini:
https://youtu.be/FD9ULJyRBg4

Wanita Gila Diselamatkan Dalam Kebangkitan Semula Antwerp Charles Finney

Terdapat dua kes pertobatan yang sangat ketara di tempat ini; dan terdapat dua kes yang sangat ketara tentang pemulihan serta-merta daripada kegilaan semasa kebangkitan ini. Semasa saya pergi ke perhimpunan pada petang suatu hari Sabat, saya melihat beberapa wanita duduk di bangku, bersama seorang wanita berpakaian hitam yang kelihatan sangat tertekan; mereka sebahagiannya memegangnya, dan menghalangnya daripada keluar. Semasa saya masuk, salah seorang wanita datang kepada saya dan memberitahu saya bahawa dia seorang wanita yang tidak siuman. Saya berkata beberapa patah kata kepadanya; tetapi dia mesti pergi; dan dia tidak dapat mendengar sebarang doa, atau khutbah atau nyanyian; bahawa neraka adalah bahagiannya, dan dia tidak dapat menahan apa-apa yang membuatnya memikirkan syurga.

Saya memberi amaran kepada para wanita secara peribadi untuk memastikan dia duduk di tempat duduknya, jika mereka boleh, tanpa mengganggu mesyuarat. Sebaik sahaja nyanyian bermula, dia bergelut untuk keluar. Tetapi para wanita menghalang laluannya; dan dengan baik hati, tetapi berterusan menghalangnya daripada melarikan diri. Selepas beberapa ketika, dia menjadi senyap, tetapi seolah-olah mengelak daripada mendengar atau memerhatikan semua nyanyian. Kemudian saya berdoa. Tuhan memberi saya semangat doa yang hebat dan teks dari Ibrani: "Marilah kita dengan berani menghampiri takhta kasih karunia, supaya kita memperoleh rahmat dan menemukan kasih karunia untuk pertolongan pada waktunya."

Tujuan saya adalah untuk menggalakkan iman, kepada diri kita sendiri, dan kepadanya; dan kepada diri kita sendiri untuknya. Semasa saya berjalan, dia mula mengangkat kepalanya secara beransur-ansur dan memandang saya dari dalam topi hitamnya yang panjang. Semasa saya terus mendesak orang ramai untuk menjadi korban penebusan Imam Besar kita yang agung, tiba-tiba dia mengejutkan jemaah dengan menjerit kuat. Dia kemudian menjatuhkan dirinya hampir dari tempat duduknya, memegang kepalanya dengan sangat rendah, dan saya dapat melihat bahawa dia "gementar dengan sangat kuat." Semasa saya berjalan, dia mula mendongak semula, dan tidak lama kemudian duduk tegak, dengan wajah yang berubah dengan indah, menunjukkan kegembiraan dan kedamaian yang penuh kemenangan. Terdapat cahaya di wajahnya yang jarang saya lihat pada wajah manusia mana pun. Kegembiraannya begitu besar sehingga dia hampir tidak dapat menahan dirinya sehingga mesyuarat selesai; dan kemudian dia segera membuat semua orang di sekelilingnya memahami bahawa dia bebas. Dia memuliakan Tuhan dan bersukacita dengan kemenangan yang menakjubkan. Kira-kira dua tahun selepas itu saya bertemu dengannya, dan mendapati dia masih penuh dengan kegembiraan dan kedamaian.

Diambil daripada autobiografi Charles Finney.

Gadis yang otaknya "berubah menjadi bubur" kini sembuh dan tamat sekolah menengah

Kisah ini diceritakan oleh ibu Taylor, Stacy Henningsen. Pada bulan September 2011, hanya dua minggu memasuki tahun pertamanya di kolej, Taylor Hale mengalami kecederaan otak traumatik semasa menunggang kuda bersama rakan-rakan selepas perlawanan bola sepak sekolah menengah. Dia tergelincir dari hud kereta dan kepalanya terhantuk kuat pada laluan pejalan kaki. Trajektori luar biasa beliau — daripada diisytiharkan mati otak, menurut keluarganya, hingga kini bersiap sedia untuk pergi ke kolej — pertama kali didokumenkan dalam Daftar Des Moines.

Mesin memantau bengkak di otak Taylor. Keluarga dan rakan-rakan yang sentiasa datang melawatnya, tetapi doktor memberi amaran kepada pelawat bahawa mereka tidak boleh bercakap atau membuat sebarang bunyi bising yang akan merangsang Taylor secara berlebihan. Kira-kira seminggu kemudian, keadaan Taylor menjadi lebih serius: Dia mengalami pendarahan otak. "Otaknya telah tergelincir ke dalam tulang belakangnya ... Otaknya telah menjadi seperti bubur," kata Henningsen. "Mereka terpaksa melakukan CPR dan melakukan usaha yang ekstrem untuk mendapatkannya kembali."

"Keesokan harinya, [doktor] berkata, 'Kami minta maaf — tiada apa lagi yang boleh kami lakukan untuknya. Anda mungkin patut mengucapkan selamat tinggal," kata Henningsen. "Kami mula berbincang tentang pengaturan pengebumian." Doktor memberitahu keluarga Taylor bahawa mereka 95 hingga 99 peratus pasti dia tidak akan bangun lagi, kata Henningsen.

Setelah mengisytiharkan kematian otaknya, mereka menghentikan ubat-ubatan dan oksigennya. Keluarga itu berdoa. Seorang kiropraktor yang telah merawat ibu saudara Taylor juga berdoa untuk gadis itu, melawat bilik hospitalnya untuk meletakkan tangannya di belakang lehernya. "Beberapa jam kemudian, doktor masuk dan pada dasarnya memberitahu kami, 'Kami tidak tahu bagaimana untuk menjelaskan perkara ini secara perubatan kepada anda, tetapi dia bernafas sendiri,'" kata Henningsen.

Taylor membuka matanya dan menggerakkan jari tangan dan kakinya. Tetapi doktor memberi amaran kepada keluarganya bahawa kemungkinan dia akan berjalan semula adalah tipis, dan jika dia berjalan, dia akan dilekatkan pada tiub makan seumur hidup. Melalui kerja keras dan kegigihan, Taylor perlahan-lahan dapat kembali berjalan, makan, dan melakukan hampir semua perkara lain yang dilakukannya sebelum ini, kata ibunya.

Pada hari Isnin, dia akan menamatkan pengajian dari sekolah menengahnya. Dia bercakap di Berita antara kelas terakhirnya di sekolah dan perjalanan ke pusat membeli-belah untuk membeli gaun untuk majlis graduasinya — hari yang ibunya tidak pasti akan datang untuk Taylor selepas kemalangannya. "Saya kerap memikirkannya," kata Hennsingsen. "Ia sememangnya satu keajaiban."

Penduduk Pheonix Sembuh daripada Kanser Melalui William Branham pada Mac 1948

September lalu saya pergi ke Dr. Weldon Baker, North Second Street, Phoenix, Arizona dan dia membuat dua x-ray. Dia mendapati saya menghidap kolitis yang teruk, jantung saya membesar akibat racun, hanya satu perlima daripada hati saya yang aktif, dan terdapat beberapa batu sebesar ibu jari kaki saya di sebelah kanan hati saya. Saya memulakan rawatan selama enam minggu, tetapi jatuh sakit teruk. Dr. Anderson merawat saya dan berkata saya menghidap kanser, tetapi telah menunggu terlalu lama sebelum mendapatkan bantuan. Saya jatuh sakit teruk dan tidak dapat menerima rawatan lagi. Usus besar saya terpaksa dibuka untuk membenarkan sisa buangan melaluinya. Saya mengalami sakit yang sangat teruk. Dr. Baker datang, dan para santo sedang berdoa apabila dia sampai di sana. Dia memberitahu saya kemudian bahawa saya telah mati dua minit, tetapi Yesus telah mendengar tangisan para santo.

Saya terbaring di atas katil selama sembilan minggu dan kehilangan berat badan sebanyak 40 paun. Kadang-kadang saya sangat teruk sehingga saya tidak dapat menelan air selama lima hari. Kemudian datanglah pengumuman bahawa William Branham akan datang ke Phoenix pada hari kedua Mac untuk berdoa bagi orang sakit dan menderita. Suami saya berada di gereja awal pada malam Ahad pertama itu, tetapi Saudara Branham tidak dapat menghubungi saya. Dia juga tidak dapat menghubungi saya pada malam berikutnya, walaupun saya menyaksikan banyak keajaiban penyembuhan orang lain. Keesokan harinya saya dibawa lagi, tetapi apabila saya sampai di gereja, saya menjadi sangat sakit. Mereka membawakan sebuah katil bayi untuk saya, tetapi saya tidak ingat bila saya berbaring.

Pertama kali saya tahu, Saudara Branham sedang bercakap dengan saya, berkata: "Pandang saya, saudari." Pada mulanya ia hanya bisikan samar, tetapi kali ketiga dia mengulanginya, saya cuba membuka mata saya. Selepas beberapa ketika, saya dapat melihat petunjuk dan dia bertanya kepada saya sama ada saya percaya apa yang dia katakan kepada saya. Saya berkata, "Ya, kerana saya dapat melihat malaikat yang berdiri di sebelah anda." Saudara Branham kemudian berkata, "Saudari, iman anda telah menyelamatkan anda. Kanser itu ada di seluruh perut anda, tetapi Tuhan telah menyembuhkan anda. Setiap akar dikutuk dan anda akan sembuh jika anda terus percaya, walaupun ia akan mengambil masa sebulan atau enam minggu untuk ini mereput. Dalam 72 jam dari sekarang anda akan sakit teruk dan kesakitan yang teruk, tetapi percayalah melalui semuanya." Kemudian Tuhan berfirman melalui Saudara Branham, dan minyak hangat mengalir melalui kepala saya di luar dan di dalam dan pergi ke kaki saya. Semasa ia berkurangan, kesakitan itu hilang sepenuhnya dan saya berasa sangat kuat. Saya turun dari katil bayi sambil menjerit dan menari dan dapat menghadiri Lima upacara lain yang diadakan oleh Saudara Branham di Phoenix.

Apabila tempoh 72 jam tamat, saya menjadi sangat sakit, dan sakitnya sangat teruk sehingga saya tidak dapat menangis. Saya sakit teruk selama lebih kurang dua minggu, kemudian saya mula makan apa sahaja yang saya mahu, di mana sebelum ini saya hanya makan jus buah dan sup. Tujuh minggu selepas saya didoakan, saya menjalani beberapa x-ray lagi dan ini menunjukkan bahawa saya telah sembuh sepenuhnya. Dr. Baker memberitahu saya bahawa saya mungkin akan menceritakan semua ini, dan dia dengan senang hati akan menunjukkan x-ray tersebut kepada sesiapa sahaja yang ingin melihatnya, atau dia akan bercakap dengannya secara peribadi. Saya memuji Yesus untuknya!

PUAN Hattie Waldrop Adams Street Phoenix, Arizona

Wanita yang Nazak Disembuhkan di Bawah John Alexander Dowie

Testimoni ini telah diterbitkan dalam Surat Berita Leaves of Healing pada 5 Februari 1897. (Nota: penggunaan adalah nama lama untuk tuberkulosis.)

GRIFFITH, IND. 20 Januari 1897.

Dr. & Puan Dowie yang dihormati,

Saya merasakannya sebagai satu keseronokan dan juga satu tanggungjawab saya untuk menambah kesaksian saya kepada ratusan orang lain—tentang penyembuhan saya yang sempurna—dari pelbagai penyakit, melalui Tuhan kita Yesus Kristus.

Tidak pernah menyedari kesihatan yang baik dan, bagi saya, perjalanan yang meletihkan ke Pantai Atlantik, Oktober 1894, dan sekembalinya saya serta-merta menyambung tugas pejabat saya, saya bekerja terlalu keras, dan pada 3 November saya diserang Pendarahan Paru-paru.

Pada mulanya kami mengupah Dr. Pettibone, dari Crown Point, Ind. Saya rasa, dia merawat saya selama kira-kira dua bulan, tetapi tidak memberi saya sebarang kelegaan. Keadaan saya malah menjadi lebih teruk. Bukan sahaja Pendarahan berterusan, tetapi penyakit-penyakit lain turut muncul. Dia melakukan semua yang termampu untuk saya.

Pada 1 Januari 1895, suami saya mengupah Dr. Vincent, salah seorang doktor lama dan paling berkebolehan di Valparaiso, Ind. Beliau menyatakan kes saya sangat serius. Walau bagaimanapun, saya tidak mendapat manfaat daripada perubahan doktor. Keadaan saya masih menjadi lebih teruk.

Saya ketika itu menderita akibat sujud saraf, pendarahan paru-paru, air di sekitar jantung, batuk kering, ulser kanser tekak, hati yang tersumbat, dan apa yang dikenali sebagai Konsumptian Usus. Rupa-rupanya usus yang mengecil. Tempoh penurunan itu, walaupun pada mulanya singkat, kini berlarutan selama berjam-jam, dan Doktor menyangka saya tidak dapat hidup sepanjang bulan Mac. Walau bagaimanapun, dia masih terus merawat saya sehingga saya teringat bulan Jun.

Dia kemudian memberitahu suami saya bahawa dia fikir saya tidak mempunyai peluang untuk pulih, dan tidak berguna baginya untuk meneruskan lawatannya lagi. Dia juga memberitahu rakan-rakan saya di Valparaiso bahawa ia hanya seketika bersama saya. Selama dua minggu berikutnya saya hanya mengambil sedikit ubat, dan anehnya saya menjadi sedikit lebih kuat. Kami sangat digalakkan, dan merasakan kami tidak harus berputus asa, tetapi mencuba doktor lain yang baik.

Seorang rakan kami mengesyorkan Dr. Hilldebrand, dari Chicago. Selepas pemeriksaan menyeluruh, beliau menyatakan ia sebagai Penghidap Penyakit Berjangkit, yang berlarutan dengan penyakit lain yang telah saya sebutkan sebelum ini. Semasa bercakap tentang tekak saya (sebahagian daripada tisu lembut telah dimakan) apa yang telah hilang tidak dapat digantikan. Ulser-ulser itu sentiasa keluar, dan bumbungnya menjadi kuning. Selepas menggunakan ubat yang ditetapkannya untuk tekak; lebih banyak ulser terbuka, dan di bawah rawatannya, saya mengalami kegagalan dengan sangat cepat.

Kemudian saya bertekad untuk tidak mengambil ubat lagi, dan saya menyedari bahawa hidup saya lebih berharga tanpanya berbanding dengannya. Seorang rakan kami, Encik Wood, ejen tuntutan di C. & GTRR, memberitahu saya tentang seorang lelaki yang hebat di Chicago yang boleh menyembuhkan semua jenis penyakit tanpa mengambil sebarang ubat. Saya hampir tidak dapat mempercayainya, tetapi dia terus mendesak saya untuk pergi, dan berkata dia fikir masih ada peluang untuk saya pulih.

Saya bersetuju, asalkan saya dapat sampai ke sana. Kami telah menghantar permintaan doa kepada anda, dan saya mendapat sedikit kekuatan sehingga dalam masa kira-kira seminggu (walaupun telah berputus asa oleh rakan-rakan dan disahkan tiada harapan oleh doktor) suami saya, pada 18 Ogos, membawa saya ke Divine Healing Home No. 1, 6020 Edgerton Avenue.

Saya mengalami kembung perut yang teruk (disebabkan oleh air di sekeliling jantung) sehingga saya tidak dapat memakai mana-mana gaun saya; saiznya hampir tiga inci terlalu kecil. Saya terpaksa memakai gaun longgar. Selepas meletakkan tangan dan berdoa untuk saya pada hari Isnin, keesokan harinya selepas ketibaan saya, air di sekeliling jantung seolah-olah jatuh seperti badut dan kembung itu hilang. Saya menulis surat kepada keluarga saya (yang tinggal tidak jauh dari bandar) untuk membawakan saya gaun saya. Mereka berbuat demikian, dan saya tidak menghadapi masalah memakainya.

Kali kedua kamu menumpangkan tangan dan berdoa bersamaku, aku sembuh dari sujud saraf, air di sekitar jantung, pendarahan paru-paru, masalah buah pinggang, rematik otot, buasir, usus yang semula jadi. Tetapi kesukaran tekak yang teruk itu tetap ada. Aku memintamu pada hari Selasa berikutnya, kira-kira seminggu selepas aku berada di sana, di salah satu Perhimpunan Rumah untuk meletakkan jarimu di kerongkongku. Kamu berbuat demikian, dalam nama Yesus, dan penyakit-penyakit dahsyat yang selama berbulan-bulan telah memakan nyawaku semuanya dimusnahkan oleh tangan Tabib Agung melalui agensimu, yang telah diberkati Tuhan dengan Kurnia Penyembuhan.

Saya berada di Rumah itu hanya dalam masa dua minggu, dan pada hari Sabat kami mula pulang, kami tidak dapat membuat sambungan dengan kereta jalanan, dan suami saya berkata saya berjalan hampir dua batu, dan tidak berasa letih sedikit pun. Dua bulan selepas saya pulang ke rumah, saya belajar melakukan kerja rumah, dan telah melakukan kerja saya sendiri sejak itu.

Sudah setahun empat bulan sejak saya sembuh. Kecuali dua selesema, saya berada dalam keadaan sihat sepenuhnya, dan tidak dapat memuji Tuhan secukupnya atas segala nikmat yang telah dicurahkan-Nya kepada saya. Semua ulser telah hilang, dan bahagian-bahagian lembut yang dimakan dan dipisahkan oleh penyakit ini telah bersatu dan sembuh. Suara saya sangat kuat. Saya baru sahaja membuat pengaturan untuk mengambil pelajaran dalam 'budaya suara' apabila saya dijangkiti selesema yang agak teruk. Saya pergi ke Zion Home untuk masa yang singkat. Anda berdoa bersama saya, dan saya sembuh.

Saya kini sihat walafiat. Saya sangat suka melawat Zion Home dan mendengar arahan-arahan indah yang kami terima daripada anda dan Puan Dowie yang dikasihi tentang cara Tuhan yang indah menyembuhkan "anak-anak-Nya yang sakit" jika mereka hanya menaruh kepercayaan kepada-Nya sahaja.

Saya benar-benar berharap agar Kesaksian ini dapat sampai kepada ramai orang yang menderita, dan agar mereka dapat dituntun untuk mencari Tabib Agung untuk penyembuhan Roh, Jiwa dan Tubuh mereka. Saya dapati semakin dekat saya di kaki Yesus, semakin melimpah ruah pemberian-Nya kepada saya.

Dr. dan Puan Dowie yang dihormati, saya berdoa setiap hari agar anda semua berjaya dalam "Pergerakan Maju ke Sion" anda, dan agar anda berdua diselamatkan selama bertahun-tahun sehingga injil yang indah ini disebarkan ke seluruh dunia.

Setia kepadamu dalam Yesus,

PUAN LULU DAYTON

PTSD dan Kerosakan Saraf Sembuh

Dave pulang dari perang dengan simptom PTSD yang teruk dan kerosakan saraf. Dia berada di atas kerusi roda dan sentiasa berasa seperti sedang dicalar dengan pisau cukur, kulitnya terasa seperti asid dicurahkan ke atasnya, dan dia merasakan tulangnya dihancurkan. Dia sangat sensitif terhadap cahaya terang dan bunyi yang kuat. Dia tidak dapat merasakan salah satu tangannya pun. Keadaan emosinya dipenuhi ketakutan dan pemerhatian yang berterusan. Dia tidak dapat mengendalikan orang ramai dan hampir tidak dapat meluangkan masa bersama keluarganya. Hidupnya hancur secara fizikal dan emosi. Dia berjumpa dengan ramai doktor, tetapi tidak menemui sebarang kelegaan.

Dave pergi ke mesyuarat Randy Clark di mana dia pergi ke Randy untuk bertanya soalan kepadanya. Dia tidak pasti bagaimana dia boleh sampai ke hadapan memandangkan terdapat ramai orang yang begitu ramai. Randy menanggalkan mikrofonnya dan mendengar cerita Dave. Randy meminta seorang ahli pasukan doa bernama Mike untuk mendoakan Dave. Mike memegang tangan Dave, yang membuatnya sangat gementar. Mike juga memandang tepat ke dalam mata Dave dan tidak membiarkannya menundukkan kepalanya kerana dia diliputi rasa bersalah dan malu atas apa yang berlaku kepadanya semasa perang. Dia dihantui oleh imej-imej itu dan kesakitan emosi yang melekat padanya.

Dave mula berpeluh dan rasa seperti dia mahu melarikan diri. Mike memegangnya dan membimbingnya melalui langkah-langkah penyembuhan. Waktu doa itu bukanlah lama, mungkin kira-kira 5 minit. Dave berkata bahawa ia seperti Yesus menyentuhnya. Satu kedamaian datang kepadanya seperti yang belum pernah dirasainya sejak dia kecil. Apabila dia pulang ke rumah, Dave berkata ia seperti melayang masuk ke dalam rumahnya. Isterinya segera melihat perbezaan dan bertanya apa yang berlaku. Dia hanya menjerit "Saya bebas." Isterinya memberitahunya, "Sayang, nampaknya awak telah kehilangan 2000 paun dari bahu awak dan saya tidak tahu siapa awak."

Dave telah keluar dari kerusi rodanya dan berhenti mengambil ubat-ubatannya. Dia bermain dengan anak-anaknya, memeluk mereka, dan tidak takut sepanjang masa. Dia pergi ke mesyuarat susulan Randy Clark. Tangan kirinya masih kebas tetapi dia berkata kepada Yesus, "Lihatlah semua yang telah Engkau lakukan untukku. Malam ini apabila aku pergi ke mesyuarat, ia akan selesai. Aku tidak memerlukan sesiapa untuk berdoa untukku, aku hanya ingin memuliakan apa yang telah Engkau lakukan." Semasa dia duduk di lobi menunggu pintu dibuka, tiba-tiba dia merasakan tangan kirinya. Dia berkata "tangan... kau sudah kembali." Tiada siapa yang berdoa untuknya. Tiada muzik penyembahan yang dimainkan. Dia menelefon dan menghubungi isterinya dan berkata sekarang bukan sahaja aku bebas tetapi sekarang aku boleh menyentuh tanganku, aku boleh merasa tanganku, aku boleh merasakan jari-jariku. Aku boleh menari dan ia tidak menyakitkan aku dan lampu tidak menyakitkan aku. Aku bebas dan Yesus melakukannya!

Diambil daripada testimoni ibethel tv bertajuk Gangguan Tekanan Pasca Trauma Sembuh! – 5 Mac 2013. (ibethel.tv mempunyai beberapa kandungan percuma dan beberapa kandungan berbayar tetapi anda mesti mendaftar untuk menggunakannya)

Penyembuhan Jo Gummelt Melalui Kathryn Kuhlman

Jo Gummelt ialah isteri kepada seorang paderi Southern Baptist. Dia sakit tenat akibat penyakit buah pinggang yang sangat jarang berlaku yang dipanggil nekrosis papilari buah pinggang. Doktor-doktor di kawasan Washington, DC tidak pernah melihatnya sebelum ini. Doktor percaya ia adalah reaksi alahan terhadap ubat tahan sakit yang dijual bebas. Kedua-dua buah pinggang telah 1/3 musnah. Doktor berharap mereka dapat menstabilkan kemerosotan tersebut. Jo menjalani setiap ujian yang mungkin. Dia berehat di atas katil selama 12-14 jam sehari. Rambutnya gugur. Doktor memberi amaran kepadanya bahawa jangkitan bakteria boleh mematikan fungsi buah pinggangnya. Mereka menggambarkan buah pinggangnya sebagai span yang lemah yang mudah diserang.

Seorang rakan menjemputnya untuk pergi ke Pertemuan Penyembuhan Ahli Perniagaan Injil Sepenuhnya. Dia sebenarnya tidak mahu pergi. Malah, dia memakai topi bulu yang ditarik rendah menutupi mukanya kerana dia tidak mahu sesiapa mengenalinya. Perkhidmatan penyembuhan tidak dihormati baginya. Dia mengaitkannya dengan pertemuan khemah di pinggir bandar. Kemudian apabila Kathryn Kuhlman diumumkan, dia terfikir "oh bukan paderi wanita." Dia sangat lemah dan letih dengan keadaannya. Mesyuarat itu penuh sesak dan dia dan rakannya tiba lewat satu setengah jam. Jo tidak dapat berdiri kerana terlalu letih. Mereka akhirnya duduk di tangga bilik mesyuarat.

Tuhan menyuruh dua orang bangun dan menawarkan tempat duduk mereka kepada wanita-wanita itu memandangkan mereka perlu beredar. Tempat duduk itu berada di bahagian kedua berhampiran bahagian hadapan. Jo menyangka dia telah mengetahui kehendak Tuhan. Dia telah menjadi seorang Baptis Selatan sepanjang hidupnya. Dia percaya setiap kesaksian telah ditanamkan. Dia tidak mempercayai apa-apa yang dilihatnya. Dia seorang yang skeptikal sepenuhnya. Masih ada sesuatu yang bergejolak di hatinya.

Pada akhir upacara, Kathryn Kuhlman meminta semua orang dalam mesyuarat untuk mengangkat tangan dan menyanyikan "Lord I Receive You." Jo mula menyanyi kerana dia tahu lagu itu, tetapi dia tidak mahu mengangkat tangannya. Tindakan iman pertamanya adalah mengangkat tangannya sedikit. Kemudian dia berkata Roh Kudus mengambil alih. Sebelum dia sedar, tangannya telah terangkat sepenuhnya ke udara. Dia berada di bawah hadirat Tuhan. Rasanya seperti kakinya meregang dan dia berdiri tegak. Tangannya kemudian diangkat ke atas dalam sikap menerima.

Pada saat itu, perasaan tidak berharga, najis dan rendah diri melanda Jo. Dia tidak pernah mengalaminya sebelum ini. Kepalanya tunduk sekuat hati. Dia tidak dapat mengangkatnya. Dia berasa seperti pemungut cukai yang tidak dapat mengangkat matanya ke syurga kerana menyedari dosanya. Jo mula menangis dan kemudian sebuah perigi air hidup mula memancar di dalam dirinya.

Dari kejauhan dia terdengar suara Kathryn berkata, "Ya Tuhan, ada Kemuliaan di sini." Pada masa itu, Jo tidak tahu apa maksudnya, tetapi kemudian menyedari bahawa Tuhan ada di sana bersamanya. Kemudian Jo mula merasakan air suam mencurah-curah ke atasnya. Kathryn datang kepada Jo dan menyentuh pergelangan tangannya. Kehadiran Tuhan meningkat sehingga dia rasa dia telah "terbang ke angkasa lepas." Dia merasakan bahawa dia bercahaya dan terapung di air suam dan Tuhan sedang memeluknya.

Walaupun Jo tahu bahawa dia telah sembuh, dia tidak sertamerta mendakwa telah sembuh secara fizikal. Dia baru sahaja mula menjalani hidupnya seperti biasa semula. Dia tidak lagi berbaring di atas katil. Dia berhenti mengambil ubat-ubatan. Dia berhenti berjumpa doktor. Dia berpegang teguh pada Firman dengan cara yang baharu. Kemudian dia mengalami kepenuhan Roh Kudus. Hidupnya berubah. Kehidupan doanya bermula dengan pesat.

Dalam satu perjalanan keluarga beberapa ketika kemudian, Jo tiba-tiba perasan rambutnya mula tumbuh semula. Baginya, ini adalah tanda khusus penyembuhannya. Suaminya mendesaknya untuk kembali berjumpa doktor dan menjalani ujian sekali lagi. Doktor itu melihat hasil x-ray dan berkata, "Saya akan menutup kes ini kerana anda telah sembuh sepenuhnya. Jika anda mempunyai masalah buah pinggang lagi, ia tidak ada kena mengena dengan penyakit ini."
http://www.youtube.com/watch?v=vZF23Gjq0Q0

Lelaki dibangkitkan daripada kematian melalui pakar kardiologi

Dr. Chauncy Crandall ialah seorang pakar kardiologi dan seorang Kristian. Beliau dipanggil masuk apabila Jeff Marken tiba di bilik kecemasan dan mengalami serangan jantung yang teruk. Lelaki itu telah meninggal dunia selama 30 minit dan kakitangan telah merawatnya sepanjang masa itu. Apabila Dr. Crandall tiba, lelaki itu jelas telah meninggal dunia. Malah, Dr. Crandall berkata "dia adalah lelaki paling mati yang pernah saya lihat." Seluruh badannya berwarna hitam – tangan, kaki, tapak kakinya, mukanya. Ia dipanggil sianosis.

Dr Crandall memberitahu doktor bilik kecemasan untuk mengisytiharkan Encik Marken telah meninggal dunia. Kakitangan mengisi dokumen dan jururawat mula menanggalkan tiub dan menyediakan mayat untuk dibawa ke rumah mayat. Semasa Dr Crandall berpaling untuk meninggalkan bilik, dia terdengar Tuhan berkata "Berpaling dan berdoa untuk lelaki itu." Dia terus berjalan dan kali kedua Tuhan berkata "Berpaling dan berdoa untuk lelaki itu." Dr. Crandall berpaling dan pergi berdoa untuknya. Dia tidak pasti apa yang perlu didoakan, tetapi semasa dia berdiri di sana, Roh Kudus mengambil alih. Dia berdoa "Ya Tuhan Bapa, aku berseru untuk jiwa lelaki ini. Jika dia tidak mengenali Engkau sebagai Tuhan dan Penyelamatnya, bangkitkan dia dari kematian sekarang, dalam nama Yesus." Jururawat itu menyangka dia gila. Lengan Jeff Marken tiba-tiba terangkat ke udara. Apabila doktor bilik kecemasan kembali ke dalam bilik, Dr. Crandall berkata "kejutkan lelaki ini sekali lagi." Doktor bilik kecemasan tidak mahu, tetapi melakukannya untuk menghormati permintaan Dr. Crandall. Dia mengejutkan pesakit sekali lagi dan serta-merta degupan jantung yang sempurna muncul di monitor. Para doktor dan jururawat tergamam. Kemudian dadanya mula bergerak dan perut, tangan dan kakinya mula bergerak. Mereka bergegas membawanya ke unit rawatan rapi. Hari itu malam Jumaat. Dr. Crandall menghubungi pasangannya dan memberitahunya bahawa Jeff Marken telah dibangkitkan daripada kematian dan dia akan hidup kerana dia jelas mempunyai panggilan Tuhan dalam hidupnya.

Apabila Dr. Crandall datang pada pagi Isnin dan Jeff Marken sedang duduk di atas katil, Dr. Crandall bertanya kepada Jeff apa yang telah dilaluinya semasa dia dirawat di hospital. Jeff menggambarkan dirinya keseorangan di dalam keranda di tempat gelap untuk apa yang terasa begitu lama. Kemudian beberapa makhluk membungkusnya dan membuangnya seperti sampah. Jeff sangat kecewa dengan apa yang telah dialaminya. Dr. Crandall memberitahunya jika dia menerima Yesus, dia tidak akan pernah keseorangan dan dia tidak akan pernah dibuang. Jeff menerima Yesus pada masa itu juga.

Jeff telah diberi peluang kedua oleh Yesus. Dia tidak mengalami sebarang komplikasi akibat kematian selama lebih 40 minit. Dia menjalani pemeriksaan berkala tetapi tiada masalah jantung. Dr. Crandall mengatakan bahawa itu bukanlah hari di mana dia mempunyai "iman yang besar" dia hanya mahu meneruskan kerjanya. Namun begitu, kerana dia berhenti dan berdoa dengan iman yang kecil yang dimilikinya, Tuhan telah menggunakannya dengan cara yang ajaib ini. Dr. Chauncey telah menulis sebuah buku tentang pengalamannya yang bertajuk "Membangkitkan Orang Mati." (Kami membawa buku ini di kedai buku kami.)

Dengarkan testimoni lengkap yang diberikan oleh Dr. Crandall mengenai CBN kepada Pat Robertson. http://www.youtube.com/watch?v=EL2i64j2FZE

Kisah menakjubkan tentang penyembuhan ajaib pada akhir tahun 1700-an

Petikan daripada "Other Faith Cures" yang diterbitkan oleh Dr. Charles Cullis pada tahun 1885. Kisah berikut tentang penawar yang paling unik, yang kebenarannya telah dibuktikan dengan begitu kukuh sehingga tidak dapat diragukan lagi, disalin daripada sebuah majalah lama London tahun 1788. Tuhan sepanjang zaman tidak meninggalkan diri-Nya tanpa kesaksian tentang kuasa dan Ketuhanan-Nya yang abadi, seperti yang akan muncul dalam naratif berikut.

Sebuah gereja di Tiverton, di Barat, yang telah berhimpun bersama, dan mempunyai seorang di antara mereka yang mereka tunjukkan untuk menjadi pastor mereka, sepucuk surat telah dihantar atas persetujuan atau perintah mereka, kepada sebuah gereja di Colchester untuk memecat seorang ahli pastor yang mereka inginkan; dan begitu juga satu klausa dalam surat itu untuk arahan dalam pentahbisan, sama ada dianggap perlu untuk meletakkan tangan. Gereja di

Colchester yang disebutkan di atas tidak mempunyai pastor mereka, saya dikehendaki untuk menjawab surat tersebut, dan apabila saya menjawab perkara tersebut mengenai pentahbisan, saya menulis seperti berikut, "Penumpangan tangan adalah perkara yang tidak penting, hanya untuk menunjukkan orang yang ditahbiskan, ia tidak mempunyai kuasa untuk menyampaikan sebarang karunia pelayanan kepada orang yang ditahbiskan sedemikian, kami lebih menganggapnya sebagai upacara primitif, seperti pengurapan orang sakit, dan pembasuhan kaki, yang berakhir dengan kehidupan para Rasul, dan dengan karunia penyembuhan yang luar biasa."

Surat ini, yang ditulis sedemikian, telah dibawa ke gereja untuk kelulusan, dan untuk ditandatangani oleh mereka; tetapi ada yang menolaknya, dan menjawab bahawa mereka percaya pengurapan dengan minyak, dan juga penumpangan tangan, adalah tatacara dalam gereja, dan masih harus dikhutbahkan; yang saya bantah dan memetik penulis yang telah saya baca menentangnya; tetapi sia-sia, kerana surat itu mereka tidak mahu tandatangani, dan surat lain telah ditulis mengikut fikiran mereka sendiri.

Sejak saat itu aku ditinggalkan dalam kegelapan jiwa yang dahsyat, sehingga aku sering mempersoalkan minatku terhadap Kristus Yesus, dan aku berpuasa dan berdoa selama berhari-hari untuk kembalinya cahaya wajah Tuhan; dan begitulah aku terus melakukannya selama dua bulan, sehingga akhirnya, ketika berada di St. Edmund's Bury, di Suffolk, menjelang akhir bulan Disember, aku diminta untuk berdoa bersama seorang lelaki dan wanita yang telah lama menderita dan ketika aku berdoa, aku jauh dalam kegelapan dan berfikir aku lebih perlu berdoa untuk diriku sendiri daripada orang lain, yang aku lakukan dengan kata-kata ini "Mengapa Engkau meninggalkan aku, ya Tuhan, mengapa Engkau menyembunyikan wajah-Mu daripadaku?

Kembalilah, kembalilah, ya Tuhan, dan angkatlah cahaya wajah-Mu ke atasku." Atas permintaan itu aku segera dijawab oleh fikiran yang tidak terkendali, bahawa aku telah menolak tatacara-tatacara-Nya, iaitu pengurapan, dan penumpangan tangan. Aku menjawab lagi dalam jiwaku sendiri "Tuhan, jika aku tahu itu adalah tatacara-tatacara, aku tidak akan dengan rela hati menolaknya, atau yang lain."

Jadi ketika itu saya yakin bahawa upacara penumpangan tangan dan pengurapan dengan minyak diteruskan di gereja; dan jika saya mempraktikkannya, Tuhan akan memilikinya. Kemudian, dengan tekad ini, keinginan saya dikabulkan, kerana Tuhan telah mengangkat cahaya wajah-Nya ke atas saya, dan doa saya berubah menjadi pujian; dan ketika saya mengakhiri doa saya, wanita bangsawan yang tempang akibat lumpuh mati di satu sisi. Saya berkata kepadanya, "Puan, saya percaya jika anda diurapi dalam nama Tuhan, anggota badan anda akan dipulihkan kerana saya yakin dengan sangat aneh, tentang apa yang saya lawan tidak lama kemudian, dengan semangat yang paling besar." Dia memberitahu saya bahawa dia tidak dapat tunduk kepadanya, dan dia juga tidak mempercayainya. Saya menggunakan beberapa perdebatan dengannya, tetapi sia-sia.

Jadi pada hari itu saya kembali ke Colchester, dan pergi ke salah seorang daripada mereka, Puan Mary Munnings, seorang balu yang mempunyai kedai topi berhampiran pasar, saya memberitahunya bagaimana saya telah yakin dengan tatacara pengurapan dengan minyak dan selanjutnya memberitahunya, saya sangat percaya bahawa Tuhan akan memiliki tatacara-Nya sendiri. Dia sangat terkejut, mengetahui betapa kerasnya saya menentangnya, tetapi tidak lama sebelumnya; dan menganggapnya sebagai khayalan, dia bertanya, sama ada saya mempunyai kepercayaan dalam penerapannya kepada anak perempuannya, yang seorang lumpuh, seperti yang akan jelas kelihatan dalam naratif ini. Saya memberitahunya ya, saya percaya, dan bertanya kepadanya sama ada dia percaya itu sebagai satu tatacara? Dia berkata, dia percaya.

Kemudian aku memandang ke dalam ruangan tempat anak perempuannya yang tersebut di atas duduk, dan berkata, "Nak, percayakah engkau bahawa Tuhan dapat menyembuhkanmu ?" Dia menjawab, "Tangan Tuhan tidak pendek untuk menyelamatkan, dan telinga-Nya tidak berat untuk mendengar." "Baiklah," jawab saya, "jika kamu percaya akan kebolehan-Nya, saya percaya akan kèsediaan-Nya." Kemudian ibunya bertanya kepada saya sama ada saya sudi untuk melaksanakan upacara itu kepadanya? Saya memberitahunya bahawa saya akan, tetapi ini adalah hari terakhir dalam seminggu, saya tidak boleh sekarang, kerana pembelajaran saya. Jadi saya meninggalkan mereka, dan pada hari kedua minggu berikutnya, untuk menerangkan, selepas kebiasaan saya, Puan Munnings yang tersebut di atas, yang berada di sana, dia berpendapat bahawa ia adalah masa yang paling sesuai untuk melaksanakan upacara itu kepada anak perempuannya, sementara saya dipengaruhi oleh Roh dan rahmat Tuhan. Menurut permintaannya, saya pergi bersamanya ke rumahnya; dan dia menyuruh pembantu rumahnya mengambil minyak seharga satu sen, dan memberitahu saya bahawa dia berharap saya akan menepati janji saya, untuk mengurapi anak perempuannya. Saya memberitahunya bahawa janji yang buruk lebih baik dimungkiri daripada ditepati, tetapi jika saya dapat menemui surat perintah dalam Firman Tuhan, saya akan melakukannya. Meminta Bible, saya tidak mahu diganggu, dan mencari dari satu hujung ke hujung yang lain selama tiga jam, dari pukul sembilan hingga dua belas, di mana saya telah mengumpulkan kebanyakan tempat dalam Kitab Suci, baik untuk tatacara, dan untuk menggalakkan iman, seperti

Yakobus v: 14, Markus vi:13, Markus xi:24, yang terakhir saya tandakan sebagai meterai untuk tugasan saya.

Setelah selesai, aku menutup Alkitab, dan berkata kepada ibu dan saudari lain yang hadir, "Aku bukan sahaja telah menemui suatu amanat, tetapi juga suatu meterai untuknya." Jadi aku menyampaikan kepada diriku sendiri tentang tata cara itu dengan cara berikut: Mula-mula aku pergi berdoa, yang akan meningkatkan iman kita terhadap tata cara itu, dan agar kita juga dapat berpegang pada janji itu; kemudian aku mengasingkan minyak itu daripada kegunaan biasa untuk kegunaan khusus, melalui doa.

Kemudian aku mengurapinya dalam nama Tuhan Yesus Kristus dari Nazareth, di tempat yang berduka itu, tiga kali, menurut bilangan orang Trinitas; tetapi perhatikan, ketika aku datang untuk mengurapi buku lalinya, aku terkejut, kerana kepincangannya adalah seperti berikut: tulang pinggulnya muncul di bawah lengannya ; kakinya bengkok dan buku lalinya terkeluar dari tempatnya, sehingga tidak kelihatan di bahagian dalam, kaki kirinya berbentuk tunggul, di samping kelemahan tubuhnya yang lain kerana kekurangan anggota badannya. Ibunya berkata dia tidak tahu sama ada dia dilahirkan begitu atau tidak, kerana dia hanya menyedarinya ketika dia berada dalam keadaan tegar, dan dia hampir berusia enam belas tahun, banyak yang ibunya gunakan untuk membantu tetapi sia-sia, dia terus membesar: semakin teruk.

Akhirnya dia membuat permohonan kepada seorang pakar bedah terkemuka, yang memberitahunya bahawa dia tidak akan menerima wangnya, kerana tiada lelaki di dunia ini yang dapat membantunya, mahupun mengembalikan tulang-tulang itu ke tempat yang sepatutnya, urat-uratnya mengecil dan berkumpul di bawah dagingnya sebesar tangan manusia, dan seluruh bahagian badannya begitu lemah sehingga dia tidak dapat membawa beban seberat empat paun di bahagian itu." Apabila saya melihat kakinya begitu cacat, kerana saya tidak pernah melihatnya sebelum ini, wajah saya muram, dan saya berkata dalam diri saya "Ya, saya lebih teruk daripada orang gila, — bolehkah tulang yang bengkok diluruskan?" dan dengan itu, saya berasa gementar sehingga saya tidak dapat menahan tangan saya (tetapi dengan bantuan orang lain) untuk mengurapinya, dan semasa saya berada dalam kekeliruan itu, ayat ini terlintas di fikiran saya, "Walaupun anda belum percaya, dia tetap setia dan tidak dapat menyangkal diri-Nya."

Jadi, sebaik sahaja saya mengurapinya, saya berlutut, seolah-olah kesakitan, dan berkata: "Tuhan, saya telah melakukan bahagian saya, saya telah pergi ke luar tugas saya; Tuhan, saya serahkan pekerjaan ini ke tangan-Mu untuk diselesaikan!" Dan semasa saya berkata demikian, saya seolah-olah jatuh ke dalam ekstasi, dan lihatlah seolah-olah langit terbuka, dan Kristus di sebelah kanan Bapa mengemukakan permohonan. Kemudian saya berseru, "Tuhan, itulah permohonan kami, dan kami menunggu jawapan."

Ibu dan kakak perempuan itu tertanya-tanya dengan ungkapan itu; tetapi sebaik sahaja saya berkata demikian, saya menerima kata-kata ini, "Jadilah kepadamu menurut imanmu." Saya menjawab, "Saya percaya dia akan disembuhkan." Dan kemudian saya menerima jawapan ini, "Saya akan – dia akan disembuhkan." Kemudian, sebelum saya berlutut, saya memuji Tuhan kerana telah menyembuhkannya; dan apabila saya selesai, saya bangun dan berjalan beberapa pusingan di sekeliling bilik; dan kemudian duduk, dan memandangnya, berkata: "Nak, Tuhan telah menyembuhkanmu." Ibunya menjawab, "Tuan, apa, yang kamu maksudkan untuk mengatakannya sebelum kamu tahu?" Saya menjawab, "Ketidakpercayaan, tunggu! Nak, Tuhan telah menyembuhkanmu."

Ibunya menjawab seperti sebelumnya; dan saya menjawab untuk kali ketiga, dengan lebih bersungguh-sungguh daripada sebelumnya, "Nak, Tuhan telah menyembuhkanmu." Kemudian dia bangun, dan berkata, "Apakah yang harus kubalas kepada Tuhan atas segala kebaikan-Nya! Kerana ketika kamu menyatakan aku sembuh untuk kali kedua, tulang-tulangku patah tanpa sedikit pun rasa sakit, dan telah kembali ke tempatnya." Dan dengan terkejutnya kami melihatnya tegak dan utuh, dan selebar tangan lebih tinggi daripada sebelumnya. Jadi dia mendedah kakinya, menunjukkan kepada kami buku lalinya, dan semuanya baik-baik saja; kelemahan tubuhnya juga hilang, dan jiwanya, bersama kami, dipenuhi dengan kasih sayang Tuhan, sehingga kami tidak tahu bagaimana untuk menahan diri.

"Mari," kataku kepada ibu dan kakaknya, "marilah kita menyanyikan pujian untuk Tuhan." "Tidak," kata ibunya, "jiran-jiran akan mendengar kita. Hari itu baru pukul tiga pagi pada hari Tahun Baru yang lalu." Aku menjawab "Jika kita berdiam diri, batu-batu di jalan akan menjerit menentang kita." Jadi kami menyanyi secara spontan dan mengakhiri pagi itu dengan memberkati dan memuji Tuhan. Pada waktu pagi, ibunya berkata, "Pergilah, lihat apakah abangmu tidak menangis." Dia naik ke tingkat atas dan membawanya turun, kerana dia seorang kanak-kanak yang bernafsu hampir berusia lima tahun. Jadi keesokan harinya, apabila beberapa ahli gereja dipanggil bersama, mereka menghabiskan masa dengan memuji Tuhan.

Ditandatangani di mesyuarat gereja kami; Kami yang namanya tertulis selepas ini (ahli persatuan yang sama) mengesahkan kebenarannya, dan tidak mengetahui cara lain yang telah digunakan, selain daripada bahawa Tuhan telah menunjukkan kuasa-Nya yang besar di sini — Thomas Power, Nathaniel Hicks. John Blackfill, Thomas Pettly, Daniel Hart, Robert, Harris, Benjamin Smith, William Rawlings, John Maxey, Samuel Todd, John Browne, Joseph Ellingsford, Francis Howard, Philip Stowars, Jeremiah Baxter." Naratif di atas ditandatangani dan diikrarkan sumpah oleh ramai lagi, antaranya ialah seorang pakar bedah yang telah memeriksa dan merawat gadis itu.

Wanita yang Disembuhkan daripada Kepekakan di Pertemuan George Jeffries

Satu lagi kesaksian tentang kebaikan penyembuhan adalah kesaksian seorang guru sekolah yang dikasihi yang telah disembuhkan secara ajaib semasa Pengetua Jeffreys sedang berkhutbah. Ini berlaku di Hull seawal tahun 1922. Beberapa tahun sebelumnya, saudari ini telah mengalami kemalangan yang sangat serius, di mana pangkal tengkoraknya retak, dan mengakibatkan gegaran otak. Sebatang tulang kecil patah di kepala, yang telah menusuk gendang telinga kirinya, menyebabkan tulang batunya pekak. Seorang doktor menyatakan bahawa tiada apa-apa selain keajaiban yang dapat memulihkan pendengarannya.

Akibat kemalangan itu, saudari ini mengalami sakit kepala yang teruk. Semasa salah satu mesyuarat khas yang diadakan di Hull pada tahun 1922, Tuhan melakukan pembebasan yang menakjubkan ini. Tanpa satu tangan pun diletakkan ke atasnya, dia segera sembuh sepenuhnya. Dia menambah, "Tuhan memberi saya telinga baru." Kehidupan Ilahi memenuhi seluruh dirinya dengan kemuliaan yang tidak terkatakan.

Petikan daripada "Sinar Penyembuhan" oleh George Jeffreys.

Wanita di Australia Sembuh daripada Pelbagai Penyakit

Hai, nama saya Lars dan saya ingin memberitahu anda bagaimana Tuhan secara ajaib menyembuhkan rakan saya Rebecca daripada pelbagai penyakit, termasuk pekak, fibromyalgia, sindrom keletihan kronik, sindrom usus rengsa, tinnitus dan rinitis.

Rebecca bersekolah bersama Claudia dan Billy, yang telah lama menjadi penganut Kristian di Dewan Perhimpunan kami. Tidak lama selepas mengenali mereka, ibu bapa Rebecca memberitahunya supaya tidak terlibat dengan mereka, kerana mereka menyangka mereka adalah sebahagian daripada kultus, yang tidak menghalang Rebecca dan persahabatan yang baik terjalin antara mereka. Namun, selama bertahun-tahun mereka terputus hubungan, kerana Rebecca telah berpindah ke Dunfermline pada usia 19 tahun, untuk belajar.

Pada masa itu, dia pekak di telinga kanannya: Dia mengalami kehilangan pendengaran saraf deria kongenital. Doktor telah menemuinya ketika dia berumur 4 tahun, dan ketika dia remaja, dia terpaksa mula memakai alat bantu pendengaran. Dia didiagnosis menghidap fibromyalgia ketika dia berumur 14 tahun, walaupun dia pernah mengalaminya serta banyak keadaan kesihatan lain untuk beberapa waktu sebelumnya. Antaranya termasuk: sindrom keletihan kronik, TMJD (sakit sendi rahang), epikondilitis (siku tenis), sindrom patellofemoral (lutut pembantu rumah), sindrom usus rengsa, tinnitus, dan rinitis.

Sehingga Rebecca berumur 19 tahun, dia berjaya menjalani kesihatannya seperti sedia kala. Ia sentiasa satu perjuangan tetapi entah bagaimana dia masih berjaya pergi ke sekolah, pergi bekerja, dan menjalani kehidupan sosial. Tetapi tidak lama selepas berpindah ke Dunfermline, dia jatuh sakit teruk. Kesakitan menjadi sangat teruk, dan keletihannya begitu kuat sehingga dia sukar bangun dari katil. Tidak lama kemudian, dia menjadi mustahil untuk menjalani kehidupan yang normal. Kesakitan dan keletihan menjadi begitu melemahkan sehingga pelajarannya terjejas dan dia bergelut untuk menghadapi pekerjaan sambilan. Selain itu, dia telah menghidap neuralgia glossopharyngeal, iaitu apabila arteri dan saraf bersandar antara satu sama lain di bahagian belakang otak; ini menyebabkan kesakitan yang sangat menyakitkan, seolah-olah ditikam terus melalui telinga kiri ke kepala. Kadang-kadang ada hari-hari baik apabila dia boleh keluar berjalan-jalan sebentar, namun kebanyakan masa dia terlantar di atas katil.

Jika anda pernah mengalami mana-mana keadaan kesihatan ini atau yang serupa, anda pasti faham betapa sakit dan tidak selesanya dia. Untuk mengatasi kesakitan itu, dia pergi ke hospital untuk suntikan steroid dan juga mengambil pelbagai jenis ubat tahan sakit dan sedatif yang kuat termasuk tramadol (berasaskan morfin) dan diazepam. Selain itu, dia juga mengambil ubat anti-radang yang kuat seperti arthrotec, yang menyebabkan ulser perutnya. Berkenaan dengan neuralgia glossopharyngeal, doktor ingin melakukan pembedahan: membuka tengkoraknya dan meletakkan sekeping kusyen kecil di antara arteri dan saraf di otaknya. Ini adalah untuk cuba menghilangkan kesakitan sama sekali, dan terdapat 80% kemungkinan pembedahan itu akan berjaya.

Pada peringkat ini, dia telah kehilangan semua cita-citanya, berasa terperangkap dan terpisah daripada dunia: Dia tidak lagi mempunyai kehidupan sosial, terpaksa berhenti belajar dan bekerja sambilan. Doktor berkata dia tidak akan sembuh dan dia pergi berjumpa dengan ahli psikologi kerana kemurungan dan keputusasaan yang dialaminya. Fikiran hariannya terdiri daripada "Bagaimana ini boleh berlaku?" "Apa yang saya lakukan sehingga layak menerima ini?" dan "Adakah ada gunanya lagi?"

Ketika dia berada dalam keadaan paling sedih, dia sentiasa diganggu oleh fikiran untuk membunuh diri. Dia terpaksa berpindah semula ke rumah ibu bapanya kerana dia tidak lagi boleh hidup bersendirian. Ketika itulah dia mula berseru kepada Tuhan dan ingin menghubungi rakannya Claudia sekali lagi. Beberapa minggu selepas kembali ke rumah ibu bapanya, dia bertemu dengan Claudia, yang akhirnya menjemputnya untuk menghadiri perjumpaan gereja. Di sinilah saya bertemu Rebecca buat kali pertama. Rebecca memberitahu kami betapa dia berasa seperti di rumah sendiri bersama kami dan disebabkan oleh penyakitnya, beberapa minggu lagi sebelum dia dapat datang lagi. Semasa perjumpaan ini, kami bercakap tentang kuasa Tuhan dan bahawa Tuhan mahu orang ramai sihat dan mengharapkan pengikut-pengikut-Nya mendoakan orang sakit. Kami membaca banyak ayat suci seperti MARKUS 16:15-20, YESAYA 53:5, MATIUS 4:23, dan IBRANI 13:8 dan menjelaskannya.

Ramai orang menerima doa dalam pertemuan itu dan Rebecca meminta doa untuk neuralgia glossopharyngeal yang dihidapinya. Kami meletakkan tangan ke atasnya dan berdoa dalam nama Yesus (MARKUS 16:18). Pada mulanya dia masih kesakitan, seolah-olah seseorang menikam telinganya, tetapi sebaik sahaja dia melangkah keluar ketika dia meninggalkan pertemuan, kesakitan itu hilang sepenuhnya; buat pertama kalinya dalam 3.5 tahun dan sehingga hari ini kesakitan itu tidak pernah kembali. Dia menyedari bahawa Tuhan itu nyata dan kembali pada minggu berikutnya, walaupun ibu bapanya mengancamnya untuk menghalaunya jika dia pergi lagi. Kami kebetulan mengadakan doa malam Jumaat itu dan membimbing Rebecca melalui Kitab Suci tentang cara diselamatkan. Kami melihat Kitab Suci mengenai pembaptisan melalui rendaman dan Rebecca kemudian meminta untuk dibaptis, yang kami lakukan dengan segera di tab mandi tingkat atas. Selepas itu, kami melihat beberapa Kitab Suci tentang menerima Roh Kudus (KISAH RASUL-RASUL 2:4, LUKAS 11:13), dan kemudian kami meletakkan tangan ke atasnya dan meminta Tuhan untuk memenuhinya dengan Roh Kudus. Akibatnya, dia kemudian mula bercakap dalam bahasa roh yang baru dan dilahirkan semula.

Kemudian kami meletakkan tangan ke atasnya sekali lagi dan meminta Tuhan untuk menyembuhkannya sepenuhnya, daripada pelbagai masalah kesihatan yang dihidapinya, termasuk pekak di telinga kanannya dan Tuhan segera menyembuhkannya, daripada segala-galanya! Sejurus selepas saya bercakap ke telinga kanannya, dia hampir melompat kerana bunyi itu sangat bising. Seluruh bahagian kanan dunianya menjadi hidup dengan bunyi! Dia tidak lagi pekak dan telah membuang alat bantu pendengarannya. Fibromyalgia juga telah hilang dan semua kesakitan yang dideritanya selama bertahun-tahun telah hilang begitu sahaja. Dia berkata dia hanya rasa ingin berlari, kerana dia sangat bertenaga. Lebih-lebih lagi pada malam itu, buat pertama kalinya dalam masa yang lama dia dapat tidur.

Testimoni daripada laman web untuk Christian Assemblies International, sebuah Denominasi Pentecostal di Australia.

Mubaligh Iris Ministries Disembuhkan Melalui Bill Johnson – Testimoni Video

Melissa McKinney ialah seorang mubaligh Iris Ministries yang jatuh sakit tenat ketika berada di luar negara. Selepas berjumpa dengan beberapa doktor tetapi tidak mendapat sebarang keputusan, dalam mimpi Yesus bercakap dengannya dan menyuruhnya pergi ke Gereja Bethel di Redding, CA di mana dia akan menerima penyembuhan sepenuhnya. Video ini adalah kesaksiannya.
Tonton video youtube ini bersama testimoni beliau.
http://www.godtube.com/watch/?v=YLLYGNNX

Penyembuhan Luar Biasa Melalui Charles F. Parham

Kebanyakan orang mengaitkan Charles Parham dengan Gerakan Pentakosta awal tetapi beliau mempunyai pelayanan penyembuhan sepanjang hidupnya. Pada tahun 1905, beliau mengadakan pertemuan penyembuhan di Houston, Texas. Seorang wanita datang ke pertemuan tersebut dan telah terlibat dalam kemalangan trem pada tahun 1902 dan lumpuh serta terpaksa menggunakan kerusi roda.

Selepas berdoa, "Dia bangun dari kerusinya dan berjalan di sekitar dewan dalam keadaan kegembiraan yang luar biasa, sambil menjerit, bertepuk tangan, dan memuji Tuhan atas pemulihannya. Kejadian itu menimbulkan banyak kegembiraan. Puan Dulaney berjalan turun dari dewan, dan pulang ke rumah. Sejak itu, dia menghadiri mesyuarat mereka setiap hari, tetapi bukan di kerusi itu."

Petikan daripada The Houston Suburbanite.

Keajaiban di Wad 17 – Tuhan Menggunakan Agnes Sanford

Antara ketiga-tiganya ialah keajaiban Frederick. Dia terbaring di dalam sel persendirian, yang bermaksud, mengikut kelaziman hospital itu, kematiannya sudah dekat. Dia begitu kurus dan berkedut sehingga kelihatan seperti monyet tua yang berkedut. Kulitnya kuning, tulang rusuknya menonjol, dan kulitnya bergerak-gerak di antaranya semasa dia bernafas. Terdapat tiub di kedua-dua lubang hidung dan dipasang pada kedua-dua pergelangan tangan. Dan biasanya ada doktor atau jururawat bersamanya. Semasa melepasi sel, saya selalu berdoa kepadanya dengan cepat, tetapi tidak berani masuk ke dalam dan meletakkan tangan saya ke atasnya. Dan doa umum dari jauh tidak mencukupi. Ia memerlukan kehadiran segera dan perkataan iman dan jika boleh penumpangan tangan untuk menyediakan saluran yang mencukupi untuk kuasa penyembuhan Tuhan.

Namun, pada suatu hari, dia keseorangan dan terjaga. Dengan keberanian yang tinggi, tetapi didorong oleh belas kasihan, saya masuk. Selama bertahun-tahun ini saya hanya menemui satu motif yang berkesan untuk penyembuhan: belas kasihan. Jika kita ingin menyembuhkan seseorang dengan kuasa Yesus untuk memuliakan Yesus, maka entah bagaimana kita biasanya gagal menjangkau orang itu. Yesus dimuliakan sudah tentu melalui setiap penyembuhan, tetapi hanya apabila kita, seperti Dia, "digerakkan oleh belas kasihan" (Markus 1:41).

“Awak nampak macam nak hilang kawalan,” kata saya. (Saya dapati lelaki-lelaki itu menyukai pendekatan terus terang dan tidak bervarnis ini.) “Ya,” katanya. “Apa masalahnya?" saya bertanya; saya tidak nampak luka, dan saya juga tidak dapat menghidu sebarang osteomielitis. "Darah beku," jawabnya, tanpa sebarang cahaya. Ini, fikir saya, sepatutnya tidak terlalu sukar untuk disembuhkan. Oleh itu, saya memberitahunya tentang kuasa yang mungkin dapat membantunya sembuh. Dia tidak berminat. Malah, dia menutup matanya, satu penolakan yang jelas. Tetapi setelah saya mendalami kes ini, seolah-olah, saya tidak tergerak untuk berputus asa dengan mudah. "Dengar," kata saya akhirnya, menyebabkan dia membuka matanya dengan nada tegas saya. "Jika awak biarkan saya cuba, seperti yang saya beritahu awak, saya berjanji saya tidak akan menyebut perkara ini lagi, menang atau kalah. Sekarang bagaimana?" "Baiklah," katanya dengan letih, dan dengan rasa kurang bersemangat yang jelas.

Kemudian dia menarik kain itu ke belakang, dan aku melihat dengan ngeri bahawa perutnya kelihatan seperti genangan darah gelap, hampir tidak ditutupi oleh membran nipis. "Ususnya tercabut," katanya, sambil memerhatikan kekecewaanku. "Mereka tidak mahu membawaku masuk dari medan perang, tetapi aku memberitahu mereka bahawa mereka terpaksa." Di sinilah tekad untuk hidup jika ada! Dia telah dibiarkan hidup selama berbulan-bulan melalui pemberian makanan intravena, ubat-ubatan, dan perangsang. Jika aku melihat perutnya pada mulanya, tanpa perut atau organ pencernaan lain setahuku, aku tidak akan mengucapkan kata-kata iman. Tetapi di situlah ia berada, dan aku tidak dapat menariknya kembali. Jadi aku meletakkan tanganku di kedua-dua belah genangan darah merah yang menganga ini dan membayangkan perut dan semua organ lain yang sempurna dan berseru kepada Tuhan untuk mewujudkannya.

Apabila saya sampai di rumah, saya menghubungi setiap kumpulan doa yang kuat yang saya kenali dan meminta bantuan daripada "kumpulan Kristian bawah tanah" seperti yang pernah disebut oleh seorang rakan dalam kehairanannya, tanpa mengetahui bahawa terdapat orang di seluruh negeri yang percaya bahawa Yesus hidup dan menyembuhkan hari ini dan yang akan menyahut seruan untuk berdoa. Dan saya sendiri berdoa agar keajaiban berlaku di Frederick. Ini memerlukan keajaiban yang menyeluruh. Ini bukanlah mempercepatkan proses penyembuhan biasa. Tiada apa yang dapat melakukan ini kecuali kerja langsung Tuhan melalui Yesus Kristus.

Minggu berikutnya saya lalu di biliknya dengan ketakutan dan gementar, tetapi dia sedang tidur dan saya tidak masuk. Seminggu kemudian, dua minggu selepas solat kami, saya sekali lagi lalu di biliknya. Bilik itu kosong. Dia tiada di atas katilnya. Tetapi katilnya berkedut, barang-barangnya berselerak, dan namanya masih tertera di pintu. Saya pergi ke ruang tamu di hujung bilik di mana lelaki-lelaki duduk di atas kerusi roda, tetapi saya tidak melihatnya. Di seberang bilik, mata saya tertumpu pada seorang lelaki muda, kacak, berwajah kemerahan yang langsung tidak menyerupai monyet tua keriput yang telah saya doakan di dalam sel. Anak muda ini merenung saya dengan kerlipan di matanya dan senyuman penuh makna. Tidak lama kemudian saya perasan bahawa terdapat sedikit persamaan.

“Awak tak boleh jadi Frederick, kan?” Saya tanya dia. Senyumannya melebar. “Ya, puan,” katanya. Teringat janji saya, saya tidak menyebut tentang ini tetapi hanya berkata, “Apa yang akan puan lakukan sekarang?” “Rasanya saya akan pergi ke Amerika Selatan dan mencari pekerjaan,” jawabnya. “Nampaknya itu idea yang bagus,” kata 1. “Abang saya bekerja di pergunungan sana. Dia sukakannya.” Dan saya melirik ke troli saya, “Makan sebiji epal.” Dia makan sebiji epal, dan saya berpaling untuk pergi.

Dia bersuara sekali lagi, dan saya menoleh ke belakang. "Baiklah, tetapi kaki saya masih bengkak," katanya. "Itu hanya kerana ia tidak biasa dengan kedudukan awak," jawab saya. "Ia akan baik-baik saja tidak lama lagi." Dan dengan kata-kata semangat ini, saya pun pergi. Minggu berikutnya dia tiada di dalam selnya. Dia dibenarkan keluar dan berada di rumah. Pernah sekali saya berbual ringkas dengan seorang paderi. Saya menceritakan kisah Frederick, kerana saya tahu bahawa dia melawat di Wad 17 dan pasti telah melihat pemuda itu.

"Adakah itu yang terjadi kepadanya?" jeritnya kehairanan. Dia merujuk, bukan kepada penyembuhan tubuh pemuda itu, tetapi kebangkitan jiwanya. "Sebaik sahaja dia dapat bangun dari katil, dia sentiasa berada dalam ingatan saya setiap hari," kata paderi itu. "Dia mahukan Bible. Dia ingin mengetahui semua tentang Tuhan dan tentang Yesus Kristus." Tiga bulan kemudian, dengan penuh kehairanan, saya melepasi sel itu di Wad 17 dan melihat nama Frederick sekali lagi di pintu. Di dalam sel itu berdiri seorang pemuda yang tinggi, tegap, dan kacak yang kelihatan seperti pengawal pantai di Atlantic City. "Awak tak boleh—" Dan sekali lagi dia berkata, "Ya, puan." "Apa yang awak buat di sini?" "Baru sahaja datang untuk pemeriksaan sembilan puluh hari saya," jawabnya. "Saya memang menghidap jaundis kuning, tetapi semuanya baik-baik saja sekarang."

Saya tidak pernah melihatnya lagi. Tetapi saya berdoa kepada Tuhan agar Dia menemukan jalan untuk memimpin pemuda ini dengan lembut di padang rumput-Nya dan melindunginya daripada racun maut gereja yang tidak percaya. Mungkin Frederick adalah salah seorang daripada mereka yang berani mengatakan yang sebenarnya, dan membantu membangunkan gergasi gereja yang sedang tidur itu ke dalam kehidupan baru.

Petikan daripada buku "Sealed Orders: The Autobiography of a Christian Mystic" oleh Agnes Sanford. Diterbitkan oleh Bridge-Logos Publishers Disember 1972.

Penyembuhan Melalui James Moore Hickson

(Gaya pelaporan yang agak keterlaluan, tetapi faktanya tetap sama…)

Laporan Penyembuhan di Paris Melalui James Moore Hickson

Seorang pelakon wanita Paris yang terkenal, yang terluka di dada oleh kekasih yang terdesak yang enggan dinikahinya, merayu kepada penyembuh itu untuk menutup lukanya dan menghilangkan rasa sakit yang tidak henti-henti yang membuat hari-harinya sengsara dan malam-malamnya menjadi seksaan.

Tercungap-cungap jemaah menunggu tindakan penyembuh itu, lelaki beragama yang cuba mengamalkan prinsip-prinsip agama Kristian secara literal. Apakah sikapnya terhadap wanita penjaja di pentas yang berprofesi untuk menyenangkan hati orang yang tidak penting?

"Dalam suasana tegang, keterujaan yang terpendam dan di tengah-tengah kesunyian yang mengagumkan, Encik Hickson meletakkan tangan ke atas pentas kesayangan yang cantik itu, yang wajahnya telah menjadi seputih kelopak bunga gardenia, dan berdoa! Dia tidak bertanya apa-apa, tidak memberi sebarang desakan. Dia hanya menerima rayuannya untuk bantuan rohani dan menggunakan semua kuasa yang dia percaya dirinya boleh berikan untuk membantu seorang pesakit mendapatkan semula kekuatan dan kesihatannya."

Akhirnya, penumpangan tangan telah berakhir. Pendakwah dan pelakon wanita itu saling berhadapan. Tiba-tiba wanita itu mengoyakkan gaun berleher tinggi yang menyembunyikan luka yang hampir sampai ke tengah tekak. "Kelar yang dilakukan tanpa belas kasihan oleh pisau lelaki gila itu masih terbuka, tetapi luka-luka itu tidak lagi merah dan kelihatan marah! Luka-luka itu lebih pucat dan menunjukkan setiap tanda penyembuhan. Kini dikatakan bahawa pelakon wanita itu telah sembuh sepenuhnya, dan luka-luka ini, yang telah terbuka selama hampir sebelas mulut, sembuh dalam masa dua minggu selepas rawatan Encik Hickson – tanpa meninggalkan parut.

Dicetak semula daripada Akhbar Advocate, Burnie Tasmania 22 Januari 1929. Hickson terkenal di Australia daripada Misi Penyembuhan beliau pada tahun 1923.

Dibangkitkan Daripada Kematian Di Oregon

Kisah Thomas M. Welch yang didokumentasikan sepenuhnya, yang jatuh dan meninggal dunia pada jarak 55 kaki. Dia kekal di bawah air selama sekurang-kurangnya tiga perempat jam sebelum mayatnya ditemui. Dia dibangkitkan semula melalui doa iman dan kembali bekerja pada minggu yang sama! Ini benar-benar salah satu keajaiban terhebat abad ke-20.

Untuk pautan
http://www.healingandrevival.com/OregonMiracle.pdf

Sembuh daripada Artritis Melalui William Branham

JH Gunderson dari Portland Oregon telah menghantar testimoni berikut kepada Majalah Voice of Healing. Mereka menerbitkannya pada Mei 1948.

Saya menghidap artritis yang telah berlarutan selama beberapa bulan. Saya telah didoakan beberapa kali. Jadi saya pergi berjumpa doktor dan dia kata saya menghidap penyakit yang teruk, iaitu di sendi-sendi badan. Dia memberi saya 36 suntikan di lengan, tetapi ia tidak melegakan saya. Saya mengalaminya di lengan, kaki, dan setiap sendi. Keadaan saya sangat teruk. Saya tidak dapat mengangkat tangan lebih tinggi daripada mulut dan terpaksa berjalan di atas lantai untuk masa yang lama sebelum saya boleh berpakaian. Kemudian saya memberitahu suami saya bahawa saya akan berhenti berjumpa doktor dan sebaliknya akan pergi ke perhimpunan doa setiap pagi. Saya masih tidak berasa lega.

Saya berjaya mendapatkan alamat Saudara Branham, jadi saya menghantar sapu tangan untuk diurapi dan didoakan. Pada 29 Disember, pada waktu pagi saya bangun dan semua kesakitan telah hilang. Saya berpakaian dan pergi bekerja membersihkan dapur. Saya membasuh pinggan mangkuk dan kayu, berasa sihat.

Tiga hari kemudian saya menerima sapu tangan itu daripada Saudara Branham, dan melihat cap pos itu dan mendapati pada pagi itu dia berdoa dan saya telah sembuh. Saya masih sembuh sepenuhnya.

Penyembuhan Melalui Kain Doa – Charles & Frances Hunter

Kerana kami PERCAYA dengan cebisan-cebisan kain kecil yang kami urapi, ramai orang telah disembuhkan apabila kami mengutus mereka!

Salah satu insiden paling menarik bermula apabila kami menerima sepucuk surat daripada seorang nenek di Failsworth, England. Dia telah mendengar tentang pelayanan penyembuhan kami dan menulis sepucuk surat kepada kami. Di dalamnya, dia menceritakan tentang cucunya yang dilahirkan dengan kecacatan pinggul kongenital, serta hidrosefalus (kecacatan air di otak). Bayi hidrosefalik jarang hidup lama kerana itu adalah kecacatan badan yang sangat serius, sepenuhnya dari syaitan, dan pastinya bukan pemberian Tuhan.

"Jika awak tidak dapat datang ke England," tulisnya, "Bolehkah awak hantarkan saya kain sembahyang kecil?" England terletak jauh dari Houston, Texas, jadi kami dan seluruh kakitangan pejabat kami meletakkan tangan pada sehelai kain kecil itu. Kami meminta Tuhan untuk membiarkan kuasa penyembuhan-Nya masuk ke dalamnya, dan bersama-sama dengannya, supaya apabila ia diletakkan pada bayi itu, kuasa kebangkitan akan masuk dari kain itu ke dalam badan bayi itu, dan bayi itu akan sembuh sepenuhnya oleh kuasa Tuhan! Kami percaya dengan iman ghaib semasa kami berdoa untuk sehelai kain kecil itu dan menghantarnya ke atas beban ilahinya. Bayi itu sedang tidur ketika ia tiba, jadi nenek itu mengambil sehelai kain kecil itu, menggulungnya dan memasukkannya ke dalam tangan bayi itu. Itulah titik sentuhannya!

Nenek menulis dan memberitahu kami bahawa kain sembahyang kecil yang kedua menyentuh bahagian dalam penumbuk bayi itu, tengkorak itu serta-merta mengecil kepada saiz normal. BAYI ITU TIDAK LAGI MENGHADAPI HIDROSEFALUS. Kanak-kanak itu sembuh sepenuhnya dan serta-merta secara ghaib oleh kuasa Tuhan!

Surat kami kepada nenek Inggeris itu terpaksa dihantar merentasi Lautan Atlantik. Walaupun ia hanya dalam sampul kertas, urapan Tuhan kekal pada kain doa semasa ia dihantar dari Houston, mungkin ke New York, dan kemudian dari New York ke London dan kemudian dengan jenis pengangkut lain dari London ke Failsworth, England. KUASA TUHAN MASIH ADA! Mungkin seminggu atau sepuluh hari berlalu antara masa ia didoakan dan masa ia diletakkan di tangan kanak-kanak itu, tetapi kuasa itu tidak berkurangan! Kuasa itu sekuat ketika kami berdoa, begitu juga iman nenek itu yang terbuka!

Dua minggu kemudian mereka membawa kanak-kanak ini kembali ke klinik tempat ia dirawat sebelum ini, dan apabila doktor melakukan x-ray pada pinggul bayi itu, dia mendapati dua soket pinggul yang sempurna. Kanak-kanak itu dilahirkan tanpa sebarang soket pinggul langsung, dan kini ia mempunyai dua! Nenek itu menceritakan bahawa doktor di klinik itu berkata, "Ini bukan bayi yang sama yang kami rawat. Rekod perubatan menunjukkan bahawa kanak-kanak itu tidak mempunyai soket pinggul. Rekod perubatan menunjukkan bahawa kanak-kanak itu menghidap hidrosefalus. Untuk apa kamu membawa yang ini? Yang ini tidak mempunyai air di otak dan mempunyai dua soket pinggul." Alhamdulillah!

Petikan daripada "Cara Menyembuhkan Orang Sakit" oleh Charles dan Frances Hunter. Mereka telah pergi bersama Tuhan, tetapi anak perempuan mereka Joan Hunter meneruskan pelayanan mereka dan menjual bahan latihan mereka serta bahan latihannya sendiri. Ketahui lebih lanjut di: www.joanhunter.org

Lelaki Melawat Syurga Selepas Mati Tetapi Dihidupkan Semula

Jim Anderson sedang nazak akibat serangan jantung yang teruk. Satu-satunya tanda masalah datang setahun sebelumnya, tetapi doktornya menyifatkan simptomnya sebagai "berkaitan dengan tekanan." Jim bekerja 12 jam sehari sebagai penyelia di loji rawatan air sisa. Tetapi kali ini, Jim tahu ia lebih daripada sekadar tekanan. "Saya sedang berehat di bilik tidur saya dan tiba-tiba, saya mengalami sakit yang amat sangat di dada saya; dan kesakitan itu merebak ke lengan saya dan ke sisi leher saya," kata Jim. "Saya tidak dapat menarik nafas. Dan saya memanggil anak perempuan saya dan berkata, 'Awak perlu membawa saya ke hospital. Saya tidak akan dapat bertahan.'"

Kateter belon telah dimasukkan ke dalam arterinya. Keadaannya telah stabil dan diletakkan dalam senarai pemindahan jantung. Tetapi dua hari kemudian, Jim terdiam. Jim teringat, "Saya dapat melihat semua orang bergegas masuk ke dalam bilik, tetapi saya tidak dapat mendengar penggera berbunyi. Ia seperti saya telah tenggelam dalam air. Pendengaran itu hilang begitu sahaja. Ketika itulah saya mula berdoa. Saya tahu saya sedang nazak. Ia bukan doa yang menakutkan. Ia adalah doa yang bersungguh-sungguh."

"Semasa saya berdoa, keadaan menjadi semakin gelap sehingga ia menjadi gelap," kata Jim. "Perkara seterusnya yang saya tahu, di kejauhan, saya ternampak cahaya putih. Ia cantik. Ia tidak menyilaukan, tetapi tulen dan sempurna. Semasa saya mula menuju ke arah cahaya itu, saya dapat melihat bahagian luar; tepi luarnya mula berpusar. Dan saya tidak dapat mengetahui apa itu. Tetapi apabila saya semakin dekat, saya dapat melihat ia adalah kata-kata doa yang berputar. Kata-kata itu terputus, masuk ke dalam cahaya. Dan saya mengikutinya ke dalam cahaya."

"Perkara seterusnya yang saya rasakan ialah dipeluk... selamat dan terjamin. Ia terasa indah. Ia terasa seperti kasih sayang sepenuhnya," kata Jim. "Perkara seterusnya yang saya tahu, saya memandang ke bawah ke bilik tempat badan saya berada. Saya dapat melihat semua orang sedang melatih saya. Saya dapat mendengar apa yang mereka katakan. Terdapat dua orang jururawat di luar bilik sedang memerhatikan ke dalam. Seorang berkata kepada yang lain, 'Mengapa mereka bekerja keras? Dia sudah tiada. Jika mereka membawanya kembali, dia akan menjadi seperti sayur.' Saya kemudian memberitahunya apa yang dia katakan. Dia hampir pengsan."

Kemudian Jim terfikir, "Di mana Debbie?" Kemudian, serta-merta dia berada di dalam bilik tempat dia berada. Isteri Jim, Debbie, teringat, "Saya baru sahaja selesai berdoa. Anda tahu, 'Dia milik-Mu, Tuhan,' kerana saya tahu itulah satu-satunya cara dia kembali kepada kami...jika Tuhan menghendakinya." Jim teringat, "Apabila dia berbuat demikian, saya terus memandang wajahnya. Dan apabila saya melihat wajahnya, saya melihat setiap aspek kehidupan kami bersama; dari hari pertama kami bertemu, perkahwinan kami, kelahiran anak-anak kami, semua emosi yang kami kongsikan... Saya tidak dapat meninggalkannya. Saya tidak dapat meninggalkannya." "Saya berseru kepada Tuhan dan berkata, 'Tuhan, saya sangat mencintai-Mu, tetapi tolong izinkan saya kembali.' Saya berkata, 'Isteri saya memerlukan saya, anak-anak saya sangat memerlukan saya, sangat. Tolong izinkan saya kembali.'"

Para doktor dan jururawat tidak berputus asa. Mereka mengejutkan Jim berkali-kali sehingga daging di dadanya melecur. Kemudian para doktor mendengar degupan jantung. “Saya kembali ke dunia yang penuh kesakitan,” kata Jim. “Mereka mengejutkan saya berkali-kali. Rasanya seperti keluar dari air. Pendengaran saya kembali. Saya dapat mendengar mereka memberitahu saya, 'Saya tidak percaya dia kembali ... dia kembali!' Mereka berkata, 'Bolehkah awak dengar saya?' Dan saya menarik nafas pertama itu sendiri. Pernahkah awak merasai honeysuckle? Itulah rasanya nafas pertama itu. Ia sangat manis, sangat indah. Dan saya hanya bersyukur kepada Tuhan.”

Jim masih hidup… tetapi jantungnya masih tidak berfungsi dengan baik. “Mereka meletakkannya dalam keadaan koma, koma perubatan, untuk membolehkan tubuhnya sembuh. Jadi, saya tidak dapat bercakap dengannya selama beberapa hari,” kata Debbie. Jim menghabiskan 17 hari berikutnya di unit rawatan rapi. Dia terlantar beberapa kali lagi. Dan setiap kali, Yesus bertanya kepadanya… “Kali-kali berikutnya saya berhenti dan pergi ke arah cahaya, Dia akan bertanya, 'Adakah anda pasti ini yang anda mahukan?' Dan setiap kali saya akan meminta untuk kembali ,” kata Jim. Jim terbangun daripada koma yang disebabkan oleh perubatan. Fungsi jantungnya meningkat — daripada lima peratus kepada 30 peratus. Dia tidak lagi memerlukan pemindahan jantung. “Ia adalah proses yang panjang, tetapi pada dasarnya ia bagus untuk mendengar suaranya lagi,” kata Debbie.

Doktornya telah memasang alat pacu jantung di dadanya. Hanya beberapa hari kemudian, Jim dapat pulang ke rumah tepat pada masanya untuk majlis graduasi anak perempuannya. Seorang doktor memberitahu Jim bahawa dia hanya mempunyai setahun untuk hidup. Itu berlaku lebih tujuh tahun yang lalu. “Ia telah merapatkan hubungan kami… lebih rapat antara satu sama lain. Kami berbincang tentang pelbagai perkara sekarang, dan apa sahaja yang perlu dilakukan pada hari itu, ia telah selesai. Anda tahu, kami tidak fokus pada perkara yang remeh,” kata Debbie.

Jim tahu bahawa setiap hari yang dilaluinya bersama keluarganya adalah satu rahmat daripada Yesus Kristus. "Saya cuba memberi kesaksian kepada sekurang-kurangnya seorang sehari ... untuk memberitahu mereka bahawa ini bukan tentang saya ... tetapi tentang kehidupan mereka! Dan untuk mengetahui bahawa Dia ada untuk mereka, dan Dia mengasihi mereka," kata Jim.

Daripada Testimoni CBN "Syurga Boleh Menunggu."

Penyembuhan Kanser Prostat

"Saya didiagnosis menghidap kanser prostat (peringkat lanjut) 1 ½ tahun yang lalu. Selepas menjalani program Terapi Hormon yang ditetapkan oleh doktor, PSA saya meningkat kepada 95 selepas ia dikurangkan kepada 15.7. Pastor saya memberitahu saya tentang Kementerian Bilik Penyembuhan. Kami melakukan perjalanan sejauh 90 batu ke Bilik Penyembuhan Austin, dan menerima doa, dan saya menuntut Kuasa Penyembuhan Tuhan. Saya tahu bahawa Tuhan menyembuhkan kanser saya pada malam itu. Saya kembali berdoa beberapa kali sebelum temu janji Doktor saya yang seterusnya. Kali seterusnya mereka memeriksa PSA saya, ia telah jatuh kepada 31.7, dan Doktor menghadapi kesukaran untuk mencari prostat saya kerana ia telah mengecut dengan begitu banyak. Terima kasih Austin Healing Rooms atas pelayanan anda kepada Tuhan dan Penyelamat kita."

Testimoni ini adalah daripada Persatuan Bilik Penyembuhan Antarabangsa daripada Bruce yang memberikannya selepas menerima doa di Bilik Penyembuhan Austin. Ingin mengetahui lebih lanjut tentang IAHR? www.healingrooms.com

Keajaiban Kreatif – Hati Baharu Terbentuk Dalam Seorang Bayi

Tiga tahun yang lalu, selepas kehamilan normal, Jamie melahirkan anak keduanya, Audrey. Pada pandangan pertama, bayi itu kelihatan sihat sepenuhnya, dan dia dan suaminya, Tom teruja untuk mendapat bayi perempuan. Walau bagaimanapun, para doktor menghadapi kesukaran untuk memastikan Audrey sentiasa merah jambu, jadi mereka membawanya ke Unit Rawatan Rapi Neonatal (NICU). Di sana, para doktor mendapati sebahagian daripada jantung bayi itu hilang dan tiada arteri utama yang mengalir dari jantung ke paru-paru. Bayi itu kemudiannya dipindahkan ke hospital lain di bandar ini yang terkenal dengan penjagaan jantungnya yang cemerlang.

Jamie teringat kemarahan yang timbul di dalam dirinya dan dia merasakan Roh Kudus mengingatkannya tentang apa yang telah dipelajarinya daripada ajaran Andrew. Pada kesempatan seterusnya, dia berjumpa dengan bayi Audrey, dia meletakkan tangannya ke atasnya dan memerintahkan hati Audrey untuk berada di sana, dan mengucapkan 1 Petrus 2:24 kepadanya, "...Oleh bilur-bilur-Nya engkau disembuhkan." Walaupun dia sedang memandang bayinya yang kecil dan pucat, yang berseri-seri dari kepala hingga kaki, Jamie merasakan kedamaian datang kepadanya ketika dia berdoa. Apabila dia kembali ke bilik hospitalnya sendiri pada petang itu, Jamie mendengar Roh Kudus berkata, "Lihatlah Aku bekerja." Jamie tahu rasa kedamaiannya datang daripada hubungannya dengan Bapa—mengenal-Nya, dan apa yang dikatakan firman-Nya. "Saya tidak akan pernah tahu perkara itu jika saya terus pergi ke gereja yang saya hadiri sebelum menemui pelayanan Andrew, kerana mereka tidak pernah mengajar bahawa Tuhan menginginkan kebaikan untuk anda."

Sekali lagi didorong oleh Roh Kudus, Jamie menghubungi talian bantuan di Andrew Wommack Ministries untuk meminta seorang pendeta doa bersetuju dengannya dalam doa. Imannya diperkuat ketika dia mendengar kewibawaan yang digunakan oleh pendeta itu untuk menyampaikan ucapan penyembuhan dan kesihatan mengenai Audrey. Kemudian pada hari itu, ketika pakar menyampaikan berita suram tentang jangka hayat bayi perempuannya yang buruk, Jamie berdiri teguh pada kebenaran, mengetahui bahawa Tuhannya tidak menciptakan masalah ini, dan bahawa Dia telah menjadikan Audrey sempurna.

Keesokan paginya, Jamie menghubungi hospital untuk memeriksa bayinya dan jururawat memberitahunya bahawa keadaan telah berubah. Pada waktu malam, pakar kardiologi telah memberikan Audrey satu lagi ekogram sebagai persediaan untuk pembedahan yang akan datang. Jamie Scott Keluarga Scott, termasuk adik-beradik Josh dan William Apabila mereka melakukan ekogram, mereka melihat bahawa jantung Audrey telah terbentuk sepenuhnya. Jamie menutup telefon dengan air mata mengalir di wajahnya dan memberitahu Tom, "Mereka melihat jantungnya." Keluarga Scott bergembira, mengetahui bahawa bukan doktor yang telah melakukan apa-apa untuk Audrey, tetapi Tuhan. "Saya tahu Tuhan saya ada di sana dan tangan-Nya ada di dalamnya, dan Dia menunjukkan kepada mereka [jururawat dan doktor] bahawa ada kuasa yang lebih tinggi."

Apabila Jamie dan Tom bertemu dengan doktor untuk membincangkan keputusan ujian baharu, mereka diberitahu bahawa masih terdapat "kerutan" dalam aortanya, dan pembedahan kecil akan menyelesaikan masalah tersebut. Tetapi sekali lagi, Jamie berpegang teguh pada firman Tuhan sambil berfikir, "Tuhanku tidak akan melakukan apa-apa separuh jalan, Dia akan menyelesaikan semuanya, dan dia tidak memerlukan pembedahan." Jamie betul, dan semasa pengalaman inilah dia menyedari bahawa mengenali Tuhan, melalui wahyu yang diterimanya, adalah sangat berharga.

Seminggu selepas Jamie melahirkan Audrey, dia berjalan melalui pintu rumahnya dengan bayi perempuannya yang cantik dan sihat sempurna di dalam pelukannya. Ungkapan, "Aku diciptakan dengan dahsyat dan ajaib" terus-menerus terlintas di fikiran Jamie sepanjang minggu dia berada di hospital. "Dia tidak melakukan apa-apa separuh jalan. Dia adalah Tuhan yang baik dan Bapa yang setia," kata Jamie. Hari ini, Audrey adalah seorang kanak-kanak berusia tiga tahun yang sihat dan bertenaga.

Ini adalah testimoni daripada Ministries Andrew Wommack. Ingin tahu lebih lanjut? www.awmi.net

Keajaiban Kreatif Melalui Matt Sorger

Saya tidak akan pernah melupakan saat gadis berusia 12 tahun melangkah ke platform sementara keajaiban berlaku di seluruh stadium. Tuhan telah memimpin saya untuk berdoa agar telinga yang pekak dibukakan. Ketika kehadiran dan kemuliaan Tuhan memenuhi atmosfera, telinga yang tidak dapat mendengar tiba-tiba mula terbuka. Ketika kesaksian keluar, pasukan saya membawa seorang gadis muda ke platform. Ketika mereka menyikat rambut coklatnya yang panjang, saya kagum dengan pemandangan itu. Dia dilahirkan tanpa telinga. Hanya ada lubang-lubang kecil di sisi kepalanya. Ketika urapan Tuhan datang ke atasnya, dia dapat mendengar bunyi dentuman di telinganya. Tiba-tiba, ketika Tuhan melepaskan keajaiban kreatif, gegendang telinga terbentuk di bahagian dalam kepalanya dan pendengarannya dibuka buat pertama kalinya dalam hidupnya. Saya tahu keajaiban itu tidak ada kena mengena dengan saya. Bagian saya hanyalah memimpin orang-orang

dalam penyembahan sehingga kemuliaan datang dan kemudian biarkan Tuhan melakukan yang lain. Malam itu di Mexico kami melihat ramai yang disembuhkan oleh kuasa Tuhan, bahkan beberapa orang lumpuh.
Ingin tahu lebih lanjut tentang Matt? www.mattsoger.com

Pasukan Randy Clark – Kaki Tumbuh Dua Inci

Pada malam sebelumnya di gereja pastor Alda, saya ternampak seorang lelaki berjalan tempang. Kasut kanannya mempunyai platform tiga inci di atasnya jadi jelas kaki itu lebih pendek daripada kaki kiri. Apabila waktu pelayanan bermula, saya mendapatkan seorang penterjemah dan menemuinya. Saya bertanya sama ada saya boleh berdoa agar kakinya tumbuh dan dia berkata ya. Dalam masa lima minit selepas berdoa, wajahnya kelihatan kesakitan. Saya bertanya melalui penterjemah apa yang berlaku. Dia berkata, "Sakit!" Saya bertanya sama ada ia kecederaan yang teruk. Dia berkata, "Tidak, ia sedang membesar!" Ia membesar sepanjang masa pelayanan kira-kira satu inci hingga satu setengah inci. Saya berasa tawar hati apabila kami pergi kerana ia belum sembuh sepenuhnya. Malam berikutnya, Jumaat 07/08/05, dia berada di sana lagi, tempang-tempang memakai kasut itu.

Dia datang kepada saya untuk berdoa lebih lanjut. Kami menggali punca masalahnya. Saya mendapati bahawa ketika dia berumur 8 bulan, sebuah bangku kayu telah jatuh di bahagian kanan pinggul dan bahagian atas kaki kanannya. Selepas pembedahan, dia tidak mempunyai rawan di antara tulang paha dan soket di pinggulnya. Semasa dia membesar, pengisaran tulang itu menyebabkan kaki itu lebih pendek daripada yang lain. Dia terbaring di atas lantai dengan kedua-dua belah kakinya lurus ke luar. Mengetahui punca masalahnya, saya mengarahkan rawan itu tumbuh. Kaki kanannya tiba-tiba bengkok pada sudut 90 darjah.

Dia berkata, "Saya tidak boleh buat macam tu dulu!" Setiap kali dia duduk atau berdiri, ia akan menyebabkan kesakitan kerana tulang-tulang itu akan bergesel dan dia langsung tidak dapat membengkokkannya. Kini tiada lagi kesakitan dan dia mempunyai fleksibiliti penuh. Kemudian saya memerintahkan tulang paha itu untuk tumbuh dan memanjang. Mukanya menunjukkan kesakitan dan dia berkata, "Rasanya seperti Tuhan berada di sana dengan trak tunda yang menghulurkannya." Ia hanya beberapa sentimeter sahaja dan dia meminta saya berhenti berdoa. Dia bangun dan berjalan tanpa rasa sakit dan tanpa kasutnya yang terangkat. Saya masih kecewa kerana ia bukan dengan kaki kirinya tetapi dia berkata bahawa dia percaya ia akan terus tumbuh sepanjang malam. Sama ada ia berlaku atau tidak, Tuhan memberinya rawan baharu, mengambil kesakitan itu, dan menjadikan kakinya tumbuh kira-kira 2 inci!

Dilaporkan oleh Michael Clancey dari Pasukan Pelayanan Randy Clark pada 8 Julai 2005
daripada lawatan Global Awakening ke San Paulo, Brazil. Laporan bertarikh 12 Julai,
2005. Digunakan dengan kebenaran mereka.

AH Dallimore – Penyembuhan Margaret MacPherson

Testimoni berikut menarik kerana ia ditulis oleh seorang wanita yang tidak percaya bahawa Tuhan menyembuhkan dan ditulis dalam sebuah buku oleh seorang penulis yang tidak percaya bahawa Tuhan menyembuhkan namun...

Margaret Macpherson telah mengalami ketidakupayaan selama berminggu-minggu setiap musim sejuk akibat sakit pinggang (satu aduan tentang definisi perubatan yang tidak tepat). Semasa berada di negeri ini pada tahun 1931, dia berakhir di satu mesyuarat Dallimore. Dia kagum: Dia bukan pementasan. Dia memakai sut santai biasa, tiada jubah. Lampu menyala sepenuhnya kepadanya. Tiada nada keagamaan yang malap, tiada kesan pentas. Hanya satu perkara yang menarik dan menarik. Semasa upacara berlangsung, auranya semakin terang. Saya bukan salah seorang daripada orang psikik yang secara semula jadi melihat aura itu. Tidak, ini adalah kecerahan sebenar, yang dapat dilihat oleh semua kumpulan saya dengan jelas. Ia juga menghapuskan silau putih lampu elektrik di atasnya', Dallimore mengenalinya – dia telah bertemu dengannya di jalan – dan memanggilnya ke hadapan. 'Sebelum saya sempat berkata "Pisau!" dia telah membuat salibnya di dahi saya dan saya terlentang bersama yang lain.' Kemudian, selepas bangun dan meninggalkan dewan, dia disoal siasat oleh salah seorang daripada kumpulannya tentang mengapa dia jatuh. Jawapannya ialah, 'Saya datang hanya kerana kasih sayang dan budi bahasa kepada lelaki itu. Saya tidak dapat menggoyahkan kepercayaan mereka dengan berdiri: Saya langsung tidak dapat.' Kemudian, penyoalnya berkata dia terlepas pandang satu perkara semasa menceritakan kisahnya: 'Margaret, awak sudah SEMBUH! Awak berlari di jalan! Di mana tongkat awak? Awak tertinggal dalam mesyuarat!' Memang benar. AH Dallimore (atau lebih tepat lagi kuasa yang telah diberikannya) telah menyembuhkan saya daripada sakit pinggang akibat berdiri lebih dua puluh tahun.'
Petikan daripada *"Miracles, Messiahs and the Media: the Ministry of AH Dallimore in Auckland in the 1930s"* oleh Laurie Guy

Maria Woodworth-Etter – Wanita Dengan Tumor Sembuh

Aku bersyukur kepada Tuhan kerana sentiasa membawa Sister Woodworth ke bahagian selatan bandar ini, kerana melalui khutbahnya suamiku telah sembuh daripada kecederaannya, dan, puji Tuhan, aku telah sembuh baik jiwa mahupun raga. Aku sesat, tetapi Yesus menemukanku. Aku sakit, tetapi Yesus menyembuhkanku. Ingatlah bahawa Yesus melakukan segala sesuatu dengan baik. "Yesus Kristus, sama semalam, hari ini dan selama-lamanya." Ibrani 13:8 Apabila aku pergi ke altar, aku mempunyai tumor di sebelah kiriku. Ia datang daripada jatuh yang aku alami sembilan tahun yang lalu. Sejak itu aku terus-menerus berada dalam kesengsaraan, penderitaan, dan kesakitan yang hebat—kadang-kadang lebih teruk daripada yang lain. Tiada siapa yang dapat menceritakan penderitaanku.

Tiada seorang pun daripada ibu bapa saya yang tahu bagaimana saya sering terfikir untuk membunuh diri, penderitaan saya begitu besar. Hanya doa dan kebaikan suami saya yang menghalang saya daripadanya. Digabungkan dengan tumor, saya menghidap beberapa penyakit lain – pendarahan organ bawah usus, buasir, darah meludah dan rematik. Tiga tahun yang lalu saya lumpuh sepenuhnya akibat rematik radang di kaki saya, kemudian di lengan dan tangan kiri saya. Kami telah mencuba ramai doktor duniawi, di bandar ini dan di tempat lain, tetapi tidak berhasil, kerana hanya sedikit kelegaan yang diperoleh. Doktor mengatakan bahawa pembedahan pun tidak akan membantu saya. Kemudian kami tahu bahawa tiada lagi pertolongan untuk saya di bumi, tetapi kematian yang perlahan dan berlarutan, mungkin berbulan-bulan atau bertahun-tahun, tetapi akhirnya ia akan meragut nyawa saya. Walaupun saya sudah bangun dan berlegar-legar ketika itu, saya dapat menyembunyikan kesakitan dan kesengsaraan saya di hadapan dunia, tetapi oh betapa sengsaranya malam-malam yang panjang itu bagi saya.

Aku tidak akan pernah melupakan hari aku pergi ke altar pada 10 Ogos 1893. Aku seorang pendosa yang miskin dan sengsara. Aku meletakkan semua dosaku, dan tubuh yang sakit dan lumpuh ini dengan rendah hati di kaki Yesus. Yesus, dalam kasih sayang dan belas kasihan-Nya, memandang ke bawah kepada orang yang sengsara sepertiku, dan serta-merta aku menjadi utuh, baik jiwa mahupun raga. Siapakah yang tidak mahu bersukacita dan memuji Tuhan, untuk mendapatkan jaminan yang diberkati bahawa Yesus adalah milikku, dan untuk menghilangkan rasa sakit dan kesakitan dalam sekelip mata? Oh, betapa aku bersyukur kepada Tuhan atas belas kasihan-Nya yang lembut kepada anak-anak. Aku berharap dan berdoa agar kesaksian ini akan membawa banyak jiwa yang sakit dosa ke kaki Yesus. Semoga Tuhan memberkati Sister Woodworth dan rakan sekerjanya, di mana sahaja mereka berada. Semoga Tuhan juga memberkati Brother Spiher. Doakan aku agar aku tetap setia.
Milikmu dalam Kristus.
PUAN M. FALKENRATH
St. Louis, Missouri

Petikan daripada “Doktor Dunia, Kristus Tuhan” oleh Elder HH Spiher.
Elder HH Spiher ialah seorang pastor Church of God (Winebrenner) yang membantu Maria Woodworth menubuhkan gereja-gereja daripada pertemuan penginjilannya sekurang-kurangnya dua kali.

TW Ratana (Penyembuh Maori) – Penyembuhan Fannie Lammas

Daripada banyak penyembuhan yang diterbitkan, terdapat dua yang mendapat perhatian yang besar oleh beberapa gereja. Penyembuhan ini mempengaruhi beberapa pemimpin dan jemaah yang berfikir secara mendalam dan penuh doa tentang pelayanan Penyembuhan Ilahi. Yang pertama ialah kes Cik F. Lammas, seorang ahli Gereja Baptist di Nelson.

Cik Lammas telah dibalut dengan rangka keluli dari kepala hingga kaki selama 19 tahun dan telah menerima rawatan perubatan yang terbaik dalam tempoh ini. Pada tahun 1921, beliau menulis surat kepada Ratana dan selepas menerima jawapannya, beliau menghabiskan masa yang lama dalam doa. Semasa beliau sedang berusaha sedemikian, kuasa Tuhan membolehkannya duduk, berdiri dan kemudian berjalan tanpa bantuan. Semua yang mengenalinya kagum. Doktor tempatannya sendiri mengesahkan bahawa beliau telah sembuh. Cik Lammas berjanji untuk berkongsi kesaksiannya tentang penyembuhan dan hanya enam bulan selepas penyembuhannya, beliau menghabiskan masa selama 6 bulan untuk mengembara, melawat banyak gereja Baptis, termasuk Tabernacle di Auckland, bercakap tentang kuasa Tuhan untuk menyembuhkan dan membawa minat yang lebih cepat dalam ajaran Penyembuhan Ilahi.

Kisah penyembuhannya diceritakan sepenuhnya kepada Pendeta Joseph Kemp yang menerbitkan kesaksiannya dalam sebuah buku kecil yang luar biasa yang telah melalui empat edisi, yang pertama habis dijual tiga minggu selepas penerbitannya.

Huraiannya tentang peristiwa-peristiwa yang membawa kepada penyembuhan sebenar adalah seperti berikut: "Doktor saya memberitahu saya hasil rundingan itu dan berkata tiada apa yang boleh dilakukan. Saya hampir putus asa. Saya bertanya kepadanya sama ada dia pernah mendengar tentang Ratana si lelaki ajaib. Dia berkata "hanya sedikit." Kemudian saya memberitahunya tentang lelaki yang hebat itu dan penawar yang ajaib dan saya memberinya kertas-kertas itu untuk dibaca. Dia duduk di sisi katil saya dan membaca semuanya. Dia sangat kagum sehingga akhirnya dia menggesa saya untuk menulis.

Dia berkata jika saya mempunyai iman yang cukup untuk percaya, dia tidak nampak mengapa saya tidak boleh disembuhkan juga ... hampir terlalu lemah untuk memegang pen. Saya berjaya menulis surat kepada Ratana secara beransur-ansur untuk menjelaskan kes saya... Saya tidak berbuat apa-apa lagi sehingga saya menerima jawapan Ratana seminggu kemudian. Dia memberitahu saya untuk percaya kepada Tuhan Yesus Kristus dengan segenap hati dan jiwa saya dan dengan kuasa-Nya untuk menyembuhkan, berdoa dengan bersungguh-sungguh dan tanpa jemu, dan mengulangi doa saya. Dia berkata dia juga akan mendoakan saya.

Dia memetik satu ayat — “Kamu tidak dapat beribadah kepada Tuhan dan kepada Mamon.” Surat itu bukanlah jenis yang saya harapkan tetapi semakin saya membacanya, semakin banyak isinya di dalamnya. Saya bertekad untuk melakukan bahagian saya, jadi saya menghabiskan hampir sepanjang hari dengan doa yang bersungguh-sungguh. Saya berdoa setiap saat ketika saya bersendirian, berdoa dan berdoa dengan segenap hati dan jiwa saya sehingga saya berdoa dengan penuh derita... Malam tiba dan saya rasa lebih teruk daripada sebelumnya. Saya sangat letih berdoa dengan bersungguh-sungguh sehingga saya hanya memberitahu Tuhan bahawa itu adalah pekerjaan-Nya dan saya menyerahkannya sepenuhnya kepada-Nya.

Kemudian saya tidur. Setiap kali saya terjaga, saya berdoa dan awal pagi keesokan harinya saya memikul beban itu semula kerana saya bertekad untuk melakukan bahagian saya. Sungguh menyenangkan mengetahui bahawa Ratana yang berbatu-batu jauhnya sedang berdoa untuk saya. Saya berdoa dengan terdesak, dengan penuh penderitaan memohon kepada-Nya untuk menyembuhkan saya. Beberapa kata terakhir yang saya ingat dengan baik. "Ya Tuhan, Engkau Maha Besar, Yang Maha Kuasa; Maha Kuasa. Engkau dapat melakukan segala sesuatu. Oh, jika Engkau mahu menyembuhkan aku sekarang juga."

Tiba-tiba keajaiban besar itu berlaku. Kehidupan dan kekuatan mengalir ke dalam diri saya. Dari perasaan lemah dan sakit yang amat sangat, saya serta-merta menjadi KUAT DAN SIHAT. Perubahan yang begitu hebat sehingga saya bangun di atas katil tanpa kesakitan dan tanpa sokongan! Saya mengangkat kaki saya dari katil dan berdoa untuk kekuatan, saya berdiri dan berjalan dengan mudah dan bebas sepenuhnya. Saya tidak pening pun. Saya tahu, serta-merta bahawa saya sememangnya telah sembuh; sama seperti Yesus Kristus menyembuhkan orang ramai ketika Dia berada di bumi, begitu juga Dia menyembuhkan saya. Walaupun lemah seperti bayi dan rangka yang sempurna, apabila kuasa besar datang ke dalam diri saya, saya berasa sihat sepenuhnya. Saya melihat jam tangan saya untuk mencatat masa perbuatan yang begitu menakjubkan. Tepat pukul 5.30 pada 24 Februari 1921. Terlalu indah untuk ditulis, kata-kata tidak pernah dapat menceritakan atau menulis tentang sesuatu yang begitu menakjubkan.

Ia berlaku tepat sembilan belas jam selepas saya menerima surat Ratana. Saya segera bersyukur dan memuji Tuhan atas kebaikan-Nya yang luar biasa kepada saya. “Kemudian, semasa berjalan ke pintu, saya memanggil ibu bapa saya bahawa saya telah sembuh. Mereka bangun dan bergegas masuk dengan senyuman kegembiraan dan kesyukuran. Saya tidak akan pernah melupakan wajah mereka yang berseri-seri selagi saya hidup... Orang terkuat yang hidup, walaupun dia sihat sempurna, jika dia berbaring terlentang selama hampir setahun, tidak mungkin dapat bangun dan berjalan tanpa rasa pening dan lemah kerana ia melanggar hukum alam. Namun, walaupun saya berada di ambang kematian sehingga saat yang tidak akan dilupakan itu, saya serta-merta sihat sehingga ini sahaja menunjukkan betapa hebatnya keajaiban itu.'

Petikan daripada *"Sejarah Pergerakan Karismatik di New Zealand"* oleh Rev.
JE Worsfold. Catatan asal diterbitkan sebagai *"Bagaimana Saya Disembuhkan, Keajaiban New Zealand"* oleh Rev. Joseph Kemp. 1921

FF Bosworth – Enam Kanak-kanak Pekak Sembuh Dalam Satu Malam

Enam orang muda yang biasanya bijak di pekan kecil Rochelle, Illinois duduk di sebuah kelas khas di ruangan bawah tanah Gereja Baptis di sana pagi ini dan mengulangi perkataan paling mudah yang digalakkan oleh guru mereka . Tidak lama lagi mereka akan mengetahui keseluruhan abjad, katanya kepada mereka, dan akan dapat bercakap.

Tiada apa yang salah dengan minda atau badan dua orang gadis dan empat orang pemuda di dalam kelas itu. Tetapi sebulan yang lalu mereka tidak dapat bercakap dan mereka tidak dapat mendengar. Mereka pekak sejak lahir, empat orang dalam satu keluarga.

Bulan lalu, dan seorang ahli gereja lama di bandar itu, pergi ke rumah keluarga Houston dan berkata bahawa Tuhan akan menyembuhkan empat kanak-kanak pekak itu jika mereka mempunyai iman. Di Chicago, Rev. FF Bosworth sedang berkhutbah di Gospel Tabernacle. Beribu-ribu orang sakit telah disembuhkan selepas lelaki ini mendoakan mereka, tambahnya. Mengapa tidak menghantar kanak-kanak itu ke Chicago?

Empat orang Kanak-kanak Houston dan dua orang lain telah dihantar ke Chicago. Dalam upacara di tabernakel pada suatu malam, mereka pergi ke pentas apabila Pastor Bosworth bertanya sama ada sesiapa yang sakit atau lemah ingin didoakan. Kesembuhan berlaku serta-merta untuk kesemua enam orang pada malam itu, mereka memberi keterangan. Keesokan harinya kelas mereka di ruang bawah tanah gereja di Rochelle diteruskan, tetapi guru dan murid menghadapi revolusi pendidikan.
Petikan daripada Los Angeles Times 6 Mei 1928.

Diberikan Distrofi Otot

Saya telah dibenarkan keluar dari hospital Youngstown kerana penyakit yang melumpuhkan, Distrofi Otot. Doktor menganggap kes saya tidak ada harapan. Setahun kemudian saya normal dan sihat. Setahun yang lalu saya tidak dapat minum segelas air, hari ini saya menjaga sebuah rumah lapan bilik, seorang suami, dan dua anak kecil. Hanya Yesus sahaja yang dapat membawa perubahan ajaib dalam keadaan saya ini.

Masalah saya bermula pada musim panas tahun 1956 apabila saya mendapati diri saya semakin letih. Kami berpindah ke rumah baru jadi saya fikir mungkin itulah sebabnya saya sentiasa berasa letih. Kemudian saya mengetahui bahawa saya akan melahirkan anak kedua saya. Saya menjadi semakin letih. Kira-kira bulan ketiga saya mula hilang keseimbangan. Saya akan jatuh dengan mudah dan kerap. Saya agak risau tentang bayi itu tetapi Tuhan memberi saya jaminan dalaman bahawa bayi itu akan baik-baik saja.

Dalam beberapa bulan berikutnya, saya menjadi sangat lemah. Saya tidak dapat mengupas kentang, mengangkat seliter susu, atau makan sendiri. Saya terpaksa berjalan dengan kaki kaku agar tidak terjatuh. Doktor saya bingung dengan keadaan saya tetapi saya tidak dapat menjalani pemeriksaan yang diperlukan kerana kehamilan saya. Dengan bantuan Tuhan, saya melahirkan seorang bayi perempuan. Dia seorang bayi yang sihat. Dia dilahirkan pada 20 Jun 1957, dan doktor membenarkan saya keluar dari hospital dengan harapan saya tidak akan menghadapi masalah lagi. Walau bagaimanapun, kekuatan saya mula merosot lagi. Keadaan saya menjadi semakin teruk sehingga saya tidak dapat mengangkat atau menukar bayi. Saya tidak dapat membuka atau menutup pin keselamatan. Orang lain terpaksa memakaikannya pakaian setiap hari. Saya digesa untuk menggunakan kerusi roda tetapi saya menolak, kerana doa telah dipanjatkan untuk saya dan saya percaya Tuhan akan menyembuhkan saya. Saya akan berjalan sedikit sekali-sekala, hanya beberapa langkah pada satu masa. Tetapi saya terpaksa duduk di kerusi hampir setiap hari.

Pada hari-hari itu, saya tidak dapat memegang Bible saya, jadi saya sangat gembira setiap kali pastor saya, Saudara Roy Armstrong, melawat saya. Dia akan membaca Bible dengan kuat dan saya akan meminta Roh Kudus untuk membantu saya mengingati semua yang telah dibacakannya kepada saya. Pada bulan Julai, saya terus jatuh sakit dan saya tahu saya tidak akan hidup lama melainkan Tuhan melakukan keajaiban. Otot-otot merosot sehingga daging tergantung pada tulang saya seperti kain di atas tali. Saya tidak dapat makan sendiri atau menjaga diri saya dalam banyak cara.

Saya dimasukkan ke hospital dan selama tiga belas hari menjalani ujian makmal. Semasa di hospital, saya menjadi terdesak. Saya memberitahu Tuhan bahawa saya tahu tidak ada harapan duniawi untuk pemulihan saya. Saya memberitahu-Nya bahawa saya percaya kepada-Nya untuk menyembuhkan saya, dan saya meminta-Nya untuk berbesar hati untuk memulakan kerja penyembuhan pada masa itu juga.

Jadi saya mula membuktikan janji-janji Tuhan. Pada mulanya saya tidak dapat memegang tangan saya di atas muka saya semasa terbaring di hospital, tetapi setiap pagi saya akan berdoa dan cuba memegang tangan saya di sana. Dalam masa lima hari saya dapat mengawalnya dan menyentuh muka saya. Ini menggalakkan saya untuk percaya bahawa Tuhan sedang menjawab doa dan saya tidak takut.

Pada 10 Ogos 1957, doktor memberitahu suami saya bahawa saya menghidap Distrofi Otot jenis yang sangat teruk dan berkata ia mungkin akan menyebabkan kematian. Mereka membawa saya pulang dan membuatkan saya senyaman mungkin, dengan berfikir ia hanya menunggu masa. Doktor tidak menyedari betapa kuatnya daya penyembuhan yang telah mula berfungsi dengan kuat dalam diri saya. Seiring berjalannya waktu, saya melatih badan saya sedaya upaya dan secara beransur-ansur kekuatan saya kembali. Setiap kali saya bergerak, saya memanjatkan doa iman. Saya mengambil beberapa langkah. Saya mula membuka pintu almari dapur saya. Saya berjaya membuka laci dan mengeluarkan pinggan mangkuk perak.

Saya teruskan sahaja, bergantung kepada Tuhan untuk membantu saya; dan oh, saya mempunyai kedamaian dan kegembiraan yang begitu besar ketika saya melihat apa yang sedang berlaku. Tuhan bukannya mati, malah memberi saya kehidupan baru, kekuatan baru, harapan baru. Kadang-kadang saya menjadi tawar hati, kerana sukar untuk menanggung pemikiran bahawa saya masih tidak dapat menjaga anak-anak saya. Saya menuntut janji-janji Firman Tuhan dan melawan balik musuh jiwa saya. Saya meminta Tuhan untuk membenarkan saya menjaga anak-anak sekali lagi, walaupun ia kelihatan mustahil pada masa itu. Saya masih tidak dapat memasang pin keselamatan. Tetapi saya terus membaca Bible dan mendapati begitu banyak di sana untuk menggalakkan saya.

Puji Tuhan! Dalam masa lima minggu, saya dapat mengangkat bayi dari katil ke buaian. Saya dapat memandikannya, mengikat penitinya , dan memakaikan baju. Saya hampir tidak dapat menahan kegembiraan. Secara beransur-ansur saya mula membasuh, menggosok, membuat kerja rumah, dan memasak. Nampaknya semakin banyak yang saya lakukan, semakin banyak Tuhan membolehkan saya melakukannya. Menjelang musim panas tahun 1958, saya hampir normal. Ia adalah pertarungan iman yang berterusan tetapi Tuhan memberi saya kemenangan. Saya bersaksi di gereja bahawa saya hampir sembuh sepenuhnya tetapi berkata saya masih tidak boleh berlari dan tidak boleh memakai kasut tumit tinggi. Walau bagaimanapun, saya berkata Tuhan akan terus membantu saya dan otot-otot itu akan berkembang sepenuhnya. Dua bulan kemudian saya dapat berlari dengan baik dan memakai kasut tumit tinggi.

Hari ini, setahun selepas saya dihantar pulang untuk mati, kesihatan saya normal dan gembira kerana menyedari bahawa Yesus bukan sahaja dapat menyelamatkan kita daripada dosa tetapi Dia juga dapat menyembuhkan tubuh kita, tidak kira betapa tidak dapat diubatinya keadaan kita.

Testimoni yang diberikan oleh Puan Howard Fowler dalam "Pentecostal Evangel" pada 16 November 1958.

Rolland dan Heidi Baker – Syurga Terbuka di Cabo Delgado

Para pemimpin Islam mengakui bahawa wilayah paling utara di pantai Mozambique ini, yang pernah dianggap "tidak dapat dicapai" oleh ahli misi, kini hilang daripada orang Kristian. Pembangunan pangkalan dan sekolah misi kami di sebidang tanah terbesar yang ada di bandar pelabuhan Pemba telah menimbulkan kekecohan besar. Injil memajukan seluruh kampung pada satu masa apabila kuasa Roh Kudus dicurahkan.

Bagaimanakah ini boleh berlaku? Berikut adalah satu contohnya. Felito Utuie, seorang penginjil berusia 22 tahun yang telah kami pupuk dalam Tuhan, cuba mendapatkan kebenaran daripada seorang ketua kampung yang beragama Islam untuk melakukan aktiviti penjangkauan. Ketua kampung itu berulang kali menolak. Felito memberitahunya bahawa Yesus akan menyembuhkan orang sakit. Akhirnya, ketua kampung itu bertanya, "Jika kamu datang, adakah saya akan melihat perkara itu berlaku?" "Ya!" Felito menjawab ringkas. Jadi ketua kampung itu bersetuju untuk mengadakan pertemuan di kampungnya.

Pada malam penjangkauan itu, mesyuarat itu bermula dengan suasana yang sangat tenang dan terbuka, tidak seperti beberapa perhimpunan yang kami ada di mana pada mulanya kami menghadapi gangguan syaitan yang kuat. Felito mengkhutbahkan Injil yang tulen dan ringkas dan bertanya, "Siapakah yang menyedari keperluan mereka akan Penyelamat?" Suara-suara berseru dalam kegelapan, "Aku mahu pengampunan! Aku mahu pengampunan!" Satu bunyi bising yang kuat timbul ketika orang ramai merayu untuk diselamatkan dan berpusu-pusu ke hadapan untuk berdoa.

Kemudian Felito mengumumkan bahawa dia dan pasukannya akan berdoa untuk orang sakit. Penyembuhan berlaku satu demi satu. Seorang ibu membawa anak lelakinya yang berusia lapan tahun yang pekak, dan dia serta-merta sembuh.

Felito bertanya kepada ketua itu, "Nampak tak?" Ketua itu segera meminta mikrofon dan memberitahu rakyatnya sendiri, "Ini nyata! Tiada manusia yang boleh melakukan ini! Hanya Tuhan sahaja yang boleh melakukan ini! Bawa lebih ramai orang sakit! Bawa semua orang sakit!" Seorang lelaki membawa anak perempuannya yang berusia 7 tahun yang buta sepenuhnya. Dia menerima doa, dan bapanya segera bertanya kepadanya, "Nampak tak?" Dan kemudian air mata mula mengalir di wajahnya ketika anak perempuannya melihat dan melihat wajahnya buat pertama kalinya dalam hidupnya! Dan penyembuhan berterusan pada malam itu.

Sepanjang tahun lepas, usaha penjangkauan kami kerap membuahkan hasil seperti ini. Kami tidak berkhutbah lama atau menjadi rumit. Orang ramai memberi respons dengan iman yang sederhana, dan sebaik sahaja mereka melihat Yesus nyata dan akan menyentuh mereka secara ajaib, mereka mahukan-Nya! Mereka mahukan keselamatan, mereka mahukan gereja, mereka mahukan pastor, sekarang! Ketua-ketua mereka merayu kepada kami, "Jangan tinggalkan kami! Anda tidak boleh meninggalkan kami seperti ini! Kami tidak pernah melihat keajaiban seperti ini!

Kamu perlu kembali dan mengajar kami!" Heidi khususnya telah menerima urapan khas untuk orang pekak, buta dan tempang, dan melihat mereka disembuhkan di hampir setiap jangkauan. Pernah sekali dia berdoa pada lewat malam untuk seorang lelaki cacat dan buta yang tidak sembuh serta-merta. Tetapi dia memberitahu penduduk kampung untuk menghantar seorang pelari untuk memberitahunya sebaik sahaja dia sembuh. Jadi pada keesokan harinya dia bersama seorang rakan Muslim yang baik dan ahli perniagaan terkemuka di bandar apabila seorang pelari berlari dengan tercungap-cungap ke tingkap kereta yang mereka naiki. "Dia sudah sembuh! Dia boleh berjalan dan melihat!" Pelari itu baru sahaja berlari selama tujuh jam untuk memberitahunya... Dalam tangisan dan kekaguman, rakan Muslim kami menangis, "Doakan saya! Doakan saya sekarang!"

Laporan daripada Surat Berita Iris Ministries, kementerian yang dimulakan oleh Rolland dan Heidi
Baker, pada 14 September 2005. Ingin membaca lebih lanjut? Lawati laman web mereka di: www.irismin.org

Pasukan Randy Clark – Budak Lelaki Lumpuh Sejak Lahir Sembuh

Seorang ibu membawa anak lelakinya yang berusia 5 tahun ke perhimpunan di Guntur, India. Dia cacat sejak lahir. Lengan dan tangannya lumpuh. Jari-jarinya kaku sepenuhnya dan bengkok ke belakang pada sudut 45 darjah. Semasa saya berlutut di sebelahnya, Roh Kudus mencurahkan belas kasihan yang begitu besar ke dalam hati saya untuk kanak-kanak ini. Lengannya lembik sepenuhnya dan tangannya lumpuh kaku. Selepas memegang tangannya sambil berdoa selama kira-kira 5 minit, terdapat kedutan di jari kelingkingnya. Saya menekan dalam doa dan berhenti beberapa kali untuk memeriksa kemajuan penyembuhannya. Saya mempunyai seorang anak lelaki yang masih kecil seusia dengannya dan Tuhan terus menyuruh saya berdoa seolah-olah ia adalah anak saya sendiri. Melihat ke dalam mata kanak-kanak ini membuatkan saya menitiskan air mata.

Tuhan menyembuhkan dan memulihkan sepenuhnya lengan, tangan, dan jari-jarinya.
Dilaporkan oleh Carey Cramer dari Pasukan Kementerian Randy Clark pada 26 Januari 2005.
Daripada Laporan Kebangkitan Global bertarikh 31 Januari 2006. Digunakan dengan kebenaran mereka.

Ethel Willitts – Gadis Cacat Sembuh

Keluarga saya menghadiri PERKHIDMATAN PENYEMBUHAN yang diadakan oleh Ethel R. Willitts di Akron, OH pada tahun 1938. Puan Willitts mengadakan upacara di dalam sebuah tabernakel papan lapis mudah alih yang sangat besar. Pertemuan diadakan setiap malam dan pada petang Ahad. Bangunan itu biasanya penuh sesak. Setiap pertemuan, ramai ambulans akan berhenti di sisi tabernakel dan akan menghantar pesakit keluar dari tabernakel di hadapan bangunan dalam barisan dua orang. Setiap upacara, orang ramai akan disembuhkan dan pulang ke rumah. Puan Willits akan berkhutbah tentang sesi pengajaran, mengajar orang ramai tentang menerima penyembuhan dan menerima Yesus Kristus ke dalam hidup mereka sebelum upacara penyembuhan. Kemudian, beliau akan berdoa untuk orang sakit pada setiap pertemuan. Dinding hadapan tabernakel, di belakang penceramah, dipenuhi dengan tongkat salib dan pendakap gigi.

Satu penyembuhan ajaib yang kami alami secara peribadi ialah seorang bayi perempuan kecil yang cacat. Dagunya tidak kelihatan, terdapat benjolan di belakang lehernya dan kedua-dua tangan serta kakinya tersepit. Dia dibawa ke hadapan untuk didoakan dan serta-merta sembuh. Disebabkan orang ramai, kami tidak melihatnya pada malam itu, tetapi kami duduk di belakangnya dan ibu bapanya pada malam berikutnya. Bayi kecil itu mempunyai bonet di sekitar dagu yang menonjol dan tiada benjolan di belakang lehernya. Dia bermain-main dengan kakinya dengan tangan kecilnya. Dia sembuh sempurna dan disembuhkan oleh KUASA YESUS KRISTUS.

Testimoni Peribadi Paul Chidester. Digunakan dengan kebenarannya.

Stephen Jeffreys – Wanita Lumpuh Sembuh Ketika Dia Melihat Yesus Dalam Sebuah Pertemuan

Seseorang tidak dapat mencari kata-kata untuk mengungkapkan semua maksud ini setelah menjalani kehidupan yang penuh penderitaan. Sejak kecil lagi saya selalu sakit, tidak pernah setahun tanpa diberhentikan. Kemudian, pada tahun 1900, beberapa hari sebelum perkahwinan saya, saya membantu mengangkat alat pemeras, mencederakan diri saya sendiri di bahagian dalam. Hanya lima minggu selepas perkahwinan, ini menyebabkan saya terbaring selama sepuluh minggu, kemudian saya mula bergerak semula, tetapi saya terus-menerus kesakitan. Ini berterusan selama bertahun-tahun, kadangkala saya dapat bergerak, tetapi lebih kerap di atas katil. Pada musim panas tahun 1906, kami tinggal di sebuah tempat bernama Thorne, berhampiran Doncaster (kami sebelum ini tinggal di tempat yang kedua, di mana saya telah dirawat oleh tidak kurang daripada enam orang doktor, serta menjadi pesakit luar di rumah sakit, dan diberitahu berulang kali bahawa tiada apa yang boleh dilakukan).

Di Thorne, saya menghidap meningitis dan selama berminggu-minggu hampir mati. Doa-doa dipanjatkan walaupun di Gereja Paroki di sana untuk kesembuhan saya. Demi satu-satunya anak yang telah Tuhan berikan kepada kami, Tuhan mendengar banyak doa, nyawa saya diselamatkan, tetapi saya terpaksa memakai cermin mata gelap; saraf mata begitu terjejas sehingga cahaya menyebabkan muntah yang teruk – apa yang dipanggil oleh doktor sebagai penyakit otak. Beberapa bulan selepas melawat Peterborough, rakan-rakan saya di sana mahu saya mendapatkan nasihat daripada doktor mereka, serta di Rumah Sakit Peterborough, kerana hidup saya adalah satu penderitaan yang panjang. Sekiranya saya tidak mengetahui sesuatu tentang rehat dan kedamaian yang datang daripada Yesus, saya tidak akan pernah hidup dan bertahan. Oh, pujilah Manusia dari Kalvari, Yesus yang bersimpati, yang telah membuka mata rohani saya, dan menyebabkan saya melihat keperluan saya akan seorang Penyelamat; dan walaupun menerima-Nya pada usia dua puluh satu bermakna saya diusir dari rumah. Haleluya! Dia lebih daripada memuaskan hati.

Doktor di Peterborough, selepas pemeriksaan menyeluruh, mengesahkan apa yang dikatakan oleh doktor sebelumnya, tiada penawar; keputusannya begini, penyakit jantung, masalah paru-paru, malah, dia berkata kepada rakan saya secara peribadi bahawa saya penuh dengan penyakit, organ saya hampir tidak sihat, kanser, sedikit kelainan pada usus. Dia mengakhiri dengan mengatakan bahagian dalam saya seperti span busuk dan akhirnya jika saya hidup, saya akan menjadi buta sepenuhnya, namun, kemuliaan bagi Yesus, saya tidak memerlukan cermin mata sama sekali sekarang. Saya utuh sepenuhnya. Saya memuji Nama-Nya yang terkasih. Oh Haleluya, atas apa yang telah Tuhan lakukan untuk saya. Saya tidak akan berhenti memuji-Nya! Pada tahun 1910, kami datang ke sini ke Grimsby (suami saya bekerja di landasan kereta api).

Saya tiba di sini pada 26 Disember, hanya dapat menjalani kehidupan seperti biasa, dalam kesakitan yang amat sangat, sehingga 5 April 1911, apabila sekali lagi saya terpaksa berbaring di atas katil. Apabila doktor datang, dia berkata paling lama dua minggu akan berakhir. Saya berada dalam keadaan yang begitu teruk sehingga dia fikir saya tidak dapat bertahan walaupun dua minggu, namun minggu, bulan, ya, malah tahun berlalu, sentiasa di atas katil, dan oh, kesakitannya, walaupun saya telah mengambil morfia untuk meredakan kesakitan, dalam dos yang semakin meningkat sehingga sesetengah orang yang mengetahui kuantitinya hairan bahawa tiada keinginan untuk ubat itu. Pujilah Dia, yang melakukan keajaiban! Berulang kali suami saya telah dihantar untuk meninggalkan tugas dengan segera jika dia mahu melihat saya hidup. Saya hampir mati sehingga wanita telah berada di rumah untuk menyediakan mayat saya untuk pengebumian; dua kali tempat itu telah terbakar dan saya tidak berdaya dan akan mati terbakar jika tiada bantuan dari luar datang.

Tiga tahun pertama saya berbaring, saya tidak pernah berada di luar rumah. Keinginan untuk keluar pada musim panas keempat begitu kuat sehingga suami saya menyewa kereta khas (kerana saya terpaksa berbaring, kerusi mandi tidak berguna). Musim panas berikutnya kami membuat satu di Hull, jadi saya dibawa keluar, baru diangkat dari katil saya di dapur ke katil di dalam kereta tulang belakang. Kereta tulang belakang itu didorong dekat dengan katil saya. Saya tidak pernah berpakaian malah saya melepaskan semua pakaian dan but saya, berfikir saya tidak akan memerlukannya lagi. Jadi tahun-tahun berlalu, dan, walaupun saya mengenali Yesus, saya agak berfikir bahawa adalah kehendak-Nya saya harus menderita dan hanya berdoa untuk rahmat dan kesabaran yang berkekalan. Oh, betapa butanya saya, untuk berfikir bahawa adalah kehendak-Nya untuk
menindas anak-Nya.

Puji Tuhan, pembebasan telah tiba. Suami saya membaca tentang kes-kes penyembuhan tertentu di London, melalui pelayanan salah seorang hamba-Nya, Pastor Stephen Jeffreys. Kami berdoa agar jika ada berkat yang tersedia untuk saya, Dia akan membawa utusan-Nya ke Grimsby. Dia datang, dan setelah menghadiri upacara dan mendengar kata-kata indah Kehidupan dalam Yesus, saya meminta Tuhan untuk membimbing saya. Dia mengarahkan saya kepada James v, 14,15. Pada upacara seterusnya, saya dapat hadir. Saya mentaati Firman-Nya; diurapi dengan minyak dalam Nama Tuhan. Saya menerima urapan yang indah pada masa itu, tetapi tidak sembuh. Haleluya, jawapannya datang dua minggu kemudian, pada 5 Mac 1922, kira-kira jam 3.30 petang Dia, Yang Bangkit, datang dengan kuasa dan mengangkat saya dari kereta kuda. Kemuliaan bagi Nama-Nya yang mulia! Penantian dua minggu itu tidak dapat memadamkan iman yang telah Dia berikan; saya tahu Dia tidak akan mengecewakan saya.

Pada 28 Februari, saya meminta suami saya untuk membelikan saya beberapa kasut, saya begitu yakin bahawa Dia setia, walaupun kaki saya tidak pernah menyentuh lantai selama hampir sebelas tahun. Kemuliaan bagi Yesus! Dia membuat saya terus menunggu. Malam Jumaat, 3 Mac, kesakitan itu sangat dahsyat; seolah-olah Iblis tahu masanya dalam kerangka fana ini terhad. Ia adalah penderitaan, namun Tuhan membawa saya untuk melihat malam itu morfia itu harus pergi. Saya mahu Yesus dimuliakan, jadi saya berkata, "Ya, Tuhan, walaupun itu bermakna kematian, saya adalah milik-Mu, lakukanlah dengan saya seperti yang Engkau kehendaki. Tolong berikan saya sebahagian daripada Roh-Mu untuk setia kepada-Mu."

Dari petang Jumaat hingga Ahad – waktunya panjang, pertarungan dengan Musuh, cuba untuk sedikit tenang dengan morfin, adalah sengit, tetapi Dia menjadi perantara bagi saya dan memberikan kemenangan. Apabila didorong ke Pelabuhan Perlindungan lama di Freeman Street, tempat pertemuan itu diadakan, saya penuh dengan penderitaan dan lebih tidak berdaya daripada sebelumnya, tetapi puji Tuhan semasa pertemuan itu, yang merupakan pertemuan kesaksian, saya melihat Yesus, Manusia Kalvari yang berharga.

Dia berdiri dan memandang, dengan kasih sayang dan belas kasihan di mata-Nya; kemudian kelihatan Tangan yang kuat diletakkan di bawah saya, dan saya diangkat ke atas dan ke atas, sehingga saya fikir saya telah sampai ke syurga, kemudian saya diturunkan dengan lembut, dan saya melihat saya masih berada dalam perhimpunan itu, namun merasakan ringan seperti udara. Oh kegembiraan, oh keghairahan, ketika saya sedar bahawa Penyembuh Sendiri telah datang dan membawa kehidupan baru, kehidupan kebangkitan yang sebenar, di mana hanya ada kematian yang hidup. Dalam Nama-Nya, saya bangkit dari kereta kuda, berjalan di sekitar dewan dengan mata yang berkaca-kaca dan tangan terangkat, ketika orang ramai menyanyi berulang kali, "Semuanya dipuji kuasa Nama Yesus!" Haleluya! Haleluya! Tiada tangan manusia yang menyentuh saya. Pastor dan pekerja berada di platform, ketika Dia datang. Yesus, Penyelamat saya, yang melakukan perubahan ini dalam diri saya. Saya mahu orang lain mengenal-Nya dan memiliki Nyawa-Nya. Ia bukan penyembuhan, tetapi Penyembuh Sendiri, yang membawa Nyawa dan Kesihatan, dan tenaga.

Beratus-ratus orang di Grimsby dan di tempat lain telah melihat saya berpusing-pusing selama bertahun-tahun, kelihatan seperti mayat. Kini mereka melihat saya berjalan di jalanan, melakukan tugas-tugas rumah tangga saya, malah membasuh pakaian saya sendiri. Semuanya adalah Yesus. Saya berhutang semuanya kepada-Nya. Doktor dan jururawat, pekerja di landasan kereta api, anggota polis dan lain-lain, berdiri kagum ketika mereka melihat, walaupun mereka tidak dapat memahami, perubahan indah yang telah berlaku. Selama sepuluh tahun sebelas bulan saya menjadi makhluk yang tidak berdaya terlantar di atas katil.

Sekarang aku penuh dengan kehidupan, mampu berjalan berbatu-batu, kesihatan yang lebih baik daripada yang pernah aku miliki. Semuanya dibeli untukku di Kalvari, dan sekarang Yesus telah memberikan kepenuhan, Pembaptisan dalam Roh Kudus, bertutur dalam bahasa-bahasa lain, semuanya untuk memuliakan-Nya. Oh, hatiku begitu penuh dengan-Nya. Aku mahu Dia sahaja yang dimuliakan. Aku hanyalah seorang berdosa yang diselamatkan oleh rahmat-Nya yang ajaib. Tempatku adalah di kaki-Nya yang berharga dan berdarah. Aku rindu agar orang lain datang ke dalam semua yang Dia rindukan untuk berikan. Hidup ini, Oh sangat berbeza. Aku hanya melihat dan mengharapkan Dia datang, Yesus Kudus yang berharga dan lembut, Pengantin Lelaki yang Terberkati di hatiku. Walaupun begitu, datanglah dengan cepat, Tuhan Yesus.

Saya ingin mengatakan di sini bahawa para doktor mengatakan bahawa tiada kesan penyakit yang tinggal. Saya boleh melihat untuk membaca dan menjahit tanpa cermin mata, pada usia lima puluh dua tahun. Kemuliaan bagi Yesus! Oh, pujilah Dia. Aku Memuji Dia! Haleluya! – Puan B. ALTOFT, 6 Stansted Street, Grimsby

Petikan daripada "Stephen Jeffreys" yang ditulis oleh Agnes Adams

Raymond T. Richey – Kerosakan Perang Ekstrem Disembuhkan

Disebabkan demam yang membara, LC DeWeese, dari Houston, Texas, dari Kor Tentera Darat Pertama, Pasukan Ekspedisi Amerika, telah dibawa keluar dari Hutan Argonne pada 13 November, dua hari selepas penandatanganan Gencatan Senjata. Dia dibawa dari hospital ke hospital, di mana doktor dan pakar bedah yang mahir bekerja selama berbulan-bulan, akhirnya mengisytiharkan kes itu tidak ada harapan. Mereka menyerahkan pesakit kepada pelatih di hospital untuk menunggu kematian, sijil telah dikeluarkan. Apabila dibawa ke hospital dahulu, askar ini muntah dan menderita dengan teruk. Dari hospital ini dia dipindahkan ke Hospital Pangkalan 119 di Vichy, yang diselenggarakan oleh kerajaan di tempat pengambilan air yang popular ini. Di sini dia tinggal selama beberapa bulan, keadaannya semakin teruk. Dari sini dia dihantar ke Bordeaux untuk dihantar ke Amerika Syarikat.

Dia hampir terkurung di katilnya secara berterusan, keadaannya terlalu teruk untuk kembali ke pakaiannya. Dia akhirnya mendarat di New York dan dibawa ke Hospital Debarkation No. 3. Dari sana dia dibawa ke hospital pangkalan di Jefferson Barracks, St. Louis, Mo. Gambar X-Ray diambil di sini, menunjukkan bahawa perutnya telah dimakan, dan menyerupai span. Berikutan itu, satu pembedahan telah dilakukan pada 8 Mei 1919. Semasa pembedahan ini, apendiks, sebahagian besar usus dan sebahagian perut telah dibuang. Pembedahan ini begitu serius sehingga seolah-olah nyawanya terhenti dan nadinya berdegup begitu lemah sehingga doktor tidak dapat mengesan nadi atau pernafasan, dan buah pinggang enggan berfungsi, semua air menjadi kering dan kesakitan bermula dari dada ke bawah. Kini jelas bahawa kes itu tidak ada harapan dan sijil kematian telah dikeluarkan.

Dari keadaan koma ini, percikan kehidupan yang samar-samar kelihatan dan pesakit mula pulih. "Kini," kata

DeWeese, "Tuhan yang telah saya tolak, mula berfirman kepada saya, sementara mereka yang berada di rumah berdoa agar nyawa saya diselamatkan. Doktor yang merawat mengakui bahawa mereka telah mencapai had kemahiran mereka. Hanya Tuhan yang mesti melakukan selebihnya. Setelah cukup pulih untuk meninggalkan hospital, saya mengambil latihan vokasional di Iowa State College, Ames, Iowa. Tetapi tiga minggu dihabiskan di sini, dan saya perlu kembali ke hospital. Kemudian saya pergi ke Des Moines, Iowa. Di sini saya didapati perlu menjalani pembedahan lain. Selepas membuat hirisan, doktor memutuskan bahawa mereka tidak boleh pergi lebih jauh, dan mereka menjahit saya. Saya dimaklumkan bahawa mereka telah melakukan semua yang mereka mampu dan hanya menunggu masa yang singkat sehingga kematian akan meragut saya. Saya meninggalkan hospital untuk pulang ke rumah, di mana saya akan mati."

"Semasa di Houston, saya mendengar tentang Kebangkitan Zaman Dahulu dan penyembuhan ajaib yang dicapai sebagai jawapan kepada doa. Saya menghadiri mesyuarat tersebut dan mendengar Evangelist Raymond T. Richey, dan menjadi berminat dengan mesyuarat tersebut. Di sini saya diinsafkan akan dosa-dosa saya dan menyerahkan hidup saya kepada Tuhan. Beberapa malam kemudian saya didoakan dan disembuhkan secara ajaib. Tinggi saya lima kaki sebelas inci, dan telah jatuh sehingga berat badan saya tidak lebih daripada seratus paun. Sekarang berat saya sekitar dua ratus paun, makan dengan baik, dan menikmati kesihatan yang sempurna. Semasa sakit saya, saya dilarang daripada bersekolah secara kekal atas alasan hilang upaya kekal, doktor menyatakan bahawa saya tidak akan dapat menyambung semula pengajian saya lagi oleh Lembaga Latihan Vokasional Biro Veteran Amerika Syarikat. Saya diberi penarafan Kelas "D."

Petikan daripada "Apa yang Tuhan Telah Kerjakan" oleh Eloise May Richey

Smith Wigglesworth – Jururawat Sembuh daripada Penyakit Lumpuh

Cik H. Todd dari Naremburn, NSW, memberi keterangan: "Semasa menjalankan pekerjaan saya sebagai jururawat di Sydney, saya mengalami kemalangan serius, menyebabkan tempurung lutut patah dan tulang rawan dalaman tergelincir, yang mengakibatkan sinovitis dan artritis (kronik). Saya mempunyai kemahiran perubatan terbaik di Sydney dan Orange tanpa sebarang kelegaan kekal. Saya hanya bangun seketika dan kemudian kembali tidur semula, dan begitulah seterusnya selama lapan belas bulan; dan ia adalah bulan-bulan yang panjang dan meletihkan, terutamanya apabila, selepas kira-kira empat belas bulan, saya mengalami kemalangan kerana gentian otot kaki yang sebelah lagi patah, yang mengakibatkan saya terpaksa berehat selama enam minggu. Kesakitan kadangkala sangat teruk. Saya seorang yang tidak sihat tanpa prospek untuk dapat meneruskan profesion saya lagi. Memandangkan saya sihat sepenuhnya, sukar untuk melihat ke masa depan dengan kedua-dua kaki lumpuh, untuk bergantung kepada orang lain untuk menjaga dan menjaga saya.

"Betapa butanya saya, kerana sejak saya sakit di Orange, saya telah hidup di kalangan orang-orang yang percaya dan cuba membuat saya mendengar ajaran Kitab Suci tentang penyembuhan ilahi, tetapi saya berfikir secara berbeza. Sesungguhnya Bible menceritakan tentang perkara-perkara indah pada zaman dahulu, tetapi bagi saya hari-hari itu telah berlalu dan keadaannya berbeza sekarang. Terdapat perbincangan hebat tentang Penginjil Smith Wigglesworth, tetapi saya tidak berminat. Selepas penginjil itu memulakan misinya, yang hanya akan berlangsung selama lima hari, abang saya, bersama-sama dengan orang lain, bercakap dengan paling meyakinkan kepada saya tentang realiti ajaran Kitab Suci tentang penyembuhan ilahi, dan walaupun saya telah menentangnya sehingga itu, saya kembali membaca Bible saya dan, seperti anak yang hilang, pada akhirnya, saya juga terdorong untuk berkata, 'Aku akan bangkit dan pergi kepada Bapa-Ku.'" Dan, puji Tuhan, betapa banyak berkat yang telah Dia limpahkan kepada saya. Saya telah menjadi seorang Kristian selama bertahun-tahun, tetapi saya terpaksa dibangunkan sebelum saya dapat mendengar suara-Nya dan meminta-Nya mengurapi mata saya. Semasa membaca Kitab Suci, saya terperangkap oleh kata-kata, 'Satu perkara yang aku tahu, iaitu aku dahulu buta, sekarang aku dapat melihat.' Yohanes 9:25. Ini terus bermain-main di fikiran saya sepanjang hari Jumaat dan Sabtu; juga firman Tuhan, 'Akulah Tuhan, janganlah berubah.' Kitab suci ini terus datang kepada saya sehingga saya memutuskan untuk pergi malam itu ke misi untuk berdoa.

“Pada sebelah kaki saya terdapat alat keluli dan kulit untuk mengelakkan sendi lutut daripada terkunci dan tersepit, yang menyebabkan kesakitan yang teruk, dan sebelah kaki lagi dibalut ketat. Dengan bantuan sepasang tongkat, saya keluar ke kereta untuk dibawa ke perhimpunan, dan walaupun menderita dengan teruk, saya percaya saya akan sembuh. Selepas ucapan itu, saya menyertai mereka yang akan dilayan, dan ketika penginjil meletakkan tangannya ke atas saya dan berdoa, saya mengalami pengalaman yang aneh namun indah seolah-olah air sejuk dengan kuat disemburkan secara jet ke atas kedua-dua anggota badan saya yang sakit di mana mereka cedera. Kekuatan itu nampaknya begitu kuat sehingga ia menyakitkan saya, dan saya tahu itu adalah Tuhan, tetapi apabila berpaling untuk pergi, saya tidak berasa lebih baik, dan menyatakan kekecewaan kepada dua atau tiga orang.

“Sepanjang perjalanan pulang, aku menangis teresak-esak, dan mencurahkan isi hatiku kepada Tuhan, dan terus berkata, 'Tuhan, aku percaya, tolonglah ketidakpercayaanku.' Setibanya di rumah, aku dibantu keluar dari kereta, dan setelah berjalan beberapa langkah, aku berkata bahawa aku fikir aku boleh berjalan sendirian. Sebaik sahaja aku sampai di ambang pintu, dinding cahaya yang terang benderang menghadapku, begitu terang sehingga hampir membuatku terhuyung-hayang, dan serta-merta aku berseru, 'Puji Tuhan, aku telah sembuh,' dan sungguh aku sembuh. Aku berjalan melalui rumah memuji Tuhan, dan naik turun beranda belakang, memuliakan Tuhan dan berjalan seperti yang aku lakukan sebelum mengalami kemalangan itu. Melihat tongkat itu, aku berkata, 'Bawalah tongkat itu kembali kepada sahabat baik yang meminjamkannya kepadaku. Aku tidak akan memerlukannya lagi.' Jadi tongkat itu dikembalikan sebelum tengah malam. Haleluya! Ketika bangun pagi berikutnya, aku membuang sokongan keluli dan kulit serta pembalut, dan tidak pernah menyentuhnya sejak itu, kerana aku telah sembuh sepenuhnya.

“Dua hari kemudian, saya dibaptis dengan manis dalam Roh Kudus menurut Kisah Para Rasul 2:4. Bible saya lebih bermakna bagi saya sekarang berbanding sebelum ini. Kini saya melihat Tuhan saya sebagai Penyelamat saya daripada dosa, Tabib Agung, Dia yang membaptis dengan Roh Kudus, dan Dia yang akan datang untuk mempelai-Nya tidak lama lagi.”

Petikan daripada Keajaiban di Australia dan New Zealand oleh Smith Wigglesworth.

AJ Byers – Wanita Sembuh Selepas 35 Tahun Penderitaan

Aku dilahirkan dalam keadaan menderita dan tidak dijangka hidup. Selama tiga puluh lima tahun aku tidak tahu apa itu menarik nafas yang sihat dan normal, dan sering kali aku bertanya kepada Tuhan mengapa aku harus menderita begitu. Dia menjawab, "Supaya aku dapat menunjukkan kuasaku melalui-Mu." Aku berkata, "Tuhan, jika demikian, aku ingin tunduk kepada kehendak-Mu." Dalam satu tahun aku pergi ke hospital lima kali dan setiap kali hampir mati. Aku menghidap neuralgia jantung kronik, selesema kronik seluruh sistem, masalah buah pinggang dan wanita. Aku hampir kehilangan penglihatanku. Mataku lemah sepanjang hidupku, sehingga memerlukan pembedahan ketika aku masih kecil dan memakai cermin mata selama bertahun-tahun.

Kami mempunyai doktor dan pakar bedah yang terbaik sepanjang masa, tetapi nampaknya mereka tidak dapat berbuat apa-apa untuk saya. Akhirnya mereka memberitahu saya bahawa pembedahan mungkin memberi saya peluang untuk pulih. Sekarang, saya tidak fikir saya boleh bertahan daripada pembedahan, tetapi memberitahu Tuhan bahawa jika itu cara Dia akan membawa saya pulang, saya bersedia, tetapi jika Dia mempunyai cara lain atau rancangan yang lebih baik untuk saya, beritahu saya. Saya berkata, "Tuhan, saya tahu bahawa Engkau boleh menyembuhkan saya tanpa pembedahan jika Engkau mahu, kerana Firman-Mu berkata, 'Yesus Kristus, sama semalam, hari ini, dan selama-lamanya,' dan bahawa mereka yang percaya kepada-Mu tidak akan malu." Dan dalam penderitaan saya, saya hanya berehat dalam Tuhan. Saya tidak pernah mendengar kebenaran dalam kepenuhannya dikhutbahkan dan belum menemui orang-orang kudus Tuhan yang sejati; tetapi sementara orang-orang di sekeliling saya menunggu saya mati, Tuhan mengutus dua orang pengkhotbah Injil-Nya yang sejati untuk berjumpa saya (Saudara Kriebel dan Crose). Saya memberitahu mereka bahawa saya tahu Tuhan telah mengutus mereka. Mereka berkata mereka akan berdoa untuk saya.

Beberapa hari kemudian saya dibawa keluar dari hospital dan dihantar ke Oakland. Saya telah meminta Tuhan untuk membimbing saya, jadi saya hanya menunggu-Nya. Pada suatu hari ketika saya sekali lagi hampir mati, Tuhan berfirman kepada saya untuk memanggil Saudara Crose. Dia datang pada keesokan harinya. Sebagai jawapan kepada doa, saya dapat bangun dari katil. Saudara C. mengurapi saya dalam nama Yesus dan berdoa dengan iman. Saya yakin bahawa doa itu didengari. Saya dapat bangun dari katil pada masa-masa tertentu, tetapi penderitaan saya sekarang lebih hebat daripada sebelumnya, dan saya merasakan bahawa Tuhan telah meninggalkan saya sepenuhnya.

Aku rasa dia berada di suatu tempat, tetapi jauh sekali. Sementara itu, kuasa kegelapan telah menguasaiku dan seolah-olah mengoyakkanku berkeping-keping. Aku bukan sahaja menderita, tetapi juga berada dalam kesakitan yang dahsyat, yang berlangsung selama bermalam dan berhari-hari. Kamu lihat, aku terpaksa mengambil pengajaran daripada ini yang telah Tuhan takdirkan untukku. Selain itu, aku telah melarikan diri daripada Tuhan, dan aku memerlukan pengajaran yang berat. Tuhan berdiri di sisiku, dan menguatkan aku, walaupun aku tidak menyedarinya pada masa itu.

Pada suatu hari, saya merasa bahawa Tuhan sedang memikirkan saya, dan saya berseru, "Aku tidak akan mati, tetapi hidup, dan mengisytiharkan pekerjaan Tuhan." Kemudian saya dibawa ke perhimpunan Oakland pada Januari 1910, dan diurapi oleh Saudara Byers. Saudara

Kriebel dan Holcomb meletakkan tangan mereka ke atas saya dan berseru kepada Tuhan untuk menyentuh tubuh saya. Saya tidak merasakan perbezaan buat masa ini, tetapi kepercayaan saya ada pada Tuhan, dan saya bersedia menerima penyembuhan itu seperti yang Tuhan anggap sesuai untuk diberikan kepada saya. Saya berasa yakin bahawa doa-doa itu ada di hadapan takhta Tuhan. Pada malam yang sama saya merasakan Yesus datang ke sisi katil saya dan meletakkan tangannya dengan lembut di atas kepala saya, dan kemudian saya merasakan kuasa Tuhan melalui seluruh tubuh saya. Saya berseru, "Tuhan Yesus, aku tidak layak untuk semua ini." Saya dapat melihat sesuatu seperti hujan turun dari syurga, semua warna pelangi, hanya lebih jelas dan lebih cerah.

Saya hampir tidak dapat mengungkapkan rasa syukur saya. Nampaknya saya baru sahaja bangkit dari kematian. Saya mula melihat dengan jelas keadaan di sekeliling saya dan menyedari bahawa Tuhan benar-benar telah menyembuhkan saya daripada semua penderitaan saya. Semuanya kelihatan terlalu indah untuk menjadi kenyataan tetapi puji Tuhan, memang begitulah adanya. Saya mula menjadi lebih kuat, mempunyai selera makan yang lebih baik, dan saya sekali lagi dapat secara beransur-ansur memikul tanggungjawab hidup. – Marie Spaulding

Petikan daripada "200 Contoh Tulen Penyembuhan Ilahi" oleh AL Byers

George Jeffreys – Lelaki Lumpuh Sembuh Serta-merta

Encik James Gregson telah disembuhkan secara ajaib di Leeds pada April 1927. Orang ramai yang menyaksikan keajaiban itu akan mengingati hari kesembuhannya yang tiba-tiba. Dia seorang yang lumpuh total, yang satu-satunya kuasa pergerakannya hanyalah menggerakkan dirinya di atas tanah dengan menyakitkan sambil mengheret kakinya yang terbengkok di belakangnya.

Saya seorang pembuat besi. Pada 2 Februari 1922, saya mengalami kemalangan yang serius. Saya jatuh dari tempat tinggi ke dalam kotak arang batu, setiap tulang terhuyung-hayang. Tulang belakang saya juga cedera. Saya dibawa ke hospital, di mana saya menerima setiap rawatan yang boleh dibekalkan oleh hospital, tetapi saya menjadi seorang yang tidak berdaya dan cacat harapan. Saya terpaksa merangkak di atas tanah; kaki saya terbelit dan saya menyeretnya dalam posisi bersilang. Saya tidak boleh duduk, tetapi terpaksa berbaring. Hidup saya sengsara. Isteri saya pada petang Rabu membaca di akhbar tentang seorang wanita yang buta yang menerima penglihatannya dalam mesyuarat kempen Pengetua George Jeffreys. Semasa dia membaca, saya yakin bahawa saya boleh disembuhkan jika saya boleh pergi ke mesyuarat itu. Saya pergi pada hari Sabtu dengan tongkat saya, sambil mengheret kaki saya ke belakang. Malam itu saya diselamatkan: Dia mengampuni semua kesalahan saya. Kemudian saya pergi lagi pada hari Ahad ke Coliseum. Hanya Tuhan sahaja yang tahu bagaimana saya sampai di sana, dan apabila saya sampai di sana, saya menghadapi kesukaran yang besar untuk masuk, tetapi beberapa orang berasa kasihan kepada saya dan mengheret saya ke belakang.

Kemudian para petugas membawa saya masuk dan membaringkan saya di hadapan platform. Salah seorang daripada kumpulan kebangkitan datang kepada saya dan berkata, "Saudara, awak nampak tak selesa; bolehkah saya membuat awak lebih selesa? " dan saya menjawab, "Saya tak pernah selesa" kerana saya kesakitan siang dan malam. Pengetua mendoakan saya, dan apabila dia meletakkan tangannya ke atas saya, saya rasa seolah-olah sedozen tangan diletakkan di seluruh badan saya dan saya rasa setiap tulang kembali ke tempatnya. Saya serta-merta dilepaskan dan saya sembuh sepenuhnya. Saya hanya tinggal kulit dan tulang; mata saya tenggelam di kepala saya. Dalam masa dua minggu, saya telah menambah berat badan sebanyak dua batu lima paun, dan saya terus menambah berat badan. Saya dapat kembali bekerja dengan kuat seperti biasa. Saya tidak pernah kehilangan kerja seharian sejak itu kerana sakit. Haleluya! Bagi Tuhan segala kemuliaan! Puji Tuhan!"

Petikan daripada *"Sinar Penyembuhan"* oleh George Jeffreys,

Pasukan Randy Clark – Dua Beradik Pekak dan Bisu Disembuhkan

Dua orang budak lelaki dibawa kepada saya oleh ibu mereka. Ibu saya meminta saya untuk mendoakan anak sulung yang pekak dan bisu. Selepas doa itu, saya memintanya untuk membuat bising dan dia bercakap. Saya terpaksa bertanya kepada ibunya sama ada dia benar-benar pekak dan bisu kerana dia bercakap dengan begitu jelas. Jurubahasa saya berkata, "Ya, memang pekak." Ibu saya menunjuk ke arah anak bongsu ibu itu dan berkata dia juga pekak dan bisu. Pada mulanya saya tidak mempercayainya tetapi dia menegaskan bahawa dia sebenarnya pekak dan bisu seperti abangnya. Tuhan datang dan budak lelaki itu mendengar dan bercakap. Saya meminta Pastor James untuk memastikan kedua-dua budak lelaki itu pekak dan bisu dan kedua-duanya sembuh. Dia mengesahkannya.

Dilaporkan oleh Charles Polston. Daripada Global Awakening Report bertarikh 3 Februari 2005. Digunakan dengan kebenaran mereka.

Jennie Smith – Sembuh Selepas Bertahun-tahun Penderitaan yang Teruk

Kami memberikan satu contoh penawar lain, yang kisahnya telah dibaca oleh ramai orang, dan didengari oleh ramai orang dari bibir penderita yang telah dibebaskan itu sendiri. Sejarah kebahagiaan yang luar biasa, Jennie Smith, dari Philadelphia, diceritakan dalam buku kecil "Dari Baca ke Beulah." Penyakitnya, yang begitu misteri, menyakitkan dan berlarutan sehingga pastornya menyebutnya sebagai "naratif penderitaan yang jarang atau pernah ada tandingannya," tidak dapat digambarkan dengan panjang lebar di sini. Cukuplah untuk mengatakan bahawa dia seorang lumpuh yang tidak berdaya selama kira-kira enam belas tahun, menderita sebahagian besar masa penderitaan yang paling ekstrem.

Satu anggota badan mengalami kekejangan yang begitu kuat dan tidak terkawal sehingga ia terpaksa dikurung dalam kotak yang kuat, dan sering ditahan oleh beban yang berat. Semasa penderitaannya yang luar biasa, iman dan pengudusannya seolah-olah telah dibawa ke dalam latihan yang sangat meriah, sehingga menjadikan sofanya mimbar, dia banyak digunakan untuk mempercepatkan kehidupan rohani mereka yang berada dalam jangkauannya. Sementara itu, dia mula berpegang pada janji Tuhan untuk penyembuhan tubuh, dan mendapat tanda-tanda kuasa-Nya dalam beberapa kelegaan separa, dia terus meminta dan mendapatkan pemulihan sepenuhnya.

Kisah ini disampaikan dengan kata-katanya sendiri. Selepas seharian menderita yang luar biasa, beberapa orang rakan Kristian telah berkumpul di sekelilingnya pada waktu petang ketika dia berbaring di kerusi panjangnya. Dia berkata:

“Malam itu dikhaskan untuk doa, dipimpin oleh pastor Everett. Selepas sejam pertama atau lebih, ada yang terpaksa pergi. Seorang saudara, yang belum pernah saya temui sebelum ini, ketika dia berjabat tangan sebelum pergi, berkata, 'Saudariku, kamu meminta terlalu banyak; kamu terlalu ingin sembuh.'

Tuhan dapat menggunakan kamu dengan lebih baik di atas katil bayi berbanding di atas kakimu.' Saya bersyukur atas kata-kata saudara itu. Kemudian saya merenung dengan teliti ke dalam hati saya. Tuhan yang diberkati tahu bahawa saya menjawab dengan jujur, 'Tidak, saya tidak ingin sembuh. Saya telah memperoleh kemenangan atas itu. Jika panas relau ditingkatkan seribu kali ganda, saya dapat berkata, Jadilah kehendak-Mu, dan merasakan kesakitan akan menjadi manis jika ditunjukkan sepenuhnya kepada saya bahawa adalah kehendak Bapa agar saya menderita. Dan saya percaya sudah tiba masanya untuk saya mengetahui kehendak itu.' Sehingga ke tahap pertemuan ini, tidak ada kesatuan fikiran yang saya rasa perlu ada. Saya berkata kepada mereka yang tinggal, 'bolehkah kamu tinggal bersama saya sampai pagi jika perlu? Saya rasa ia mestilah dengan menunggu sehingga Bapa kita akan memberi kita berkat. Adakah kita sependapat dalam perkara ini?'

Doktor saya, Dr. Morgan, adalah orang pertama yang berkata, 'Saya akan tinggal, dan saya bersetuju sepenuhnya dengan anda.' Mereka semua berkumpul di sekitar kerusi saya. Kumpulan kecil itu tidak akan dapat melupakan musim itu. Sekarang sudah lewat pukul sembilan. Kami terus menunggu di hadapan Tuhan. Kadang-kadang seorang atau yang lain akan memetik, dengan ulasan, teks kitab suci yang sesuai, atau terlibat dalam doa ringkas. Bagi diri saya sendiri, saya berbaring dalam penantian yang tenang, masih menderita, tetapi dengan rasa kehadiran ilahi yang luar biasa.

Kebanyakan masa saya hampir tidak menyedari persekitaran saya, begitu asyiknya saya bersekutu dengan Bapa saya yang di syurga. Kira-kira pukul 11 malam, saya dibimbing untuk mempersembahkan diri saya secara lisan kepada Tuhan dalam konsekrasi baharu, sambil berkata: 'Aku memberikan tubuh ini semula — mata ini untuk melihat, bibir ini untuk bercakap, telinga ini untuk mendengar, dan, jika itu kehendak-Mu, kaki ini untuk berjalan — untuk Yesus. Semua yang berasal dariku — semua, semuanya adalah milik-Mu, Bapa yang terkasih. Biarlah kehendak-Mu yang berharga terjadi.' Sehingga masa ini, tiada hentinya penderitaan atau peningkatan kekuatan, malah, saya lebih lemah daripada biasa. Selepas kesunyian sebentar, tiba-tiba saya mendapat gambaran yang paling jelas tentang penyembuhan lengan yang layu itu. Bagi saya, saya dapat melihatnya dihulurkan keluar secara utuh.

Pada saat yang sama, Roh Kudus menganugerahkan iman kepada jiwa saya untuk menuntut berkat yang serupa. Seolah-olah syurga pada saat itu terbuka, dan saya sedar akan pembaptisan kekuatan, sebijaksana dan sepositif renjatan elektrik telah melalui sistem saya. Saya pasti merasakan kekuatan itu masuk ke belakang saya, dan ke anggota badan saya yang tidak berdaya. Sambil meletakkan tangan saya di atas lengan kerusi, saya mengangkat diri ke posisi duduk. Saudara-saudara Garrigues, yang duduk di kedua-dua belah kerusi, secara semula jadi melompat ke hadapan dan memegang saya untuk membantu saya. Walau bagaimanapun, ini tidak perlu.

Dr. Morgan, yang duduk berdekatan, melangkah ke hadapan dan menurunkan papan kaki, dan sementara tangan rakan-rakan saya masih di atas bahu saya, saya bangun dan berdiri di atas kaki saya. Sister Fannie tidak ingat pernah melihat saya berdiri. Dia begitu terkejut sehingga dia mengangkat kedua-dua belah tangannya dan menjerit, 'Oh, Jennie,

Jennie!' Tiada kata-kata yang dapat meluahkan perasaan saya. Namun, diri saya masih teruja dengan pujian ketika saya bercakap tentang saat itu. Semasa saya berdiri, Saudara NV. HG meletakkan tangannya di atas kepala saya, sambil berkata, 'Puji Tuhan, yang daripadanya segala berkat mengalir.' Fikiran pertama saya ialah 'Bolehkah saya berlutut?' Saya meminta untuk berbuat demikian, dan berlutut secara semula jadi seolah-olah saya sudah biasa dengannya.

Terdapat begitu banyak kehadiran ilahi sehingga tiada sepatah kata pun yang diucapkan. Kami mencurahkan jiwa kami dalam kesyukuran dan pujian dalam diam. Kemudian saya bangun dan berjalan melintasi bilik dengan penuh kemudahan dan keaslian; tiada rasa gatal atau sensasi yang tidak menyenangkan. Saya duduk di kerusi goyang selama beberapa minit. Ia terasa begitu indah sehingga saya tidak perlu belajar berjalan. Anggota badan dan anggota badan saya seolah-olah baru."
Petikan daripada *"Kementerian Penyembuhan"* oleh AJ Gordon

RA Torrey – Kecacatan Seorang Kanak-kanak Telah Sembuh

Ada seorang paderi ME di Dakota yang mempunyai anak yang tidak terbentuk dengan betul. Terdapat sedikit kecacatan pada tulang belakangnya sehingga anak kecil itu terbongkok bersama dan perutnya terkeluar, menyebabkan kesakitan yang berterusan, dan anak itu tidak dapat tidur. Ibu bapa membawa anak itu ke Minneapolis untuk melihat apa yang boleh dilakukan oleh pakar, tetapi pakar memberitahu mereka bahawa tidak ada harapan untuk anak itu, supaya mereka boleh meletakkannya di dalam plaster supaya dia boleh hidup, cacat, tidak lebih daripada dua atau tiga tahun.

Walaupun ibu bapanya beragama Methodist, mereka begitu menginginkan kesihatan anak mereka sehingga mereka mencuba "Sains Kristian," tetapi tidak menemui bantuan dalam sistem kesilapan itu. Kemudian paderi itu berkata kepada isterinya, "Mari kita bawa dia kepada saudara Torrey." Mereka membawanya ke rumah saya, seorang anak kecil berusia kira-kira dua tahun, sangat cacat dan sangat menderita. Saya mendukung anak itu dan berdoa untuknya. Tuhan memberikan iman yang diperlukan dan anak itu sembuh. Kelegaan datang serta-merta. Malam itu dia tidur seperti biasa buat kali pertama, malah bahagian badannya yang cacat pun dibetulkan.

Kira-kira lapan belas tahun kemudian, saya mengadakan mesyuarat di Petoskey, Mich. Dalam salah satu mesyuarat petang, seorang paderi Methodist dari salah satu bandar jiran datang. Dia bangun dalam mesyuarat itu dan menceritakan kisah ini, mengatakan bahawa dia adalah bapa kepada anak perempuan itu dan bahawa anak perempuan itu telah sembuh sepenuhnya dan merupakan calon untuk bidang misi asing. Dia sendiri datang beberapa hari kemudian, seorang wanita muda yang cantik dan sempurna bentuk badannya. Dia berada di Auditorium kami di Los Angeles pada kebaktian pagi Ahad kami beberapa minggu yang lalu.

Petikan daripada "Penyembuhan Ilahi" oleh RA Torrey

AC Valdez Sr. – Mata Baharu Tercipta

Saya kenal seorang lelaki bernama "Blind Martin." Hanya terdapat tempat-tempat rata di mana matanya sepatutnya berada. Pakar-pakar terbaik di Amerika Syarikat telah memeriksanya di Universiti Johns Hopkins. Lelaki-lelaki ini berkata bahawa dia tidak akan dapat melihat. Blind Martin berkahwin dengan seorang wanita cantik yang menjaganya dengan sebaik-baiknya. Semasa dia dan isterinya

menghadiri kebaktian dan mendengar tentang keajaiban yang berlaku di sekeliling mereka, iman mereka meningkat. Pada suatu malam semasa satu kebaktian, saya menyaksikan sesuatu yang mengujakan saya sehingga hari ini—pekerjaan Tuhan yang tidak dapat difahami dan tidak dapat dijelaskan. Blind Martin berdiri. Dia tidak tahu mengapa. Kemerahan mula-mula muncul di tempat-tempat rata di mana matanya sepatutnya berada. Kawasan-kawasan ini mula mengembang dan membengkak. Kemudian sesuatu yang tidak nyata berlaku. Mata, sebesar ayam, mula terbentuk. Sedikit demi sedikit, ia mengembang ke saiz normal, "Oh, Tuhan, aku dapat melihat!" jerit Martin. Air mata kesyukuran mula mengalir dari mata baru Martin. Saya hanya dapat mengagumi pekerjaan Tuhan. Mata Martin bukanlah satu-satunya yang lembap!
Petikan daripada *"Kebakaran di Jalan Azusa"* oleh AC Valdez, Sr.

Brian Fenimore – Penyembuhan Tidak Dijangka Seorang Pastor Baptis

Saya sedang mengadakan satu mesyuarat di Wisconsin. Seorang lelaki telah membawa seorang lagi lelaki ke mesyuarat itu. Lelaki itu, yang telah dibawa, ialah seorang pastor Baptist di Amerika Selatan dan dia membenci mesyuarat Karismatik. Lelaki yang membawanya adalah penyokongnya; dia sebenarnya salah seorang penyumbang terbesarnya. Lelaki itu memberitahu pastor bahawa dia akan datang ke mesyuarat itu dan pastor itu rasa dia tidak mempunyai banyak pilihan. Sekarang bayangkan sikap pastor itu ketika datang ke mesyuarat yang saya adakan ini di mana saya berdoa untuk orang sakit.

Dia marah kepada saya. Malah saya perasan dia marah kepada saya kira-kira separuh jalan mesyuarat itu. Tiada senyuman di wajahnya, sebaliknya ada kemarahan yang luar biasa dan pandangan yang berkata, "Saya akan bunuh awak." Saya dapat tahu, walaupun dia saudara saya dalam Kristus, dia mahu saya pergi ke syurga sebelum dia. Saya sedar bahawa lebih baik saya berhenti memandangnya kerana dia memusnahkan iman saya. Jadi saya berhenti memandang ke sisi bilik itu. Saya meliriknya sekali dan dia mempunyai pandangan yang sangat marah. Saya berfikir, "Saya tidak tahu apa yang akan saya lakukan tetapi saya akan keluar dari bilik ini sebelum dia menangkap saya." Pada akhir mesyuarat, kami mula berdoa untuk orang ramai. Ada seorang wanita yang mempunyai alahan yang menyedihkan hidupnya dan Tuhan menyembuhkannya di situ juga. Ia mengejutkan semua orang di dalam bilik itu. Pastor melihatnya. Jadi saya menjemput pasukan pelayanan untuk datang dan berdoa.

Orang ramai sedang bangun untuk berdoa apabila saya perasan pastor itu bangun. Sekarang dia tidak memandang pintu, dia memandang saya semasa dia berjalan. Saya berfikir, "oh tidak, ayuh kita mulakan. Dia datang untuk memukul saya." Saya cuba berdiri dalam posisi paling "suci" saya semasa dia berjalan. Dia berdiri di hadapan saya dan berkata, "Sembuhkan Saya." Saya sangat terkejut sehingga saya berkata, "Apa?" Dia memberitahu saya, "Saya mahu disembuhkan sekarang." Apabila saya bertanya kepadanya apa yang salah dengannya, dia berkata; "Saya ada masalah perut dan lutut saya sakit, dan saya mahu disembuhkan sekarang." Dia tidak bertanya sama ada saya mahu mendoakannya. Dia hanya mahu disembuhkan.

Jadi saya menjemput Roh Kudus untuk datang. Saya memberitahunya, "kamu sedar bahawa Aku tidak dapat menyembuhkanmu, jadi mari kita tunggu Tuhan melakukannya." Kami hanya duduk di sana dan saya memerhatikannya seketika. Saya memberitahunya, "Aku tidak akan melakukan apa-apa melainkan Tuhan muncul." Dia bertanya, "Apa maksudnya itu?" Saya hanya berkata, "Kamu akan tahu nanti." Tuhan mula melayaninya. Dia berdiri dengan tangan terbuka dan matanya tertutup. Lengannya mula menggeletar. Saya bertanya kepadanya sama ada dia dapat merasakannya. Dia berkata, "rasa apa?" Saya menyuruhnya membuka matanya dan melihat. Dia membuka matanya dan memandang lengannya seolah-olah itu bukan miliknya. Dia bertanya, "Bagaimana itu boleh berlaku?" Dia memandang lengannya seolah-olah itu sesuatu yang tidak melekat padanya. Saya memberitahunya bahawa dia merasakan Roh Kudus. Namun, ia masih tidak berbunyi, dan dia berkata, "tetapi saya tidak dapat mengawal lengan saya dan saya tidak dapat merasakannya." Saya meyakinkannya bahawa tidak mengapa dan menyuruhnya berehat.

Dia juga berpeluh lebat. Peluh itu mengalir di mukanya dan terkumpul di kedua-dua belah dagunya. Terdapat begitu banyak sehingga ia membentuk aliran air yang membentuk lopak di dadanya. Saya bertanya kepadanya sama ada dia berasa panas dan jawapannya ialah "Tidak." Dia tidak dapat menyentuh tubuhnya sendiri. Hebatnya apabila saya bertanya kepadanya sama ada dia merasakan apa-apa, dia berkata, "Saya tidak merasakan apa-apa." Saya mula bertanya kepada Tuhan apa yang Dia sedang lakukan dan Tuhan memberitahu saya "Brian, saya sedang melayaninya, tetapi dia tidak menyedarinya. Dia terpisah jadi tekan sahaja dan lakukan apa yang saya suruh kamu lakukan." Tuhan menyuruh saya meletakkan tangan saya di dekat perutnya, jadi saya meminta izinnya dan pastor itu bersetuju. Tuhan berkata "beritahu dia bahawa saya akan menyembuhkannya dan kemudian saya akan melantiknya seorang penginjil penyembuhan dan menghantarnya kembali ke negaranya." Saya fikir "oh tidak, betapa kucar-kacirnya" tetapi saya melakukan apa yang Tuhan minta dan saya meletakkan tangan saya di dekat perutnya dan memberitahunya "Tuhan akan menyembuhkanmu dan Dia akan menjadikanmu seorang penginjil penyembuhan dan kemudian Dia akan menghantarmu kembali ke negaramu sebagai seorang revivalis."

Dia hanya menggigil dan saya memintanya untuk memberitahu saya apa yang dia perlukan penyembuhan. Dia berkata "perut saya sakit dan lutut saya." Tuhan menyuruh saya berdoa untuk lututnya. Jadi saya meletakkan tangan saya di lututnya dan memegangnya dengan cepat. Tuhan menyuruh saya bercakap dengan lutut dan memerintahkan kesakitan itu hilang. (Lihat, mudah apabila Tuhan memberitahu anda apa yang perlu dilakukan.) Saya berkata, "Dalam nama Yesus saya perintahkan kesakitan itu hilang." Lelaki itu menggerakkan kakinya sebentar dan berkata, "hmm ia tidak sakit lagi." Kemudian Tuhan berfirman kepada saya dan memberitahu saya, "Dia tidak memberitahu anda, tetapi dia mempunyai banyak masalah pencernaan sekarang dan mula berdoa agar benda itu hilang." Semasa saya berdoa, saya melihat gambar usus dengan semua benda yang meradang ini. Saya mula memerintahkan keradangan itu hilang dan perutnya mula bergerak. Tuhan menyembuhkannya di tempat kejadian. Itu menyeronokkan.

Hak Cipta © 2004 oleh Plumbline Ministries. Daripada ajaran *"Penyembuhan dan Pembezaan"* oleh Brian Fenimore. Semua hak terpelihara. Digunakan dengan kebenaran mereka.
Untuk maklumat lanjut, lawati laman web mereka di: www.plumblinem.com

Rolland dan Heidi Baker – Orang Buta Melihat, Orang Pekak Mendengar, dan Ramai yang Diselamatkan

Ketika filem itu berakhir dan Yesus naik ke udara dan kembali ke syurga, kita menyalakan beberapa lampu pendarfluor yang kasar dan Heidi melompat untuk menyambut orang ramai dengan jurubahasa Makua. Dia memulakan dengan Makua sendiri, yang mengujakan semua orang. Bayangkan seorang gadis Amerika berambut perang yang bercakap dialek suku kaum mereka yang tidak dikenali jauh di kampung ini! Dan kemudian "Mama Aida" mencurahkan isi hatinya menggambarkan Yesus yang hidup dan mengagumkan ini yang merupakan satu-satunya harapan keselamatan mereka, satu-satunya orang yang mesti mereka temui dan miliki selama-lamanya. Dia adalah Tuhan yang diwahyukan. Siapa yang mahukan-Nya? Siapa yang mahukan pengampunan-Nya, hati-Nya, kehidupan abadi-Nya? Kali ini tiada siapa yang membaling batu dan pasir. Tiada siapa yang menjerit, mengejek dan mengganggu perhimpunan itu. Semua orang dalam orang ramai ini berminat untuk mengejar berita baik ini, keselamatan yang telah ditawarkan kepada mereka buat kali pertama.

Tapi tunggu. Ada lagi. Semua yang memerlukan penyembuhan, datang ke hadapan! Terutamanya yang buta dan pekak! Yesus ada di sini untuk menyembuhkan! Sekumpulan kecil orang ramai bergerak ke hadapan, tidak tahu apa yang diharapkan. Heidi menemui seorang wanita buta dan mula berdoa dengan lembut dan lembut untuknya. Beberapa minit berlalu. Biarkan iman dan kasih mengalir. Berjuang untuk penyembuhan. Berdiri teguh. Bersantailah dalam kuasa-Nya. Tidak lama kemudian wanita itu dapat melihat, tetapi betapa jelasnya? Teruskan berdoa. Angkat kunci, jari, benda lain. Dia mengenal pasti semuanya. Kini dia dapat melihat dengan jelas. Dia sangat gembira, dan berita itu tersebar di kalangan orang ramai. Kami menjadi sangat teruja. Seorang pekak-bisu muncul. Sekali lagi Heidi dan kami semua berdoa. Sabar. Jangan berhenti. Teruskan berdoa. Mula bercakap, memberi isyarat. Bolehkah dia mendengar? Bolehkah dia mengulang kata-kata? Dalam beberapa minit, dia boleh! Dan kemudian dia mula mengulang ayat-ayat penuh dengan jelas dan mudah. Orang ramai mengetahuinya dan meletus dengan kegembiraan. Sudah bertahun-tahun sejak sesiapa mendengarnya bercakap — mereka tidak ingat berapa lama. Seluruh kampung mengenali kedua-dua mereka ini dan apa yang baru sahaja dilakukan oleh Yesus untuk mereka. Sekarang siapa yang mahu mengikut Yesus? Semua orang!! Sekarang juga! Kampung ini telah hidup semula dan tidak akan pernah sama lagi…

Kami berdoa bersama semua orang. Kami meraikannya. Mubaligh pelawat dan pastor tempatan kami bergilir-gilir memberi semangat kepada penganut baharu. Kami terus berdoa untuk orang sakit. Kami sudah mula memikirkan cara untuk mendapatkan seorang pastor ke kampung ini dan mengukuhkan apa yang telah dicapai dalam satu malam.

Daripada surat berita Iris Ministries 9 November 2004. Ingin mengetahui lebih lanjut tentang mereka, sila layari laman web mereka di: www.irismin.org

Charles Spurgeon – Seorang Gila Diserahkan

Seorang lagi, yang merupakan pelawat di London dari Wales, yang telah mengalami masalah mental akibat kecacatan fizikal atau penyakit, merayu dengan penuh kepiluan kepada keluarganya untuk memanggil Encik Spurgeon, supaya dia boleh berdoa di sisi katilnya. Mereka menganggapnya sebagai ocehan bodoh daripada minda yang tidak waras. Tetapi akhirnya mereka bersetuju untuk meminta Encik Spurgeon melawatnya. Doa Encik Spurgeon pada hari itu memberi kesan yang paling menenangkan kepada orang gila yang malang itu dan nampaknya sebahagiannya memulihkan keseimbangan mentalnya. Keluarga itu begitu terkejut dan gembira dengan kesan petisyen itu sehingga, walaupun mereka menganggapnya sepenuhnya disebabkan oleh sebab semula jadi, mereka berdoa dengan penuh kesungguhan untuk kepulangan Encik Spurgeon. Dia

datang ke rumah itu pada malam yang sama, selepas upacara petang, dan tinggal untuk beberapa lama, berdoa dengan sepenuh hatinya untuk kesembuhan pesakit, yang disertai oleh orang sakit malang itu dengan penuh kepiluan. Encik Spurgeon sendiri menyatakan selepas itu bahawa walaupun dia berdoa dengan sepenuh hatinya dan cuba mempercayai bahawa pesakit itu akan sembuh, namun dia tidak dapat meyakinkan dirinya bahawa lawatannya itu hanya berguna untuk menenangkan perasaan jururawat, yang terganggu oleh tangisan lelaki malang itu. Namun pada malam selepas doa-doa itu dipanjatkan, lelaki sakit itu terbangun dengan terkejut dan menangis, yang menakutkan jururawatnya. Tetapi dia didapati waras sepenuhnya. Dia mengisytiharkan bahawa dia telah bermimpi bertemu dengan Penyelamat, dan bahawa Penyelamat telah meyakinkannya bahawa syaitan-syaitan telah diusir. Beberapa hari selepas itu, dia dapat keluar dari rumah itu, dan tidak lama kemudian berpindah ke Kanada, di mana dia menjadi seorang ahli perniagaan yang berjaya, setelah dibawa ke kuburnya pada tahun 1882.

Petikan daripada “Kehidupan Charles Haddon Spurgeon” pada tahun 1892 oleh Russell H. Conwell.

Francis MacNitt – Wanita Dengan Kaki Layu Sembuh

Contoh penyembuhan melalui doa rendaman yang paling luar biasa yang pernah saya lihat berlaku selepas retret yang kami adakan di Keuskupan Sonson, Rionegro, Colombia, Amerika Selatan, pada Februari 1975. Uskup Alphonso Uribe telah menjemput saya untuk memberikan retret untuk para paderi di sana, dan pasukan kami termasuk Paderi Carlos Aldunate, SJ (dari Chile), Sister Jeanne Hill, OP, Puan William Callaghan, dan Alberto del Corral sebagai penterjemah. Walaupun retret itu untuk para paderi, orang lain mendengarnya dan datang ke kawasan retret meminta doa.

Jadi, tidak hairanlah saya mendapati, selepas persidangan terakhir (sekitar jam 4 petang) Puan Callaghan, Sister Jeanne dan yang lain berdoa untuk seorang wanita muda Colombia; mereka memanggil saya untuk menunjukkan kakinya yang cacat dan memberitahu saya bahawa sesuatu telah berlaku—kaki itu telah membesar satu inci atau lebih. Jadi saya menyertai mereka dalam doa mereka. Bercakap dengan wanita berusia 19 tahun, Teresa Patino, saya mendapati bahawa dia telah terpijak objek tajam di paya ketika dia baru berusia lima tahun. Disebabkan kekurangan perhatian perubatan yang betul, jangkitan berkembang dan kemudian pergi ke tulangnya dan berkembang menjadi osteomielitis. Akibatnya, kaki kanannya telah melengkung, seolah-olah, dari lutut ke bawah. Ia kira-kira enam inci lebih pendek daripada kaki yang sebelah lagi dan juga berpintal. Terdapat juga parut yang dalam di mana cantuman tulang yang tidak berjaya telah dicuba.

Semasa kami berdoa dengan lembut selama dua jam, kakinya seolah-olah membesar kira-kira satu inci. Kira-kira lapan orang daripada kami berdoa, bergilir-gilir memegang kakinya (kerana melutut selama beberapa jam boleh menyakitkan). Uskup sendiri berdoa sebagai sebahagian daripada kumpulan. Kemudian kami berehat untuk makan malam dan kembali berdoa selama dua jam lagi pada malam itu. Sekali lagi, nampaknya kakinya membesar lagi satu inci. Selain itu, kaki yang terbelit itu secara beransur-ansur meluruskan. Anda tidak dapat melihatnya berlaku, kerana ia berlaku secara beransur-ansur, tetapi dengan membandingkan panjangnya setiap 10 minit atau lebih, kami dapat melihat perubahan perbandingan yang berlaku.

Keesokan harinya kami berkumpul di rumah Alberto del Corral di Medillin—sekali lagi bersama Uskup Uribe—dan berdoa dua jam lagi pada waktu pagi dan dua jam pada waktu petang, doa seperti ini banyak membantu. Hari ini kaki itu seolah-olah membesar satu inci lagi (ia telah membesar kira-kira tiga inci pada hari sebelumnya), sehingga menjelang petang hanya terdapat perbezaan kira-kira dua inci antara kedua-dua belah kaki tersebut. Namun, yang paling luar biasa, kaki kanan, yang rata dan tidak mempunyai lengkungan, membesar dan berubah bentuk sehingga lengkungan itu muncul seperti pada kaki biasa. Jari kaki yang cacat, yang kira-kira separuh saiznya daripada jari kaki yang sebelah lagi, juga membesar sehingga hampir sama saiznya dengan jari kakinya yang normal. Dalam beberapa jam, jari kakinya di kaki kanan hampir dua kali ganda saiznya!

Beberapa perkembangan luar biasa lain berlaku yang membantu kami memahami dengan lebih baik beberapa faktor yang telah kami pelajari tentang penyembuhan. Ia berkaitan dengan hubungan antara penyembuhan tubuh badan dan penyembuhan rohani. Dua kali kami menyedari bahawa terdapat keperluan untuk penyembuhan pada peringkat rohani; kedua-dua kesedaran—satu pada waktu pagi, satu pada waktu petang—

datang kerana penyembuhan dan pertumbuhan seolah-olah telah berhenti. Selepas pemberhentian pertama, kami mendapati bahawa Teresa perlu memaafkan ibunya atas apa yang telah berlaku selepas osteo terbentuk. Oleh kerana keluarganya miskin, ibu Teresa terpaksa melepaskan Teresa dan menempatkannya dengan orang lain yang mampu mendapatkan rawatan perubatan yang betul. Itulah satu-satunya perkara yang boleh dilakukan dalam keadaan itu tetapi bagi Teresa semasa kecil, ia kelihatan seperti penolakan. Selepas kami meminta Teresa untuk memaafkan ibunya dan selepas berdoa untuk penyembuhan dalaman perasaan penolakannya, kaki Teresa mula meluruskan dan membesar semula.

Kejadian kedua berlaku pada waktu petang apabila kaki itu sekali lagi seolah-olah berhenti membesar (ini sentiasa sukar untuk dipastikan, kerana ia hanya boleh diperiksa melalui ukuran perbandingan selama mungkin setengah jam). Kali ini kami mendapati bahawa seorang abang Teresa cedera parah dalam kemalangan beberapa tahun sebelumnya dan dia telah mempersembahkan keadaan lumpuhnya kepada Tuhan sekiranya Dia membiarkan nyawa abangnya. Jadi dia berasa bersalah atas penyembuhan yang berlaku, kerana baginya ia seolah-olah mengingkari janji yang pernah dibuatnya kepada Tuhan. Di sini Uskup Uribe campur tangan untuk membantu dengan menggunakan kuasanya, sebagai wakil Tuhan untuk membebaskannya daripada kesan sebarang ikrar sedemikian. Sekali lagi kakinya mula sembuh.

Ketika hari doa itu berakhir, kami juga perasan bagaimana parut yang dalam di kakinya semakin hampir ke permukaan dan, kecuali di dua tempat, ia kini berwarna putih dan bukannya warna keunguan seperti yang ada sepanjang perjalanan kami pada hari sebelumnya. Memandangkan kaki kanannya kini telah cukup besar untuk sampai ke tanah (selama bertahun-tahun dia memerlukan tongkat kerana kaki kanannya terlalu pendek untuk sampai ke tanah), Teresa ingin mencuba berjalan buat kali pertama sejak dia kecil, tetapi kami menyuruhnya menunggu sehingga dia memeriksanya dengan doktor.

Alberto menawarkan untuk membawanya berjumpa doktor dan membentuk satu pasukan yang akan terus berdoa bersamanya. Uskup Uribe juga berjanji untuk singgah ke rumahnya dan berdoa bersamanya sekali seminggu. Sejak itu, kakinya terus membesar sehingga hanya terdapat perbezaan setengah inci. Pada satu sesi, kakinya berpusing sehingga parut yang telah membentuk lingkaran di kakinya menjadi garis lurus dari lutut ke kaki. Kumpulan itu berjumpa dengan seorang doktor yang memeriksa Teresa dan mengatakan bahawa tulang itu masih patah dan lemah serta menasihati agar tidak berjalan lagi. Alberto menerangkan perkembangan selanjutnya: Tidak lama selepas lawatannya ke doktor, satu kumpulan berkumpul lagi dengan Uskup Uribe untuk berdoa selanjutnya. Semasa kami meletakkan tangan ke atas Teresa, kami perasan bahawa tempat di mana tulang itu patah agak panas dan saiz benjolan itu berkurangan dengan ketara.

Kami berdoa selama kira-kira dua jam dan akhirnya Uskup Uribe meminta Teresa untuk meregangkan kaki dan tapak kakinya, satu tindakan yang selalu menyebabkan kesakitan yang hebat. Dengan teragak-agak, Teresa meregangkan kakinya dan semasa dia berbuat demikian, tulang itu kekal di tempatnya buat kali pertama dalam beberapa tahun. Dia tidak merasa sakit atau tidak selesa semasa dia menggerakkan kakinya.

Kami semua sangat gembira dan bersyukur, kerana seolah-olah tulang itu telah dikimpal. Walau bagaimanapun, kami menasihati Teresa untuk berjumpa doktor sebelum menggunakan kakinya. Beberapa hari kemudian dia berjumpa bukan hanya seorang tetapi dua orang doktor, yang kedua-duanya mengesahkan bahawa tulangnya telah dikimpal."

Kini, buat pertama kalinya dalam 14 tahun, Teresa sudah berjalan semula. Mustahil untuk mengira dengan tepat berapa jam doa yang dihabiskan untuk penyembuhan luar biasa ini. Begitu juga berapa ramai orang yang berdoa. Dan masih perlu lebih banyak doa kerana kakinya masih memerlukan lebih banyak penyembuhan. Tetapi kebanyakan penyembuhan, yang memerlukan kaki dan kakinya tumbuh, lurus dan dipulihkan—apabila doktor telah berputus asa untuk sebarang peningkatan selanjutnya—kini telah berlaku.

Sekali lagi—mustahil untuk mengatakan dengan pasti—saya rasa penyembuhan Teresa tidak akan berlaku jika kami tidak mempelajari sesuatu tentang elemen masa yang diperlukan dalam berdoa untuk penyembuhan, atau jika tidak ada rakan-rakan yang sanggup menghabiskan berjam-jam berkumpul di sekitar Teresa untuk berdoa.

Melihat perubahan berlaku pada kaki yang cacat seperti Teresa adalah sesuatu yang mengujakan; melihat air mata kesyukuran di matanya ketika dia merasakan kakinya menjadi lebih kuat adalah semua ganjaran manusia yang diperlukan oleh sesiapa sahaja selepas menghabiskan berjam-jam berdoa bersamanya. Tetapi apabila anda mula berdoa, anda tidak pernah tahu—melainkan Tuhan yang menyatakannya—berapa banyak yang mungkin berlaku, atau tidak berlaku. Dan ia adalah kerja keras—kadang-kadang, meletihkan. Tidak hairanlah Yesus merujuk kepada penyembuhannya sebagai "pekerjaan"—"Pekerjaan yang Aku lakukan dalam nama Bapa-Ku adalah kesaksian-Ku" (Yohanes 10:25), dan bukannya sebagai "mukjizat." Melihat kesan doa yang direndam telah memberi saya pandangan baharu tentang penyembuhan.

Dahulu, apabila saya bertemu dengan orang lumpuh, saya tertanya-tanya adakah doa akan menyembuhkannya, tetapi pada masa yang sama saya merasakan bahawa peluang untuk sembuh – walaupun mungkin – adalah tipis. Sekarang apabila saya melihat orang lumpuh, saya hanya tertanya-tanya adakah dia tidak dapat disembuhkan, atau sekurang-kurangnya bertambah baik secara dramatik, kerana hanya ada seseorang yang boleh meluangkan masa untuk duduk di sebelahnya dan berdoa.

Petikan daripada *"Kuasa untuk Menyembuhkan"* oleh Francis MacNutt. Francis MacNutt, pada masa ini, merupakan seorang Paderi Katolik dan memberi impak yang besar kepada Pembaharuan Karismatik dalam Gereja Katolik. Pada tahun 1970-an, beliau meninggalkan jawatan paderi, akhirnya berkahwin, menyertai Keuskupan Episkopal Florida dan memulakan Kementerian Penyembuhan Kristian. Anda boleh mendapatkan maklumat lanjut di laman web kementerian tersebut: www.christianhealingmin.org

Heidi Baker dan Supresa Sithole – Pastor Sembuh Ketika Hampir Mati

3 OGOS, MAPUTO, MOZAMBIQUE — Surpresa Sithole, pengarah kebangsaan Mozambique kami, nampaknya tidak mampu berfikiran negatif. Dipenuhi dengan Roh Kudus, dia tersenyum lebar dan ketawa dengan mudah dalam semua keadaan. Dia adalah teman tetap saya di hutan, dan kami pergi ke mana-mana untuk berkhutbah bersama. Yesus secara ghaib memanggilnya menjauhi ibu bapanya yang merupakan dukun di kampung dan telah menjadikannya seorang pemimpin yang berkuasa di kalangan gereja kami.

Tetapi buat seketika hari ini dia lebih serius. Dia sedang bercakap di telefon dari Afrika Selatan, dan sekali lagi kita menghadapi ujian iman. Simon Ndubani, salah seorang pastor kita yang paling kuat dan ahli suruhanjaya kepimpinan kita di Afrika Selatan, sedang sakit. Sebenarnya, dia hampir mati. Bermula dengan batuk dan cirit-birit, keadaannya semakin merosot selama setahun, tetapi tanpa wang untuk doktor, dia belum didiagnosis. Orang ramai mencadangkan bahawa dia menghidap kanser perut peringkat lanjut, atau AIDS — tetapi dia telah diuji HIV-negatif. Biasanya seorang lelaki yang sangat besar, dia seperti kulit yang mengecut daripada apa yang pernah dia ada. Dalam tempoh tiga hari yang lalu, dia telah merosot dengan mendadak. Dia berada dalam kesakitan yang teruk. Dia tidak boleh makan. Dia tidak boleh berjalan. Hari ini dia tidak boleh bergerak atau berpusing di atas katil. Penglihatannya kabur, dan dalam beberapa jam yang lalu dia kehilangan pertuturan dan pendengarannya.

Sukar untuk difahami, tetapi Simon merupakan salah seorang pengkhutbah kita yang paling berbakat, dan telah menunjukkan iman yang besar. Yesus telah menggunakannya untuk menyembuhkan orang buta dan orang cacat serta-merta. Ramai orang yang terdesak di gerejanya telah datang kepadanya untuk berdoa, dan telah dibebaskan. Dia dikenali sebagai seorang hamba Tuhan yang hebat. Tetapi sekarang dia berada di ambang kematian, melarat dan tidak berdaya. Dia tidak mempunyai wang, insurans atau faedah kesihatan. Keluarganya tidak mempunyai pengangkutan. Isterinya menangis teresak-esak dan hampir meninggal dunia.

Ini berita yang sangat buruk. Bagaimana pula dengan reputasi Tuhan? Bagaimanakah gereja kita akan menangani kekecewaan sedemikian? Apa yang akan kita katakan? Saya dan Surpresa berdoa melalui telefon, dan kami terus berdoa, bersama ramai lagi. Surpresa memandu Simon ke hospital dan membawa tubuhnya yang kurus dan bertulang ke biliknya. Simon berada dalam koma, dan Surpresa masih perlu membawanya ke tandas setiap sepuluh minit. Keadaan sangat kucar-kacir. Doktor menjangkakan Simon akan mati malam ini. Jika dia hidup selama tiga hari, ia akan menjadi satu keajaiban. Isteri Simon sangat takut dan sedih sehingga dia tidak mahu datang ke hospital untuk berjumpa dengannya.

Surpresa, Heidi dan saya ada mesyuarat persidangan besar yang akan datang dalam beberapa hari lagi di Mozambique. Kita perlu menyampaikan Berita Baik kepada beribu-ribu orang sakit dan melarat yang tidak mempunyai harapan selain Yesus. Kita tidak boleh mempertahankan reputasi Tuhan. Kita hanya akan terus mengasihi-Nya. Simon adalah milikmu, Yesus. Engkaulah Tuhan dan doktornya. Kami adalah milikmu, dan kami akan terus hidup untuk-Mu.

Dan sepanjang malam dan keesokan harinya kami terus berdoa untuk Simon — dan bersiap sedia untuk pertemuan kami di Maputo dan utara. Satu malam lagi tiba, dan Simon masih hampir tidak bernyawa. Kami teruskan perjalanan. Tiada arah kecuali ke atas, ke dalam hati-Nya. Sabtu tiba, dan Surpresa dijangka akan membuka persidangan serantau kami untuk wilayah selatan kami malam ini. Tetapi dia masih berada di hospital bersama Simon. Saya menghubunginya sekali lagi, berjuang untuk perjuangan iman yang baik, kerana dia perlu memandu segera ke Mozambique.

Surpresa membalas dengan nada yang merendah diri. "Nampaknya satu keajaiban besar telah berlaku. Saya telah duduk di sini bersama Simon pagi ini, dan kami telah berbual dan ketawa selama berjam-jam. Malah, Simon tidak ingat pergi ke hospital atau mengapa dia berada di sini! Dia baik-

baik saja. Doktor akan memberinya sedikit darah tambahan, melakukan beberapa ujian, dan menghantarnya pulang…"

Surpresa meninggalkan Simon wang untuk makanan dan pengangkutan, dan bertolak ke Maputo di mana kami mengadakan mesyuarat yang hebat. Beberapa hari kemudian, kami mendengar melalui telefon bahawa Simon seratus peratus dan melakukan semua yang dia lakukan seperti biasa… Yesus mempunyai kata putus!

Daripada surat berita Iris Ministries 14 Ogos 2002. Ingin membaca lebih lanjut, sila layari: www.irismin.org

James Moore Hickson – Wanita yang Sembuh daripada Lupus

Salah satu contoh penyembuhan Kristus yang paling indah pada zaman kita ialah seorang wanita miskin yang menghidap lupus. Dia mencari nafkah dengan membasuh pakaian, tetapi seiring berjalannya waktu orang ramai mula takut untuk menggajinya kerana penyakitnya. Kemudian dia merasakan bahawa dia seorang yang tersisih, dan dia tidak tahu bagaimana untuk hidup. Penderitaan dan kesusahannya begitu hebat sehingga dia tergoda untuk mengakhiri semuanya dengan membunuh diri. Dia dibawa untuk didoakan dan ditumpangkan tangan, dan saya tidak akan pernah melupakan pemandangan wanita kecil yang malang itu, kelihatan sangat sengsara, wajahnya dipenuhi penyakit. Saya hanya dapat memegang tangannya dan meletakkannya di Tangan Kristus. Semasa kami berdoa bersama, saya begitu sedar akan belas kasihan-Nya sehingga saya tidak dapat menahan air mata. Saya tahu bahawa Yesus hadir bersama kami, tetapi mata rohaninya terbuka untuk melihat-Nya, dan dia memberitahu saya selepas itu, 'Saya melihat Tuhan. Dia berdiri di hadapan saya, dan Tangan-Nya berada di atas tangan anda.' Tuhan kita menyembuhkan wanita itu, dan kita dapat berkata dengan segenap hati kita hari ini, atau memang benar 'Pujilah Tuhan, hai jiwaku, dan janganlah lupakan segala kebaikan-Nya: Yang mengampuni segala kesalahanmu, Yang menyembuhkan segala penyakitmu; Yang menebus hidupmu dari kebinasaan; Yang memahkotai engkau dengan kasih setia dan rahmat.'

Petikan daripada *"Pengantin Lelaki Datang"* oleh James Moore Hickson.

Sumpahan Dibatalkan dan Seorang Wanita Berjalan

Dalam Amsal 17:19 tertulis, "Siapa membalas kejahatan dengan kebaikan, akan mendapat kutukan." Hakikatnya, jika anda berbuat jahat kepada orang yang berbuat baik kepada anda, maka kutukan akan dilepaskan. Satu lagi kutukan ada dalam Markus 11:12-14, 21 & 22. Ini adalah Yesus yang mengutuk pokok ara. Dalam kes ini, Dia mengutuk pokok ara tetapi kesannya tidak kelihatan selama sehari. Orang ramai berpendapat bahawa kerana mereka mengatakan kutukan tetapi masalahnya tidak serta-merta kelihatan, maka ia tidak memberi kesan. Ia memang memberi kesan, sama ada anda melihatnya dalam sekelip mata atau lebih sepuluh tahun. Kesannya AKAN berlaku kepada manusia.

Pernah sekali ketika saya berada di Mexico, saya berdoa untuk seorang wanita yang mengalami masalah fizikal. Satu perkara yang Tuhan beritahu saya ialah abang-abang dan kakak-kakaknya mengutuknya sejak usia tiga tahun. Dia hampir lumpuh sepenuhnya dan kami terpaksa berjalan melaluinya dan memintanya memaafkan abang-abang dan kakak-kakaknya. Saya terpaksa mematahkan kuasa kutukan ke atasnya dan apabila saya berbuat demikian, Tuhan menyembuhkannya sepenuhnya. Dia mengambil alat bantu jalannya dan membuangnya ke tepi dan Tuhan menyembuhkannya serta-merta. Saya kagum kerana keajaiban sebenarnya boleh berlaku. Tahukah anda berapa kali dia telah didoakan di gereja dan tidak sembuh? Ada punca utama mengapa itu berlaku. Apabila anda berurusan dengan orang secara emosi, rohani, atau fizikal dan tiada kemajuan, maka anda perlu mula menggali lebih dalam dan meneliti lebih banyak lagi laluan dalam kehidupan orang itu.

Ada sebab mengapa itu masih ada. Tahukah anda mengapa gereja begitu keliru tentang penyembuhan? Kita tidak dapat memahami mengapa Tuhan berkata Dia akan menyembuhkan orang tetapi mereka tidak sembuh. Sedarlah, dalam kebaikan, ini tidak berlaku tanpa sebab. Tiada apa-apa pun di alam semesta ini yang berlaku tanpa sebab.

Hak Cipta © 2004 oleh Plumbline Ministries. Daripada ajaran *"Blessing and Curses"* oleh
Brian Fenimore. Digunakan dengan kebenaran mereka.
Untuk maklumat lanjut, sila lihat: http://plumblinem.com
http://healingandrevival.com/testimonies/?p=226

Eksploitasi Lebih Besar - 1-
Pautan Podcast Audio

Bab 1 Pengenalan -
https://anchor.fm/otakada.org/episodes/Introd–to-Enough-is-Enough-to-Captivity-of-Satan-and-Welcome-to-Freedom-in-Christ—light-baptism-eshkai

Bab 2 Bahagian 1 -
https://anchor.fm/otakada.org/episodes/Part-1-Enough-is-Enough-to-Captivity-of-Satan-welcome-to-freedom-powered-by-hunger-and-anger-part-1-esfrdk

Bab 3 Bahagian 2
https://anchor.fm/otakada.org/episodes/Enough-is-Enough-to-Captivity-and-welcome-to-Freedom—How-to-heal-or-be-cured-of-COVID–19–part-2-er35cm

Bab 4 Bahagian 3 -
https://anchor.fm/otakada.org/episodes/Enough-is-Enough-to-CAPTIVITY-of-the-devil–Welcome-to-FREEDOM-in-Christ-Jesus—Activation-part-3-er5bu4

Bab 5 Bahagian 4 -
https://anchor.fm/otakada.org/episodes/Enough-to-Captivity-of-Satan–Welcome-to-the-Freedom-in-Christ-can-Christians-be-demonized–Part-4-errv2l

Bab 6 dan 7 – bahagian 5 dan 6 -
https://anchor.fm/otakada.org/episodes/Seven-7-critical-steps-to-deliverance--How-to-Identify-and-Expel-Demon-Groupings-part-5-6-esap4h

Bab 8 Bahagian 7 -
https://anchor.fm/otakada.org/episodes/The-Holy-Ghost-POWER-resident-in-YOU-in-words-transferred-through-the-air-into-WATER-and-OIL-part-7-esv324

Bab 9 Bahagian 8 - Pautan Podcast:
https://anchor.fm/otakada.org/episodes/Part-8—Cukup-cukup-untuk-Penangkapan-Satan-dan-Selamat-ke-Kebebasan-dalam-Kristus-Jesus—Di Mana -pada-et3d3

Bab 10 Bahagian 9 -
https://anchor.fm/otakada.org/episodes/Freedom-from-Schizophrenia--QA-and-Practical-guidelines-on-Healing--deliverance-and-restoration-etgret

Eksploitasi Lebih Besar - 1 - Pautan Youtube Video

Bab 1 Pengenalan - https://youtu.be/B-JVbeIMBDY
Bab 2 Bahagian 1 - https://youtu.be/MrjLuZC8N1c
Bab 3 Bahagian 2 - https://youtu.be/ydFE_lD8SqU
Bab 4 Bahagian 3 - https://youtu.be/4A2heCj3B5I
Bab 5 Bahagian 4 - https://youtu.be/ILEBjZeQAMs
Bab 6 dan 7 – bahagian 5 dan 6 - https://youtu.be/mzXVmNH880Q
Bab 8 Bahagian 7 - https://youtu.be/gUuO1IuRKnc
Bab 9 Bahagian 8 - https://youtu.be/9wzp-2vYLDQ
Bab 10 Bahagian 9 - https://youtu.be/f4NEJFp7A18

Eksploitasi Lebih Besar - 1 - Bab 1– pengenalan yang cukup sudah cukup untuk penawanan dan mengalu-alukan kebebasan dalam Kristus

Memancarkan cahaya Tuhan di Dunia yang Sesat ini + Doa untuk Pembaptisan dalam Roh Kudus + 2 Cerita oleh Trevor Farrell dari Trevor Place dan Robert W. Schambach tentang Nyawa Seorang *Lelaki* yang Diselamatkan dari Kerusi Elektrik - Pengenalan

Rujukan Kitab Suci:

Matius 5:14-16
Terjemahan Sengsara
14 "Hidupmu menerangi dunia. Biarlah orang lain melihat cahayamu dari kejauhan, kerana bagaimana kamu dapat menyembunyikan sebuah kota yang berdiri di atas puncak bukit? 15 Dan siapakah yang akan menyalakan pelita lalu menyembunyikannya di tempat yang tersembunyi?[b] Sebaliknya, ia diletakkan di tempat di mana semua orang di dalam rumah dapat mendapat manfaat daripada cahayanya. 16 Jadi janganlah sembunyikan cahayamu. Biarlah ia bersinar terang di

hadapan orang lain, supaya perbuatan baik yang kamu lakukan akan bersinar seperti cahaya kepada mereka, dan mereka akan memuji Bapamu yang di syurga."

Semasa saya membentangkan pengenalan kepada Cukup Sudah untuk Tawanan Syaitan dan Selamat Datang ke Kebebasan dalam Kristus – Memancarkan cahaya Tuhan di Dunia yang Sesat ini + Pembaptisan dalam Roh Kudus + 2 Cerita, saya ingin kita mencatat, mengingati dan menggunakan (Stir Up) tujuh sifat penting *A, B, C, D, E* , F dan G ini dalam diri kita agar kita berjaya memancarkan cahaya Kristus kepada dunia yang berada di bawah pengaruh dan kawalan si jahat. Kebebasan dalam Kristus hanya boleh dizahirkan dalam buah-buahan di sekeliling kehidupan kita. Tujuh sifat ini amat penting sebagai ramuan untuk membantu kita menjadi semua yang kita perlukan dan lakukan. Iaitu:

1- A: Ketersediaan

2- B: Keberanian

3- C: Belas kasihan

4- D: Penentuan

5- E: Kasih Sayang yang Bersungguh-sungguh

6-F: Kemarahan yang Berapi-api

7-G: Kelaparan Besar

Kita perlu berdoa meminta Roh Kudus untuk membantu kita menggerakkan sifat-sifat ini dalam pelbagai tahap dalam diri kita apabila peluang muncul atau kita mencipta peluang melalui dorongan Roh Kudus.

Kesilapan terbesar yang boleh kita lakukan apabila kita dihadapkan dengan situasi dan keadaan yang menakutkan dalam dunia kita adalah dengan mula meneka kurniaan dan kebolehan yang telah Tuhan berikan dalam diri setiap seorang daripada kita untuk memancarkan-Nya ke dunia kita yang gelap. Apa yang kita tidak mahu lakukan ialah menyembunyikan kurniaan itu dan tidak melakukan apa-apa. Kita semua boleh yakin bahawa Tuhan akan meminta pertanggungjawaban kita atas bagaimana kita telah menggunakan khazanah dalam diri kita untuk kemuliaan-Nya.

Dalam mempertimbangkan ayat di atas, persoalan yang mungkin timbul ialah? Apakah cahaya ini? Bagaimanakah ia diterjemahkan kepada kurniaan Tuhan yang telah ditahbiskan kepada saya dan apakah sebenarnya yang harus saya lakukan untuk menjadikan cahaya ini dalam diri saya diketahui dan diekspresikan dalam dunia yang gelap untuk kemuliaan Tuhan?

Tempat untuk bermula adalah dengan melihat Yesus kerana Yesuslah yang merupakan cahaya dunia. Kita harus memancarkan-Nya kepada orang lain di dunia kita. Mari kita lihat Lukas 4:18,19 dalam pernyataan visi dan misi Yesus kerana misi dan pernyataan visi-Nya adalah misi dan pernyataan visi kita secara lanjutan:

Lukas 4:18-21

Terjemahan Sengsara

18–19 "Roh Tuhan ada pada-Ku, dan Dia telah mengurapi Aku untuk menjadi harapan bagi orang miskin, kebebasan bagi orang yang patah hati, dan mata baharu bagi orang buta, dan untuk memberitakan kepada orang tahanan, 'Kamu telah dibebaskan!' Aku datang untuk berkongsi mesej Jubli, kerana masa penerimaan Tuhan yang agung telah bermula."

20 Selepas dia membacanya, dia menggulung gulungan itu, memberikannya kembali kepada pendeta itu, lalu duduk. Semua orang merenung Yesus, tertanya-tanya apa yang akan dikatakannya. 21 Kemudian dia berkata, "Naskah-naskah ini telah berlaku hari ini di hadapan kamu."

Yesus, dalam memastikan orang ramai tidak dibiarkan ragu-ragu tentang misi dan visi ini, Dia melakukan tepat seperti yang dikatakan oleh nubuat itu tentang-Nya dan melaksanakannya. Anda membaca catatan dalam:

Matius 4:23-25

Terjemahan Sengsara

Pelayanan Penyembuhan Yesus

23 Yesus melayani dari satu tempat ke tempat yang lain di seluruh wilayah Galilea. Dia mengajar di rumah-rumah ibadat, memberitakan harapan kerajaan dan menyembuhkan segala macam penyakit di antara orang-orang. 24 Kemasyhuran-Nya tersebar ke mana-mana! Ramai orang yang kesakitan dan menderita dengan segala macam penyakit dibawa kepada Yesus untuk disembuhkan—orang epilepsi, orang lumpuh, dan orang yang diseksa oleh kuasa roh jahat semuanya dibebaskan. Setiap orang yang dibawa kepada Yesus disembuhkan!

25 Hal ini mengakibatkan orang ramai yang ramai mengikut-Nya, termasuk orang-orang dari Galilea, Yerusalem, tanah Yehuda, wilayah Sepuluh Kota yang dikenali sebagai Dekapolis, dan di seberang Sungai Yordan.

Dan selepas melatih para pengikut selama 3 tahun, Dia melepaskan mereka untuk melaksanakan pernyataan misi dan visi ini. Kita dapat melihat gambaran ringkasnya dalam

Kisah Para Rasul 5:12-16

Terjemahan Sengsara

Para Rasul Melakukan Mukjizat, Tanda, dan Mukjizat

12 Para rasul melakukan banyak tanda, keajaiban, dan mukjizat di antara orang ramai. 13 Dan orang-orang percaya bersatu padu dengan sungguh-sungguh ketika mereka bertemu secara tetap di halaman Bait Suci di kawasan yang dikenali sebagai Serambi Salomo . Tiada seorang pun yang berani menyakiti mereka, kerana semua orang menghormati mereka.

14 Semakin ramai orang yang percaya kepada Tuhan dan mereka bertambah ramai—orang ramai lelaki dan perempuan. 15 Apabila orang ramai tahu bahawa Petrus akan lalu di situ, mereka membawa orang sakit ke jalan raya dan membaringkan mereka di atas katil bayi dan tikar, kerana mereka tahu bahawa kuasa yang luar biasa yang keluar dari Petrus akan menaungi mereka dan

menyembuhkan mereka. 16 Ramai orang dari kampung-kampung berdekatan berpusu-pusu ke Yerusalem. Mereka membawa orang sakit dan orang yang diganggu roh jahat—dan semuanya sembuh!

Jadi, apakah yang membuatkan manusia biasa ini menjadi manusia super bagi Tuhan ghaib? Apakah yang boleh membantu anda dengan sifat-sifat ABCDEFG yang telah kita bincangkan di atas sebelum ini. Jawapannya terletak pada kenyataan terakhir Yesus dalam

Kisah Para Rasul 1:3-8

Terjemahan Sengsara

3 Selepas penderitaan di kayu salib, Yesus menampakkan diri hidup berkali-kali kepada para rasul yang sama selama tempoh empat puluh hari. Yesus membuktikan kepada mereka dengan banyak tanda yang meyakinkan bahawa Dia telah dibangkitkan.

Semasa pertemuan-pertemuan ini, Dia mengajar mereka kebenaran tentang kerajaan Tuhan 4 dan makan bersama mereka. Yesus berpesan kepada mereka, "Jangan tinggalkan Yerusalem, tetapi tunggulah di sini sehingga kamu menerima pemberian yang telah Kukatakan kepadamu, iaitu pemberian yang telah dijanjikan oleh Bapa. 5 Kerana Yohanes telah membaptis kamu dengan air, tetapi dalam beberapa hari lagi kamu akan dibaptis dengan Roh Kudus!"

6 Setiap kali mereka berkumpul, mereka bertanya kepada Yesus, "Tuhan, adakah ini masanya untuk Engkau membebaskan Israel dan memulihkan kerajaan kami?"

7 Dia menjawab, "Bapalah yang menetapkan tarikh dan masa untuk penggenapannya. Kamu tidak dibenarkan mengetahui masa semua yang telah disediakan-Nya dengan kuasa-Nya sendiri. 8 Tetapi Aku berjanji kepadamu ini—Roh Kudus akan turun ke atasmu dan kamu akan dipenuhi dengan kuasa. Dan kamu akan menjadi utusan-Ku ke Yerusalem, ke seluruh Yudea, wilayah-wilayah yang jauh—bahkan ke tempat-tempat yang paling terpencil di bumi!"

Yohanes menekankan fakta bahawa syaitan yang menentukan hala tuju di dunia kita dan menekankan semula tugasan yang untuknya Yesus datang ke dunia untuk melaksanakannya dalam 1 Yohanes 5:19 dan 1 Yohanes 3:8 dan saya membaca:

1 Yohanes 5:19

Terjemahan Sengsara

19 Kita tahu bahawa kita adalah anak-anak Allah dan seluruh dunia berada di bawah kesengsaraan dan pengaruh Si Jahat.

Dan **1 Yohanes 3:8**

Terjemahan Sengsara

8 Tetapi orang yang hidup dalam dosa, berasal dari Iblis, kerana Iblis telah berbuat dosa sejak semula. Sebab Anak Allah dinyatakan adalah untuk membatalkan dan memusnahkan perbuatan Iblis.

Yesus menyatakan dalam Matius 12:29 – "Tidak seorang pun dapat memecah masuk ke dalam rumah orang kuat dan merampas harta bendanya, jika ia tidak mengikat dahulu orang kuat itu, barulah ia dapat merampas rumahnya.

Kita tidak dapat merebut kota ini dengan kekuatan kita sendiri tetapi dengan kuasa Roh Kudus:

Dengarlah Yohanes Pembaptis dalam **Lukas 3:16**

Terjemahan Sengsara

16 Tetapi Yohanes menjelaskannya dengan berkata kepada mereka, "Ada Seorang yang akan datang, yang lebih berkuasa daripada aku. Dia Maha Kuasa. Malah, aku tidak layak menjadi hamba-Nya. Aku hanya boleh membaptis kamu di sungai ini, tetapi Dia akan membaptis kamu ke dalam Roh kekudusan dan ke dalam api-Nya yang marak.

Roh Kudus adalah penolong yang akan membantu kita memajukan kerajaan dalam dunia yang gelap dengan memancarkan cahaya Kristus setelah merobohkan kubu musuh, syaitan. Cara kita diperlengkapi adalah melalui Pembaptisan dalam Roh Kudus.

Pembaptisan dalam Roh Kudus merupakan pengalaman yang memberdayakan, memperlengkapi orang percaya yang dipenuhi Roh untuk kesaksian dan pelayanan di mana kita dapat dengan mudah mengungkapkan 7 sifat di atas dengan begitu mudah.

Anda boleh menerima baptisan Roh Kudus dengan mendoakan doa ini supaya dari dalam hati anda akan mengalir sungai-sungai air hidup yang menyegarkan anda dan memberi anda kuasa untuk melayani memancarkan cahaya-Nya kepada dunia meskipun terdapat tentangan yang kuat:

Marilah kita berdoa:

Ya Tuhan, jadikan aku wadah kuasa-Mu, dalam nama Yesus.
Biarlah langit terbuka dan biarlah kemuliaan-Mu, Tuhan, turun ke atasku, dalam nama Yesus. Ya Tuhan, baptislah mata, telinga dan mulutku untuk menerima, mendengar dan mengatakan perkara-perkara ajaib. Aku menerima api segar dan urapan segar, dalam nama Yesus. Biarlah api Tuhan membakar setiap pekerjaan Kegelapan dalam hidupku.

Biarlah roh Tuhan menyucikan akal, kehendak dan emosiku, dalam Nama Yesus

Biarlah roh Tuhan menyucikan jiwa, roh dan tubuhku, dalam Nama Yesus

Baptislah aku dengan Roh Kudus dan api menurut janji-Mu dalam Lukas 3:16.

Tuhan, biarlah ada pencurahan Roh-Mu yang segar ke atas Tubuh Kristus di seluruh dunia. Bapa, dalam nama Yesus, aku menginginkan semua yang Engkau sediakan untukku.

Aku menginginkan kepenuhan Roh Kudus dengan segala karunia Roh Kudus yang bekerja dalam hidupku. Jadi aku merendahkan diriku di hadapan-Mu sekarang dan

aku memohon kepada-Mu sesuai dengan firman-Mu, baptislah aku dalam Roh Kudus sekarang. Aku menyerahkan diriku untuk mengalir dalam karunia-karunia yang akan ditunjukkan atau dipancarkan oleh Roh Kudus melaluiku.

Kiranya urapan, kemuliaan, dan kuasa Tuhan datang ke atasku dan ke dalam hidupku sekarang.

Semoga saya diberi kuasa untuk berkhidmat mulai hari ini dan seterusnya dengan ketujuh-tujuh sifat yang dikenal pasti di atas – Ketersediaan, Keberanian, Kasih Sayang, Keazaman dan Kasih Sayang yang Bersungguh-sungguh. Kelaparan yang berapi-api dan hebat

Terima kasih, Tuhan Yesus, kerana membaptiskan aku dalam Roh Kudus-Mu. Amin."

Aku menyerahkan lidahku supaya Roh Kudus dapat memberiku ucapan supaya Dia dapat berfirman melaluiku. Aku menerima baptisan Roh Kudus melalui iman, ia adalah milikku dan kini aku memilikinya.

Sekarang, mulalah memuji Tuhan dan biarkan kata-kata yang muncul di dalam diri anda mengalir keluar dari mulut anda. Anda perlu berucap yang Roh Kudus akan memberikan kata-kata itu kepada anda.

Anda boleh melakukan semua ini di rumah, di dalam kereta, pejabat, di mana sahaja anda dipimpin atau didorong untuk berdoa.

Untuk menguatkan nasihat kami, berikut adalah dua kisah benar dengan penerapan 7 sifat yang telah kami pelajari hari ini.

Kita semua dipanggil untuk menyebarkan injil dan menunjukkan kehadiran Tuhan dengan menyembuhkan orang sakit. Kita semua dilengkapi untuk melakukan perkara-perkara asas, bukan semua orang mempunyai tugasan utama atau jawatan dalam bidang pelayanan penyembuhan dan pembebasan ini.

Tugas utama kita mungkin pentadbiran, yang diperkasakan oleh Roh Kudus. Kita mungkin berada dalam kedudukan perdana menteri dalam kerajaan dan kita boleh mengubah nasib sesebuah negara ke arah kebenaran dengan menggubal undang-undang yang memihak kepada tujuan Tuhan. Ada yang mungkin doktor di hospital yang melayani penyembuhan kepada orang sakit melalui ilham ilahi dan perubatan.

Kami mempersembahkan dua kisah ini hari ini dan saya menggalakkan anda untuk mencari 7 sifat di atas dalam kisah-kisah ini:

Satu daripada Trevor, seorang remaja berusia tiga belas tahun yang mengambil langkah berani dalam menangani masalah dalam masyarakat untuk golongan gelandangan dan cerita kedua adalah tentang konfrontasi antara seorang wanita yang anaknya akan dihukum mati di atas kerusi elektrik dan doa penginjil pada saat-saat akhir telah mengelakkan hukuman mati tersebut:

Trevor Farrell

Trevor Ferrell (lahir 1972) ialah seorang warganegara Amerika yang, semasa remaja, menarik perhatian orang ramai atas usahanya membantu gelandangan. Beliau memulakan Kempen Trevor untuk Gelandangan pada tahun 1983, ketika berusia 11 tahun. Pada 8 Disember 1983, beliau menonton program berita mengenai orang jalanan. Ini mendorongnya untuk bertanya kepada ibu bapanya, Frank dan Janet Ferrell, bagaimana dia boleh membantu. Mereka memandu anak lelaki mereka ke Philadelphia pada malam itu untuk memberi tempat tidur kepada seorang gelandangan yang sedang tidur di kaki lima di hadapan Liga Kesatuan di Center City. Beliau dan ibu bapanya kemudiannya menubuhkan sebuah pusat perlindungan gelandangan, Trevor's Place. Ibu bapanya juga menulis sebuah buku, yang juga dipanggil Trevor's Place, untuk menerangkan dengan lebih lanjut tindakan yang telah dilakukan, dengan rayuan untuk tindakan selanjutnya. Ia diterbitkan pada tahun 1985.

Karya Trevor Farrell telah diiktiraf oleh Presiden Ronald Reagan dalam ucapan State of the Union Presiden pada tahun 1986. Sebuah filem TV yang mendramatisir aktiviti pusat perlindungan itu, bertajuk Christmas on Division Street, disiarkan pada tahun 1991. Ia menampilkan pelakon Fred Savage sebagai Trevor. Episod siri Lifestories: Families in Crisis pada tahun 1994, bertajuk Brotherly Love: The Trevor Ferrell Story, turut menggambarkan usahanya.
Apabila Farrell berumur 18 tahun, keluarga itu menghentikan usaha mereka dalam kempen tersebut. Farrell kini bekerja untuk United Parcel Service dan mengendalikan sebuah kedai barangan terpakai di Lancaster Avenue di Philadelphia. Pada tahun 1985, Ferrell menerima Anugerah Samuel S. Beard untuk Perkhidmatan Awam Terhebat oleh Individu 35 Tahun ke Bawah, satu anugerah yang diberikan setiap tahun oleh Anugerah Jefferson.
Cerita penuh:

Cerita 1: Kisah Trevor dalam memancarkan kasih Kristus kepada dunia yang cuai dan tidak penyayang.

Sebuah kisah benar, tentang seorang budak lelaki bernama Trevor. Ia menunjukkan bahawa terdapat perkara-perkara kecil yang boleh dilakukan oleh kanak-kanak yang membawa perubahan besar. Pada suatu malam, Trevor melakukan apa yang dilakukan oleh ramai kanak-kanak berusia 13 tahun yang lain: Dia sedang menonton TV. Di berita, dia ternampak sebuah cerita tentang beberapa gelandangan yang tidur di luar dalam kesejukan di jalanan, di kawasan pusat bandar Philadelphia tempat dia tinggal. Trevor tidak pernah berhenti untuk memikirkan betapa bertuahnya dia tinggal di pinggir bandar yang agak berada di bandar yang sama. Kisah gelandangan menyentuh hatinya dan dia mula tertanya-tanya apa yang boleh dia lakukan untuk membantu orang-orang ini. Mungkin mudah bagi Trevor untuk melupakannya. Terdapat begitu banyak kisah sedih yang anda lihat di TV pada masa-masa tertentu. Ini mungkin hanya satu lagi kisah yang diabaikan. Trevor juga mungkin terfikir, Apa yang boleh saya lakukan mengenainya? Saya hanya seorang kanak-kanak, tetapi dia tidak berbuat demikian. Sebaliknya, dia mula tertanya-tanya bagaimana dia boleh membantu dan itu membuatnya teringat terdapat beberapa selimut tambahan yang tidak digunakan di garaj mereka. Jadi, dia pergi kepada bapanya dan bertanya sama ada dia boleh membawa selimut-selimut itu kepada orang-orang di pusat bandar yang tidak mempunyai rumah untuk bermalam.

Bapa Trevor mungkin menganggap permintaan itu agak pelik. Kita mudah mahu berpegang pada apa yang kita miliki, orang dewasa mudah berfikir bahawa mereka telah bekerja keras untuk mendapatkan apa yang mereka miliki, jadi mengapa mereka perlu memberikannya? Saya rasa ia sama seperti seorang kanak-kanak yang berfikir, Ia mengambil masa yang lama untuk menyimpan wang saku saya untuk membantu membeli basikal baharu ini, jadi mengapa saya perlu meminjamkannya kepada rakan yang perlu pulang ke rumah dengan cepat?

Ayah Trevor seorang yang baik hati. Dia memandu Trevor ke pusat bandar untuk mengagihkan beberapa selimut lebihan mereka kepada beberapa orang di jalanan. Saya rasa apabila tiba masanya untuk tidur malam itu, orang ramai agak gembira dengan kehangatan tambahan selimut baharu itu.

Trevor juga gembira. Dia berasa gembira dapat mengagihkan selimut-selimut itu. Dia merasakan kehangatan dalaman, hampir seperti dia sendiri telah dibalut dengan selimut emosi. Tetapi dia sedar ada risiko—ia mungkin terasa begitu baik sehingga anda ingin melakukannya lagi.

Keesokan harinya, Trevor pergi ke kedai runcit tempatan dan tempat awam lain di kawasan kejiranannya di mana terdapat papan notis. Dia memasang papan tanda meminta orang ramai mendermakan sebarang selimut atau makanan tambahan yang mereka tidak perlukan. Hasilnya mengejutkan. Kebaikan itu mudah berjangkit. Trevor mendapati begitu ramai orang sanggup membantu sehingga dalam masa seminggu dia telah memenuhi garaj ayahnya dengan makanan dan selimut. Apa yang Trevor mulakan dengan kebaikannya berkembang dan tersebar ke seluruh komuniti. Tidak lama kemudian, kemurahan hati orang ramai melimpah ruah dari garaj ayahnya dan Trevor serta ayahnya terpaksa mencari bangunan yang lebih besar untuk menempatkan semua hadiah yang didermakan. Percayakah anda kini terdapat beberapa gudang khas di seluruh Philadelphia yang menyimpan makanan dan selimut untuk memberi makan dan memanaskan badan kepada gelandangan? Kesemuanya dipanggil "Trevor's Place."

Permohonan cerita 1 untuk pertimbangan dalam tuntutan kami :

"Mungkinkah Tuhan memanggil seseorang untuk menangani isu Almajari di Nigeria dengan menyediakan penginapan, makanan dan pendidikan berpusatkan Kristian untuk membesarkan generasi yang soleh di tanah kita?" Jika tidak, syaitan akan merampas mereka untuk tujuan membunuh, mencuri dan memusnahkan. Kita boleh bercakap sesuka hati tetapi tugasan kita adalah untuk memancarkan cahaya dan kasih Kristus walau apa pun dan itu akan membuka hati mereka untuk mendengar apa yang kita katakan tentang Yesus kita ini." Baca Matius 25:1-46

Cerita 2: Nyawa Manusia Terselamat daripada Kerusi Elektrik – Kisah yang diceritakan oleh anak perempuan pastor – Kuasa doa syafaat dalam memancarkan cahaya Kristus kepada dunia yang tidak adil .

Dia sedang berkhutbah di Newark, New Jersey, pada tahun 1960. Masa: 9:30 malam Seorang wanita berjalan di lorong tengah, dan ayah saya, RW Schambach, tahu apa maksudnya. Ini bermakna seseorang akan mengganggu khutbahnya. Dia berjalan di lorong tengah dan berdiri betul-betul di hadapan pendakwah malam itu. Dia memegang Biblenya dan sedang berkhutbah dengan sebuah karya agung! Beraninya sesiapa mengganggu seorang hamba Tuhan?

Sebenarnya, wanita berharga itu sedang mengganggunya dengan iman yang terdesak, sama seperti empat lelaki mengoyakkan bumbung tempat Yesus mengajar supaya rakan mereka dapat memperoleh mukjizat. Iman mereka menggerakkan Tuhan, dan itulah yang dilakukan oleh iman sejati.

Apabila wanita di Newark itu menghampiri ayah saya, dia berkata, "Saudara Schambach, maafkan saya. Saya tidak pernah menghalang seorang pendakwah sepanjang hidup saya. Tetapi ini adalah kecemasan. Anak lelaki saya akan mati di kerusi elektrik pada pukul sepuluh."

Melalui pengakuannya sendiri , Saudara Schambach terfikir, "Ya Tuhan!" Dia terus membuatkan dia tergamam. Apabila dia mendengar itu, dia tidak dapat berkhutbah sepatah kata pun.

Dia telah berdoa untuk orang yang nazak di hospital, tetapi dia tidak pernah berdoa untuk sesiapa yang akan mati di kerusi elektrik. Lelaki ini telah disabitkan kesalahan oleh juri rakan-rakannya. Dia telah didapati bersalah. Dia akan mati untuk membayar pembunuhan yang mereka katakan telah dilakukannya—dan ia akan berlaku dalam masa tiga puluh minit. Saudara Schambach tidak boleh berkhutbah! Dia menutup buku itu. Dia tidak boleh berdoa pun! Dia meminta semua orang di gereja untuk berdiri.

Orang ramai sering bertanya kepada ayah saya, "Adakah saya memerlukan Roh Kudus?" Apabila kita menghadapi keperluan seperti yang ditimbulkan oleh wanita ini, seseorang itu tidak tahu bagaimana untuk berdoa. Inilah sebabnya mengapa kita semua memerlukan kepenuhan Roh Kudus!

Roh Kudus mula berdoa melalui ayah saya. Dia berkata ia terasa seperti seseorang mengenakan jubah kepadanya—ia adalah jubah pengurapan untuk mukjizat, dan dia dapat merasakan pengurapan itu. Bahagian berganda berada di atasnya ketika dia berdoa dalam bahasa roh. Kemudian, seperti yang dikatakannya, dia mula mencuri dengar Roh Kudus dengan berdoa dalam bahasa Inggeris. Apabila dia mula berdoa dalam bahasa Inggeris, apa yang dia katakan mengejutkannya:

"Tuhan, dalam nama Yesus, sabitkan pembunuh sebenar melalui Roh Kudus. Suruh dia mengaku melakukan jenayah itu."

Di dalam, ayah saya seperti merajuk. Dia berfikir, Diamlah, bodoh. Lelaki itu telah pun disabitkan kesalahan. Dia meminta Tuhan untuk menangkap pembunuh sebenar. Dia tidak tahu, tetapi Roh Kudus tahu anak lelaki wanita ini tidak melakukan jenayah itu. Roh Kudus berdoa melalui ayah saya dengan berkata, "Tangkap pembunuh sebenar dan paksa dia mengaku."

Selepas Ayah selesai berdoa, dia memandang wanita itu dan berkata, "Pulanglah, tidurlah—dan tidurlah! Anak lelakimu tidak akan mati di kerusi elektrik!" Sekali lagi dia menegur dirinya sendiri, berfikir, Diamlah, dasar pendakwah bodoh! Ingat, kamu perlu kembali ke sini esok malam dan berdakwah!

Kadangkala Roh Kudus akan mengatakan perkara-perkara yang sukar untuk anda percayai. Kadangkala apabila anda berkhutbah, anda mengatakan perkara-perkara yang mengejutkan anda. Tetapi bukan anda yang bercakap, tetapi Roh Kudus.

Adakah anda bersedia untuk kesudahan cerita ini?

Ayah kembali ke hotelnya dan tidur. Keesokan paginya, dia bangun dan pergi ke kedai makan satu blok jauhnya. Dalam perjalanan masuk, dia membeli New York Daily News. Syukur! Pernahkah anda menjerit melihat surat khabar? Ya, dia memang menjerit. Anda tahu apa yang tertulis di tajuk utama? “Nyawa Manusia Terselamat daripada Kerusi Elektrik—Cerita di halaman 3.” Dia tidak bersarapan. Oh, tidak. Dia duduk di tepi jalan itu dan membuka surat khabar ke halaman tiga. Ayah teringat apa yang tertulis di surat khabar itu secara verbatim. Dia boleh memberitahu anda nama peguam daerah itu. Namanya Encik Hogan. Cerita itu berbunyi, “Malam tadi pada pukul 9:40, Encik Hogan menerima panggilan telefon daripada seorang lelaki.” (Ingat, pukul 9:30 apabila wanita itu mengganggu perkhidmatan. Pada pukul 9:40, Tuhan menjawab doa wanita itu. Oh, haleluya!) Lelaki di hujung sana berkata, “Anda membakar lelaki yang salah.”

"Apa maksud awak? Siapakah ini?" tanya Encik Hogan.

"Tak kisahlah siapa dia. Tetapi anda mempunyai seorang lelaki yang dijadualkan mati di kerusi elektrik kerana membunuh seorang lelaki di Bronx atas. Anda menemui mayatnya di sebuah apartmen tingkat dua, dalam keadaan tertelungkup dengan luka tikaman."

Encik Hogan berkata, “Bagaimana anda tahu perkara ini?”

Dia berkata, “Sayalah yang melakukan jenayah itu.”

"Awak di mana?" tanya Encik Hogan.

Dia menjawab, “Saya dua blok dari sebuah kawasan tertentu. Dan saya sedang dalam perjalanan untuk menyerahkan diri.”

Encik Hogan menghentikan hukuman mati itu. Dia pergi ke balai polis dan menyoal siasat suspek baharu itu sehingga pukul tiga pagi, sambil bertanya soalan yang sama. “Mengapa kamu menyerah diri?”

Berulang kali jawapan yang sama datang, "Saya tidak pernah berniat untuk menyerahkan diri. Tetapi apabila saya menghubungi awak malam tadi, sesuatu telah menguasai saya dan membuatkan saya mengaku."

Saya harap anda telah menemui 7 sifat dalam cerita di atas?

Pergilah dan lakukanlah perkara yang sama dalam lingkungan yang telah Tuhan panggil kamu ke dalamnya. Ikutilah kata hatimu!

Semoga Tuhan meluaskan hidupmu sehingga pemberianmu memancarkan cahaya kepada dunia yang gelap dalam nama Yesus, Amin.

Eksploitasi Lebih Besar - 1 - Bab 2 - Dua (2) Cerita - Cerita satu: oleh Norvel Hayes:

Kerja Mukjizat – Keajaiban kreatif di tangan anak perempuannya dan Eksploitasi Robert Schambach di India + Skrip Doa Pembebasan Diri + Doa perjanjian Penyembuhan, Pembebasan dan Pemulihan Bahagian 1

Sahabat-sahabat yang dikasihi,

Selamat datang ke siri kelengkapan kami untuk KESELAMATAN SEPENUHNYA – Penyembuhan, Pembebasan dan Pemulihan – Roh, Jiwa, dan Tubuh untuk anda, untuk rakan-rakan anda dan untuk sesiapa sahaja yang sangat memerlukan sentuhan Tuhan.

Saya membawakan anda dua kisah yang mengujakan hari ini untuk membina iman anda supaya anda boleh berhubung dalam iman untuk menerima keajaiban anda atau untuk orang lain hari ini. Pada akhir pesanan ini, terdapat doa dan titik hubungan untuk berhubung dengan kuasa Tuhan melalui media ini untuk Penyembuhan, Pembebasan dan Pemulihan – Roh, Jiwa dan Tubuh dalam nama Yesus, Amin. Jadi, bersiap sedia!

Siri-siri ini bertajuk **"Cukuplah Cukup untuk penyakit, kemiskinan dan kematian rohani dan selamat datang ke siri Penyembuhan, Pembebasan dan Pemulihan semangat, jiwa dan tubuh anda"** adalah untuk anda jika anda menjawab ya kepada mana-mana soalan ini:

1) Adakah anda kehilangan sesuatu atau seseorang atau adakah anda kehilangan sesuatu atau seseorang atau adakah anda sentiasa dalam seksaan dan ketakutan untuk kehilangan sesuatu atau seseorang?

2) Adakah seseorang dalam kitaran anda mengalami kerugian pada masa ini?

Maka siri-siri kelengkapan ini adalah untuk anda, untuk anak lelaki dan perempuan anda; untuk ayah dan ibu anda, untuk pak cik dan mak cik anda, untuk anak saudara lelaki dan perempuan anda, untuk kawan dan lawan anda. Ia adalah untuk sesiapa sahaja yang mempunyai nafas Tuhan yang hidup di dalam mereka.

Sebagai tanda penyegaran, saya ingin mengucapkan terima kasih kepada anda semua atas ucapan tahniah atas pemakaian pakaian keimamatan yang mencerminkan kedudukan duta saya dalam Kristus. Kita semua harus sedar bahawa kita adalah duta dan dipanggil ke jawatan keimamatan. Kita perlu menggunakan gambar dan demonstrasi visual untuk membolehkan kata-kata bertulis berhubung dengan pengalaman harian kita supaya kita sentiasa dapat mengingatkan diri kita tentang tanggungjawab yang hebat ini untuk melayani umat manusia – baik yang telah ditebus mahupun yang belum ditebus – Dan terus melakukan kerja – Kita mesti menepati janji. Kita mesti menjadi pembukti.

Ia merupakan satu kepimpinan dalam musim penantian saya untuk melayani dalam kapasiti itu dan berpakaian sewajarnya untuk pekerjaan yang telah Dia panggil saya ke dalam dan ke dalamnya. Kita semua adalah imamat rajani – Kita semua, semua orang percaya dalam Kristus, berada dalam kelas rajani, semuanya bersendirian. Kita adalah putera dan puteri pencipta alam semesta, Yesus Kristus adalah saudara kita dan kita dipanggil untuk melayani orang lain dalam nama Yesus, Amin.

Untuk mengesahkan fakta di atas, saya memanggil Rasul **Petrus, Yohanes dan Paulus** ke tempat kesaksian hari ini:

1 Petrus 2:9

Bible yang Diperkuat

9 Tetapi kamulah bangsa yang terpilih, imamat yang rajani, bangsa yang dikuduskan, umat kepunyaan Allah sendiri, supaya kamu memberitakan perbuatan-perbuatan yang besar [perbuatan-perbuatan ajaib dan kesempurnaan] dari Dia, yang telah memanggil kamu keluar dari kegelapan kepada cahaya-Nya yang ajaib.

Wahyu 1:5-6

Bible yang Diperkuat

5 dan daripada Yesus Kristus, Saksi yang setia dan boleh dipercayai, Anak sulung bangkit daripada kematian, dan Penguasa raja-raja bumi. Kepada Dia yang [sentiasa] mengasihi kita dan yang [telah sekali untuk selamanya] [c] membebaskan kita [atau membasuh kita] daripada dosa kita dengan darah-Nya sendiri (kematian korban-Nya)— 6 dan membentuk kita menjadi suatu kerajaan [sebagai rakyat-Nya], [d] imam-imam bagi Allah dan Bapa-Nya —bagi-

Nyalah kemuliaan , kuasa , keagungan dan pemerintahan sampai selama-lamanya. Amin.

2 Korintus 5:20

Bible yang Diperkuat

[20] Jadi kami ini utusan-utusan Kristus, seolah-olah Allah sedang memohon melalui kami; kami [sebagai wakil Kristus] memohon kepada kamu atas nama Kristus, supaya kamu didamaikan dengan Allah.

Tiada kumpulan orang istimewa di rumah Tuhan kerana kita semua adalah saudara. Yesus datang untuk mewujudkan gangguan kepada status quo pada zaman-Nya dan sebagai lanjutan Kristus, kita mesti mengekalkan gangguan itu supaya pekerjaan-Nya tidak terhalang oleh tradisi manusia.

Aku memanggil Markus ke tempat kesaksian, memberi kesaksian tentang apa yang Yesus katakan mengenai perintah-perintah-Nya dan tradisi manusia:

Markus 7:8

Bible yang Diperkuat

[8] Kamu mengabaikan perintah Allah, dan berpegang teguh pada adat istiadat manusia."

Jadi, jika perintah dalam Markus 16:15-18 tidak berkesan di gereja kita, ini bermakna tradisi manusia telah menggantikan perintah Tuhan untuk pergi, menjadikan murid-murid-Nya sambil menunjukkan kuasa-Nya kepada orang yang tidak percaya.

Jika Tuhan yang telah menahbiskan kita, apakah penahbisan manusia? Kecuali untuk menyebarkan tradisi manusia. Biarlah Tuhan menjadi Tuhan dan biarlah setiap lelaki atau wanita atau organisasi menjadi pembohong!!!

Kedudukan kita tidak seperti kedudukan tanggungjawab dunia. Kita harus menjadi pemimpin yang melayani di semua bidang. Bacalah pepatah Yesus dalam

Markus 9:35

Bible yang Diperkuat

35 ***Setelah Yesus duduk [untuk mengajar], Dia memanggil kedua belas murid-Nya lalu berkata kepada mereka, "Jika sesiapa ingin menjadi yang pertama, dia harus menjadi yang terakhir dan menjadi pelayan bagi semua orang."***

Sekarang, MINISTATION: **Cukuplah untuk penyakit, kemiskinan dan kematian rohani dan selamat datang ke penyembuhan, pembebasan dan pemulihan roh dan jiwa anda.**

Siri hari ini ialah Cukuplah, Dikuasakan oleh Kelaparan untuk MENERIMA daripada Tuhan dan Kemurkaan kepada Iblis kerana MEROMPAK warisan kita tanpa sedar! – Bahagian 1

Pada akhir pesanan ini, saya akan menjemput anda melalui media ini untuk menjalin hubungan dengan Yesus yang hidup bagi keselamatan roh anda, kemudian pembebasan bagi keselamatan jiwa anda dan penyembuhan serta pemulihan bagi keselamatan tubuh anda dan apa sahaja yang telah anda hilang dalam nama Yesus Kristus. Saya meletakkan doa persetujuan di sana, anda hanya perlu menyentuh dan anda akan disempurnakan. Tetapi pertama sekali, kita perlu berbincang supaya anda boleh berada dalam kerangka minda yang betul untuk menerima daripada Tuhan.

Yesus menjelaskan dengan jelas misi dan visi-Nya, yang telah dan akan sentiasa ada untuk mendapatkan keselamatan—KEBEBASAN bagi semua manusia, sama ada hitam, putih, coklat, pendek, tinggi dan sebagainya dalam Lukas 4:17-21

Lukas 4:17-21

Terjemahan Sengsara

16–17 ***Apabila Dia tiba di Nazareth,*** [a] ***tempat Dia dibesarkan, Dia masuk ke rumah ibadat, seperti biasa pada hari Sabat. Apabila Yesus datang ke hadapan untuk membaca Kitab Suci,*** [b] ***mereka menyerahkan gulungan kitab nabi Yesaya kepadanya. Dia membuka gulungan kitab itu dan membaca di tempat yang tertulis,*** 18–19 ***"Roh Tuhan ada pada-Ku, dan Dia telah mengurapi Aku untuk menjadi harapan*** [c] ***bagi orang miskin, kebebasan bagi orang yang patah hati, dan mata baharu*** [d] ***bagi orang buta, dan untuk memberitakan kepada orang tahanan,*** [e] ***'Kamu telah dibebaskan!' Aku datang untuk berkongsi mesej Jubli ,*** [f] ***kerana masa penerimaan Tuhan yang besar*** [g] ***telah bermula."*** [h]

20 ***Selepas dia membacanya, dia menggulung gulungan itu, memberikannya kembali kepada pendeta itu , lalu duduk. Semua orang merenung Yesus, tertanya-tanya apa yang akan dikatakannya.*** 21 ***Kemudian dia berkata, "Naskah-naskah ini telah berlaku hari ini di hadapan kamu."***

Yesus menunjukkannya, dan meninggalkan kita perintah untuk pergi melakukan perkara yang sama – membawa pembebasan kepada tawanan. Bacalah ini dalam **Markus 16:15-19**

Terjemahan Sengsara

[15] Lalu Ia berkata kepada mereka: "Pergilah ke seluruh dunia, dan beritakanlah Injil kepada seluruh umat manusia! [16] Sesiapa yang percaya kepada Injil dan dibaptis akan diselamatkan, dan sesiapa yang tidak percaya kepada Injil akan dihukum. [17] Tanda-tanda ajaib ini akan menyertai orang yang percaya: Mereka akan mengusir roh-roh jahat dengan kuasa nama-Ku. Mereka akan berkata-kata dalam bahasa roh. [18] Mereka akan dilindungi secara gaib daripada ular dan daripada minum apa-apa yang beracun. [a] Dan mereka akan meletakkan tangan atas orang sakit dan menyembuhkan mereka."

[19] Selepas Yesus berkata demikian, Dia terangkat ke syurga lalu duduk di sebelah kanan Allah.

Jika anda melihat teks di atas dengan teliti, dalam ayat 16 kita melihat keselamatan untuk roh kita; dalam ayat 17, kita melihat keselamatan untuk jiwa kita dan ayat 18, kita melihat keselamatan untuk tubuh kita.

Ramai di antara kita telah berpuas hati dengan ayat 16 – keselamatan roh kita sehingga menjejaskan jiwa dan tubuh kita. Kita telah meninggalkan dua ayat terakhir yang sangat penting bagi kita untuk menikmati kebebasan sepenuhnya. Menariknya, ketiga-tiga ayat tersebut menghendaki kita percaya dengan iman untuk menerima. Kita tidak mempunyai masalah untuk mengakui Yesus. Kita mempunyai masalah untuk mengakui penyembuhan dan pembebasan serta menuntut kemenangan yang diperoleh

Yesus untuk kita dengan darah-Nya sendiri. Oleh itu, kerana kejahilan, kita menderita dan hari-hari kita dipendekkan. Kita juga gagal memancarkan cahaya Kristus kepada dunia sebagai bukti praktikal kepada saya. Kita bercakap, bercakap dan bercakap tetapi tiada pengesahan mesej tersebut.

Yesus tidak pernah mengutus sesiapa pun tanpa tanda dan keajaiban yang menyertainya kerana alam semesta perlu memanggil alam semesta. Manusia adalah makhluk rohani dan roh mereka bergema dengan kejadian ghaib. Memandangkan sebahagian besar gereja telah memandang rendah perkara ghaib, alternatif lain yang kurang menarik telah menemui jalan mereka ke dalam tubuh Kristus. Ia menyayat hati, ia memalukan dan ia sepatutnya membuatkan kita marah atas pembohongan yang telah kita percayai oleh musuh jiwa kita dan yang dahagakan semua yang Tuhan sediakan untuk kita.

Kita tidak boleh menimba dari alam roh dengan hati yang suam-suam kuku, saya bersikap baik dan masih mengharapkan yang terbaik daripada Tuhan.

Yesus berkata di dua tempat penting dalam kitab suci tentang keperluan untuk mendapatkan semua Tuhan. Saya memanggil ke tempat kesaksian hari ini **Matius 5:3,6 Terjemahan Sengsara**

3 "Betapa besarnya kekayaan yang ditawarkan kepadamu [a] apabila kamu merasakan kemiskinan rohanimu! [b] Kerana tidak ada bayaran untuk memasuki kerajaan syurga.

6 "Betapa kayanya kamu apabila kamu menginginkan kebenaran! [a] Kerana kamu akan dikelilingi dengan buah-buahan .

Jika anda melihat ayat 3, ia membincangkan tentang kemiskinan - Merasakan kemiskinan, keselamatan telah diberikan kepada anda. Jangan cuba memaksa orang untuk menyerahkan hidup mereka kepada Kristus. Mereka perlu sampai ke tahap di mana mereka menyedari betapa miskinnya mereka tanpa Kristus melalui kehidupan kita sebagai contoh kepada orang yang tidak percaya. Malah, kita diberitahu bahawa penyembuhan, pembebasan dan pemulihan harus menjadi tanda kepada orang yang tidak percaya. Kerana kita tidak mempunyai tanda-tanda, orang ramai bergantung pada pagar, walaupun di gereja - suam-suam kuku sepenuhnya terhadap perkara-perkara Tuhan. Tunjukkan tanda-tanda dan lihatlah keselamatan Tuhan.

Ayat kedua dalam ayat 6 menggunakan perkataan "menginginkan" kebenaran. Perkataan lain untuk kebenaran ialah "kebaikan" atau "keadilan". Yesus mengatakan jika anda tidak mengingini kebaikan atau keadilan, maka buah-buahan tidak akan ada dalam hidup anda dan saya.

Bagaimana lagi saya boleh menjelaskan ini agar anda faham bahawa jika pencipta alam semesta telah memberi saya semua yang saya perlukan untuk hidup dan kesalehan dan saya tidak menginginkan itu, kebaikan itu, atau keadilan itu, maka itu adalah ketidakadilan dan keburukan yang lebih besar dalam pengalaman kita sehari-hari.

Yesus juga bercakap tentang akibat daripada sikap suam-suam kuku – Saya menyeru ke tempat saksi:

Wahyu 3:16

Bible yang Diperkuat

16 Oleh kerana engkau suam-suam kuku (tidak berguna secara rohani), dan tidak panas dan tidak sejuk, Aku akan

memuntahkan engkau dari mulut-Ku [menolak engkau dengan jijik].

Tuhan bergairah terhadap jiwa-jiwa. Sehingga Dia terpaksa mengutus Anak-Nya untuk datang mati bagi kita supaya kita dapat mengambil semua yang telah dicuri. Dia memberitahu anda dan saya untuk berperang hingga ke pintu gerbang musuh dan mendapatkan kembali jiwa-jiwa. Tunjukkan bahawa anda mengambil kembali rampasan dengan tanda-tanda supaya orang lain yang berada di pagar juga masuk: Baca saksi lain: **1 Yohanes 3:8**

Bible yang Diperkuat

8 Barangsiapa yang berbuat dosa [memisahkan dirinya daripada Tuhan, dan menyinggung perasaan-Nya dengan perbuatan tidak taat, tidak peduli, atau memberontak] berasal dari Iblis [dan mengambil watak batin dan nilai moralnya daripadanya, bukan Tuhan]; kerana Iblis telah berdosa dan melanggar hukum Tuhan sejak semula. Untuk tujuan inilah Anak Tuhan muncul, iaitu untuk memusnahkan perbuatan Iblis.

Dan Yesus memanggil anda untuk melakukan perkara yang sama dan bersungguh-sungguh. Bersikap teguh dan ambil kembali semua, bukan sebahagian, semua yang telah dicuri musuh dan dahagakan semua yang Dia ada untuk anda.

Saya mempunyai dua (2) cerita untuk menyokong mesej hari ini, untuk membina iman anda dan kemudian kita akan berdoa untuk keselamatan roh, jiwa dan tubuh dalam nama Yesus Kristus.

Semasa anda membaca cerita-cerita ini, cari **A, B, C, D, E, Dikuasakan oleh F dan G** – Penghargaan: **A – Ketersediaan** ; B – **Keberanian** ; C – **Kasih Sayang** ; D –

Keazaman; E – **Ernest Love** ; Dikuasakan oleh **F: Kemarahan yang Berapi-api** dan G: **Kelaparan yang Hebat**

Cerita satu: oleh Norvel Hayes: Kerja Keajaiban – Keajaiban kreatif di tangan anak perempuannya

Saya telah melawat pelbagai jenis gereja di seluruh negara dan, secara keseluruhannya, Gereja kurang mengetahui tentang kurnia melakukan mukjizat berbanding mana-mana kurnia Roh Kudus yang lain.

Tuhan mempunyai kurnia yang diberikan kepada Gereja yang dipanggil pengerjaan mukjizat.

Apakah itu melakukan mukjizat? Ia adalah kurniaan kuasa, di mana kuasa dari Tuhan dihantar dari syurga ke bumi untuk melakukan sesuatu yang di luar pemikiran semula jadi manusia. Apabila Tuhan melakukan mukjizat, mukjizat ghaib, sangat sukar bagi manusia untuk mempercayainya.

Anak perempuan saya mula mengalami simpulan di seluruh badan, terutamanya di tangannya.

Apakah simpulan otot?

Simpulan otot adalah bahagian otot yang keras dan sensitif yang menegang dan mengecut walaupun otot dalam keadaan rehat. Serat otot yang tegang ini boleh menyebabkan kesakitan di bahagian badan yang lain apabila disentuh. Ia juga dikenali sebagai titik pencetus.

Saya tidak dapat berbuat apa-apa mengenainya. Saya berdoa dan berdoa. Kemudian saya meminta pakar bedah untuk memotong mereka. Tetapi mereka kembali dan membawa semua sepupu dan saudara mereka bersama mereka. Saya berdoa lagi, dan mereka menjadi lebih besar. Saya berdoa lebih banyak, dan mereka merebak. Saya tidak tahu apa yang perlu dilakukan.

Saya ada berita untuk anda: Yesus tahu apa yang perlu dilakukan.

Pada suatu malam, saya sedang berjalan melalui ruang tamu saya, hanya memikirkan hal saya sendiri, dan tiba-tiba saya pergi ke dunia lain. Saya tidak lagi berada di ruang tamu saya. Saya berada di dunia tempat Tuhan tinggal. Dia mula bercakap dengan saya.

Dia berkata, "Berapa lama lagi kamu akan bersabar dengan ketumbuhan pada badan anak perempuan kamu itu?"

"Berapa lama lagi aku akan bersabar dengan mereka? Mereka tidak akan menyerangku, Yesus."

Dia berkata, "Engkaulah ketua rumah ini."

Sesetengah lelaki tidak menyedari bahawa apa yang berlaku di rumah mereka adalah salah mereka—salah mereka dan Syaitan. Tuhan dengan jelas memberitahu saya dengan jelas bahawa itu adalah salah saya kerana anak perempuan saya mempunyai 42 simpul di badannya.

Bagaimana mungkin ia salah saya? Iblis yang meletakkan mereka di situ. Saya tahu, tetapi saya mempunyai hak, autoriti, kuasa, dan nama Yesus untuk memecahkan kuasa-Nya dan mengusir-Nya, untuk menuntut keajaiban daripada Tuhan untuk anak perempuan saya. Bahagian yang menyedihkan ialah, saya tidak melakukannya. Jadi, seiring hari, minggu dan bulan berlalu, tubuh kecilnya semakin dipenuhi dengan simpulan. Disebabkan kejahilan saya tentang kurnia melakukan mukjizat dan kegagalan saya untuk mengambil alih kuasa ke atas Iblis di rumah saya sendiri, anak perempuan saya mempunyai tangan yang paling hodoh semasa di sekolah menengah.

Tuhan menyuruh saya mengutuk perkara-perkara itu atas nama-Nya, dan perkara-perkara itu akan lenyap. Tetapi Dia memberitahu saya bahawa saya harus percaya dan tidak ragu-ragu.

Sebaik sahaja Dia berkata demikian, saya mula kembali ke dalam tubuh saya. Berdiri di ruang tamu saya, saya kembali menjadi Norvel Hayes. Saya mendapati diri saya berdiri di sana sambil menangis dan menggeletar.

Saya terdesak. Anak perempuan saya telah merayu kepada saya untuk membantunya. Tangannya sangat hodoh sehingga dia malu walaupun untuk berpacaran.

Apabila saya pulang daripada bercakap dengan Tuhan, saya masuk dan mengutuk mereka dalam nama Yesus, menyuruh mereka mati dan menghilang. Saya menuntut kemenangan agar kuasa Tuhan datang dan memberi anak perempuan saya tangan baharu, untuk melakukan keajaiban untuknya.

Awak kena cakap apa yang awak maksudkan. Selagi awak terus memarahi dan mengabaikan tanggungjawab awak untuk berdiri teguh di atas Firman Tuhan, saya ada berita untuk awak: awak takkan dapat apa-apa. Awak cuma perlu banyak berdoa.

Anda boleh menjadi guru Bible, pengkhutbah Bible, penginjil, atau apa sahaja yang anda mahukan, tetapi jika anda tidak berpegang teguh pada Firman Tuhan untuk keluarga anda sendiri, Iblis akan datang dan menyerang keluarga anda. Anda perlu menghalau Iblis keluar.

Anda perlu marah kepada Iblis dan menuntut kuasa Tuhan melalui iman.

Pada suatu petang, saya terdengar bunyi bising di bilik Zona, seperti almari pakaian terbalik. Dia berlari menyusuri lorong, memegang tangannya di hadapannya, sambil menangis, "Ayah! Ayah! Ini menakutkan saya. Ini menyeramkan. Lihat tangan saya. Saya ada tangan baru! Saya ada tangan baru!"

Saya melihat, dan kedua-dua belah tangannya berkilat. Itu adalah tangan tercantik yang pernah saya lihat pada seorang gadis berusia 16 tahun. Saya memegang tangannya yang kecil dan mengangkatnya. Ia kelihatan seperti kulit bayi, begitu kemerahan dan segar, seperti kulit bayi selepas mandi.

Dia berkata, "Saya hanya berdiri di sana, Ayah, dan saya termenung seketika. Apabila saya menoleh ke belakang, saya mempunyai tangan baru! Saya mempunyai tangan baru! Saya faham Yesus melakukan sesuatu untuk ayah kerana ayah bekerja untuk-Nya, Ayah. Adakah ayah bermaksud memberitahu saya bahawa Yesus cukup mengasihi seorang gadis berusia 16 tahun sehingga dia sanggup memberikan tangannya yang baru?"

Saya berjalan ke arahnya dan memegang tangannya sekali lagi. Saya berkata, "Ya, sayang, Yesus sangat mengasihi gadis-gadis berusia 16 tahun sehingga datang ke rumah mereka dan memberi mereka keajaiban tangan baharu."

Saya ingin anda tahu bahawa saya sentiasa memberi kesaksian tentang tangan anak perempuan saya. Saya berkongsinya setiap kali saya berpeluang. Saya telah berkongsinya di TV beberapa kali, dan apabila saya berkongsinya di TV di Los Angeles, pengacara majlis mula menangis teresak-esak sehingga dia tidak dapat berbuat apa-apa. Di mana sahaja saya menceritakannya, Roh Tuhan mengurapi dan melayang ke atas saya semasa saya menceritakan tentang keajaiban Tuhan untuk anak perempuan saya.

Tuhan mahu anda tahu dan percaya bahawa Dia adalah Tuhan yang melakukan keajaiban.

Saya ingin anda tahu bahawa anda boleh sampai ke tempat di mana anda mempercayai Alkitab sendiri. Anda boleh percaya akan keajaiban anda sendiri. Apabila sesuatu kelihatan mustahil, lihatlah kepada Tuhan dan percayalah kepada-Nya sendiri. Berdirilah di sana kerana anda adalah anak Tuhan, sambil berkata, "Saya percaya kepada Tuhan," dan Dia akan melepaskan kuasa-Nya untuk anda. Ia adalah ledakan kuasa yang cukup besar untuk menutupi pokok oren. Ia adalah ledakan kuasa yang boleh membuat mata kapak terapung. Ia adalah kuasa yang cukup untuk membuat keldai bercakap. Ia adalah kuasa yang cukup untuk mencipta tangan-tangan baharu. Ia adalah ledakan kuasa untuk memberikan apa sahaja yang anda mahukan, dan Tuhan melakukannya dengan begitu mudah.

Satu ledakan kuasa datang ke rumah saya untuk memberikan anak perempuan saya tangan-tangan baru. Setiap kali saya menghubunginya dan berkata, "Sayang, Roh Kudus menyuruh saya memberitahu mereka tentang keajaiban yang dilakukan Yesus untuk tangan kamu," dia selalu bertanya, "Adakah Ayah memberitahu mereka, bahawa ketika Yesus memberi saya keajaiban, tiada satu pun simpulan itu yang pernah pulih?" Tiada apa-apa yang pernah pulih. Tuhan adalah Tuhan yang melakukan keajaiban.

Mukjizat adalah satu kurnia. Kurnia untuk melakukan mukjizat adalah untuk anda, seperti yang dikehendaki oleh

Roh. Tetapi berilah perhatian. Roh Kudus sentiasa menghendaki orang-orang yang percaya kepada bab ke-12 1 Korintus. Anda lihat, itulah bahagian yang indah. Roh Kudus sentiasa menghendaki orang-orang yang percaya kepada Alkitab! Kemuliaan bagi Tuhan selama-lamanya.

Doa untuk Mukjizat

Jika anda memerlukan keajaiban daripada Tuhan, dan anda mahukan keajaiban daripada Tuhan, dan anda percaya bahawa Yesus adalah pembuat keajaiban anda, terimalah keajaiban anda sekarang. Tidak mengapa apa pun keajaiban itu. Yesus akan memberikan anda keajaiban yang anda perlukan. Ia diberikan oleh Roh Tuhan, seperti yang dikehendaki oleh Roh.

Katakanlah: "Terima kasih, Yesus. Engkau pembuat mukjizat. Firman itu benar. Kebenaran akan membawakan aku mukjizat, jika aku mempercayainya. Dan aku mempercayainya. Ia adalah hadiah, percuma dari syurga, kepada orang percaya. Ia adalah sejumlah kuasa yang meletup dan datang serta melakukan yang mustahil.

"Terima kasih, Yesus, untuk bab kedua belas kitab Korintus Pertama. Aku menerima mukjizatku dalam nama Yesus. Terima kasih, Yesus, untuk mukjizatku."

Cerita 2: India oleh Schambach

Ketika saya menjadi pastor di sebuah gereja pada awal tahun 1950-an, kami menaja seorang mubaligh di India dengan membayar gajinya. Dia menghabiskan tiga puluh tahun di sana—tiga puluh tahun yang panjang.

Pada satu ketika, dia memberitahu saya sesuatu yang membuatkan saya tidak mahu menyokongnya. Dia berkata dia telah menghabiskan tiga puluh tahun di India dan tidak pernah melihat seorang pun penganut Islam dilahirkan semula. Saya berkata, "Apakah jenis pelaburan yang saya buat? Kita melabur wang dan mengekalkan lelaki itu di India untuk menyebarkan Injil dan tiada seorang pun yang diselamatkan. Sudah tiba masanya untuk menyusun semula keutamaan kita." Jadi saya pergi ke India untuk mengetahui apa yang sedang berlaku.

Kali pertama saya melawat pada tahun 1956, saya berdakwah kepada 50,000 orang. Saya melawat semua pasar. Saya melihat pengemis, orang buta, dan orang yang tidak dapat berjalan. Saya tidak pernah melihat begitu ramai orang sakit. India adalah salah satu negara termiskin di dunia dengan begitu ramai orang yang tiada tempat tinggal dan tidak berduit.

Kami melabur ribuan dolar untuk membina sebuah struktur yang melindungi orang ramai daripada terik matahari supaya mereka dapat mendengar Injil. Pada hari pembukaan itu, saya sangat teruja. Saya berkhutbah selama dua jam, dan jurubahasa saya menterjemah selama dua jam —selama empat jam. Mereka mahu saya meneruskan. Apabila saya memberikan panggilan altar, saya sangat kecewa. Saya telah berkhutbah kepada 50,000 orang, dan tiada seorang pun yang menerima Yesus.

Fikiran saya kembali kepada mubaligh itu dan saya berkata, "Ya Tuhan." Tetapi saya tahu Tuhan memanggil kita untuk melakukan lebih daripada sekadar memberitakan Firman. Dia memanggil kita untuk menunjukkan Injil.

Walaupun tiada seorang pun yang tampil ke hadapan untuk menerima Kristus, dan orang ramai jelas bersedia untuk berkat, saya berkata, "Saya belum selesai sekarang. Tuhan berfirman bahawa tanda-tanda mengikuti Firman-Nya. Saya melakukan apa yang Tuhan panggil saya lakukan; sekarang saya akan membiarkan Tuhan melakukan apa yang Dia katakan akan Dia lakukan." Saya menjemput tiga orang daripada hadirin untuk tampil ke hadapan—mereka adalah pengemis. Saya tahu siapa mereka. Seorang buta, seorang pekak dan bisu, dan seorang lagi seorang wanita lumpuh yang tidak pernah berjalan tegak. Dia berjalan dalam kedudukan mendatar di atas tumit kakinya dan tumit tangannya. Dia menghidap penyakit yang menghalangnya daripada berdiri tegak.

Dengan 50,000 orang yang menonton, saya meletakkan tangan ke atas wanita buta itu dahulu. Saya berkata, "Dalam nama Yesus, aku perintahkan mata-mata buta ini untuk melihat." Seketika itu, Tuhan membuka matanya dan dia berlari melalui penonton, sambil menjerit dalam bahasanya sendiri, "Aku dapat melihat! Aku dapat melihat!"

Seterusnya saya pergi kepada orang yang pekak dan bisu itu dan meletakkan jari saya di telinganya dan ibu jari saya di lidahnya. Saya berkata, "Dalam nama Yesus, aku perintahkan roh pekak dan bisu ini keluar!" Serta-merta, roh itu bertindak balas dan lelaki itu mula bertutur dalam Bahasa Inggeris dalam beberapa minit. Dia tidak tahu bahasanya sendiri. Dia seorang pekak dan bisu, tetapi Tuhan telah membuka telinganya dan melonggarkan lidahnya.

Apabila tiba masanya untuk berdoa untuk wanita yang cacat itu, saya berkata, "Sekarang saya akan meletakkan tangan ke atas wanita ini atas nama Muhammad. Saya akan memberinya masa yang sama." Jurubahasa saya tidak mahu menterjemahkan kenyataan ini. "Tolong lakukan apa yang saya minta Tuan lakukan—percayalah kepada pimpinan Roh Kudus dalam hal ini." Yang lebih sesuai dengan penceritaannya pada tahun-tahun kemudian. Pada asalnya ia adalah "Lakukan apa yang saya suruh. Awak adalah jurubahasa saya; saya adalah hamba Tuhan."

Tiada seorang pun dalam kalangan hadirin yang menjangkakan dia akan bangun, kerana mereka tahu Muhammad telah mati. Saya berkata, "Sekarang, itulah perbezaan antara tuhan yang kamu sembah dan Tuhan yang aku sembah. Aku datang ke sini bukan untuk meletakkan tuhan kamu; aku datang untuk mengangkat tuhanku. Kamu melawat makam kamu. Aku melawat makamku, tetapi makamku kosong kerana Dia tiada lagi di sana. Itulah perbezaan antara makam-makam itu. Aku datang untuk memberitahu kamu bahawa Yesusku tidak mati—Dia hidup, dan Dia sama hari ini seperti semalam."

Saya meletakkan tangan ke atas wanita itu atas nama Muhammad dan berkata, "Bangunlah dan berjalanlah atas nama Muhammad." Seseorang bertanya kepada saya apa yang akan saya lakukan jika dia bangun. Saya rasa saya akan memeluk agama Islam. Tetapi dia tidak bangun.

Jadi saya berkata, "Saya akan menggunakan nama yang di atas setiap nama, nama Yesus—Anak Domba yang disembelih untuk dunia. Yesus mati untuk rakyat India dan untuk seluruh dunia." Wanita itu tidak pernah mengambil langkah tegak selama lima puluh lapan tahun. Saya meletakkan tangan ke atasnya dalam nama Yesus dari Nazareth dan berkata, "Dalam nama Yesus, bangun dan berjalanlah." Dia berdiri tegak dan berjalan buat pertama kalinya dalam hidupnya, kerana Yesus Kristus adalah Tuhan!

Tahukah anda apa yang berlaku? Orang ramai dalam kumpulan itu mula melompat keluar dari pokok, dan sekumpulan orang ramai berlari ke arah saya. Saya melompat di belakang jurubahasa saya. Saya sangka mereka akan menampal tar dan bulu saya dan menghalau saya keluar dari negara mereka. Saya tidak pernah melihat serbuan orang ramai sebegini. Mereka menjerit sesuatu dengan kuat. Saya bertanya kepada jurubahasa saya, "Apa yang mereka katakan?"

Dia berkata, "Mereka berteriak, 'Yesus hidup! Yesus ialah Kristus! Yesus ialah Tuhan!' Mereka datang untuk diselamatkan." Sungguh mengujakan! Tiada seorang pun daripada mereka yang datang ketika saya berkhutbah, tetapi apabila mereka melihat demonstrasi Injil, mereka datang.

Tuhan telah memanggil Gereja untuk menunjukkan kuasa-Nya. Tidakkah anda gembira Dia masih hidup hari ini?

Kemudian pergilah Filipus ke kota Samaria dan memberitakan Kristus kepada mereka. Dan orang banyak itu dengan bulat mendengar apa yang dikatakan oleh Filipus, ketika mereka mendengar dan melihat mujizat-mujizat yang dilakukannya.

(Kisah Para Rasul 8:5-6).

Keselamatan untuk rohmu:

Doa Keselamatan – Ucapkan & Maknakannya Sekarang!

Adakah anda bersetuju dengan semua yang telah anda baca setakat ini? Jika ya, jangan tunggu lagi untuk memulakan hidup baharu anda dalam Yesus Kristus. Ingat, doa ini bukanlah formula ajaib. Anda hanya meluahkan isi hati anda kepada Tuhan. Doakan ini bersama kami:

"Bapa, aku tahu bahawa aku telah melanggar hukum-Mu dan dosa-dosaku telah memisahkan aku daripada-Mu. Aku benar-benar menyesal, dan sekarang aku ingin berpaling dari kehidupan dosaku yang lalu kepada-Mu. Ampunilah aku, dan bantulah aku untuk tidak berbuat dosa lagi. Aku percaya bahawa anak-Mu, Yesus Kristus, telah mati untuk dosa-dosaku, telah dibangkitkan dari antara orang mati, masih hidup, dan mendengar doaku. Aku mengajak Yesus untuk menjadi Tuhan dalam hidupku, untuk memerintah dan memerintah di hatiku mulai hari ini dan seterusnya. Utuslah Roh Kudus-Mu untuk membantuku mentaati-Mu, dan melakukan kehendak-Mu sepanjang sisa hidupku. Dalam nama Yesus aku berdoa, Amin."

Anda boleh memulakan perjalanan 40 hari mengikut kadar anda secara dalam talian melalui pautan ini https://www.otakada.org/get-free-40-days-online-discipleship-course-in-a-journey-with-jesus/

Adakah Anda Sakit atau Memerlukan Pembebasan atau Pemulihan?

Bagi mereka yang sakit atau tidak sihat dalam apa jua bentuk, atau memerlukan pembebasan? Atau pemulihan, sila sentuh titik di bawah dengan iman ***(Iman bermaksud melihat hasil positif yang tepat dari situasi semasa anda, mengetahui bahawa Yesus telah melakukan bahagian-Nya lebih daripada 2000 tahun yang lalu untuk menjamin penyembuhan dan pembebasan anda, pemulihan sebagai bayaran pendahuluan, mempercayai bahawa bayaran pendahuluan itu tersedia untuk anda gunakan, seperti baki positif dalam akaun semasa anda dengan bank, tiada soalan yang ditanya kerana kami bersetuju dengan anda dan mengumumkan SEGERALAH dalam nama Yesus Kristus, Amin)***

Dengan kuasa yang telah Engkau berikan kepadaku dan kepada mereka, aku menjalankan kuasa itu sekarang dalam iman dengan kemarahan mereka terhadap musuh dan rasa lapar untuk mendapatkan apa yang telah Engkau berikan dengan murah hati kepada kita semua, aku mengutuk setiap penyakit, setiap penyakit, baik itu kanser, COVID-19, baik itu roh kelemahan, baik itu kerasukan atau penindasan setan, baik itu roh kemiskinan, kemunduran, penggenapan yang tertangguh dari apa yang telah ditentukan dan dilepaskan oleh Tuhan.

Kami datang melawan anomali ini, saya mengikat mereka, kami mengutuk mereka hingga ke akar umbinya dan kami mengusir mereka dengan kuasa dalam nama Yesus Kristus. Amin. Kami menyerukan pembebasan penyembuhan, pembebasan dan pemulihan ke dalam hidup mereka dalam nama Yesus Kristus yang perkasa. Terima kasih Tuhan atas kesaksian yang kekal bagi kemuliaan, kehormatan dan pemujaan-Mu. Terima kasih atas jiwa-jiwa yang ditambahkan ke dalam kerajaan-Mu sebagai hasil daripada mesej ini, mukjizat yang telah kami lihat sekarang dan dimanifestasikan untuk kemuliaan-Mu dalam nama Yesus, Amin. Ia telah selesai! Bersukacitalah!

Sentuh tempat ini yang diserlahkan sebagai titik sentuhan dan akui dengan mulut anda – SAYA TELAH SEMBUH, SAYA TELAH DILEPASKAN dan SAYA TELAH DIPULIHKAN dalam Roh, Jiwa, Tubuh dan seluruh sekeliling saya dalam nama YESUS Kristus, Amin!!!

Mulakan melakukan apa yang anda tidak dapat lakukan sebelum ini dan mula mengaku sehingga penyembuhan sepenuhnya, pemulihan pembebasan menjadi buah dalam hidup anda dalam nama Yesus, amin. Kekallah dahaga akan semua Tuhan, kekallah marah dan ambil kembali semua yang telah ditahan oleh musuh dalam nama Yesus, amin.

Nota:
Bersaksi tentang penyembuhan untuk kemuliaan Tuhan dan memalukan musuh! Hantarkan e-mel atau whatsapp kepada kami jika anda masih memerlukan kami bersetuju dengan anda mengenai isu ini. Dan berhubunglah di siri kelengkapan bermula minggu depan Khamis. Dapatkan maklumat lanjut tidak lama lagi di laman web kami!

Eksploitasi Lebih Besar - 1 - Bab 3 - Ketahui Caranya daripada Tokoh-tokoh Hebat dalam bahagian 2

Cukuplah untuk Ketawanan dan selamat datang ke Kebebasan – Cara menyembuhkan atau disembuhkan daripada COVID-19, Kanser & Lain-lain – Bahagian 2

Ini Siri Melengkapi untuk Penyembuhan, Pembebasan dan Pemulihan untuk Diri Sendiri dan Orang Lain!

Latihan Amalan Praktikal untuk Penyembuhan, Pembebasan dan Pemulihan

Cari pautan podcast yang memperincikan sesi penyembuhan dan pembebasan

di sini https://anchor.fm/otakada.org/episodes/Enough-is-Enough-to-Captivity-and-welcome-to-Freedom—How-to-heal-or-be-cured-of-COVID–19–part-2-er35cm
Lihat Pautan Youtube: https://youtu.be/ydFE_lD8SqU Anda akan menemui dalam video ini Cara sembuh atau disembuhkan daripada COVID-19, Cara Menyembuhkan atau disembuhkan daripada Kanser; Cara Menyembuhkan atau disembuhkan daripada Tekanan Darah Tinggi, dan lain-lain. Satu proses mudah melalui pelayanan dalam penyembuhan, pembebasan dan pemulihan dalam Roh,

Jiwa, Tubuh dan semua di sekeliling anda. Selamat menikmati!

Eksploitasi Lebih Besar - 1 - Bab 4 - Ketahui Caranya daripada Tokoh-tokoh Hebat - bahagian 3

Cukuplah untuk DIBAWAH syaitan dan Selamat Datang ke KEBEBASAN dalam Kristus Yesus – Pengaktifan ke dalam Perang Harian – Deklarasi Harian Doa untuk latihan langsung Memperlengkapkan diri sebagai ganti Doa – Bahagian 3- Skrip oleh Cindy Trimm

Sahabat-sahabat yang dikasihi, memindahkan diri atau manusia dari alam tawanan syaitan ke alam kebebasan adalah satu tindakan perang. Satu pengisytiharan perang. Bukan terhadap manusia tetapi terhadap musuh jiwa kita. Paulus dalam menasihati jemaat di Korintus dalam **2 Korintus 10:2-6**

Bible yang Diperkuat

[2] Aku memohon agar apabila aku datang, aku tidak akan terdorong kepada keberanian yang ingin aku tunjukkan kepada segelintir orang yang menganggap kami berjalan menurut daging [seperti manusia tanpa Roh]. [3] Kerana walaupun kami berjalan dalam daging [sebagai manusia fana], kami tidak menjalankan peperangan [rohani] kami menurut daging dan menggunakan senjata manusia. [4] Senjata peperangan kami bukanlah senjata fizikal [daging

dan darah]. Senjata kami berkuasa secara ilahi untuk memusnahkan kubu. [5] Kami memusnahkan hujah-hujah yang canggih dan setiap perkara yang sombong dan angkuh yang menentang pengetahuan [sebenar] tentang Tuhan, dan kami menawan setiap fikiran dan tujuan kepada ketaatan Kristus, [6] bersedia untuk menghukum setiap tindakan ketidaktaatan, apabila ketaatan kamu sendiri [sebagai gereja] telah lengkap.

Yesus berkata Aku akan membina gereja-Ku dan pintu neraka tidak akan mengalahkannya. Dia telah memberikan kunci kepada-Nya dalam kurnia Roh seperti yang ditegur oleh Paulus kepada jemaat di Korintus dalam 1 Korintus 12. Semua kurnia ini adalah untuk peperangan. Apabila kita tidak menggunakan kurnia ini, kita menanggung korban sebagai orang Kristian.

Ketika kita terlibat dalam peperangan dengan musuh tahun ini, mengisytiharkan cukup sudah cukup untuk ditawan, kita mesti bersedia untuk menggunakan kurnia roh dengan penuh semangat! Perisai ini adalah perisai rohani dan boleh dikuatkuasakan melalui cara rohani. Kita tidak boleh melawan musuh dengan pengetahuan atau akal, hujah atau rundingan atau kelembutan. Kita tidak boleh menguatkuasakan atau memakai seluruh perisai menggunakan senjata yang berdaging dan terikat di bumi. Efesus 6:11-18 boleh dikuatkuasakan dengan menggunakan 9 (sembilan) kurnia rohani dalam 1 Korintus 12. Itulah sebabnya kita tidak boleh jahil tentang hal ini. Jika ya, tidak mungkin kita dapat menarik diri atau orang keluar melalui sudut penguatkuasaan di mana kita dapat melihat hasil fizikal di bumi ini.

Enjin Cukup adalah Cukup untuk Tawanan daripada syaitan dan selamat datang kepada kebebasan dalam Kristus

Saya telah memasukkan dalam podcast ini dan video YouTube satu doa deklarasi harian selama 50 minit yang akan membantu anda berjuang dalam pertarungan iman yang baik dengan menyerang kerana itulah sebabnya Kristus datang, untuk memusnahkan pekerjaan si jahat (1 Yohanes 3:8). Itulah pada dasarnya pelayanan kita. Untuk berperang dan membawa orang ke dalam kerajaan Tuhan. Inilah enjin harian yang jika dilakukan dengan bersungguh-sungguh, akan memastikan kemenangan sepanjang masa. Berdoa tanpa henti adalah tempat berjaga-jaga untuk usaha yang berjaya bagi kerajaan Tuhan di bumi – Yesus memimpin melalui teladan dalam berdoa tanpa henti dan begitu juga kita.

Nikmati podcast/video ini dan tambahkan kata-kata anda sesuka hati, tetapi jadikan ia sebagai aktiviti harian. Saya juga akan memasukkan pilihan teks/PDF di laman web kami untuk dimuat turun melalui pautan blog. Sila luangkan masa untuk meluangkan sekurang-kurangnya satu jam di tempat solat. Ini hanyalah permulaan.

PS: Apabila kita diserang atau orang lain diserang, satu jam kita gagal berdoa di tempat rahsia menjadi berjam-jam penderitaan dalam tawanan Syaitan. Syaitan adalah seorang yang keras dan kita tidak boleh membiarkan peluang terbuka. Kita mesti menyerang dalam nama Yesus Kristus, Amin.

Doa Perisytiharan 50 minit dengan 100 deklarasi:

Pengaktifan ke dalam Peperangan – Deklarasi Harian

Saya telah menyusun senarai 92 injunksi di sini dan 100 pada versi audio yang akan berfungsi sebagai daya pengaktif yang mengumumkan kehadiran dan status tugas aktif anda dalam semangat. Perisytiharan yang dibuat diletakkan dalam bentuk doa, serupa dengan pernyataan angkat sumpah pegawai. Setiap satu daripadanya adalah berdasarkan kitab suci. Saya telah merujuk kitab suci yang menjadi asas setiap bahagian.

Gunakan doa ini setiap hari, dan doakan dari hati anda. Hafalkannya. Gunakan rujukan Kitab Suci dalam renungan harian anda. Pelajarilah. Ia akan memberi anda kuasa untuk melawan pertarungan iman yang baik. Saksikan keadaan dan situasi berubah menjadi lebih baik. Ingat, hanya apabila anda berada di tengah-tengah pertempuran atau situasi yang mustahil, dan apabila tiada sesiapa atau apa-apa yang dapat menyelamatkan atau membebaskan anda selain Tuhan, barulah seorang pahlawan sejati dilahirkan. Daripada berputus asa, mengalah, atau menjadi mangsa strategi musuh, anggaplah masa perjuangan, ujian, dan godaan anda sebagai peluang ilahi untuk dilatih dalam seni doa strategik dan peperangan rohani. Yakinlah bahawa masa-masa ini adalah tempat latihan yang tulen yang telah dipilih Tuhan untuk membawa anda ke dalam kekuasaan sejati. Seperti halnya bagi Daud, ia mungkin tempat yang Tuhan gunakan untuk melatih anda untuk peristiwa muktamad: **memaksimumkan potensi dan memenuhi tujuan dalam kelima-lima alam.**

Bible menyatakan dalam Ayub 22:27–28 bahawa anda harus "berdoalah kepada-Nya, dan Dia akan mengabulkan permintaanmu." Perkataan *membuat* bermaksud "menggubah, membina, atau mereka bentuk." Setiap satu daripada deklarasi berikut telah digubah, dibina, dan direka bentuk berdasarkan Kitab Suci. Rujukan kitab suci diberikan pada akhir setiap deklarasi. Semasa anda berdoa, berdoalah dengan jaminan bahawa "gerbang neraka tidak akan menang" (Mat. 16:18). Ingat, deklarasi ini dibuat untuk melawan roh dan bukan manusia. Jangan tunjukkan belas kasihan; jangan ambil tebusan! Ingatlah untuk menjadi seumum dan sespesifik mungkin apabila anda mempunyai butiran yang menggantikan saya untuk anda atau dia untuk wanita atau dia untuk wanita atau kita untuk mereka dll.

Doa Pengaktifan untuk peperangan rohani

Sebagai penggubal undang-undang rasmi Tuhan **dan ejen penguatkuasa undang-undang** :

1. **Aku datang** dalam nama Yesus yang telah bangkit, yang menjadi milik-Nya aku dan yang aku layani,

"supaya dalam nama Yesus bertekuk lutut segala yang ada di sorga dan yang ada di bumi dan yang ada di bawah bumi, dan segala lidah mengaku, bahawa Yesus Kristus adalah Tuhan" (Filipi 2:10–11; lihat juga Mazmur 82).

2. **Aku mempengaruhi** dan menguatkuasakan rancangan dan tujuan asal Tuhan yang bertentangan dengan rancangan dan tujuan Syaitan (Dan. 6).
3. **Aku menitahkan** dan mengisytiharkan bahawa dalam pertempuran ini tiada senjata intrinsik (dalaman) atau ekstrinsik (luaran), sama ada secara emosi, kewangan, sosial, fizikal, psikologi, interpersonal, rohani, atau organisasi, yang dibentuk untuk menentangku, akan berjaya (1 Sam. 17:47; Yes. 54:17; Yer. 51:20; Yohanes 14:30; 2 Kor. 7:5; Ef. 4:27).
4. **Aku mengenakan** ke atas diriku perisai terang dan perisai Tuhan (Rm. 13:12; Ef. 6:13–17):

- **Kebenaran untuk menutupi pinggangku (Mzm. 51:6)**

- **Pelindung dada kebenaran untuk menutupi hati dan rongga dadaku (Mzm. 5:12; 2 Kor. 6:7)**

- **Injil kedamaian untuk menutupi kakiku (Yes. 52:7)**

- **Perisai iman untuk melindungi tubuh saya secara defensif dan ofensif (Ibr. 10:38; 11:1, 6)**

- **Topi keledar keselamatan untuk menutupi kepalaku (Yes. 59:17; 1 Tesalonika 5:8)**

- **Pedang Roh, iaitu Firman Tuhan (Efesus 6:17; Why. 1:16)**

- **Tuhan Yesus Kristus (Rm. 13:14)**

- **Jubah kebenaran (Yes. 61:10)**
- **Kemuliaan Tuhan adalah ganjaranku (Yes. 58:8).**
- **Aku menitahkan** dan mengisytiharkan bahawa senjata peperanganku bukanlah senjata duniawi tetapi senjata yang perkasa melalui Tuhan (1 Sam. 17:45; Rm. 13:12; 2 Kor. 10:3–6; Ef. 6:13–18).
- **Aku merobohkan** kubu-kubu dan meruntuhkan segala angan-angan yang sia-sia dan setiap perkara yang sombong yang meninggikan dirinya melawan pengenalan akan Yesus Kristus. Fikiranku kini tunduk kepada ketuhanan Kristus (Yes. 14:13–14; Yeh. 28:2; 2 Kor. 10:5).
- **Aku berkata** bahawa pengurapan Tuhan memusnahkan setiap kuk dalam hidupku dan jiwa, roh, dan tubuhku kini berfungsi dengan teratur mengikut sistem protokol ilahi (1 Kor. 9:27; 14:40).
- **Aku berfirman** dan mengisytiharkan bahawa aku telah sembuh dan dipenuhi Roh; penyakit dan kelemahan jauh daripadaku (Yes. 53:5).
- **Aku menetapkan** parameter, sempadan, dan sempadan ilahi serta membuat undang-undang dan menetapkan hukum kerajaan syurga untuk mengawal semua aktiviti di dalamnya (1 Taw. 4:10; Mazmur 147:14; Yes. 60:18).
- **Saya menolak** (tidak membenarkan dan memveto) setiap sekatan jahat, aktiviti yang merosakkan, injunksi, arahan, mandat, atau perintah yang menentang kehendak Tuhan mengenai hidup, pelayanan, dan keluarga saya (Mat. 18:18).
- **Saya membatalkan** keputusan dan ketetapan jahat yang berkaitan dengan pelayanan saya, hidup saya, dan kehidupan ahli keluarga, rakan-rakan, dan rakan sekutu (Yes. 38:1–5; 39:6–8; Mat. 16:19).
- **Aku mengambil alih kawalan** ke atas saluran udara, galaksi, sistem, sfera, stratosfera, hemisfera,

atmosfera, alam, kawasan, dan domain (Yer. 1:10; Mat. 16:19; 18:18; 1 Kor. 6:2–3; Ef. 2:6; Why. 5:10; 11:12).

- **Aku menghalau** roh-roh agung dan melantik Mikhael, malaikat agung lain, dan bala tentara malaikat untuk menangani sebarang pertikaian, pertikaian, perbalahan, dan tentangan syaitan mengenai perintah ini (2 Raja-raja 7:5–7; 2 Taw. 32:21; Dan. 3:24–25; 6:22; 10:13; Mazmur 91:11; 103:20; Ibr. 1:14).
- **Aku mengisytiharkan** kejayaan usaha, sokongan, bala bantuan, dan bantuan ilahi dan malaikat. Menurut Firman-Mu dalam Mazmur 103:20, para malaikat kini "lebih hebat dalam kekuatan" untuk menghimpun dan melindungi diri, harta benda, dan milikku (2 Raja-Raja 6:17; Dan. 3:15–30; Kisah Para Rasul 12:1–10).
- **Ya Jehovah-Gibbor** , lawanlah mereka yang melawan aku; lawanlah mereka yang melawan aku. Peganglah perisai dan perisai kecil, dan berdirilah untuk pertolonganku! Hunuslah juga tombak dan lembing dan tutuplah jalan mereka yang mengejar dan menganiaya aku. Kenakanlah pakaian perang-Mu. Kerahkanlah rencana-Mu; kumpulkan persenjataan dan peluru-Mu dari gudang senjata ilahi-Mu. Nyalakan anak panah-Mu, kumpulkan perisai-Mu, dan biarlah pembalasan menjadi tujuan utama-Mu ketika Engkau menjatuhkan kereta, kuda, dan penunggangnya. Biarlah ketakutan melanda hati musuh-musuhku dan menyebabkan hati mereka lemah.
- **Aku menitahkan** dan mengisytiharkan bahawa dengan-Mu aku berlari menembusi tentera dan melompati tembok. Engkaulah Tuhanku: Tuhan yang mengikat pinggangku dengan kekuatan dan menjadikan jalanku sempurna. Engkaulah yang

menjadikan kakiku seperti kaki rusa, memberiku kestabilan supaya aku dapat berdiri teguh dan maju di puncak ujian dan masalah yang berbahaya. Engkau menempatkan aku dengan teguh di tempat tinggiku. Engkau mengajar tanganku berperang dan jari-jariku untuk berperang, memberikanku kekuatan dan kebolehan ghaib supaya lenganku mematahkan busur besi. Engkaulah Batu Karangku, Perisaiku, dan Menaraku yang Kuat. Engkau telah melengkapi aku dengan perisai keselamatan-Mu, dan tangan kanan-Mu menetapkan aku sebagai pemenang dalam pertempuran ini. Pukullah musuh. Berikan aku lehernya. Suruh aku mengejar dan menyusul mereka sehingga mereka cedera dan musnah, jatuh di kakiku, tidak akan bangkit lagi. Teguhkan namaku di syurga. Biarlah mereka yang mendengar tentang aku tunduk dan taat kepadaku.

- **Aku mengumumkan** bahawa Engkaulah yang telah memberkati aku. Engkaulah yang memberi aku kuasa. Bukan dengan kekuatanku mahupun kuasaku, tetapi dengan Roh Tuhan. Kerana apabila musuh datang seperti banjir, Roh-Mu akan mengangkat panji-panji melawannya (Keluaran 15:3; Ulangan 32:41–42; Mazmur 7:13; 18:29–50; 35:1–8; 144:5–7; Yes. 42:13–14; 59:16–19; Hag. 2:22).
- **Aku melarang** dan tidak membenarkan aktiviti penentangan selanjutnya daripada mana-mana personaliti syaitan dengan tugasan jahat yang berkaitan dengan hidup, pelayanan, dan keluargaku, dan aku berperang dengan mereka (Neh. 4:14).
- **Saya tidak bersetuju** dan melarang sebarang pemintasan, gangguan atau tentangan syaitan (Dan. 10:1–13).
- **Aku menentang** perbalahan, niat, provokasi, dan rundingan syaitan mengenai hidup dan jiwaku, dan meletakkan tujuan nubuat dan takdir ilahi di atas dan

terhadap semua aktiviti dan kuasa yang bertentangan yang bertentangan dengan kehendak Tuhan dalam Kristus Yesus mengenai hidupku (1 Sam. 1:1–8; 1 Raja-raja 22:1–23; 1 Taw. 21:1–2; Ayub 1:7–12; 3:25; Yudas 9).

- **Aku mengikat** gangguan syaitan dan menegur kepekatan syaitan (2 Sam. 11:1–2). Aku menghentikan dan melarang semua pengawasan syaitan (1 Sam. 18; Mat. 26:4; Markus 11:18; Lukas 6:11; Kisah Para Rasul 16:16–19).
- **Aku mengangkat** beban yang tidak berdasar dan menghilangkan perasaan berat, penindasan, dan kemurungan. Aku menyerahkannya kepada Tuhan yang menopang. Aku tidak akan goyah (Mzm. 12:5; 54:2; 55:22; Yes. 10:27; 61:3; Mat. 11:28–30; Yoh. 14:1).
- **Aku menitahkan** dan mengisytiharkan bahawa melalui pengurapan ini, semua perjanjian, kontrak, rantai, belenggu, ikatan, kecenderungan, dan tawanan yang bertentangan dengan, menentang, atau menghalang penggenapan rancangan dan tujuan asal Tuhan adalah putus. Aku dibebaskan daripada perikatan generasi/syaitan/iblis, kesetiaan, ikatan jiwa, roh pewarisan, dan kutukan. Aku memutuskan mereka dengan pedang Tuhan, darah, dan Roh. Aku berbicara kepada DNAku dan mengisytiharkan bahawa aku bebas daripada sebarang dan semua pengaruh yang diturunkan dari satu generasi ke generasi yang lain—secara biologi, sosial, emosi, fisiologi, psikologi, rohani, atau melalui saluran lain yang tidak aku ketahui tetapi diketahui oleh Tuhan. Aku menentang setiap roh yang bertindak sebagai penjaga pintu atau penjaga pintu bagi jiwaku, dan aku meninggalkan sebarang perikatan, pergaulan, kesetiaan, atau perjanjian sedar atau tidak sedar selanjutnya. Aku membuka diriku kepada

pembebasan ilahi. Bapa, tentukanlah jalan-Mu sekarang! Sempurnakanlah perkara-perkara yang berkaitan denganku (Ulangan 5:9; 7:8–9; Pengkhutbah 7:26; Yes. 61:1; Kisah Para Rasul 8:9–13; Gal. 5:1; 1 Tesalonika 5:23–24; 2 Tim. 2:25).

- **Aku menitahkan** dan mengisytiharkan bahawa perisai doa, pengurapan, tembok api, tabir asap, dan *garis keturunan* membentuk pagar perlindungan di sekelilingku dan menyembunyikanku daripada bencana musuh, roh-roh yang dikenali, dan sebarang personaliti jahat, yang menyukarkan, jika bukan mustahil, bagi mereka untuk menjejaki atau mengesanku secara berkesan di alam roh. Tidak akan ada lubang atau penembusan ke pagar perlindungan ini (Keluaran 12:13; Ayub 1:7–10; Mazmur 91; Zakharia 2:5).
- **Aku melepaskan** nama-Ku ke atmosfera dan mengisytiharkan bahawa para pahlawan doa, pemberi syafaat, dan penjaga kenabian sedang menjemput Aku di alam roh. Aku berfirman bahawa mereka tidak akan berhenti atau turun dari menara pengawal mereka sehingga tugasan mereka selesai. Aku menitahkan dan mengisytiharkan bahawa mereka akan menjalankan tugasan syafaat mereka di bawah arahan Roh Kudus dan Yesus Kristus, yang merupakan pemberi syafaat utamaku (Yer. 27:18; Yeh. 3:17; Lukas 18:7; Yohanes 16:13; Rm. 8:26–27, 34; Ibr. 7:25).
- **Aku menyatakan** dan mengisytiharkan bahawa Roh Tuhan ada padaku—roh hikmat, pengertian, nasihat ilahi, kekuatan ghaib, pengetahuan, dan rasa takut yang sepenuhnya kepada Yehuwa. Seiring kemajuanku, aku diberi kuasa ilahi dan bertambah dalam kemahiran dan pengertian (Yes. 11:2–3; Ef. 1:17–18; Kol. 1:9–11; 3:10).

- **Aku menghapuskan** dan memusnahkan tanggapan, ilusi, unjuran, persepsi, cadangan, syak wasangka, dan penipuan syaitan yang dipasang sebagai umpan atau hendap kepada jiwaku dan mereka yang ditugaskan untuk berdoa bersamaku, untukku, bagi pihakku, dan mereka yang bekerja denganku, ditugaskan kepadaku, dan berinteraksi denganku setiap hari (1 Raja-Raja 22:5–40; Kisah Para Rasul 13:50; 2 Tesalonika 2).
- **Aku dengan tegas menentang** tipu daya syaitan dan melarang perampasan pemikiran ilahi, ilham, wahyu, wawasan, kebijaksanaan, pengetahuan, dan pemahaman yang berasal dari takhta Bapa-Ku di syurga, terutamanya mereka yang memulakan, merangsang, mengekalkan, dan mengukuhkan kuasa kerajaan-Ku di alam bumi dan di syurga, dan yang memudahkan tujuan penebusan Tuhan (Mat. 13:19; Ef. 6:11).
- **Aku menghentikan** semua langkah yang mengganggu, mengganggu, dan merosakkan. Atas sebab inilah Anak Tuhan menyatakan diri, supaya Dia memusnahkan perbuatan musuh (Yohanes 2:15–17; Kisah Para Rasul 16:16–19; 1 Yohanes 3:8).
- **Aku menang** melawan segala kekangan, larangan, dan segala batasan syaitan. Aku menetapkan dan mengisytiharkan bahawa semua tembok yang tidak kelihatan dan tidak terkalahkan akan dimusnahkan (Yosua 6:1; Kol. 1:16).
- **Aku melaksanakan** penghakiman ilahi terhadap kegiatan syaitan/iblis, dan aku berperang dalam roh Elia dan Yehu (1 Raja-raja 18; 2 Raja-raja 9:1–10:28).
- **Saya tidak bersetuju** , membatalkan, membongkar, membatalkan, dan menentang secara paksa sebarang operasi, manuver, manipulasi, subversi, strategi, taktik, plot, rancangan, dan muslihat syaitan yang

direka untuk menghalang, mencegah, menggagalkan, menggagalkan, menafikan, atau melambatkan rancangan dan tujuan asal Tuhan daripada manifestasinya yang cepat, pantas, dan pantas, terutamanya pada masa dan waktu yang tepat (Dan. 7:25).

- **Saya melarang** pengubahan dan penukaran mana-mana masa atau hukum yang berkaitan dengan kehidupan dan pelayanan saya atau kehidupan keluarga saya. Saya bergerak secara serentak dan sinkopat mengikut pergerakan koreografi, simfoni, dan orkestra Tuhan (Kej. 1:1–5; Dan. 6:1–15; 7:15–27).
- **Saya menetapkan** bahawa jika undang-undang, statut, kodifikasi, rang undang-undang, piagam dan perlembagaan diubah, ia akan diubah untuk kepentingan saya supaya saya boleh makmur di tempat tugasan saya dan di tanah tempat saya menetap (Dan. 6:25–28).
- **Aku menetapkan** dan mengisytiharkan bahawa masa dan musimku berada di tangan Tuhan dan ia tidak akan diubah atau diselaraskan oleh sesiapa atau apa-apa. Aku berfungsi di bawah pengurapan bani Isakhar, dan Tuhan memberiku keupayaan ilahi untuk membezakan masa dan musimku dengan tepat (1 Taw. 12:32; Mazmur 31:15; Pengkhutbah 3:1–8; Daniel 2:21–22).
- **Aku menitahkan** dan mengisytiharkan bahawa mata rohku berfungsi dengan penglihatan 20/20 untuk pemahaman dan tafsiran yang betul tentang pergerakan ilahi. Telingaku selaras dengan frekuensi Roh yang betul, dan aku mempunyai transmisi yang jelas (2 Raja-raja 6:17; Ayub 42:5; Mazmur 119:18; Yes. 29:18; Yer. 1:11–16; 2 Kor. 4:4; 7:2; Ef. 4:18; Why. 4:1).

- **Aku menitahkan** bahawa hari ini aku beroperasi mengikut jadual waktu/kalendar ilahi Tuhan. Aku menitahkan bahawa agenda Tuhan adalah agendaku. Aku bukan milikku sendiri; aku telah dibeli dengan harga yang mahal. Oleh itu, aku menyerahkan diriku kepada-Nya sahaja. Aku mengisytiharkan bahawa, seperti Yesus, "Aku datang: dalam jilid kitab ada tertulis tentang aku" (Mzm. 40:7; lihat juga Mzm. 139:16; 1 Kor. 7:23; Yakobus 4:7).
- **Bapa, runtuhkan** rancangan para pembuat onar, pencemooh, pengejek, penganiaya, dan pembunuh watak. Dedahkan wakil-wakil syaitan dan kurniakan kepadaku strategi dan taktik ilahi untuk mengenal pasti, menentang, dan mengatasi komplot dan rancangan yang telah ditetapkan untuk kematianku (Est. 9:25; Mzm. 5:10; 7:14–16; 34:21; 35:1–8; 52:5; 83:13–17; 141:10; Ams. 26:27; 28:10; Dan. 3, 6; Mat. 7:15–23; 2 Kor. 11:14–15):
- **Hunuslah lembing-Mu dan hentikan mereka di jalan mereka.**
- **Biarlah mereka tersipu-sipu dan mendapat malu.**
- **Biarlah mereka jatuh oleh rancangan mereka sendiri.**
- **Biarlah mereka diundurkan dan dikelirukan.**
- **Biarlah mereka seperti sekam yang ditiup angin.**
- **Biarlah malaikat Tuhan menganiaya mereka.**
- **Biarlah jalan mereka melalui tempat-tempat yang gelap dan licin, dengan malaikat Tuhan mengejar dan menindas mereka.**
- **Biarlah mereka yang ingin dan menuntut nyawaku dipermalukan dan dihina.**
- **Biarlah mereka yang merancangkan kecelakaanku berpaling dan keliru.**

- **Biarlah kebinasaan datang kepada mereka secara tiba-tiba.**
- **Biarlah mereka jatuh ke dalam kebinasaan mereka sendiri.**
- **Biarlah kebinasaan menimpa mereka tanpa disedari.**
- **Biarlah mereka tersandung dan jatuh ke dalam kemusnahan yang telah mereka reka untukku.**
- **Biarlah mereka terluka dan dibinasakan oleh senjata-senjata yang telah mereka reka untukku.**
- **Biarlah mereka terjerat dalam jaring yang sama yang telah mereka pasang untukku.**
- **Biarlah mereka jatuh ke dalam lubang yang mereka gali untukku.**
- **Biarlah mereka digantung pada tali yang mereka bina untukku.**
- **Biarlah mereka dibakar dalam api yang telah mereka nyalakan untukku.**
- **Biarlah mereka dimakan oleh binatang-binatang yang telah mereka sediakan untukku.**
- **Bunuh mereka ketika mereka sedang melakukan kenakalan.**
- **Biarlah kerosakan mereka dibalas kepada mereka dua kali ganda.**
- **Cabutlah mereka dari tempat tinggal mereka.**
- **Singkirkan mereka dari negeri orang-orang yang hidup.**
- **Biarlah kejahatan membunuh mereka dan kesusahan menjadi nasib mereka.**
- **Jadikan mereka seperti roda yang berputar dalam kebingungan.**
- **Jadikan mereka seperti jerami ditiup angin.**

- **Jadikan mereka seperti kayu yang dibakar dengan api.**
- **Aniayalah mereka dengan badai-Mu.**
- **Menyebabkan ketakutan dan kegerunan mencengkam hati mereka.**
- **Biarlah mereka dimalukan dan diganggu selama-lamanya.**
- **Aku menggunakan** bala tentera syurga untuk berperang melawan bala tentera kegelapan (1 Sam. 17). Ambil alih kuasa, hentikan, dan letakkan moratorium terhadap pergerakan iblis dan aktiviti syaitan selanjutnya yang berpunca daripada:
- **Alam maut dan enam kawasannya (Yes. 14:9, 15; 38:18; Dan. 7:1–28; Why. 20:13–14)**
- **Kematian (Ayub 34:22; 1 Kor. 15:55)**
- **Neraka/Syeol/Hades (Yes. 14:19)**
- **Kubur (Yes. 38:10; Yehezkiel 31:15)**
- **Lubang itu (Yeh. 32:23)**
- **Jurang, kawasan lubang yang lebih rendah (Yes. 38:17; Mzm. 30:3)**
- **Kawasan-kawasan di laut (Ayub 41:1–31; Yehezkiel 26:16)**
- **Syurga (Efesus 2:6; 6:12; Wahyu 12:7)**
- **Alam terestrial, bawah terestrial, dan angkasa (Yes. 14:12–14; Yer. 1:10; Lukas 11:16–26; Rm. 8:14–23; Filipi 2:10)**
- **Saya meletakkan** firman nubuatan di atas semua langkah, strategi, dan taktik musuh yang gagal (1 Tim. 1:18–20).
- **Aku menolak** dan menggulingkan, menurut Yesaya 54:17, kata-kata keji, niat jahat, jampi-jampi, ramalan, mantera, tipu daya, kutukan, doa-doa sihir, dan setiap perkataan sia-sia yang diucapkan

bertentangan dengan rancangan dan tujuan asal Tuhan.

- **Aku membalikkan** kutukan yang berkaitan dengan ucapan dan titah ini dan menyatakan bahawa ia tidak akan tetap berlaku, ia tidak akan terjadi, ia tidak akan berakar umbi, dan perbuatan lisan mereka yang kasar akan dikembalikan kepada mereka dua kali lipat.
- **Aku mengisytiharkan** bahawa setiap lidah dusta adalah salah dan kebenaran menang. Pasanglah kail pada lubang hidung mereka, kekanglah bibir mereka, dan sembunyikanlah Aku daripada celaan lidah mereka (Ayub 5:21; Mazmur 5:6–10; Yes. 37:29).
- **Aku datang** menentang kepalsuan, fitnah, spekulasi, tuduhan, salah gambaran, dan pembunuhan karakter. Bapa, suruhlah langit tunduk dengan penghakiman ilahi; lemparkan kilat untuk menyerakkan mereka; lepaskan panah-Mu untuk memusnahkan mereka; hulurkan tangan-Mu dari atas dan singkirkan mereka dariku. Aku tidak akan kehilangan tanah atau wilayah melalui usaha atau inisiatif mereka yang melemahkan (1 Raja-raja 21:1–16; Mazmur 144:5–7).
- **Aku melarang** penuduh saudara-saudara daripada mengendalikan atau mempengaruhi jiwa atau minda sesiapa sahaja yang berhubung denganku (Wahyu 12:10).
- **Saya membalikkan** kesan sebarang stigma dan mengisytiharkan bahawa pertolongan, rahmat, kehormatan, dan harapan baik ilahi kini menggantikan sebarang dan semua perasaan, persepsi, dan pemikiran negatif mengenai diri saya, keluarga saya, dan pekerjaan/pelayanan yang saya dipanggil untuk capai.
- **Aku menitahkan** dan mengisytiharkan bahawa kemuliaan dan kebesaran adalah bahagianku (Kej. 12:1–3; Mzm. 5:12).

- **Bapa** , gagalkanlah tanda-tanda ahli sihir dan ahli sihir yang menentang pengurapan seperti yang Engkau lakukan terhadap Yanes dan Yambres pada zaman Musa. Buanglah pertanda para pembohong, ahli nujum, ahli sihir, peramal, ahli sihir, dan sebagainya. Jadikan para peramal bodoh, dan jadikan pengetahuan gelap mereka kebodohan (Yes. 44:25; 2 Tim. 3:8).
- **Tegur** dan musnahkan pakatan syaitan, dan tangkap mereka dengan Roh. Biarlah setiap usaha dan ikhtiar rahsia dan/atau rahsia gagal (2 Taw. 20:35; Neh. 4:7–8; Est. 3–9; Ayub 5:12–14; Mazmur 35:4; 55:9; 70:2; 83:17; 129:5).
- **Kecewakanlah alat-alat yang telah mereka buat sehingga tangan mereka tidak dapat melaksanakan usaha mereka.**
- **Tangkap mereka dengan cara licik dan licik mereka sendiri.**
- **Biarlah mereka bertemu dengan kegelapan pada siang hari dan meraba-raba pada tengah hari seperti pada malam hari.**
- **Lepaskan virus ilahi untuk menyerang pangkalan data syaitan, dan perintahkan agar ia dimakan dan dimusnahkan.**
- **Biarlah semua komunikasi dan rangkaian jahat pada masa hadapan gagal. Sebarang percubaan hanya akan menghasilkan ketidakkoherenan dan salah faham.**
- **Kirimkan roh kekeliruan di antara mereka.**
- **Biarlah lidah mereka berbelah bahagi.**
- **Membatalkan dan menggulingkan sabotaj, subversif, dan kemunduran.**
- **Biarlah setiap serangan balas dendam gagal.**

- **Teguhkanlah** perkataan hamba-Mu di tengah-tengah mereka, dan laksanakanlah nasihat utusan-utusan-Mu (Yes. 44:26).
- **Menghantarkan** serangan dan gerakan ilahi seperti malaikat, nubuatan, dan tindakan menentang kecerdasan jahat (Yos. 5:13–14; Mazmur 103:20–22).
- **Tangkap** mereka yang bertindak dalam roh Izebel atau Belial. Jangan biarkan mereka menentang pengurapan, merampas kuasa, atau memperoleh apa-apa kedudukan dalam alam semula jadi atau dalam alam roh (1 Sam. 10:27; 1 Raja-raja 19:1–5; 21:1–16).
- **Saya melarang** manifestasi syaitan dan mengatakan bahawa langkah-langkah "pengguguran" ilahi dan "keguguran" berlaku dalam rahim dan inkubator syaitan (2 Kor. 10:5).
- Sekarang Bapa, Engkau telah memberiku pekerjaan besar untuk diselesaikan. Aku berjuang untuk melepaskan kewangan dan semua sumber yang menjadi milikku. Segala sesuatu yang disediakan untukku sebelum dunia dijadikan, yang berkaitan dengan hidupku (pelayanan, panggilan) dan kesalehan datang kepadaku sekarang. Aku tidak akan/tidak akan dinafikan. Aku tidak akan/tidak akan menerima pengganti. Aku memanggil sumber dari utara, selatan, timur, dan barat. Aku menitahkan dan mengisytiharkan bahawa setiap sumber yang diperlukan untukku memenuhi rancangan dan tujuan asal Tuhan datang kepadaku tanpa berlengah sekarang (2 Pet. 1:3).
- **Aku menitahkan** dan mengisytiharkan bahawa kekayaan orang fasik tidak lagi tersimpan untukku tetapi telah dilepaskan sekarang. Biarlah mereka yang memegang kekayaanku lebih lama daripada yang sepatutnya ditindas dan diseksa tanpa kelegaan

sehingga mereka melepaskan apa yang sepatutnya menjadi milikku. Aku memerintahkan Syaitan untuk "membatukkannya," meludahkannya, melepaskannya, melepaskannya, dan melepaskannya (Ayub 20:15–18; Mazmur 66:12; Pengkhutbah 2:26).

- **Ya Yehuwa-Jireh** , lepaskan pinggang raja-raja! Dalam nama Yesus, perintahkan agar dua pintu gerbang berdaun dibuka. Berjalanlah di hadapanku dan luruskan tempat-tempat yang bengkok. Pecahkan pintu-pintu gerbang tembaga, dan potonglah palang besi. Berikanlah kepadaku, menurut kekayaan kemuliaan-Mu, rahmat-Mu yang lembut dan kebaikan-Mu yang tidak terukur, harta kegelapan, dan kekayaan tersembunyi dari tempat-tempat tersembunyi (Yes. 45:1–3). Aku menyatakan bahawa pengurapan Kores mengalir tanpa halangan dan tidak tercemar dalam hidupku (Yes. 60:10–17; Filipi 4:19).
- **Angkatlah** kepalamu, hai pintu-pintu gerbang (penjaga pintu gerbang), dan terangkatlah selama-lamanya, hai pintu-pintu yang kekal (penjaga pintu) supaya Raja kemuliaan, Tuhan yang kuat dan perkasa, Tuhan semesta alam, dapat masuk (Mzm. 24:7–10). Aku mengumumkan kesedaranku yang tidak dapat menolak akses-Nya. Oleh itu, aku tidak akan dan tidak dapat dinafikan apa yang sepatutnya menjadi milikku!
- **Aku menitahkan** dan mengisytiharkan pembebasan pasukan bangsa-bangsa lain, emas dan perak dari Tarsis kenabian-Ku, dan ratu kenabian-Ku dari Sheba untuk datang dengan sarat dengan setiap harta/sumber/anugerah berharga yang sesuai untuk putra dan putri Raja segala raja.
- **Aku telah menetapkan** dan mengisytiharkan bahawa Aku akan menghisap susu bangsa-bangsa

lain di dada raja-raja (Yes. 60:16). Aku akan diperbesarkan seperti kelimpahan laut yang dialihkan kepada-Ku (Yes. 60:5). Anak-anak orang asing akan membina tembok-tembok-Ku, dan raja-raja mereka akan melayani Aku (Ayub 27:16–17; Yes. 60).

- **Aku menitahkan** dan mengisytiharkan bahawa Tuhanku telah membawaku ke tempatku yang kaya, dan aku tinggal di Goshen kenabianku. Aku bertambah harta dan makmur di tanah tempat aku diam dan diutus sebagai duta Tuhan. Sebagai wakil rasmi-Nya, semua hak diplomatik dan bangsawan, keistimewaan, rasa hormat, dan kehormatan diberikan kepadaku. Rahmat, kebenaran, kebaikan, dan belas kasihan adalah pengawal peribadiku.
- **Aku menetapkan** dan mengisytiharkan hikmat adalah penasihatku; Roh Kudus adalah perundingku; Yesus Kristus adalah pembelaku. Tuhan, El Elyon, satu-satunya hakimku telah menyatakan dan oleh itu aku menetapkan bahawa pegawai-pegawaiku adalah kedamaian, pemeriksaku adalah kebenaran, tembokku adalah keselamatan, dan pintu gerbangku adalah pujian (Kej. 47:27; Yes. 60:17–18).
- **Aku menetapkan** dan mengisytiharkan bahawa masa perkenan-Ku yang telah Kutetapkan tidak akan digagalkan (Mzm. 102:13).
- **Aku melepaskan** ke atas hidupku, pelayananku, kehidupan setiap ahli keluarga, rakan sekutu, dan sahabat, urapan berikut untuk kekayaan dan kemakmuran supaya Tuhan dan hanya nama Tuhan yang dimuliakan:
- **Pengurapan Yabes (1 Taw. 4:10)**
- **Pengurapan Abraham (Kej. 12:1–3)**
- **Pengurapan Melkisedek (Kej. 14:18; Ibr. 5:6–10)**
- **Pengurapan Yusuf (Mzm. 105:21)**

- **Pengurapan Yakub (Kej. 28:1; 30:43)**
- **Pengurapan Ishak (Kej. 26:1–14)**
- **Pengurapan Mesias (Lukas 8:1–3)**
- **Pengurapan Salomo (1 Taw. 29; 2 Taw. 9)**
- **Pengurapan Eden tujuh kali ganda (Kej. 1:28, 30; 2:15)**
- **Pengurapan Uziah (2 Taw. 26:5–15)**
- **Pengurapan Yosua (Yosua 6:1–3)**
- **Saya** setiap hari sarat dengan manfaat (Mzm. 68:19).
- **Aku** melawan roh kekurangan. Tuhan memakmurkan pekerjaan tanganku. Oleh-Nya dan melalui-Nya aku mencapai perkara-perkara besar. Sekali lagi aku tegaskan, aku tidak akan ditolak (Dan. 11:32)!
- **Saya mengisytiharkan** kejayaan dan kemajuan dalam nama Yesus (2 Kor. 2:14). **Aku menitahkan** dan mengisytiharkan bahawa kerajaan syurga memerintah dan memerintah (Wahyu 11:15).
- **Aku mengirimkan** firman ini seperti angin Euroclydon di alam roh untuk merobohkan dan memusnahkan perkhemahan musuh. Sebabkan keempat angin, iaitu Roh dan syurga, bertiup seperti angin yang memusnahkan dan menaklukkan (Yer. 51:1; Kisah Para Rasul 27:14).
- **Aku menitahkan** dan mengisytiharkan bahawa doa ini dan semua doa pada masa hadapan mengambil ciri-ciri seperti peluru ilahi dalam alam roh dan ia mengenai sasaran (Mazmur 57:4).
- **Aku menetapkan** bahawa hukum-hukum yang mengatur doa ini dan semua strategi dan taktik peperangan rohani mengikat oleh Firman, darah, dan oleh Roh (1 Yohanes 5:7–8).

- **Aku menitahkan** bahawa setiap roh yang dibebaskan daripada tugasan jahat mereka kini menjadi sebahagian daripada tumpuan kaki Yesus (Mzm. 110:1). *Aku memeteraikan doa ini dalam nama Yesus...amin!*
- **Bapa, singkapkanlah di dalam diri kami kekayaan kemuliaan dan perkenan-Mu yang tidak terbatas sehingga kekuatan adikodrati membanjiri batin kami dengan kuasa ilahi dan kuasa ledakan-Mu dalam nama Yesus Kristus, Amin Efesus 3:16-21**
- **Roh Kudus, ketika kami terus-menerus menggerakkan roh-Mu di dalam diri kami dan mengungkapkannya melalui iman dalam kehidupan orang lain, semoga kehidupan Kristus dilepaskan jauh di dalam diri kami ketika kasih Kristus menjadi sumber dan akar kehidupan kami dalam nama Yesus Kristus, amin Efesus 3:16-21**
- **Kita menerima kebolehgunaan dan pemberdayaan ilahi untuk mengalami kelimpahan kasih Kristus yang menakjubkan dalam segala dimensinya dalam nama Yesus Kristus, amin Efesus 3:16-21**
- **Kami menerima curahan kasih-Mu ke dalam hidup kami sehingga kami dipenuhi dengan kepenuhan Tuhan dalam nama Yesus Kristus, Amin Efesus 3:16-21**
- **Kita menerima keberanian dan fikiran yang waras untuk menyatakan kuasa Tuhan yang besar yang bekerja dalam diri kita untuk mencapai dan mencapai jauh lebih banyak daripada permintaan kita, impian kita yang paling luar biasa, dan melebihi imaginasi kita yang paling liar dalam nama Yesus Kristus, Amin Efesus 3:16-21**

- **Bapa, kami menyerukan kuasa ajaib-Mu di dalam diri kami untuk sentiasa memberi kami tenaga pada musimnya dan di luar musimnya untuk melakukan sesuatu yang besar dalam nama Yesus, amin Efesus 3:16-21**
- **Ya Tuhan, Allah, dan manusia, supaya Engkau bertambah-tambah dalam nama Yesus Kristus, Amin Efesus 3:16-21**
- **Terimalah segala pujian mulia yang sentiasa naik sebagai hasil daripada usaha-usaha yang telah dilakukan pada masa lalu, sekarang dan akan datang dalam nama Yesus, Amin Efesus 3:16-21**
- **Firman-firman yang telah keluar ini tidak akan kembali kepada kita dengan sia-sia, tetapi akan melaksanakan tujuan pengutusannya dan akan kembali dengan kesaksian bagi kemuliaan Allah kita (Yesaya 55:11).**

- **Aku menitahkan dan mengisytiharkan pekerjaanku dan berjalan dengan firman Tuhan yang tertulis, pencerahan dan bimbingan Roh Kudus membawaku setiap hari ke dalam keselarasan dengan firman dalam nama Yesus Kristus, Amin. Yohanes 16:13, 2 Timotius 3:15-16**

- **Aku menitahkan dan mengisytiharkan bahawa mulai hari ini apabila aku meletakkan tanganku ke atas orang sakit, mereka akan sembuh, aku akan berkata-kata dalam bahasa-bahasa yang baru. Aku akan mempunyai tafsiran, orang sakit akan sembuh serta-merta dan aku melindungi diriku, keluargaku dan semua orang di sekelilingku dengan darah Yesus Kristus yang berharga daripada gejala dan penyakit mereka yang kita doakan sama ada secara rohani, jiwa** atau fizikal dalam nama Yesus Kristus. Markus 16:15-18, Yohanes 7:38, Lukas 10:19

- Aku menitahkan dan mengisytiharkan bahawa mulai hari ini dan seterusnya, aku akan mengambil bahagian dalam sekurang-kurangnya 1 jam atau lebih bertutur dalam bahasa roh untuk membina diriku dalam Roh Kudus supaya aku dapat berkesan dalam pelayanan yang Tuhan panggil aku. Yudas 1:20, Markus 16:17, Yesaya 28:11, 1 Korintus 14:39, 1 Korintus 14:18

- Aku menitahkan dan mengisytiharkan bahawa mulai hari ini dan seterusnya, aku beroperasi dalam alam ghaib penyembuhan, pembebasan, mukjizat dan kekayaan untuk kemuliaan Tuhan Yang Maha Kuasa. Markus 16:15-18; Matius 28:17-20; Wahyu 5:12; 1 Timotius 5:18; Filipi 4:19; Amsal 8:18; 1 Raja-raja 10:23; Kejadian 49:25; Ulangan 18:1-14

- Aku menitahkan dan mengisytiharkan bahawa aku akan menggerakkan pemberianku dalam Roh Kudus untuk menghasilkan pemberian yang telah dititipkan oleh Roh Kudus di dalam diriku. Mazmur 80:2, Mazmur 35:23, 2 Timotius 1:6, 2 Petrus 1:13

- Aku menitahkan dan mengisytiharkan mulai hari ini dan seterusnya bahawa aku beroperasi dalam alam kurnia nubuatan – Kata-kata pengetahuan, Kata-kata hikmat, pentafsiran bahasa roh dan pelbagai jenis bahasa roh untuk pembangunan, arahan dan manifestasi firman Tuhan dan untuk peperangan Roma 15:12; Roma 14:19; Efesus

4:29,12,16; 1 Korintus 14:12,3,26; 2 Korintus 12:19; Yudas 1:20

- Aku menitahkan dan mengisytiharkan bahawa aku bekerja dan berjalan dengan kesedaran bahawa Tuhan Bapa, Anak dan Roh Kudus bersemayam di dalam diriku dan aku adalah duta mereka, membawa realiti syurga ke bumi di sekelilingku dan memberitahu dunia apa yang difikirkan oleh kerajaan Tuhan dalam semua perkara. Amsal 13:14; Efesus 6:20; 2 Korintus 5:20; 2 Korintus 6:1,16 Yohanes 17:10,23,26

- Saya menitahkan dan mengisytiharkan bahawa mulai hari ini dan seterusnya, penyembuhan, pembebasan, mukjizat, penciptaan dan pengagihan kekayaan adalah gaya hidup dalam hidup saya dan bukan satu peristiwa dalam nama Yesus Kristus. Sesi penyembuhan sudah cukup. Matius 4:23; Matius 16:10; Matius 14:21; Lukas 6:35; Kisah Para Rasul 10:38; Efesus 6:7; Filipi 2:13; Yakobus 2:26 Yosua 1:8 Yakobus 1:27; Yakobus 4:17

- Aku menitahkan dan mengisytiharkan bahawa mulai hari ini dan seterusnya, aku mati terhadap kehidupan diri setiap hari, aku memikul salibku dan mengikuti dorongan dan pimpinan Roh Kudus di dalam diriku supaya tindakan kuasa Roh Kudus di dalam diriku akan dimaksimumkan dalam hidupku. Markus 10:21; Matius 16:24, Lukas 9:23; Markus 8:34; 2 Korintus 4:16; 1 Korintus 15:34

- Aku menitahkan dan mengisytiharkan bahawa buah roh – kasih ilahi yang menghangatkan

dalam semua ekspresinya – Sukacita yang melimpah; Kedamaian yang menundukkan; kesabaran yang bertahan; kebaikan dalam tindakan; kehidupan yang penuh dengan kebajikan; iman yang menang; kelembutan hati; kekuatan roh tidak terbatas dalam diriku dalam nama Yesus, amin Matius 7:20-23; Gal 5:19-21

- **Aku bertitah dan mengisytiharkan, aku akan memimpin orang ramai kepada Kristus dan membaptis mereka dalam Roh dengan bukti bertutur dalam bahasa roh dan memperlengkapi mereka untuk mentaati semua yang telah diajarkan Yesus kepadaku dalam firman-Nya. Matius 28:18-20; Markus 16:15-18**

- **Aku berfirman dan mengisytiharkan, aku akan mengasihi Tuhan dengan segenap hati, jiwa dan kekuatanku dan mengasihi orang lain seperti diriku sendiri seperti aku berhubungan dengan segala hormat dan integriti terhadap orang lain yang berhubung denganku. Matius 22:37**

- **Aku menerima kasih Tuhan, rahmat Tuhan kita Yesus Kristus dan kehadiran Roh Kudus yang kekal untuk menjadikan semua komitmen ini buah-buahan yang kekal dalam nama Yesus, Amin.**

Eksploitasi Lebih Besar – 1 – Bab 5 – Ketahui Caranya daripada Tokoh-tokoh Hebat – bahagian 4

Cukuplah Cukup untuk Tawanan Syaitan dan Selamat Datang ke Kebebasan dalam Kristus – Bolehkah orang Kristian disyaitan? Pembohongan Penangkap, Syaitan Jual untuk menahan ramai orang Kristian dalam tawanan melalui Kejahilan. Cara menemui kehadiran mereka dalam hidup anda dan menghalau mereka + Kisah benar daripada testimoni bantuan kongres terkemuka tentang pembebasan diri berpandu seperti yang diceritakan oleh Derek Prince Bahagian 4 + Skrip Doa Pembebasan Diri + Doa perjanjian Penyembuhan, Pembebasan dan Pemulihan

Saudara dan saudari yang dikasihi, ini adalah bahagian 4 dari Cukuplah untuk penawanan Syaitan dan selamat datang ke kebebasan dalam Kristus Yesus.

Dalam siri ini, kita sedang mengumpulkan tentera pahlawan untuk menentang musuh di barisan hadapan dan membebaskan tawanan ke dalam kebebasan dalam Kristus pada tiga peringkat – Keselamatan roh yang dipanggil dilahirkan semula, Keselamatan jiwa yang dipanggil pembebasan dan keselamatan tubuh kita yang dipanggil penyembuhan.

Ia adalah strategi buat sendiri dalam rangka kerja teragih dan Tuhan Yesus Kristus ialah Panglima Tertinggi kita. Tugas kami adalah untuk melengkapkan anda untuk terlibat. Membebaskan diri anda, orang tersayang dan orang lain dalam lingkungan anda. Matlamat kami adalah untuk membangunkan gergasi yang sedang tidur dalam diri setiap orang percaya dan untuk membuat anda mempelajari pemikiran seorang pahlawan di medan perang dan terlibat dalam kempen yang berjaya tanpa mengambil korban dalam nama Yesus.

Anda mesti faham bahawa " **Pertahanan terbaik** ialah serangan yang baik", satu pepatah yang telah digunakan dalam pelbagai bidang usaha, termasuk permainan dan pertempuran ketenteraan. Ia juga dikenali sebagai prinsip serangan strategik perang.

Jika anda melihat dengan lebih dekat Efesus 6 bermula dari ayat 12, anda akan segera melihat bahawa Tuhan tidak menyediakan sebarang perisai untuk belakang anda kerana Dia mengharapkan kita untuk terlibat dan tidak melepaskan diri pada bila-bila masa. Tiada ruang untuk askar yang lari atau berlari untuk berperang lagi kerana pertempuran telah dimenangi di syurga. Tugas kita adalah untuk menggunakan kuasa kita dan kuasa yang diberikan kepada kita melalui Roh Kudus yang bermastautin untuk menguatkuasakan kemenangan itu kerana musuh akan sentiasa mahu melangkahi sempadannya. Uji perairan untuk melihat sama ada kita jahil. Malangnya, ramai di antara kita jahil tentang muslihat si jahat.

Baca ini:

1 Petrus 5:7-9

Bible yang Diperkuat

7 Serahkanlah segala kekhuatiranmu [semua kebimbanganmu, semua kerisauanmu, dan semua kekhuatiranmu, sekali dan untuk selamanya] kepada-Nya, kerana Dia yang memelihara kamu [dengan kasih sayang yang paling dalam, dan mengawasi kamu dengan sangat teliti]. 8 Bersabarlah [seimbang dan berdisiplin diri], berjaga-jagalah dan berhati-hatilah setiap masa. Musuhmu, iaitu Iblis, berjalan keliling seperti singa yang mengaum [lapar yang dahsyat], mencari seseorang untuk ditelan. 9 Tetapi lawanlah dia, teguhlah dalam imanmu [melawan serangannya—berakar umbi, teguh, tidak goyah], ketahuilah bahawa pengalaman penderitaan yang sama dialami oleh saudara-saudarimu di seluruh dunia. [Kamu tidak menderita sendirian.]

Anda dapat melihat dalam ayat-ayat ini bahawa Syaitan sangat lapar untuk membaham kita, memakan kita hidup-hidup untuk makan tengah hari, makan malam, dan makan malam. Untuk menghadapi musuh jenis ini, anda memerlukan perkara berikut seperti yang telah kami ketengahkan sebelum ini seperti dalam **A, B, C, D, E, F dan G. Saya harus menekankan bahawa doa ini bukan untuk semua orang. Segelintir orang terpilih akan melayakkan diri mereka untuk pendaftaran melalui 7 sifat ini.**

Mereka adalah seperti berikut :

A. **Ketersediaan (Roh, jiwa dan raga)**
B. **Keberanian**
C. **Belas kasihan terhadap orang lain**
D. **Penentuan**
E. **Cinta yang tulus**
F. **Kemarahan yang Berapi-api**
G. **Kelaparan Besar**

Jika anda tidak mempunyai sifat-sifat ini sebagai bahan minimum, adalah mustahil untuk melancarkan kempen yang berjaya kerana semua bahan di atas perlu dicampur bersama untuk menghasilkan iman seperti biji sawi bagi membawa perubahan kerana Tuhan memberi makan orang yang lapar, bukan kanak-kanak yang kesejukan atau suam-suam kuku, sama ada dalam penyembuhan, pembebasan dan pemulihan dari dalam dan luar.
Rampasan sudah sedia untuk dikumpulkan tetapi seperti biji sawi, iman yang konsisten diperlukan untuk mengumpulkannya ke dalam pengalaman kita.

Hari ini, kita melihat **Cukuplah untuk Tawanan Syaitan dan Selamat Datang ke Kebebasan dalam Kristus – Bolehkah orang Kristian difitnah? Pembohongan yang Ditawan, Syaitan jual untuk menahan ramai orang Kristian dalam Tawanan melalui Kejahilan. Cara menemui kehadiran mereka dalam hidup anda dan Menghilangkan mereka + Kisah benar daripada testimoni bantuan kongres terkemuka tentang pembebasan diri berpandu** bahagian 4. Kita akan melihat pembohongan yang dijual oleh syaitan untuk menahan ramai orang terikat dengan mendedahkannya.
Roh jahat atau syaitan, menurut pemahaman saya, adalah golongan bawahan daripada "roh jahat" (Efesus 6:12) yang diarahkan oleh syaitan terhadap manusia. Mereka mempunyai tiga tujuan utama yang diberikan kepada mereka oleh syaitan:

1. pertama untuk menyeksa dan menindas kita;
2. kedua, untuk menghalang kita daripada mengenali Kristus sebagai Penyelamat;
dan jika gagal, ketiga,
3. untuk menghalang kita daripada melayani Kristus dengan berkesan.

Dalam menjawab soalan tentang bolehkah orang Kristian dirasuk syaitan? Ya, orang Kristian boleh dirasuk syaitan bermula dengan pengaruh luaran terhadap minda, kerasukan separa di mana mereka sebahagiannya mengambil alih minda dan penguasaan penuh di mana orang yang dirasuk kehilangan kehendak bebas.
Mereka mendapat akses kepada kita apabila kita membuka pintu Kepahitan, Ketidakampunan, Kebencian, Keangkuhan dan Pemberontakan dan sebagainya, yang banyak melanda orang Kristian, memberi musuh tempat berpijak dan ruang, tempat kediaman dalam minda kita.

Roh Kudus akan diam di dalam wadah yang tidak sepenuhnya bersih, asalkan Dia telah diberi akses kepada kawasan pusat dan pengawal keperibadian manusia: hati.
Ajaran bahawa setiap aspek kehidupan seseorang mesti bersih sepenuhnya sebelum Roh Kudus akan diam di dalamnya boleh menghasilkan salah satu daripada dua akibat yang tidak diingini. Ia mungkin menghalang sesetengah orang percaya yang ikhlas daripada mencari pengisian Roh Kudus, kerana mereka berkata kepada diri mereka sendiri, saya tidak akan dapat mencapai piawaian itu. Atau ajaran seperti ini mungkin menekan orang lain yang telah menerima baptisan Roh Kudus ke dalam satu bentuk kemunafikan yang menganggap diri benar. Penaakulan mereka adalah seperti ini: Saya mesti sempurna untuk menerima Roh Kudus, jadi sekarang saya perlu terus menjadi sempurna sepanjang masa. Hasilnya adalah gaya hidup Kristian yang dibuat-buat. Orang seperti itu masih hilang sabar tetapi sekarang mereka memanggilnya kemarahan yang benar. Mereka masih mengkritik pendeta mereka atau rakan Kristian mereka tetapi mereka memanggilnya sebagai pertimbangan. Mereka masih terlalu memanjakan selera fizikal mereka tetapi mereka membenarkannya dengan mengatakan, "Semua perkara adalah halal."

Menangani dosa adalah perjuangan hidup dan mati. Tidaklah memalukan untuk mengakui bahawa dosa masih bekerja dalam hidup kita. Sebaliknya, bahaya besar kita terletak pada keengganan untuk mengakuinya, yang membuatkan kita tidak bersedia untuk melawan godaan apabila ia datang. Jika Roh Kudus menunggu sehingga kita sempurna untuk mengambil tempat kediaman-Nya di dalam kita, ia akan seperti seorang profesor berkata kepada pelajarnya, "Saya akan mula mengajar anda apabila anda telah lulus peperiksaan anda." Pelajarnya akan menjawab, "Tetapi profesor, itu bukan yang kami perlukan! Kami memerlukan anda untuk mula mengajar kami sekarang, jadi kami akan belajar apa yang kami perlukan untuk lulus peperiksaan kami." Sekaranglah kita memerlukan Roh Kudus, supaya kita boleh sentiasa mendapat bantuan-Nya untuk mengatasi kuasa kejahatan dan mencapai piawaian kekudusan Tuhan. Satu bidang konflik tertentu di mana kita memerlukan bantuan Roh Kudus adalah dalam menangani syaitan.

Roh Kudus tidak menahan pertolongan-Nya jika Dia mengetahui bahawa terdapat syaitan dalam diri kita. Sebaliknya, Dia melihat keperluan kita dengan lebih jelas daripada kita sendiri, dan Dia memberi kita kuasa untuk mengusir mereka. Kerana Dia berbelas kasihan kepada kita, Dia rela tinggal di dalam kita, dan bekerja bersama kita untuk mewujudkan kemenangan Kristus atas semua kuasa musuh. Kemajuan kita bergantung pada sejauh mana kita bekerjasama dengan Roh Kudus di dalam kita.

Izinkan saya menekankan sekali lagi: Roh Kudus tidak datang untuk diam di dalam kita kerana kita sudah sempurna. Dia datang untuk membantu kita supaya kita menjadi sempurna. Sudah tentu, Roh Kudus tidak akan membantu kita dalam perjuangan kita dengan syaitan jika kita berhasrat untuk terus hidup dalam dosa. Tetapi jika kita mengakui dosa-dosa kita dan bertaubat dengan ikhlas, Dia akan

berperang bersama kita melawan syaitan-syaitan yang memperhambakan kita. Dengan pertolongan-Nya, kita akan dapat mengusir mereka dan dibebaskan.
Mari kita lihat kisah di bawah untuk membuktikan bahawa orang Kristian yang dilahirkan semula dan dipenuhi roh boleh menjadi tempat tinggal bagi syaitan apabila kita memberi mereka ruang dalam hidup kita melalui bukaan yang kita cipta dengan sengaja.

Kisah Benar Testimoni Bantuan Kongres Tertinggi yang disampaikan daripada syaitan melalui pembebasan Diri yang dipandu seperti yang diceritakan oleh Derek Prince:

Dalam keterangan berikut, seorang pembantu kongres di Washington, DC, bercakap secara terus terang tentang perjuangan peribadinya:
Saya telah dibaptis dalam Roh kira-kira tujuh tahun yang lalu. Pada akhir bulan Jun tahun lepas, di sebuah gereja di Washington, DC, saya menerima penyembuhan segera untuk pekak saraf. Kemudian pada bulan Ogos, doktor saya mengesahkan bahawa saya telah sembuh daripada sista dan tumor di payudara. Saya merupakan kakitangan tertinggi untuk seorang Ahli Kongres dan, walaupun beliau secara peribadi teruja dengan pengalaman penyembuhan saya, kesaksian saya tidak diterima dengan baik dalam kalangan politik tempat saya berpindah. Pada bulan September, saya meletak jawatan dari pekerjaan saya dan menghabiskan beberapa bulan berikutnya untuk berehat dan meluangkan masa bersama Tuhan.
Kemudian pada pertengahan Disember, saya menjadi murung dan putus asa. Minggu pertama bulan Januari sangat mengerikan! Pada suatu hari, saya hilang sabar. Saya berada di sini sendirian, dan ia berkaitan dengan perkara yang sangat remeh. Saya serta-merta menyedari dosa yang telah saya lakukan—kemarahan. Dan ketika saya cuba berdoa untuk pengampunan dalam bahasa Inggeris, saya rasa

tercekik… bukan kerana emosi, tetapi tekanan yang jelas pada tekak saya—satu daya fizikal yang sangat nyata. Seorang rakan mencadangkan bahawa saya mungkin memerlukan pembebasan. Jadi saya membeli pita rakaman anda yang membincangkan tentang pembebasan dan demonologi.

Saya sentiasa menjauhi apa-apa sahaja yang berkaitan dengan roh, syaitan, hantu dan sebagainya, percaya bahawa jika saya membiarkan mereka begitu sahaja, mereka pasti akan membiarkan saya begitu sahaja. Saya cuma tidak mahu ada trak yang membawa roh dan syaitan! Namun, saya mendengar pita anda tentang pembebasan. Saya meletakkan Bible saya di atas meja dan mengikuti rentak anda mengikuti Kitab Suci. Pada akhir pita itu, apabila anda memberi arahan kepada kelas anda, saya memutuskan untuk turut serta. Kemudian anda memulakan doa untuk pembebasan, tetapi pita itu tamat secara tiba-tiba—dan hampir perkara terakhir yang anda katakan pada pita itu ialah, "Ingat, Yesus adalah Pembebas anda. "Saya tidak tahu apa yang diharapkan atau apa yang perlu dilakukan. Jadi doa saya kepada Tuhan adalah supaya saya tidak tahu apa yang perlu dilakukan, tetapi memandangkan Dia adalah Pembebas saya, saya menyerahkan diri saya sepenuhnya kepada-Nya.

Aku menamakan perkara-perkara yang bukan daripada Tuhan yang aku rasa jahat dan berdosa dan yang aku tidak mahu menjadi sebahagian daripada dendam kesumat, ketidakampunan, keraguan, kebimbangan, ketakutan, dan sebagainya. Seperti yang telah aku katakan, aku tidak tahu apa yang diharapkan. Dalam beberapa minit sahaja, tidak lebih daripada dua atau tiga minit, aku mula tercungap-cungap dan termuntah dengan cara yang paling terdesak. Selepas kira-kira sepuluh minit, aku merasakan bahawa bahagian perutku tidak akan sama lagi! Tetapi aku tidak merasakan atau percaya bahawa aku telah dibebaskan sepenuhnya.

Kemudian saya meminta iblis atau roh-roh itu menamakan diri mereka sendiri dan saya memerintahkan mereka untuk keluar. Ini tidak berlaku. Mengapa, saya tidak tahu. Kemudian saya meminta Tuhan untuk memberitahu saya jika terdapat lebih banyak lagi, dan apakah nama-nama itu, supaya saya boleh meminta pembebasan daripada mereka. Yang pertama adalah bunuh diri, dan kuasa itu adalah sesuatu yang hebat. Saya merasakannya sehingga ke bahagian atas kepala saya. Saya merasakan sedikit pelepasan, tetapi tidak sepenuhnya. Saya meminta Tuhan untuk memberitahu saya jika terdapat lebih banyak lagi - dan saya diberitahu ia adalah roh pekak. Pembebasan itu sangat hebat! Ia bertahan lebih lama daripada apa-apa lagi, dan kuasa itu sebenarnya menarik perut saya ke belakang, dan saya secara fizikal merasakan perut saya tercabut dengan ganas, dan dalam hal ini juga saya merasakan tekanan di kepala saya. Saya dibebaskan sepenuhnya, dan sejak itu saya telah mengalami kedamaian yang begitu menakjubkan.

Apakah ciri-ciri Aktiviti yang membantu kita mengenal pasti mereka dalam kehidupan?

Kita telah menyatakan sebelum ini bahawa mereka mempunyai tiga tujuan utama yang diberikan oleh syaitan kepada mereka: ***pertama untuk menyeksa dan menindas kita; kedua, untuk menghalang kita daripada mengenali Kristus sebagai Penyelamat; dan jika gagal, ketiga, untuk menghalang kita daripada melayani Kristus dengan berkesan.*** Dalam mencapai tujuan ini, syaitan biasanya tidak kelihatan. Mereka tidak dapat dilihat oleh mata manusia. Walau bagaimanapun, kita boleh mengenali kehadiran dan aktiviti mereka dengan cara yang sama seperti kita mengenali kehadiran angin. Sebenarnya, ini adalah perbandingan yang sesuai kerana dalam bahasa Ibrani dan Yunani, perkataan untuk roh juga merupakan perkataan untuk angin. Kita tidak pernah benar-benar melihat angin, tetapi kita melihat kesan yang dihasilkan oleh angin: debu naik di jalanan, awan belayar di langit, pokok-pokok semuanya membengkok ke satu arah, hujan ditiup merentasi medan penglihatan kita. Semua **"panduan"** ini mendedahkan kehadiran dan aktiviti angin. Begitu juga dengan syaitan. Kita biasanya tidak melihat mereka, tetapi kita mengenali kehadiran mereka melalui tindakan ciri tertentu. Berikut disenaraikan antara aktiviti mereka yang paling tipikal: **1. Syaitan menggoda. 2. Syaitan mengganggu. 3. Syaitan menyeksa. 4. Syaitan memaksa. 5. Syaitan memperhambakan. 6. Syaitan menyebabkan ketagihan. 7. Syaitan mencemarkan nama baik. 8. Syaitan menipu. 9. Syaitan menyerang badan fizikal. Kita akan mengembangkannya dalam bahagian 5 siri ini. Tetapi buat masa ini, mari kita lihat isyarat amaran yang akan memberi isyarat kepada kita untuk mengambil tindakan.**

ISYARAT AMARAN – KEMUNGKINAN PERLUNYA PENGHANTARAN - PERKARA YANG PERLU DIPERHATIKAN SEBAGAI ISYARAT YANG MUNGKIN:

Ciri-ciri berikut patut diteliti dengan lebih teliti apabila ia ketara, berterusan atau berulang dalam tempoh masa tertentu, atau progresif – cenderung menjadi lebih ekstrem, bukannya kurang ekstrem. Semak diri anda terhadap amaran-amaran ini. Gambaran kecil tingkah laku berikut boleh menjadi petunjuk untuk mendapatkan bantuan:

1. **Pemikiran yang keliru atau tidak teratur: kehilangan sentuhan dengan realiti – khayalan (kegigihan keyakinan yang salah walaupun**

terdapat bukti yang bertentangan) – halusinasi; pertuturan yang terputus-putus.

2. Obsesi: penyerapan dengan subjek atau idea dengan mengecualikan orang lain, paksaan, dorongan yang tidak terkawal.
3. Ketidakupayaan untuk mengatasi: dengan masalah kecil, dengan rutin harian.
4. Kesukaran mencari/memelihara rakan: kemahiran sosial yang lemah, pengasingan, penarikan diri daripada masyarakat, gaya hidup Toner.
5. Corak kegagalan secara menyeluruh: di sekolah, di tempat kerja, dalam sukan, dalam hubungan peribadi.
6. Kemurungan yang berpanjangan atau teruk: ancaman/percubaan bunuh diri.
7. Ketidakmatangan: tingkah laku bayi (seperti kencing di atas katil), terlalu bergantung pada ibu (bergantung berlebihan semasa kecil, kebergantungan berterusan pada usia remaja dan dua puluhan), kegagalan untuk mengikuti perkembangan rakan sebaya.
8. Satu siri penyakit fizikal yang tidak berlarutan seperti biasa dan/atau gagal bertindak balas terhadap rawatan.
9. Pengabaian kebersihan diri (persekitaran yang tidak kemas dan tidak bersih) atau keprihatinan yang berlebihan terhadap ketenteraman dan kebersihan.
10. Sukar menyesuaikan diri dengan orang dan tempat baharu.
11. Kebimbangan dan kerisauan yang tidak wajar: fobia, perasaan dianiaya.
12. Terlalu banyak atau terlalu kurang tidur.
13. Sikap mementingkan diri sendiri yang berlebihan: sikap tidak peduli terhadap

perasaan, perbuatan, idea orang lain, kurang bersimpati dengan kesakitan atau keperluan orang lain.

14. Pertambahan atau penurunan berat badan yang mendadak dan mendadak.
15. Emosi yang senyap dan "datar" (ketiadaan reaksi marah, gembira, sedih terhadap rangsangan) atau emosi yang tidak sesuai (perubahan mood yang tajam dan tidak dapat dijelaskan, kekonyolan pada saat-saat serius, air mata yang tidak dapat diramalkan).
16. Imej dan pandangan kendiri negatif: kompleks "rendah diri", perasaan tidak berguna.
17. Perubahan rancangan secara rawak yang kerap: ketidakupayaan untuk meneruskan pekerjaan, program sekolah, pengaturan tempat tinggal, kegagalan untuk menepati temu janji, mematuhi keputusan.
18. Keagresifan yang melampau (sikap agresif, permusuhan, keganasan, kemarahan) atau kepatuhan yang berlebihan (kekurangan daya saing dan penegasan diri yang normal, keengganan untuk bersemuka, mengelakkan perdebatan).
19. Pengambilan risiko yang tidak munasabah atau tidak rasional.
20. Kurang semangat dan keghairahan: lesu, sedih, mood yang lazimnya "muram", deria humor yang terhad atau hilang.

ENAM LANGKAH ASAS UNTUK KEBENARAN ANDA IALAH:

1. Kenal pasti masalah anda.
2. Maafkan, doakan dan perbaiki diri anda dengan Tuhan.
3. Putuskan kutukan dan ikatan jiwa ke atas dirimu dan keturunanmu.

4. **Usirlah syaitan-syaitanmu.**
5. **Berdoalah untuk penyembuhan jiwa dan raga anda.**
6. **Disiplinkan hidup anda dengan mengubah cara berfikir dan bertindak anda.**

Doa Ringkas untuk Kebebasan Diri.

"Tuhan Yesus Kristus, aku percaya Engkau telah mati di kayu salib untuk dosa-dosaku dan bangkit semula dari antara orang mati. Engkau telah menebus aku dengan darah-Mu dan aku adalah milik-Mu, dan aku ingin hidup untuk-Mu. Aku mengakui semua dosaku—yang diketahui dan tidak diketahui—aku menyesali semuanya. Aku meninggalkan semuanya. Aku mengampuni semua orang lain seperti aku mahu Engkau mengampuni aku. Ampunilah aku sekarang dan sucikanlah aku dengan darah-Mu. Aku bersyukur kepada-Mu atas darah Yesus Kristus yang membersihkan aku sekarang dari segala dosa. Dan aku datang kepada-Mu sekarang sebagai pembebasku. Engkau mengetahui keperluan khususku—perkara yang mengikat, yang menyeksa, yang mencemarkan; roh jahat itu, roh najis itu—aku menuntut janji firman-Mu, "Barangsiapa yang berseru kepada nama Tuhan akan diselamatkan." Aku berseru kepada-Mu sekarang. Dalam nama Tuhan Yesus Kristus, bebaskanlah aku dan bebaskanlah aku. Syaitan, aku meninggalkan Engkau dan semua pekerjaanmu. Aku melepaskan diriku dari Engkau, dalam nama Yesus, dan aku memerintahkan engkau untuk meninggalkan aku sekarang juga dalam nama Yesus. Amin!"

Biarlah ia datang dari hatimu dan lihatlah keselamatan dari Tuhan!

Adakah Anda Sakit atau memerlukan pemulihan?

Bagi mereka yang sakit atau tidak sihat dalam apa jua bentuk, atau memerlukan pembebasan? Atau pemulihan, sila sentuh titik di bawah dengan iman (Iman bermaksud melihat hasil positif yang tepat dari situasi semasa anda, mengetahui bahawa Yesus telah melakukan bahagian-Nya lebih daripada 2000 tahun yang lalu untuk menjamin penyembuhan dan pembebasan anda, pemulihan sebagai bayaran pendahuluan, mempercayai bahawa bayaran pendahuluan itu tersedia untuk anda gunakan, seperti baki positif dalam akaun semasa anda dengan bank, tiada soalan yang ditanya kerana kami bersetuju dengan anda dan mengumumkan SEGERALAH dalam nama Yesus Kristus, Amin)

Dengan kuasa yang telah Engkau berikan kepadaku dan kepada mereka, aku menjalankan kuasa itu sekarang dalam iman dengan kemarahan mereka terhadap musuh dan kelaparan untuk mendapatkan apa yang telah Engkau berikan dengan rela hati kepada mereka semua. Aku mengutuk setiap penyakit, setiap penyakit, baik itu kanser, COVID 19, baik itu roh kelemahan, baik itu kerasukan atau penindasan, baik itu roh kemiskinan, kemunduran, penggenapan yang tertangguh dari apa yang telah ditentukan dan dilepaskan oleh Tuhan. Kami datang melawan anomali ini, aku mengikat mereka, kami mengutuk mereka hingga ke akarnya dan kami mengusir mereka dengan kuasa dalam nama Yesus Kristus. Amin. Kami menyeru pembebasan penyembuhan, pembebasan dan pemulihan ke dalam hidup mereka dalam nama Yesus Kristus yang perkasa. Terima kasih Tuhan atas kesaksian yang kekal untuk kemuliaan, kehormatan dan pemujaan-Mu. Terima kasih atas jiwa-jiwa yang ditambahkan ke dalam kerajaan-Mu sebagai hasil dari pesan ini, keajaiban yang telah kami lihat sekarang dan nyatakan untuk kemuliaan-Mu dalam nama Yesus, Amin. Sudah selesai! Bersukacitalah!

Sentuh tempat ini yang diserlahkan sebagai titik sentuhan dan akui dengan mulut anda – AKULAH SEMBUH, SAYA TELAH DILEPASKAN dan SAYA TELAH DIPULIHKAN dalam Roh, Jiwa, Tubuh dan seluruh sekeliling saya dalam nama YESUS Kristus, Amin!!!

Mulakan melakukan apa yang anda tidak dapat lakukan sebelum ini dan mula mengaku sehingga penyembuhan sepenuhnya, pemulihan pembebasan menjadi buah dalam hidup anda dalam nama Yesus, amin. Kekallah dahaga akan semua Tuhan, kekallah marah dan ambil kembali semua yang telah ditahan oleh musuh dalam nama Yesus, amin.

Nota:

Bersaksi tentang penyembuhan untuk kemuliaan Tuhan dan memalukan musuh! Hantarkan e-mel atau whatsapp kepada kami jika anda masih memerlukan kami bersetuju dengan anda mengenai isu ini. Dan berhubunglah di siri kelengkapan bermula minggu depan Khamis. Dapatkan maklumat lanjut tidak lama lagi di laman web kami!

Eksploitasi Lebih Besar – 1 Bab 6 & 7 – Tujuh (7) langkah kritikal untuk pembebasan +

Cara Mengenal Pasti dan Mengusir Kumpulan Syaitan dan Visi Konflik Akhir dan Cara Menang Secara Strategik di Empat (4) Barisan Hadapan Penglibatan seperti yang diceritakan oleh Frank dan Ida Mae Hammond – Bahagian 5 & Bahagian 6 + Skrip Doa Pembebasan Diri + Doa Perjanjian Penyembuhan, Pembebasan dan Pemulihan

Saudara dan saudari yang dikasihi, hari ini, kami membawakan kepada anda bahagian 5 dan Bahagian 6 siri kami tentang cukuplah untuk ditawan dan dialu-alukan kepada kebebasan dalam Kristus.

Apabila anda dan saya meluangkan banyak masa berdoa untuk isu-isu diri, keluarga, gereja, negara kita dan negara-negara di dunia selama tempoh 90 hari seperti yang kita lakukan tahun lepas – 1 Oktober hingga 29 Disember 2020, meminta Tuhan untuk kerajaan-Nya dan

kehendak-Nya di kelima-lima alam ini, ada cara Tuhan menghamilkan seseorang dengan apa yang ada di hati-Nya untuk setiap anak dalam kelima-lima alam tersebut.

Saya percaya dengan sungguh-sungguh, untuk kali ini, ia ada kaitan dengan pembebasan daripada belenggu syaitan ke dalam kebebasan yang Dia mati untuk berikan kepada kita. Ramai yang menyerahkan hidup mereka kepada Kristus setiap hari tetapi jika anda dan saya melihat kehidupan kita secara kritis dengan lensa Roh Kudus – Kita akan mendapati bahawa terdapat bidang-bidang dalam hidup kita yang berada betul-betul di bawah belenggu Syaitan yang tidak dapat ditangani oleh doa yang tidak henti-henti dalam roh kita, dalam jiwa kita atau dalam tubuh kita dan di sekeliling kita. Ia memerlukan pertempuran langsung dengan musuh jiwa kita – Menegakkan mandat kerajaan yang telah kita tinggalkan di rak-rak berdebu di dalam almari kita. Meminta Tuhan untuk datang berperang dalam pertempuran yang telah dimenangi-Nya untuk kita dan memberi kita kunci untuk berperang..untuk menduduki sehingga Dia kembali adalah salah letak tanggungjawab dan keutamaan. Barisan arahan yang salah tempat dan salah arah.

Tindakan peperangan yang betul ini, saya fikir di sinilah buruhnya sedikit. Di barisan hadapan pertempuran dengan musuh.

Saya katakan, kita harus memenangi jiwa-jiwa, ramai daripada mereka dan melengkapi mereka untuk berjuang dalam perjuangan iman yang baik supaya mereka dapat mengalami kebebasan yang Kristus telah mati dan bangkit semula untuk diberikan kepada kita semua. Wilayah yang perlu diduduki adalah dalam minda dan tubuh kita supaya tanpa banyak bercakap, mereka yang sesat dapat melihat apa yang kita alami setiap hari – Kebebasan dalam Kristus –

Bulatan penuh. Bukan sahaja dalam roh, tetapi dalam jiwa dan tubuh kita.

Saya ingin menghargai **Dr. John Lake; Derek Prince, Frank Hammon, Ida Mae** dan ramai lagi yang tidak hadir yang telah bersama Tuhan kerana saya telah menerima pemuridan melalui tulisan mereka semasa pencarian saya dalam 100 tahun terakhir kejayaan para Orang Suci dan mengapa begitu ramai di antara kita, termasuk saya, orang Kristian zaman moden, tidak mempunyai kuasa dan autoriti seperti yang diturunkan kepada kita oleh Yesus Kristus dalam Markus 16:15-19 untuk menghadapi dan menjalankan kempen serangan yang berjaya menentang kuasa kegelapan. Tegakkan apa yang telah dimenangi-Nya di dunia ini.

Dokumen-dokumen ini terbukti sangat tepat pada masanya dan penuh instruktif mengenai subjek kuasa dan autoriti orang percaya kepada Kristus ke atas alam kejahatan yang sentiasa diselubungi kerahsiaan oleh segelintir pihak dengan kejayaan yang sangat minimum kerana mereka gagal menghasilkan semula diri mereka sendiri. Ia telah menjadi sesuatu yang bersifat kelas, sesuatu yang dibanggakan yang dimiliki oleh semua orang percaya.

Aku tahu ini adalah muslihat musuh untuk mengikat ramai orang melalui kejahilan melalui muslihatnya. Dengan kuasa dalam nama yang mengatasi segala nama lain, nama Yesus Kristus kita yang diberkati dan kismis, aku berkata "Cukuplah untuk menawan iblis." Ini sudah menjadi satu kemungkinan. Jika kita rela, kita akan memakan buah keselamatan kita - yang telah saya parafrasekan.
Mari kita baca

Yesaya 1:19 (NKJV):

Jika kamu rela dan taat , kamu akan makan hasil tanah ini;

Untuk **menikmati** yang baik, **kita mesti** rela **dan patuh untuk melaksanakan semua perintah dalam firman-Nya melalui fikiran, perkataan dan tindakan** . Kadangkala Tuhan **akan** menyuruh kita **melakukan** sesuatu dan **kita mematuhi** -Nya, tetapi **kita mungkin melakukannya** dengan berat hati atau dengan sikap tanpa kasih sayang.
Itu bukan bahagian kita dalam nama Yesus. Kita rela dan taat kepada semua perintah yang telah Yesus berikan kepada kita dalam Markus 16:15-19 dalam semangat mengasihi Tuhan dan mengasihi sesama seperti diri kita sendiri dalam nama Yesus, Amin.

Jika kita tidak rela dan kita tidak patuh untuk melaksanakan perintah tersebut, tidak akan ada kekosongan di dalam kita dan di sekeliling kita, musuh akan memakan hasil bumi – Jiwa lelaki dan wanita, budak lelaki dan perempuan, bapa dan ibu dan segala sesuatu yang berkaitan dengan kehidupan dan kesalehan – Itu bukanlah bahagian kita dalam nama Yesus. Amin.
Jadi apakah MINDA kita? Baca dan renungkan perkara ini secara perlahan-lahan - :

2 Petrus 1:3

Bible yang Diperkuat
3 Kerana kuasa ilahi-Nya telah menganugerahkan kepada kita segala sesuatu yang diperlukan untuk hidup [rohani] yang dinamik dan saleh, melalui pengenalan** yang benar dan peribadi tentang Dia **, yang telah memanggil kita oleh kemuliaan dan kesempurnaan-Nya.

Itulah sepatutnya pemikiran kita. Kita adalah penakluk dalam Kristus – Masa Lalu, Sekarang dan Masa Depan! Kita sentiasa menang. Kita bukan pecundang di mana-mana barisan hadapan. Amin?

Jadi, dalam bahagian 4, kita telah meneroka tajuk – Bolehkah orang Kristian difitnah? Pembohongan yang dijual oleh syaitan kepada kita untuk menyembunyikan operasinya dalam hidup kita, Bagaimana anda dan saya tahu ia beroperasi di dalam dan di sekeliling kita dan bagaimana kita boleh mengusir mereka dan kita telah melengkapkannya dengan kisah pembebasan diri oleh seorang wanita dari jauh. Anda boleh menemuinya melalui pautan di bawah atau layari terus laman web kami di https://www.otakada.org

Dalam bahagian 5 dan bahagian 6 ini, kita akan meneroka - **"Tujuh (7) langkah penting untuk pembebasan + Cara Mengenal Pasti dan Mengusir Kumpulan Syaitan dan Visi Konflik Akhir dan Cara Menang Secara Strategik di Empat (4) Barisan Hadapan Penglibatan – Bahagian 5 dan Bahagian 6"**
Di Gereja Siber Otakada, Kami sedang menyemai Lebih 2 Juta Kandungan kepada Negara-negara, dan Tuhan sedang Mengubah Kehidupan Melalui Kebenaran Abadi dalam Firman-Nya!

Bersama-sama ANDA, kami sedang membina BAIT ROHANI YANG BESAR-BESARAN di dalam HATI KAMI agar Roh Tuhan MENDIAM dan BEROPERASI dengan MUDAH pada MASA dan MUSIM ini, jadi TINGGALLAH bersama kami dan BINA bersama kami!
Mengenai hari Tuhan, Paulus menulis kepada jemaat di Tesalonika dalam

1 Tesalonika 5:14-23

Bible yang Diperkuat
14 Kami [sungguh-sungguh] menggesa kamu, hai orang-orang percaya, supaya kamu menasihati mereka yang

sesat [yang tidak berdisiplin, yang tidak tertib, yang tidak teratur], menggalakkan mereka yang pemalu [yang tidak mempunyai keberanian rohani], membantu mereka yang lemah [secara rohani], dan bersabarlah terhadap semua orang [selalu mengawal perangai anda]. [15] Pastikanlah supaya jangan ada orang yang membalas kejahatan dengan kejahatan, tetapi sentiasa usahakan kebaikan untuk satu sama lain dan untuk semua orang. [16] Bersukacitalah sentiasa dan bergembiralah dalam imanmu; [17] Janganlah berhenti dan tekun dalam doa; [18] dalam segala keadaan [tidak kira apa pun keadaannya] bersyukurlah dan sentiasa bersyukur kepada Tuhan; kerana inilah kehendak Tuhan bagi kamu dalam Kristus Yesus. [19] Janganlah padamkan [tundukkan, atau tidak responsif terhadap pekerjaan dan bimbingan] Roh [Kudus]. [20] Janganlah menghina atau menolak karunia nubuat atau nubuat [wahyu lisan—kata-kata pengajaran atau nasihat atau amaran]. [21] Tetapi ujilah segala sesuatu dengan teliti [supaya kamu dapat mengenali apa yang baik]. Peganglah yang baik. [22] Jauhilah segala bentuk kejahatan [tarik diri dan jauhilah ia].
[23] Semoga Allah, sumber kedamaian, menguduskan kamu sepenuhnya [iaitu, memisahkan kamu daripada perkara-perkara yang tidak suci dan cabul, menjadikan kamu suci dan utuh serta tidak rosak—ditahbiskan untuk tujuan-Nya] dan semoga roh, jiwa dan tubuhmu terpelihara sempurna dan [didapati] tidak bercacat pada kedatangan Tuhan kita Yesus Kristus.

Petrus juga memberi amaran kepada kita agar tidak mengabaikan muslihat musuh kita dalam surat-surat terakhirnya juga kepada orang percaya dalam

1 Petrus 5:7-9
Bible yang Diperkuat

[7] ***Serahkanlah segala kekhuatiranmu [semua kebimbanganmu, semua kerisauanmu, dan semua kekhuatiranmu, sekali dan untuk selamanya] kepada-Nya, kerana Dia yang memelihara kamu [dengan kasih sayang yang paling dalam, dan mengawasi kamu dengan sangat teliti].*** [8] ***Bersabarlah [seimbang dan berdisiplin diri], berjaga-jagalah dan berhati-hatilah setiap masa. Musuhmu, iaitu Iblis, berjalan keliling seperti singa yang mengaum [lapar yang dahsyat], mencari seseorang untuk ditelan.*** [9] ***Tetapi lawanlah dia, teguhlah dalam imanmu [melawan serangannya—berakar umbi, teguh, tidak goyah], ketahuilah bahawa pengalaman penderitaan yang sama dialami oleh saudara-saudarimu di seluruh dunia. [Kamu tidak menderita sendirian.]***

DALAM menjawab soalan – Bolehkah Iblis mendiami orang Kristian? Kita melihat bahagian terakhir

1 Tesalonika 23 berkata [23] ***Semoga Allah damai sejahtera menguduskan kamu sepenuhnya [iaitu, memisahkan kamu daripada perkara-perkara yang najis dan cabul, menjadikan kamu suci dan utuh serta tidak rosak—dikuduskan bagi-Nya—diasingkan untuk tujuan-Nya] dan semoga roh, jiwa dan tubuhmu terpelihara sempurna dan [didapati] tidak bercacat pada kedatangan Tuhan kita Yesus Kristus.***

Perkataan pengudusan ialah perkataan pembebasan dalam bahasa Yunani. Pembebasan dalam kehidupan pemikiran kita yang membawa kepada emosi yang salah, yang membawa kepada tindakan yang salah. Ini adalah dalam alam emosi , intelek **dan** kehendak .

Roh diperbaharui atau hidup semula dari keadaan mati apabila kita menerima keselamatan roh kita melalui iman – Satu tindakan kehendak. Jiwa dan tubuh memerlukan kerja – yang juga memerlukan tindakan kehendak

Itulah sebabnya Paulus menulis dalam Filipi 2:12b,13 – Kerjakanlah keselamatanmu dengan takut dan gentar. Sebab Allahlah yang mengerjakan di dalam kamu baik kemauan maupun pekerjaan menurut kerelaan-Nya. Dalam siri ini, kita sedang mengumpulkan tentera pahlawan untuk menentang musuh di barisan hadapan dan membebaskan tawanan ke dalam kebebasan dalam Kristus pada tiga peringkat – Keselamatan roh yang dipanggil dilahirkan semula, Keselamatan jiwa yang dipanggil pembebasan dan keselamatan tubuh kita yang dipanggil penyembuhan.

Ia merupakan strategi buat sendiri dalam rangka kerja teragih, satu tindakan kehendak yang berdisiplin dan Tuhan Yesus Kristus ialah Panglima Tertinggi kita. Tugas kami adalah untuk melengkapkan anda untuk terlibat. Membebaskan diri anda, orang tersayang dan orang lain dalam lingkungan anda. Matlamat kami adalah untuk membangunkan gergasi yang sedang tidur dalam diri setiap orang percaya dan untuk membuat anda mempelajari pemikiran seorang pahlawan di medan perang dan terlibat dalam kempen yang berjaya tanpa mengambil korban dalam nama Yesus.

Anda mesti faham bahawa " **Pertahanan terbaik** ialah serangan yang baik", satu pepatah yang telah digunakan dalam pelbagai bidang usaha, termasuk permainan dan pertempuran ketenteraan. Ia juga dikenali sebagai prinsip serangan strategik perang.

Kita telah menyebut sebelum ini dalam bahagian 4 bahawa Tiada ruang untuk askar yang lari atau berlari untuk berperang lagi kerana pertempuran telah pun dimenangi di syurga. Tugas kita adalah untuk menggunakan kuasa dan kuasa yang diberikan kepada kita melalui Roh Kudus yang bermastautin untuk menguatkuasakan kemenangan itu kerana musuh akan sentiasa mahu melangkahi sempadannya. Ujilah perairan untuk melihat sama ada kita jahil. Malangnya, ramai di antara kita jahil tentang muslihat si jahat.

Untuk menghadapi musuh jenis ini sebagai tentera yang dimuridi, kita memerlukan perkara berikut seperti yang telah kita ketengahkan sebelum ini seperti dalam **A, B, C, D, E, F dan G. Saya mesti tekankan bahawa siri ini bukan untuk semua orang. Segelintir individu terpilih akan melayakkan diri mereka untuk pendaftaran melalui 7 atribut ini.**

Mereka adalah seperti berikut :

A. **Ketersediaan (Roh, jiwa dan raga)**
B. **Keberanian**
C. **Belas kasihan terhadap orang lain**
D. **Penentuan**
E. **Cinta yang tulus**
F. **Kemarahan yang Berapi-api**
G. **Kelaparan Besar**

Jika anda tidak mempunyai sifat-sifat ini sebagai bahan minimum, adalah mustahil untuk melancarkan kempen yang berjaya kerana semua bahan di atas perlu dicampur bersama untuk menghasilkan iman seperti biji sawi bagi membawa perubahan kerana Tuhan memberi makan orang yang lapar, bukan kanak-kanak yang kesejukan atau suam-suam kuku, sama ada dalam penyembuhan, pembebasan dan pemulihan dari dalam dan luar.

Rampasan sudah sedia untuk dikumpulkan tetapi seperti biji sawi, iman yang konsisten diperlukan untuk mengumpulkannya ke dalam pengalaman kita.

Hari ini, dalam **Cukuplah Cukup untuk Tawanan Syaitan dan Selamat Datang ke Kebebasan dalam Kristus Yesus - Tujuh (7) langkah penting untuk pembebasan + Cara Mengenal Pasti dan Mengusir Kumpulan Syaitan dan Visi Konflik Akhir dan Cara Menang Secara Strategik di Empat (4) Barisan Hadapan Penglibatan – Bahagian 5 Bahagian 6**

Roh jahat atau syaitan, menurut pemahaman saya, adalah golongan bawahan daripada "roh jahat" (Efesus 6:12) yang diarahkan oleh syaitan terhadap manusia. Mereka mempunyai tiga tujuan utama yang diberikan kepada mereka oleh syaitan:

1. pertama untuk menyeksa dan menindas kita;
2. kedua, untuk menghalang kita daripada mengenali Kristus sebagai Penyelamat;
dan jika gagal, ketiga,
3. untuk menghalang kita daripada melayani Kristus dengan berkesan.

Berikut adalah Sembilan (9) sifat syaitan

1. Syaitan menggoda. 2. Syaitan mengganggu. 3. Syaitan menyeksa. 4. Syaitan memaksa. 5. Syaitan memperhambakan. 6. Syaitan menyebabkan ketagihan. 7. Syaitan mencemarkan nama baik. 8. Syaitan menipu. 9. Syaitan menyerang tubuh fizikal.

Kita sekarang melihat tujuh (7) langkah menuju pembebasan seperti berikut: 1) Kejujuran; 2) Kerendahan hati; 3) Taubat 4) Penolakan 5) Pengampunan 6) Doa 7) Peperangan
Berikut adalah butirannya:

Tujuh Langkah Menuju Pembebasan

1. Kejujuran

Seseorang mesti jujur dengan dirinya sendiri dan dengan Tuhan jika dia mengharapkan untuk menerima berkat pembebasan Tuhan. Kekurangan kejujuran menyebabkan bahagian-bahagian kehidupan seseorang berada dalam kegelapan. Roh iblis berkembang maju dalam kegelapan sedemikian. Kejujuran membantu membawa mereka ke dalam cahaya. Sebarang dosa yang tidak diakui atau bertaubat memberi iblis "hak yang sah" untuk kekal. Mintalah Tuhan untuk membantu anda melihat diri anda seperti yang dilihat-Nya dan untuk mendedahkan apa sahaja yang bukan daripada-Nya.

Aku mengakui dosaku kepada-Mu, dan tidaklah aku menyembunyikan kesalahanku. Aku berkata: "Aku akan mengakui pelanggaranku kepada Tuhan," dan Engkau mengampuni kesalahan dosaku." Mazmur 32:5

Selidikilah aku, ya Allah, dan kenallah hatiku, ujilah aku dan kenallah pikiran-pikiranku; lihatlah, apakah ada jalan yang sesat padaku, dan tuntunlah aku di jalan yang kekal. Mazmur 139:23,24

2. Kerendahan hati

Ini melibatkan pengakuan bahawa seseorang bergantung kepada Tuhan dan ketentuan-Nya untuk pembebasan.

Tuhan menentang orang yang congkak, tetapi mengaruniakan kasih karunia kepada orang yang rendah hati. Sebab itu tunduklah kepada Tuhan. Lawanlah Iblis, maka ia akan lari dari padamu. Yakobus 4:7

Ia juga melibatkan keterbukaan sepenuhnya dengan hamba-hamba Tuhan yang melayani dalam pembebasan.

Akuilah kesalahanmu seorang kepada yang lain dan saling mendoakan, supaya kamu sembuh. Yakobus 5:16a

3. Taubat

Taubat adalah berpaling dengan tekad daripada dosa dan Syaitan. Seseorang mesti membenci semua kejahatan dalam hidupnya dan tidak bersetuju dengannya.
"Bolehkah dua orang berjalan bersama-sama, jika mereka tidak bersetuju?" (Amos 3:3) Seseorang mesti membenci dosa-dosanya.
Di sanalah kamu akan teringat-ingat akan tingkah lakumu dan segala perbuatanmu yang telah kamu cemarkan dan kamu akan muak akan dirimu sendiri karena segala kejahatan yang telah kamu lakukan. Yehezkiel 20:43

Pembebasan bukan sekadar untuk mendapatkan kelegaan daripada masalah tetapi untuk menjadi lebih seperti Yesus melalui ketaatan kepada semua yang dikehendaki Tuhan. Taubat adalah berpaling daripada semua yang menghalang pertumbuhan rohani, pelayanan dan persekutuan. Taubat memerlukan pengakuan terbuka atas semua dosa. Ia menghilangkan hak sah roh-roh jahat.

4. Penolakan

Penolakan adalah meninggalkan kejahatan. Penolakan adalah tindakan yang terhasil daripada pertobatan.
Ketika ia (Yohanes Pembaptis) melihat banyak orang Farisi dan Saduki datang untuk dibaptis, ia berkata kepada mereka: "Hai keturunan ular beludak, siapakah yang telah memperingatkan kamu supaya lari dari murka yang akan datang? OLEH ITU, HASILKANLAH BUAH-BUAHAN YANG BERTEMPAT UNTUK PERTABUTAAN." Matius 3:7,8
Menghasilkan buah yang sesuai dengan taubat melibatkan lebih daripada sekadar kata-kata. Ia adalah demonstrasi taubat... bukti bahawa seseorang telah benar-benar berpaling daripada dosa-dosanya. Contohnya, jika seseorang bertaubat daripada nafsu, dia mungkin perlu memusnahkan beberapa

bahan lucah. Jika seseorang telah bertaubat daripada kesalahan agama, dia mungkin perlu meninggalkannya sepenuhnya dengan memusnahkan semua bahan bacaan dan barang-barang yang berkaitan dengan kesalahan itu.

Dan banyak orang yang percaya datang dan mengaku, serta menyatakan perbuatan mereka.
Banyak juga di antara mereka yang telah menggunakan ilmu sihir, mengumpulkan kitab-kitab mereka lalu membakarnya di hadapan semua orang. Setelah mereka menghitung harga kitab-kitab itu, didapati lima puluh ribu keping perak. Kisah Para Rasul 19:18,19
Penolakan bermaksud pemutusan hubungan yang bersih dengan Syaitan dan semua perbuatannya.

5. Pengampunan

Tuhan dengan rela hati mengampuni semua orang yang mengaku dosa mereka dan meminta pengampunan melalui Anak-Nya. (Lihat 1 Yohanes 1:9). Dia mengharapkan kita untuk mengampuni semua orang lain yang pernah berbuat salah kepada kita dalam apa jua cara.
Kerana jika kamu mengampuni kesalahan orang, Bapamu yang di sorga akan mengampuni kamu juga. Tetapi jika kamu tidak mengampuni kesalahan orang, Bapamu juga tidak akan mengampuni kesalahanmu. Matius 6:14,15
Kesediaan untuk memaafkan adalah sangat penting untuk pembebasan. (Lihat Matius 18:21-35). Tiada menteri pembebasan yang dapat melaksanakan pembebasan melainkan calon tersebut telah memenuhi syarat-syarat Tuhan.

6. Doa
Mintalah kepada Tuhan untuk membebaskan dan mengampuni anda dalam nama Yesus.

Sesiapa yang berseru kepada nama Tuhan akan diselamatkan. Yoel 2:32

7. Peperangan

Doa dan peperangan adalah dua aktiviti yang berasingan dan berbeza. Doa adalah kepada Tuhan dan peperangan adalah kepada musuh. Peperangan kita melawan kuasa iblis bukanlah bersifat daging tetapi rohani (Lihat Ef. 6:10-12; II Kor. 10:3-5). Gunakan senjata penyerahan diri kepada Tuhan, darah
Yesus Kristus, Firman Tuhan, dan kesaksian anda sebagai seorang yang percaya. (Lihat Yakobus 4:7; Wahyu 12:11; Efesus 6:17). Kenal pasti roh-roh itu, panggil mereka secara langsung dengan nama dengan suara yang memerintah, dan dalam iman perintahkan mereka untuk pergi dalam nama Yesus. Sertai pertempuran dengan tekad dan keyakinan kemenangan. Kristus tidak akan gagal! Dia adalah Pembebas!

"Dan tanda-tanda ini akan menyertai orang-orang yang percaya: mereka akan mengusir setan-setan demi nama-Ku." Markus 16:17a
"Lihatlah, Aku memberi kamu kuasa untuk memijak ular dan kalajengking dan kuasa untuk mengalahkan segala kekuatan musuh, dan sesuatu pun tidak akan membahayakan kamu." Lukas 10:19
"TUHAN adalah gunung batuku, kubu pertahananku dan PEMBEBASKU." Mazmur 18:2a

Kami mengembangkan ini dengan memberi anda kumpulan syaitan. Satu syaitan bertindak sebagai kubu kuat dan yang lain mengiringi kubu kuat utama syaitan ini untuk merosakkan lagi kehidupan Tentera Kristus, yang menjadi milik anda. Mereka melekatkan diri mereka berdasarkan beberapa tabiat negatif melalui

tindakan kehendak kita dan itu mengundang mereka masuk seperti magnet untuk menghuni alam jiwa dan raga orang percaya. Ingat, kegelapan menarik kegelapan. Cahaya menolak kegelapan.

Apa sahaja yang kita lakukan yang Tuhan tidak setujui atau tidak terdapat dalam kitab-kitab baik dalam Bible adalah kegelapan. Lihat Galatia 5 di mana Paulus menggariskan bagaimana kita dapat mengekalkan kebebasan yang telah diberikan Kristus kepada kita. Apa sahaja di luar kebebasan adalah tarikan kepada alam kegelapan. Ingat, mereka sedang mencari tempat tinggal dan tubuh manusia adalah salah satu keutamaan utama.
Baca ini:

Galatia 5:13-25
Bible yang Diperkuat
13 Saudara-saudaraku, kamu telah dipanggil untuk merdeka; hanya janganlah biarkan kebebasanmu menjadi kesempatan untuk [a] sifat dosa (keduniawian, keegoisan), tetapi oleh [b] kasih, layanilah dan carilah yang terbaik untuk satu sama lain. 14 Kerana seluruh Hukum [mengenai hubungan manusia] telah digenapi dalam satu perintah, "Kasihilah sesamamu manusia seperti dirimu sendiri [iaitu, kamu harus mempunyai keprihatinan yang tidak mementingkan diri sendiri terhadap orang lain dan melakukan sesuatu untuk kepentingan mereka]." 15 Tetapi jika kamu saling menggigit dan menelan [dalam pertengkaran dan perselisihan], awaslah supaya kamu [bersama seluruh persekutuanmu] jangan saling membinasakan.

16 Tetapi Aku berkata, hiduplah menurut Roh Kudus [carilah Dia dan bertindak balas terhadap bimbingan-Nya], dan kamu pasti tidak akan melakukan keinginan [c]

tabiat berdosa [yang bertindak balas secara impulsif tanpa
menghiraukan Tuhan dan ajaran-ajaran-Nya]. 17 Kerana
tabiat berdosa mempunyai keinginannya yang
bertentangan dengan Roh, dan [keinginan] Roh
bertentangan dengan [d] tabiat berdosa; kerana kedua-
duanya [, tabiat berdosa dan Roh] bertentangan secara
langsung [terus berkonflik], sehingga kamu [sebagai
orang percaya] tidak [selalu] melakukan apa sahaja
[perkara baik] yang kamu ingin lakukan. 18 Tetapi jika
kamu dipimpin dan dipimpin oleh Roh, kamu tidak takluk
kepada Hukum Taurat. 19 Amalan-amalan sifat berdosa itu
jelas kelihatan :ia adalah percabulan, kenajisan, hawa nafsu
(tidak bertanggungjawab sepenuhnya, kekurangan
kawalan diri), 20 penyembahan berhala, sihir,
permusuhan, perselisihan, iri hati, ledakan kemarahan,
pertengkaran, perpecahan, puak-puak [yang
menggalakkan ajaran sesat], 21 iri hati, mabuk, pesta
pora, dan perkara-perkara lain yang serupa dengan ini .
Aku telah memperingatkan kamu terlebih dahulu , seperti yang telah
kulakukan sebelumnya, bahawa mereka yang melakukan
perkara-perkara seperti itu tidak akan mewarisi Kerajaan
Allah. 22 Tetapi buah Roh [hasil kehadiran-Nya di dalam
kita] ialah kasih [keprihatinan yang tidak mementingkan
diri sendiri terhadap orang lain], sukacita, kedamaian
[batin], kesabaran [bukan keupayaan untuk menunggu,
tetapi bagaimana kita bertindak semasa menunggu],
kemurahan hati, kebaikan, kesetiaan, 23 kelemahlembutan,
kawalan diri. Tidak ada hukum yang menentang perkara-
perkara seperti itu. 24 Dan mereka yang menjadi milik
Kristus Yesus telah menyalibkan sifat berdosa [h] bersama-
sama dengan hawa nafsu dan keinginannya.

25 Jika kita [mendakwa] hidup oleh Roh [Kudus], kita juga
harus hidup oleh Roh [dengan integriti peribadi, watak
yang saleh, dan keberanian moral—tingkah laku kita yang
diberdayakan oleh Roh Kudus].

Kumpulan syaitan

Iblis dikenal pasti mengikut sifat mereka. *Iblis kebencian* dipanggil "kebencian". Setiap iblis adalah pakar. Iblis kebencian tidak memupuk nafsu - dia hanya menggalakkan kebencian. Apabila iblis diperintahkan untuk menamakan diri mereka, mereka biasanya akan menamakan diri mereka mengikut identiti sifat mereka, contohnya *pemberontakan* , *kutukan, sikap acuh tak acuh* , dan sebagainya. Kadangkala iblis akan memberikan nama peribadi seperti "Jim" atau "Shirley". Kadangkala mereka akan memberikan nama asing. Ini adalah langkah yang mengelirukan untuk menghalang menteri pembebasan daripada mengetahui sifat sebenar mereka. Pendeta harus memerintahkan iblis untuk mendedahkan sifat mereka, dengan berkata, "Apakah sifatmu, iblis?"

Syaitan yang mendiami jarang ditemui secara bersendirian; mereka berkumpul dalam kumpulan. Kumpulan sedemikian boleh dirujuk sebagai koloni, puak atau keluarga. Apabila seekor syaitan dikesan atau dikenal pasti, seseorang harus segera dimaklumkan untuk mencari temannya. Sekumpulan syaitan disatukan untuk tujuan mengawal sesuatu bidang kehidupan seseorang. Oleh itu, terdapat corak roh yang sangat logik yang boleh ditemui dalam mana-mana kumpulan tertentu. Jenis roh tertentu ditemui berulang kali dalam kombinasi yang sama; walau bagaimanapun, seseorang tidak boleh menganggap bahawa kombinasi itu akan sentiasa sama.

KEMUNGKINAN UNTUK BERKUMPULAN ADALAH TIDAK TERHAD.

Dalam setiap kumpulan akan terdapat seorang *"orang kuat"* atau roh pemerintah. Selalunya semasa pelayanan, roh pemerintah akan dikenal pasti secara khusus. Tidak selalunya perlu dia dikenal pasti sebagai roh pemerintah untuk melaksanakan pembebasan. Pengenalpastian sedemikian biasanya akan diberikan alasan. Pertama, Roh Kudus mungkin mengarahkan suatu susunan prosedur. Menteri pembebasan ingin peka terhadap apa sahaja rancangan pertempuran yang mungkin diberikan oleh Tuhan. Terdapat situasi di mana Tuhan akan mengarahkan agar roh pemerintah ditangani terlebih dahulu dan kemudian sahabat-sahabatnya. Pada masa lain, pimpinan Tuhan adalah untuk menghalau roh yang lebih rendah terlebih dahulu dan roh pemerintah terakhir. Nampaknya tidak ada manfaat sebenar dalam mempersoalkan mengapa Tuhan memimpin satu arah dan kemudian yang lain. Seorang askar yang baik dilatih untuk mematuhi perintah tanpa mempersoalkan komandernya. Kadang-kadang dia mungkin diberi kelonggaran yang besar dalam memilih laluan serangannya sendiri, dan pada masa lain arahannya agak spesifik. Perkara yang sama berlaku dalam pertempuran peperangan rohani.

Sebab kedua mengapa roh pemerintah dapat dikenal pasti adalah kerana ia adalah untuk kepentingan orang yang menerima pembebasan. Adalah sangat membantu untuk mengetahui roh mana yang harus dijaga secara khusus pada masa hadapan. Sesetengah roh sangat berkaitan dengan corak tabiat yang mesti diubah dan bahagian-bahagian manusia yang bernafsu duniawi yang mesti disalibkan. Selepas pembebasan, orang itu perlu berjuang sendiri untuk mengekalkan pembebasannya. Adalah sangat membantu untuk mengetahui dengan tepat apa yang sedang dilawan, dan apa itu daging dan apa itu roh iblis. Daripada pengalaman yang diperoleh melalui ratusan sesi pembebasan dan dalam menangani kumpulan iblis, saya yakin bahawa roh pemerintah adalah roh pertama yang menyerang kawasan tertentu. Kerana dia adalah orang pertama yang masuk, dia boleh menetapkan dirinya sebagai pemerintah. Dia kemudian menjadi kunci untuk membuka jalan bagi roh-roh lain untuk masuk. Apabila iblis sedang dihalau keluar, adalah perkara biasa untuk memberi arahan kepada roh pemerintah, "Keluar dan bawa semua sahabatmu!" atau "Keluar dan bawa semua akarmu!" Jika mana-mana bahagian daripada sesuatu kumpulan tidak diusir, jalan masih ada untuk kumpulan itu dibenarkan masuk semula. Atas sebab ini, pembebasan haruslah selengkap mungkin.

Lebih daripada satu roh daripada jenis tertentu mungkin ditemui dalam sesuatu kumpulan. Contohnya, koloni kepahitan mungkin mengandungi beberapa *syaitan dendam.* Selain itu, sejenis syaitan tertentu mungkin terdapat dalam lebih daripada satu kumpulan. Contohnya, *syaitan kemarahan* mungkin ditemui dalam puak kepahitan dan syaitan kemarahan lain dalam puak kesempurnaan. Dalam satu pembebasan, beberapa kumpulan roh telah diusir. Dalam setiap kumpulan terdapat *roh kemurungan.* Hanya melalui operasi kurnia ghaib untuk membezakan, seseorang dapat mengetahui bahawa semua kombinasi roh tersebut telah ditangani.
Contohnya: Kepahitan

KEPAHITAN

Dalam Ibrani 12:15 satu amaran telah dibunyikan: "supaya jangan ada akar kepahitan yang tumbuh MENYUSAHKAN kamu, dan dengan demikian banyak orang menjadi cemar." Akar kepahitan bertanggungjawab untuk banyak "masalah". Kepahitan yang terpendam di hati untuk jangka masa yang lama akan membuka pintu untuk pencerobohan syaitan. Ini mungkin merupakan pembukaan yang paling biasa untuk aktiviti syaitan. Dalam kebanyakan kes, kepahitan adalah terhadap seseorang dalam keluarga terdekat.

Roh kepahitan menghidupkan semula insiden yang menyakitkan. Perkara yang berlaku bertahun-tahun yang lalu masih segar dan hidup dalam ingatan seolah-olah ia baru berlaku hari ini. Oleh itu, seseorang itu bukan sahaja dapat mengatasi masalah semasa tetapi juga sentiasa berhadapan dengan himpunan luka yang tertumpuk. Semangat *tidak memaafkan* menghidupkan setiap perincian luka; sentiasa menyemaknya dalam fikiran seseorang. Luka yang paling remeh tidak akan diampuni mahupun dilupakan. Setiap kali sikap kepahitan ditemui, seseorang mungkin akan menemui roh-roh kepahitan , *dendam* dan *kebencian.* Dalam beberapa keadaan, rantaian roh seterusnya merangkumi roh-roh lain atau semua roh dalam kumpulan itu.

Senarai kumpulan iblis berikut mewakili corak yang dialami melalui sesi pembebasan sebenar.

KUMPULAN INI HANYA ADALAH CARA MENGEMUDI APA YANG MUNGKIN AKAN DITEMUI. PENYENARAIAN INI TIDAK BERMAKSUD UNTUK MENYELENGKAPKAN, UTAWA KUMPULAN INI TIDAK BOLEH DIUBAHSUAI.

Penjelasan diberikan tentang beberapa kumpulan yang disenaraikan. Ini adalah untuk memberikan sedikit gambaran tentang masalah yang disebabkan oleh kumpulan roh tertentu. Kebanyakan kumpulan tersebut agak jelas dengan sendirinya.

Kami percaya bahawa maklumat yang diberikan di bawah ini akan terbukti sangat bernilai praktikal bagi mereka yang akan beralih ke pelayanan pembebasan. Ia akan membantu sesiapa sahaja untuk lebih memahami bagaimana syaitan mengatur diri mereka dalam kumpulan. Kajian dan pengalaman bertahun-tahun diringkaskan menjadi beberapa halaman.

KUMPULAN SYAITAN BIASA

1. KEPAHITAN
Dendam Kebencian Ketidakmaafan Keganasan Perangai Kemarahan Pembalasan Pembunuhan

2. PEMBERONTAKKAN
Kedegilan Ketidakpatuhan Anti-tunduk

3. PERTELINGKAHAN
Perbalahan Pertengkaran Pertengkaran Pergaduhan

4. KAWALAN
Sifat memiliki Dominasi Sihir

5. PEMBALAS
Kemusnahan Walaupun Kebencian Sadisme Menyakitkan Kekejaman

6. TUDUHAN
Menghakimi Kritikan Mencari Kesalahan

7. PENOLAKAN
Takut akan Penolakan Penolakan diri

8. KETIDAKAMANAN
Rendah Diri Kasihan Diri Kesepian Malu-malu Malu Tidak Berupaya Tidak Berkemampuan

9. KECEMBURUAN
Iri Hati Kecurigaan Ketidakpercayaan Keegoisan

10. PENGELUARAN
Cemberut Bermimpi Fantasi Kepura-puraan Ketidakrealitian

11. MELARIKAN DIRI

Ketidakpedulian Stoisisme Pasif Mengantuk Alkohol Dadah

12 PASIFITI
Ketidakpedulian Funk Kelesuan Kelesuan

13. KEMURUNGAN
Keputusasaan Kemurungan Kekecewaan Kekalahan Kemurungan Keputusasaan Bunuh Diri Kematian Insomnia Morbiditi

14. BERAT
Beban Kesuraman Jijik

15. RISAU
Kebimbangan Takut Ketakutan

16. KEGUGUTAN
Sakit Kepala Ketegangan Tabiat Saraf Kegelisahan Keterujaan Insomnia Berkeliaran

17. KESENSITIFAN
Kesedaran diri Takut kepada manusia Takut kepada penolakan

18. PENGANIAYAAN
Ketidakadilan Takut akan penghakiman Takut akan kecaman Takut akan tuduhan
Ketakutan terhadap teguran Kepekaan

19. PENYAKIT MENTAL
Kegilaan Mania Kerencatan Seniliti Skizofrenia

20. SKIZOFRENIA

21. PARANOIA

Cemburu Iri Hati Syak Wasangka Tidak Percaya
Penganiayaan Ketakutan Konfrontasi

22. KEKELIRUAN
Kekecewaan Ketidaksesuaian Kelupaan

23. KERAGU-RAGU
Keraguan Ketidakpercayaan

24. KEBIMBANGAN
Penangguhan Kompromi Kekeliruan Kelupaan
Ketidakpedulian

25. PENIPUAN DIRI SENDIRI
Khayalan Diri Godaan Diri Kesombongan

26. MENGIKAT FIKIRAN
Kekeliruan Takut kepada manusia Takut akan kegagalan
Roh ghaib Roh-roh Spiritisme

27. PENYEMBAHAN MINDA
Intelektualisme Rasionalisasi Kebanggaan Ego

28. KETAKUTAN (Semua Jenis)
Fobia (Semua Jenis) Histeria

29. TAKUT AKAN KUASA
Penipuan Berbohong

30. KEBANGGAAN
Ego Kesombongan Kesombongan

31. KASIH SAYANG
Teater Lakonan Kecanggihan Kepura-puraan

32. KETAKSUAAN

Mencuri Bahan Kleptomania Nafsu Ketamakan Rasa Tidak Puas Hati

33. KESEMPURNAAN
Keangkuhan Kesombongan Ego Kekecewaan Kritikan Kerengsaan
Kemarahan Intoleransi

34. PERTANDINGAN
Perdebatan Memandu KebanggaanEgo

35. KETIDAKSASABARAN
Kegelisahan Kekecewaan Intoleransi Kebencian Kritikan

36. BEBAN PALSU
Tanggungjawab palsu Belas kasihan palsu

37. KESEDIHAN
Kesedihan Sakit Hati Patah Hati Menangis Kesedihan Kejam

38. KELETIHAN
Keletihan Keletihan Kemalasan

39. KELEMAHAN
(sebarang penyakit atau keuzuran)

40. KEMATIAN

41. PARISUKAN
(Fizikal) (Emosi) (Mental) (Kutukan)

42. HIPERAKTIVITI
Tekanan Pemacu Kegelisahan
43. MENGUTUK

Kursus Penghujatan Bergurau Gosip Kritikan Memfitnah
Ejekan Meremehkan Pagar

Alkohol Nikotin **YANG KETAGIHAN & KOMPULSIF**
Ubat-ubatan
Kerakusan Kafein

45. KERAKUMAN
Kegelisahan Makan Kompulsif Kemarahan Kekecewaan
Kemalasan
Kasihan diri Ganjaran diri

46. TUDUHAN DIRI SENDIRI
Kebencian diri Kecaman diri

47. BERSALAH
Kecaman Malu
Ketidaklayakan, Kemaluan

48. KEJAHATAN SEKSUAL
NafsuFantasi Nafsu Melancap Homoseksualiti Lesbianisme
Zina Percabulan Sumbang mahram Pelacuran
Kedinginan Pendedahan Rogol

49. KULTA
Saksi-Saksi Yehuwa
Sains Kristian
Rosicrucianisme
Teosofi
Urantia
Subud
Latihan
Perpaduan
Mormonisme
Bahaisme

Unitarianisme (Lodge, persatuan & agensi sosial yang menggunakan Bible & Tuhan sebagai asas tetapi tidak memasukkan penebusan darah Yesus Kristus)

50. GHAIB
Seni Palmistri Papan Ouija, Analisis Tulisan Tangan, Tulisan Tangan Automatik, ESP
Astrologi Horoskop Hipnotisme
Levitasi Ramalan Nasib Sihir Air Kad Tarot Pendulum
Sihir Sihir Hitam Sihir Putih Sihir Mantera Azimat Fetish
Dll.

51. BERAGAMA
Ritualisme Formalisme Obsesi doktrin Godaan, Kesilapan doktrin, Takut kepada Tuhan. Takut Neraka. Takut akan keselamatan yang hilang. Keagamaan. Dan sebagainya.

52. SPIRITISME
Pemanggilan Roh, Pembimbing Ilmu Necromancy, Dll.

53. AGAMA-AGAMA PALSU
Buddhisme Taoisme Hinduisme Islam Shintoisme
Konfusianisme
Dll.

Konflik Akhir – Impian Kerohanian

Kita semua tahu bahawa sepanjang sejarah Alkitab, Tuhan kadangkala berfirman kepada hamba-hamba-Nya melalui penglihatan dan mimpi. Pada hari Pentakosta, Petrus memetik daripada nabi Yoel:
"Dan akan terjadi pada hari-hari terakhir," demikianlah firman Allah, "Aku akan mencurahkan Roh-Ku ke atas semua manusia; maka anak-anak lelakimu dan anak-anak perempuanmu akan bernubuat, dan teruna-terunamu akan

melihat penglihatan-penglihatan, DAN ORANG-ORANG TUAmu AKAN MEMIMPIN." Kisah Para Rasul 2:17

Pada 9 Julai 1970, Tuhan berfirman kepada saya dalam mimpi rohani. Dia menjelaskan kepada saya bahawa saya harus menyampaikan kebenaran yang ditunjukkan kepada saya melalui mimpi ini. Saya berdoa agar ia menjadi berkat dan inspirasi kepada anda seperti yang telah berlaku kepada ramai orang lain yang telah berkongsinya.

IMPIAN

Ketika mimpi itu bermula, saya mendapati diri saya memasuki sebuah stadium yang besar.

Tempat duduk penonton dipenuhi orang ramai, dan terdapat suasana keterujaan dan jangkaan tentang apa yang akan berlaku. Ia adalah perlawanan besbol, dan saya akan menjadi salah seorang pemain. Saya sudah memakai uniform saya. Uniform pasukan saya berwarna merah dan
putih. Saya nampak ahli pasukan lawan dan mereka berpakaian seragam hitam putih.

Semasa saya bergerak ke padang, saya menyedari bahawa semua rakan sepasukan saya berada di tepi padang dalam kontroversi yang hangat dengan semua ahli pasukan lawan. Saya tidak mahu terlibat dalam perkelahian itu dan berjalan ke padang, berharap yang lain akan segera menyertai saya di sana. Semasa saya bergerak ke padang, salah seorang ahli pasukan lawan keluar bersama saya. Fikiran saya dipenuhi dengan kebimbangan untuk meneruskan perlawanan. Dari kedudukan matahari, saya tahu terdapat kira-kira dua jam lagi siang. Aksi mesti dimulakan tidak lama lagi.

Akhirnya pertengkaran di tepi padang terhenti, dan pasukan-pasukan mula mengambil posisi masing-masing. Pasukan kami akan berada di padang dan pasukan lawan akan memukul. Saya telah berjalan keluar ke padang kiri dan menyedari bahawa saya belum lagi diberi tugasan tentang posisi yang akan saya mainkan. Saya mencari jurulatih saya dan melihat dia berada di tengah padang. Dia memberi isyarat kepada saya untuk melindungi bes ketiga, dan saya segera mengambil posisi saya di sana.

Pasukan kami mula "bercakap-cakap", seperti yang mereka katakan. Kami semua menjeritkan kata-kata semangat antara satu sama lain dan menikmati semangat pertunangan tersebut. Seterusnya, kami mula melakukan senaman pengencangan badan - meregangkan tangan, melenturkan lutut dan membengkokkan belakang. Kini tiba masanya untuk permainan bermula.
Pitcher itu membaling bola pertama ke atas plate. Pemukul lawan menetak ke arahnya dengan sekuat hati. Dia memukul sebiji bola yang sangat tinggi dan melambung tinggi. Saya memerhatikannya ketika ia melambung tinggi di atas kepala saya dan terjatuh ke belakang, ke belakang, ke belakang, ke bawah di luar padang permainan. Ketakutan menyelubungi hati saya. Saya terfikir, "Jika semua pemain mereka sekuat itu, apakah peluang yang kita ada?" Saya sedar bahawa saya mesti sangat berwaspada. Saya mengalihkan berat badan saya dari kaki ke kaki. Jika bola seterusnya datang ke arah saya, saya mesti setangkas kucing yang bersedia untuk melompat ke mana-mana arah untuk menangkap bola dan mengeluarkan pemain itu. Pada ketika ini, mimpi itu berakhir. Apabila saya bangun dan mula mengingati mimpi itu, reaksi awal saya adalah kekecewaan. Saya suka besbol dan kecewa kerana saya tidak dapat menyelesaikan mimpi itu.

TAFSIRASI

Mimpi rohani tidak dapat difahami - ia mesti ditafsirkan. Ketika Roh Kudus mengingatkan saya tentang mimpi itu pada keesokan paginya, Dia mula memberikan tafsirannya kepada saya. Saya mengambil sebatang pensel dan kertas dan mula menulis tafsirannya secepat mungkin. Keseluruhannya dijelaskan dalam beberapa saat. Ia ditulis

tanpa gangguan seperti yang diberikan oleh Roh kepada saya.
Padang permainan itu mewakili seluruh dunia. Tempat duduk yang dipenuhi penonton adalah gambaran yang ditunjukkan dalam Ibrani 12:1.

Oleh itu, memandangkan kita juga dikelilingi oleh begitu banyak saksi, bagaikan awan...
Tuhan memberitahu saya bahawa mereka yang berada di tempat duduk itu adalah awan saksi yang besar. Mereka semua adalah orang Kristian yang pernah hidup dan kini sedang memandang dunia dari kedudukan syurgawi mereka. Semua bapa leluhur dan orang suci dari zaman Perjanjian Lama dan Baru berada di tempat duduk itu. Terdapat Abraham, Yakub, Ishak, Yusuf, Daud, Daniel, Yeremia, Yesaya, Petrus, Yakobus dan Yohanes dan semua yang lain. Mereka adalah orang-orang yang pernah berada dalam "perlumbaan panji-panji" pada generasi sebelumnya. Ramai daripada mereka telah berjaya dan berada di "dewan kemasyhuran" seperti yang tercatat dalam Ibrani bab sebelas. Mereka melihat dengan penuh harapan untuk melihat bagaimana prestasi kita yang berada di padang dalam generasi ini.

Kemudian Tuhan berfirman kepadaku, “INILAH SIRI DUNIA! INILAH KONFLIK TERAKHIR ANTARA KUASA KEJAHATAN DAN KUASA KEBENARAN. INI UNTUK MENENTUKAN KEJUARAAN DUNIA!”

Kemudian saya diberitahu maksud pakaian seragam itu. Pakaian seragam kami berwarna merah dan putih. Merah mewakili darah Yesus. Ia menandakan kita sebagai milik Tuhan. Darah itu menunjukkan kuasa kita dalam Kristus Yesus. “Mereka mengalahkan dia (Syaitan) oleh darah Anak Domba…” (Wahyu 12:11). Putih menunjukkan kesucian. Mereka yang berada dalam pasukan Tuhan hari ini mestilah

ditandai dengan kesucian. Roh Kudus sedang memberi penekanan yang kuat pada kesucian peribadi dan kebenaran praktikal. Ini bukan masanya untuk berjalan dengan sebelah kaki di dunia dan sebelah kaki lagi di Kerajaan Tuhan!
Pasukan lawan berpakaian hitam putih.

Hitam adalah simbol kejahatan. Ia mencirikan Syaitan dan perbuatan jahatnya. Pasukan lawan jelas dikenal pasti sebagai Iblis dan bala tentera roh iblisnya. Saya keliru. Pasukan syaitan juga memakai pakaian putih dalam seragamnya. Apakah maksudnya ini? Semasa soalan itu dibentuk dalam fikiran saya, Roh itu memberikan jawapan... Hitam dan putih mewakili campuran kejahatan dan kebaikan. Syaitan tidak pernah datang kepada kita dengan segala kegelapan dan kejahatan. Dia juga datang kepada kita dengan warna putih. Hitam dan putih mewakili campuran kebenaran dan *kesalahan . Ini* adalah salah satu campuran strategik Syaitan yang terhebat. Hari ini, seperti yang belum pernah terjadi sebelumnya, terdapat campuran kebaikan dan kejahatan; kebenaran dan kesalahan.
Roh Kudus dengan tegas mengatakan bahawa pada zaman kemudian, ada orang yang akan murtad dan mengikut roh-roh penyesat dan ajaran setan-setan. 1 Tim. 4:1
Mengapakah saya berada dalam konflik ini? Tuhan menunjukkan kepada saya bahawa kehadiran saya dalam pertemuan itu adalah sebagai seorang yang mewakili. Saya mewakili ramai orang Kristian yang sedang bergerak ke medan konflik rohani untuk melancarkan serangan terhadap kuasa neraka.

Saya bertanya, “Tetapi, Tuhan, mengapa semua rakan sepasukan saya berada di tepi garisan dalam pertengkaran dengan pasukan lawan?” Tuhan menjelaskan bahawa ini hanyalah satu lagi taktik musuh. Dia cuba untuk membuat umat Tuhan berada di tepi garisan, dan keluar dari aksi utama dan memastikan mereka terikat. Dia menunjukkan kepada saya bahawa ini mewakili perpecahan agama Kristian *denominasi* . Syaitan mempunyai orang Kristian di tepi garisan mempertahankan doktrin dan tradisi mereka sendiri, tanpa menyedari bahawa mereka telah ditipu oleh syaitan. Sudah tiba masanya untuk umat Tuhan bersatu dan meneruskan urusan yang sedang dijalankan! Pada hakikatnya, inilah yang berlaku akibat daripada pencurahan Roh Kudus yang besar ke seluruh dunia hari ini.

Kebimbangan saya ialah hari sudah hampir berakhir. Hanya tinggal beberapa jam sahaja lagi. Sesungguhnya, malam akan tiba apabila tiada manusia yang boleh bekerja. Kita hidup pada saat-saat terakhir sejarah manusia. Kita mesti menjadikan setiap minit bermakna. Kita mesti sedar bahawa sebagai orang Kristian, kita mesti turun ke medan perang dan mengalahkan Syaitan dan bala tenteranya.

Akhirnya pasukan-pasukan itu mula bergerak ke padang. Seorang lelaki tidak membentuk satu pasukan! Fasa kehidupan gereja yang kita lalui memerlukan kerja berpasukan... perpaduan! Tuhan kemudian mengingatkan saya bahawa terdapat *sembilan* pemain dalam pasukan besbol. Nombor sembilan menunjukkan *sembilan karunia* Roh dan *sembilan buah* Roh. Mereka yang berada dalam pasukan Tuhan dalam konflik terakhir ini dengan kuasa Syaitan akan beroperasi di bawah arahan Roh Kudus. Karunia Roh - perkataan hikmat, perkataan pengetahuan, iman, karunia penyembuhan, pekerjaan mukjizat, nubuat, membezakan roh, jenis-jenis bahasa roh dan pentafsiran bahasa roh (Lihat 1 Kor. 12:8-10) - akan beroperasi dalam pelayanan mereka. Buah Roh - kasih, sukacita, damai sejahtera, panjang sabar, kelembutan, kebaikan, iman, kelemahlembutan, kesederhanaan - akan terbukti. (Lihat Galatia 5:22,23). Puji Tuhan! Dia membawa pasukan-Nya ke padang pada *zaman kita.* Ia adalah pasukan *yang dipenuhi Roh* . Karunia

Roh Kudus sedang dipulihkan ke gereja. Buah-buahannya sedang dibuktikan di kalangan umat Tuhan seperti yang belum pernah terjadi sebelumnya. Halangan yang telah memisahkan kita dan membuat kita tersisih begitu lama sedang diatasi. Halangan denominasi semakin runtuh. Persoalan doktrin yang memecahbelahkan sedang ditimbus. Yesus adalah Tuhan! Kita sedang mengalami aliran kasih. Kita berada di landasan yang sama. Kita boleh beribadah dan melayani bersama di bawah Roh Kudus.

Apabila saya bergerak ke padang, seorang ahli pasukan lawan berpindah bersama saya. Dalam pengalaman sebenar, saya bergerak ke medan konflik apabila saya mengalami Roh Kudus. Ketika itulah saya dikurniakan kuasa dan menjadi ancaman kepada syaitan. Selepas pengalaman itulah kurniaan Roh mula beroperasi dalam pelayanan saya, dan kebanyakan kuasa yang terhasil ditujukan kepada syaitan. Pembaptisan dalam Roh Kudus pastinya tidak menamatkan masalah saya - sebenarnya masalah saya kelihatan lebih besar daripada sebelumnya. Dalam sekelip mata, kebanyakan rakan saya menjadi musuh yang menolak saya dan menuduh saya sombong dan menipu. Ketakutan mencengkam hati saya dan saya tertanya-tanya apa yang akan terjadi kepada saya. Kuasa-kuasa syaitan telah bergerak ke padang untuk menentang saya!

Pada ketika ini saya berdiri di medan kiri. Tahukah anda apa ertinya berada di medan kiri? Ungkapan ini telah digunakan untuk menggambarkan seseorang yang keliru dan tidak tahu di mana dia berada. Saya tahu saya berada dalam konflik dan di medan tetapi tidak tahu apa peranan saya. Ini menggambarkan dilema saya dengan secukupnya dan grafik selepas pembaptisan dalam Roh Kudus. Bukankah ini menggambarkan ramai orang Kristian? Mereka berada di bahagian kiri padang. Mereka tidak pernah benar-benar menemui kehendak Tuhan untuk hidup mereka. Mereka mengembara tanpa tujuan. Mereka tidak benar-benar membantu pasukan. Tempat yang mereka akan isi dibiarkan kosong. Terdapat jurang dalam barisan. Tetapi Jurulatih ada di sana bersedia memberi arahan! Siapakah Jurulatih itu? Dia ialah Roh Kudus. Dan di manakah Dia boleh ditemui? Ini adalah ciri yang pelik dalam mimpi itu. Biasanya jurulatih berada di tepi padang atau di tempat duduk pemain. Tetapi di sini jurulatih berada betul-betul di tengah-tengah padang. Di manakah Roh Kudus hari ini? Dia berada betul-betul di tengah-tengah kita. Dia ada di sana untuk memberi kita arahan semasa kita memandang kepada-Nya. Dia menunjukkan kepada saya bahawa saya akan berada di pangkalan ketiga. Kita akan sampai kepada maksud ini sebentar lagi.

Pelbagai ahli pasukan dengan cepat mencari posisi mereka. Permainan akan bermula tidak lama lagi. Kami mula menjeritkan kata-kata semangat antara satu sama lain. Oh, betapa cantiknya gambar gereja itu.

Dan marilah kita saling memperhatikan supaya kita saling mendorong dalam kasih dan dalam pekerjaan baik. Janganlah kita mengabaikan pertemuan ibadah kita, seperti kebiasaan beberapa orang, tetapi marilah kita saling menasihati, dan semakin giat melakukannya menjelang hari Tuhan yang mendekat. Ibr. 10:24,25

Kemudian bermulalah latihan kami. Tuhan menunjukkan kepada saya bahawa latihan fizikal pemain bola selari dengan latihan rohani orang Kristian. Jika kita ingin kekal cergas untuk konflik rohani, kita mesti mengikuti peraturan dan disiplin latihan rohani dengan melenturkan lutut kita dalam doa, mengangkat tangan kita dalam pujian, membongkokkan belakang kita dalam penyembahan! Haleluya! Peserta dalam konflik kejohanan dunia akan sentiasa berada dalam keadaan terbaik. Janganlah dikatakan tentang kita bahawa...

Anak-anak dunia ini lebih bijak dalam golongan mereka daripada anak-anak terang. Lukas 16:8b
Jika lelaki dalam arena sukan dapat mendisiplinkan kehidupan mereka dan kekal dalam keadaan terbaik untuk mencapai mahkota duniawi, betapa lebihnya lagi orang Kristian harus membayar harga untuk bersedia sepenuhnya bagi konflik terbesar.

Sekarang, tiba masanya untuk konflik bermula. Tuhan menunjukkan kepada saya bahawa pasukan kami berada di medan pertahanan. Dia memberitahu saya bahawa umat-Nya telah berada dalam posisi ini cukup lama. Sudah tiba masanya untuk mengatasi syaitan dan memulakan serangan. Pertahanan yang baik adalah penting, tetapi pasukan penyeranglah yang menjaringkan gol. Melalui peperangan rohani, gereja sedang melakukan serangan hari ini. Iblis sedang diusir. Pemerintahan dan kuasa kegelapan rohani sedang diserang dan dikalahkan. Yesus pernah berkata...
Jika Aku mengusir setan dengan kuasa Allah, maka sudah tentu Kerajaan Allah telah datang kepadamu. Lukas 11:20

Ini adalah hari pertempuran rohani dan kemenangan rohani. Sebelum Kerajaan Tuhan dapat menjadi kenyataan dalam hidup anda atau hidup saya, kuasa neraka yang menyelubungi kita mesti dihadapi dan diatasi. Sebelum gereja dapat memenuhi apa yang dinubuatkan Tuhan mengenai gereja-Nya yang menang (Mat. 16:18) ia mesti mengambil
serangan terhadap syaitan. Mesej dan amalan peperangan rohani sedang tersebar dengan pantas hari ini di seluruh gereja. Syaitan sedang ditentang dan dia terpaksa melarikan diri. Buat pertama kalinya kita melihat bahagian belakang syaitan. Ia adalah pemandangan yang indah!

Saya teringat kisah budak-budak lelaki yang sedang bermain bola di padang pada suatu hari. Seorang lelaki sedang lalu

lalang. Dia bertanya kepada salah seorang budak lelaki bagaimana perlawanan itu berjalan. Budak lelaki itu menjawab bahawa semuanya berjalan lancar. Lelaki itu bertanya tentang skor. Budak lelaki itu berkata ia adalah 35 berbalas 0. Lelaki itu ingin tahu siapa yang memihak. Budak lelaki itu berkata bahawa ia memihak kepada pasukan lawan. Kemudian lelaki itu mengulas bahawa pasukan budak lelaki itu telah dikalahkan dengan teruk. Budak lelaki itu kelihatan keliru dan berkata, "Oh, tidak, Tuan! Kita tidak akan dikalahkan." Kini lelaki itu keliru. Dia ingin tahu bagaimana budak lelaki itu dapat mengetahui bahawa mereka tidak dikalahkan sedangkan mereka ketinggalan 35 berbalas 0. Kemudian budak lelaki itu menjelaskan, "Tuan, kami belum datang untuk memukul lagi."
Betapa hebatnya gambaran gereja itu! Syaitan telah meningkatkan skor. Tetapi sekarang tiba masanya untuk gereja mengambil serangan dan mengalahkan syaitan. Amin!

Kemudian bola pertama dilontar. Pemukul lawan memukul bola dengan sangat kuat. Bola itu melambung tinggi dan jauh tetapi jatuh ke dalam bualan. Tuhan berfirman, "Aku ingin menunjukkan kepadamu kerja musuh. Ia seperti bola yang dipukul. Musuh memang mempunyai sedikit kuasa. Dan apa yang dia lakukan selalunya sangat tinggi dan mengagumkan, tetapi ia 'bualan' sepanjang jalan."

Ketakutan yang melanda hati saya adalah perkara biasa bagi ramai hamba Tuhan apabila mereka melihat semua yang dilakukan oleh syaitan. Mereka tertanya-tanya adakah terdapat peluang untuk menang. Mereka mula berfikir seperti ditangkap dalam pengangkatan. Tetapi Tuhan tidak melahirkan gereja seperti itu! Dia adalah Tuhan bagi gereja militan. Dia telah menunggu generasi seperti kita untuk turun padang. Di bawah kepimpinannya, ia akan selesai.

Musuh akan dikalahkan. Adakah anda dalam pasukan? Adakah anda mengambil serangan terhadap syaitan?

Saya sedar pada ketika ini dalam mimpi bahawa saya mesti bersedia. Saya mesti melakukan yang terbaik. Saya mesti dapat bergerak ke arah yang diperlukan dan mengeluarkan lawan.
Sebab itu, perhatikanlah bagaimana kamu hidup dengan penuh perhatian, jangan seperti orang bebal, tetapi seperti orang arif, dan pergunakanlah waktu yang ada, karena hari-hari ini adalah jahat. Efesus 5:15,16
Mimpi itu seolah-olah telah berakhir terlalu awal. Saya bertanya kepada Tuhan mengapa saya tidak dibenarkan melihat penamat permainan. Tuhan bertanya kepada saya sebagai balasan mengapa saya mahu melihatnya hingga akhir. Saya menjelaskan bahawa saya ingin mengetahui hasilnya. Tuhan kemudian berfirman sesuatu yang indah kepada saya, "Anakku," Dia berfirman, "engkau tidak perlu tahu hasilnya; engkau sudah mengetahuinya. Firman-Ku telah berjanji kepadamu bahawa engkau berada dalam pasukan yang menang. Ia akan menjadi seperti yang telah Aku katakan. Tidak, engkau tidak perlu tahu hasilnya, tetapi engkau perlu tahu bahawa PERTANDINGAN AKHIR

KONFLIK TELAH BERMULA!"

Ya, sahabat Kristian yang dikasihi, kita berada di akhir zaman. Konflik terakhir antara kuasa Syaitan dan tentera Tuhan SUDAH berlangsung. Kita melihat bukti-buktinya di setiap pihak. Ia adalah seruan untuk berperang. Tidak ada lagi masa untuk bertangguh. Peperangan sedang berlangsung! Adakah anda terlibat?

SEKUEL

Tafsiran mimpi itu belum berakhir. Saya diberi maksud pangkalan-pangkalan tersebut. Pangkalan pertama mewakili *hubungan sosial* , pangkalan kedua adalah *hubungan perniagaan* , pangkalan ketiga adalah *hubungan gereja.* Inilah sebabnya saya ditugaskan ke pangkalan ketiga. Adalah menjadi tugas saya untuk menghalau syaitan apabila dia cuba naik ke pangkalan ketiga - di dalam gereja.

Pangkalan utama mewakili apa yang dimaksudkannya - *hubungan di rumah.* Roh Kudus menunjukkan kepada saya bahawa semuanya bermula di pangkalan utama dan berakhir di pangkalan utama. Apabila ahli pasukan Tuhan datang untuk memukul, mereka perlu bermula di rumah dan mendapat pukulan di sana. Tidak kira betapa mengagumkannya mereka mengendalikan pangkalan sosial, perniagaan atau hubungan gereja, jika mereka tidak bermula dengan betul di rumah, mereka hanyalah orang munafik!

Tuhan sedang memberi penekanan kepada kehidupan rumah tangga yang betul hari ini. Dia sedang mengatur rumah tangga kita. Dia sedang memulihkan suami dan bapa ke tempat autoritinya di rumah. Rumah tangga menjadi pusat kehidupan rohani. Inilah aturan ilahi Tuhan. Kita tidak boleh betul dalam mana-mana hubungan lain dalam hidup sehingga hidup kita betul pada
rumah. Pasukan syaitan sedang melontar bola laju dan bola lengkung ke rumah. Syaitan mesti dikalahkan terlebih dahulu dalam serangannya terhadap rumah kita. Setiap ahli keluarga mesti memikul tanggungjawab yang telah ditetapkan Tuhan:

Hai isteri-isteri, tunduklah kepada suamimu seperti kepada Tuhan ... Hai suami, kasihilah isterimu sebagaimana Kristus juga telah mengasihi jemaat dan menyerahkan diri-Nya untuknya ... Hai anak-anak, taatilah ibu bapamu di dalam Tuhan, sebab itulah yang benar. Efesus 5:22,25, 6:1

Ujian pertama untuk kehidupan Kristian datang dari rumah. Jika kasih, kegembiraan dan kedamaian Roh Kudus tidak keluar dari kehidupan kita dalam hubungan dengan ahli keluarga kita sendiri, maka Syaitan telah memperoleh kemenangan atas kita. Apabila jelas bahawa Syaitan telah bertapak di rumah kita dan melalui diri kita sendiri, itu adalah panggilan untuk peperangan rohani. Kalahkan syaitan dalam hidup anda sendiri dan dalam keluarga anda dan kemudian anda akan dapat meneruskan peperangan itu ke bidang kehidupan yang lain.

Dalam perumpamaan-Nya tentang serpih dan kayu balak, Yesus menunjukkan kepada kita bahawa kita mesti mengatur kehidupan kita sendiri sebelum kita dapat melayani orang lain. Marilah kita pastikan tiada *babi di kandang kita sendiri.*

Doa Ringkas untuk Pembebasan Diri

"Tuhan Yesus Kristus, aku percaya Engkau telah mati di kayu salib untuk dosa-dosaku dan bangkit semula dari antara orang mati. Engkau telah menebus aku dengan darah-Mu dan aku adalah milik-Mu, dan aku ingin hidup untuk-Mu. Aku mengakui semua dosaku—yang diketahui dan tidak diketahui—aku menyesali semuanya. Aku meninggalkan semuanya. Aku mengampuni semua orang lain seperti aku mahu Engkau mengampuni aku. Ampunilah aku sekarang dan sucikanlah aku dengan darah-Mu. Aku bersyukur kepada-Mu atas darah Yesus Kristus yang membersihkan aku sekarang dari segala dosa. Dan aku datang kepada-Mu sekarang sebagai pembebasku. Engkau mengetahui keperluan khususku—perkara yang mengikat, yang menyeksa, yang mencemarkan; roh jahat itu, roh najis itu—aku menuntut janji firman-Mu, "Barangsiapa yang berseru kepada nama Tuhan akan diselamatkan." Aku berseru kepada-Mu sekarang. Dalam nama Tuhan Yesus Kristus, bebaskanlah aku dan bebaskanlah aku. Syaitan, aku meninggalkan Engkau dan semua pekerjaanmu. Aku melepaskan diriku dari Engkau, dalam nama Yesus, dan aku memerintahkan engkau untuk meninggalkan aku sekarang juga dalam nama Yesus. Amin!"

Biarlah ia datang dari hatimu dan lihatlah keselamatan dari Tuhan!

Adakah Anda Sakit atau memerlukan pemulihan?

Bagi mereka yang sakit atau tidak sihat dalam apa jua bentuk, atau memerlukan pembebasan? Atau pemulihan, sila sentuh titik di bawah dengan iman ***(Iman bermaksud melihat hasil positif yang tepat dari situasi semasa anda, mengetahui bahawa Yesus telah melakukan bahagian-Nya lebih daripada 2000 tahun yang lalu untuk menjamin penyembuhan dan pembebasan anda, pemulihan sebagai bayaran pendahuluan, mempercayai bahawa bayaran pendahuluan itu tersedia untuk anda gunakan, seperti baki positif dalam akaun semasa anda dengan bank, tiada soalan yang ditanya kerana kami bersetuju dengan anda dan mengumumkan** SEGERALAH **dalam nama Yesus Kristus, Amin)***

Dengan kuasa yang telah Engkau berikan kepadaku dan kepada mereka, aku menjalankan kuasa itu sekarang dalam iman dengan kemarahan mereka terhadap musuh dan kelaparan untuk mendapatkan apa yang telah Engkau berikan dengan rela hati kepada mereka semua, aku mengutuk setiap penyakit, setiap penyakit, baik itu kanser, COVID 19, baik itu roh kelemahan, baik itu kerasukan atau penindasan, baik itu roh kemiskinan, kemunduran, penggenapan yang tertangguh dari apa yang telah ditentukan dan dilepaskan oleh Tuhan. Kami datang melawan anomali itu, aku mengikat mereka, kami mengutuk mereka hingga ke akarnya dan kami mengusir mereka dengan kuasa dalam nama Yesus Kristus. Amin. Kami menyeru pembebasan penyembuhan, pembebasan dan pemulihan ke dalam hidup mereka dalam nama Yesus Kristus yang perkasa. Terima kasih Tuhan atas kesaksian yang kekal untuk kemuliaan, kehormatan dan pemujaan-

Mu. Terima kasih atas jiwa-jiwa yang ditambahkan ke dalam kerajaan-Mu sebagai hasil dari pesan ini, keajaiban yang telah kami lihat sekarang dan nyatakan untuk kemuliaan-Mu dalam nama Yesus, Amin. Sudah selesai! Bersukacitalah!

Sentuh tempat ini yang diserlahkan sebagai titik sentuhan dan akui dengan mulut anda – SAYA TELAH SEMBUH, SAYA TELAH DILEPASKAN dan SAYA TELAH DIPULIHKAN dalam Roh, Jiwa, Tubuh dan seluruh sekeliling saya dalam nama YESUS Kristus, Amin!!!

Mulakan melakukan apa yang anda tidak dapat lakukan sebelum ini dan mula mengaku sehingga penyembuhan sepenuhnya, pemulihan pembebasan menjadi buah dalam hidup anda dalam nama Yesus, amin. Kekallah dahaga akan semua Tuhan, kekallah marah dan ambil kembali semua yang telah ditahan oleh musuh dalam nama Yesus, amin.
Nota:
Bersaksi tentang penyembuhan untuk kemuliaan Tuhan dan memalukan musuh! Hantarkan e-mel atau whatsapp kepada kami jika anda masih memerlukan kami bersetuju dengan anda mengenai isu ini. Dan berhubunglah di siri kelengkapan bermula minggu depan Khamis. Dapatkan maklumat lanjut tidak lama lagi di laman web kami!

Eksploitasi Lebih Besar - 1 - Bab 8 - Ketahui Caranya daripada Tokoh-tokoh Hebat dalam Bahagian 7

– KUASA ROH KUDUS yang bersemayam dalam DIRI ANDA dalam kata-kata yang dipindahkan melalui udara ke dalam AIR dan MINYAK sebagai agen untuk PENYEMBUHAN, PEMBEBASAN DAN PEMULIHAN dalam hidup Anda dan Orang Lain – Skrip Doa Contoh disertakan di atas air dan minyak + 2 Cerita tentang PEMBEBASAN seorang Pastor dan seorang Budak perempuan berusia 6 tahun dari Skizofrenia dan pelbagai syaitan lain sebagai pembelajaran untuk ANDA oleh Frank dan Ida Mae – Bahagian 7 + Doa Persetujuan untuk penyembuhan, pembebasan dan pemulihan

Sahabat-sahabat yang dikasihi, hari ini, kami membawakan kepada anda bahagian 7 siri kami tentang cukuplah untuk ditawan dan dialu-alukan kepada kebebasan dalam Kristus.

Kami mengatakan bahawa melalui corak tabiat negatif atau gaya hidup yang tidak berdasarkan kitab suci, kita menjadikan diri kita orang Kristian sebagai tempat kediaman yang menarik bagi kuasa kegelapan melalui pilihan yang disengajakan untuk tidak mematuhi corak hidup Tuhan. Kita menjadi hamba yang kepada mereka kita menyerahkan kehendak kita untuk dipatuhi. Untuk menegaskan perkara itu, di sini Paulus dalam

Roma 6:16 Alkitab Amplified, Edisi Klasik
16 Tidak tahukah kamu, bahawa jika kamu terus-menerus menyerahkan dirimu kepada sesiapa pun untuk melakukan kehendak-Nya, kamu adalah hamba-hamba Dia yang kamu taati, sama ada kepada dosa yang membawa kepada maut, atau kepada ketaatan yang membawa kepada kebenaran (perbuatan yang benar dan kedudukan yang benar di hadapan Tuhan)?

Dan Yesus menyinggung fakta ini bahawa tuan ini – Syaitan adalah seorang yang keras dan pemusnah.. Baca ini

Yohanes 10:10
Bible Amplified, Edisi Klasik
10 Pencuri datang hanya untuk mencuri, membunuh, dan membinasakan. Aku datang supaya mereka mempunyai dan menikmati hidup, dan memilikinya dalam kelimpahan (secara penuh, sehingga ia melimpah ruah).
Tuhan telah memberikan kita kurnia kehendak bebas untuk membuat pilihan Tetapi Dia tidak memberikan kita kehendak bebas untuk memilih hasil daripada pilihan kita. Di sini Musa menasihati bani Israel dan juga kita orang Kristian zaman moden dalam:

Ulangan 30:16-20
Bible Amplified, Edisi Klasik
16 [Jika kamu mentaati perintah Tuhan, Allahmu, yang kuperintahkan kepadamu pada hari ini, untuk mengasihi Tuhan, Allahmu, untuk hidup menurut jalan yang ditunjukkan-Nya, dan untuk berpegang pada perintah, ketetapan dan peraturan-Nya, maka kamu akan hidup dan bertambah banyak dan TUHAN, Allahmu, akan

memberkati kamu di negeri yang kamu masuki untuk mendudukinya.

[17] Tetapi jika hatimu berpaling dan engkau tidak mau mendengar, malah engkau disesatkan untuk menyembah tuhan-tuhan lain dan beribadah kepadanya,

[18] Aku memberitahu kamu pada hari ini bahawa kamu pasti akan binasa dan tidak akan lama lagi umurmu di tanah yang kamu lalui di seberang Sungai Yordan untuk dimasuki dan diduduki.

[19] Aku memanggil langit dan bumi menjadi saksi terhadap kamu pada hari ini bahawa Aku telah menghadapkan kepadamu kehidupan dan kematian, berkat dan kutuk; oleh itu pilihlah kehidupan, supaya kamu dan keturunanmu hidup

[20] Dan hendaklah engkau mengasihi TUHAN, Allahmu, taatilah firman-Nya dan berpautlah kepada-Nya, sebab Dialah hidupmu dan panjang umurmu , supaya engkau diam di tanah yang dijanjikan TUHAN dengan sumpah kepada nenek moyangmu, kepada Abraham, Ishak dan Yakub.

Dengan pilihan yang disengajakan, ramai di antara kita yang beragama Kristian telah menjadikan diri kita tanah yang subur dan landasan pelancaran untuk roh jahat. Hakikatnya ialah ramai di antara kita tidak menyedari perkara ini dan itu adalah melalui rancangan kuasa kejahatan sehinggalah kita membenarkan Roh Kudus untuk meletakkan cahaya pencarian-Nya kepada kita untuk pembebasan. Kita tahu terdapat begitu banyak bidang dalam hidup kita di mana kita benar-benar di luar kawalan atau ditawan sehingga doa yang tidak henti-henti tidak membantu selama ini kerana punca utamanya belum ditangani yang mengganggu penyembuhan, pembebasan dan pemulihan sepenuhnya dalam roh, jiwa dan tubuh kita.

Hari ini dalam bahagian 7, kami membawakan kepada anda siri Cukuplah untuk Tawanan Syaitan dan Selamat Datang ke KEBEBASAN dalam Kristus, pandangan tentang Cara menggerakkan **KUASA ROH KUDUS yang berdiam dalam ANDA dan SAYA dalam kata-kata yang dipindahkan melalui udara ke dalam AIR dan minyak sebagai agen untuk PENYEMBUHAN, PEMBEBASAN dan PEMULIHAN dalam hidup Anda dan orang lain + 2 Cerita tentang PEMBEBASAN seorang Pastor dan Seorang budak perempuan berusia 6 tahun sebagai pembelajaran untuk ANDA – Bahagian 7**

Ingat, kita sedang diperlengkapi untuk melaksanakan perintah dalam Markus 16:15 dengan jayanya.

Markus 16:16-20
Bible Amplified, Edisi Klasik

16 Sesiapa yang percaya [yang berpegang teguh dan percaya kepada dan bergantung pada Injil dan Dia yang dinyatakannya] dan dibaptis akan diselamatkan [[a] daripada hukuman maut kekal]; tetapi sesiapa yang tidak percaya [yang tidak berpegang teguh dan percaya kepada dan bergantung pada Injil dan Dia yang dinyatakannya] akan dihukum.
17 Tanda-tanda ini akan menyertai orang-orang yang percaya : mereka akan mengusir roh-roh jahat demi nama-Ku; mereka akan berkata-kata dalam bahasa-bahasa baru;
18 Mereka akan memegang ular; dan walaupun mereka minum minuman yang boleh membawa maut, ia tidak akan mencederakan mereka; mereka akan meletakkan tangan mereka atas orang sakit, dan orang itu akan sembuh.
19 Kemudian, setelah Tuhan Yesus berfirman kepada mereka, Dia terangkat ke syurga dan duduk di sebelah kanan Tuhan.

[20] **Lalu pergilah mereka memberitakan Injil ke mana-mana, sementara Tuhan terus bekerja bersama mereka dan meneguhkan firman itu dengan tanda-tanda dan mukjizat-mukjizat yang menyertainya. Amin (jadilah demikian).**

Kita telah menyebut dalam siri-siri sebelumnya bahawa untuk melaksanakan perintah Yesus ini dengan jayanya kepada SEMUA ORANG YANG PERCAYA kepada Kristus, tiada ruang untuk askar yang melarikan diri atau berlari untuk berperang lagi kerana pertempuran telah dimenangi di syurga. Tugas kita adalah menggunakan kuasa kita dan kuasa itu diberikan kepada kita melalui Roh Kudus yang bermastautin untuk menguatkuasakan kemenangan itu kerana musuh akan sentiasa mahu melangkahi sempadannya. Ujilah perairan untuk melihat sama ada kita jahil. Malangnya, ramai di antara kita jahil tentang muslihat si jahat.

Kita katakan untuk menghadapi musuh jenis ini sebagai tentera yang berdisiplin, kita memerlukan yang berikut seperti dalam **A, B, C, D, E, F dan G. Saya harus tekankan bahawa siri ini bukan untuk semua orang. Segelintir individu terpilih akan melayakkan diri mereka untuk pendaftaran melalui 7 atribut ini. Ia adalah seperti berikut** :

A. **Ketersediaan (Roh, jiwa dan raga)**
B. **Keberanian**
C. **Belas kasihan terhadap orang lain**
D. **Penentuan**
E. **Cinta yang tulus**
F. **Kemarahan yang Berapi-api**
G. **Kelaparan Besar**

Jika anda tidak mempunyai sifat-sifat ini sebagai bahan minimum, adalah mustahil untuk melancarkan kempen yang berjaya kerana semua bahan di atas perlu dicampur bersama untuk menghasilkan iman seperti biji sawi bagi membawa perubahan kerana Tuhan memberi makan orang yang lapar, bukan kanak-kanak yang kesejukan atau suam-suam kuku, sama ada dalam penyembuhan, pembebasan dan pemulihan dari dalam dan luar.
Rampasan sudah sedia untuk dikumpulkan tetapi iman yang konsisten diperlukan untuk mengumpulkannya ke dalam pengalaman kita. Kita sedang bercakap tentang jiwa, jiwa, dan lebih banyak jiwa dan semua yang kita perlukan sebagai tentera Tuhan yang hidup untuk melancarkan kempen yang berjaya. Kami di sini untuk melengkapi anda dengan pembelajaran daripada mereka yang telah mendahului kita.

Sekarang lihat bahagian pertama pembentangan kita hari ini – **KUASA ROH KUDUS yang bersemayam dalam DIRI ANDA dalam kata-kata yang dipindahkan melalui udara ke dalam AIR dan MINYAK sebagai agen untuk Keajaiban – PENYEMBUHAN, PEMBEBASAN DAN PEMULIHAN dalam hidup Anda dan orang lain – – Skrip doa contoh disertakan**

Kita mulakan dengan Yesus, pencipta dan penyempurna iman kita yang mempunyai Roh Kudus yang berdiam di dalam-Nya dalam:

Yohanes 9:1-7
Bible Amplified, Edisi Klasik
9 Semasa Yesus lalu, Dia nampak seorang lelaki yang buta sejak lahir.
2 Murid-murid-Nya bertanya kepada-Nya, "Rabi, siapakah yang berdosa, orang ini atau ibu bapanya, sehingga ia dilahirkan buta?"

[3] Yesus menjawab, "Bukan orang ini atau ibu bapanya yang berdosa, tetapi dia dilahirkan buta supaya perbuatan Allah dinyatakan (ditunjukkan dan digambarkan) di dalam dia."
[4] Kita harus mengerjakan pekerjaan Dia yang mengutus Aku dan sibuk dengan pekerjaan-Nya selama masih siang; malam akan datang, di mana tidak ada seorang pun yang dapat bekerja.
[5] Selagi Aku ada di dunia, Akulah Cahaya dunia.
[6] Setelah berkata demikian, Dia meludah ke tanah dan membuat tanah liat dengan air liur-Nya, lalu menyapukannya pada mata orang itu.
[7] Lalu Yesus berkata kepadanya, "Pergilah, basuhlah dirimu di Kolam Siloam." Siloam bermaksud "Diutus." Orang itu pergi dan membasuh diri, lalu kembali dengan mata yang melek.

Jika keajaiban ini berlaku pada zaman kita oleh sesiapa sahaja yang percaya kepada Kristus, kita akan cepat menghakimi dan berkata, "mungkin kita menggunakan juju. Sama seperti Yesus yang dituduh selepas keajaiban penting ini jika anda membaca hingga akhir Yohanes 9.

Yesus menunjukkan kepada kita satu prinsip di sini yang boleh dan harus kita terapkan pada zaman kita kerana kita membawa Roh Kudus di dalam diri kita dan apabila kita bercakap dengan apa sahaja dengan kuasa Roh Kudus yang bermastautin, niat hati kita akan menjadi kenyataan. Saya membawa ayat-ayat suci lain untuk menyaksikan kuasa kata-kata yang mengagumkan untuk mempengaruhi dan memberi kesan perubahan dalam situasi orang mati dan reput. Kemudian, saya akan memasukkan doa mudah seperti skrip yang boleh kita gunakan dan sesuaikan untuk situasi dan keadaan kita sendiri:

Amsal 18:20-21

Bible Amplified, Edisi Klasik
[20] Diri [moral] seseorang akan kenyang dengan buah mulutnya, dan dengan akibat perkataannya ia akan puas [sama ada baik atau jahat].
[21] Hidup dan mati dikuasai lidah, siapa yang memakannya akan memakan buahnya [untuk kematian atau kehidupan].
Amsal 18:4,6,16
Bible Amplified, Edisi Klasik
[4] Perkataan mulut orang bijak adalah seperti air yang dalam, dan sumber hikmat adalah seperti sungai yang mengalir deras.
[6] Bibir orang bodoh menimbulkan pertengkaran, dan mulutnya mengundang pukulan.
[16] Pemberian seseorang membuka ruang untuknya dan membawanya ke hadapan orang-orang besar.
Sebelum doa, saya melengkapkan ini dengan kisah Yesus tentang kuasa dalam kata-kata kita.
Markus 11:20-26
Bible Amplified, Edisi Klasik
[20] Keesokan paginya, ketika mereka sedang lalu di situ, mereka melihat bahawa pokok ara itu telah layu sepenuhnya sehingga ke akar-akarnya.
[21] Petrus teringat akan Yesus lalu berkata, "Guru, lihatlah! Pokok ara yang Engkau hukum mati itu sudah layu."
[22] Lalu Yesus menjawab mereka, "Percayalah kepada Allah."
[23] Sesungguhnya Aku berkata kepadamu, barangsiapa berkata kepada gunung ini: "Berangkatlah dan tercampaklah ke dalam laut!" dan ia tidak ragu-ragu dalam hatinya, tetapi percaya, bahawa apa yang dikatakannya itu akan terjadi, maka hal itu akan terjadi baginya.
[24] Oleh itu, Aku berkata kepadamu, apa sahaja yang kamu minta dalam doa, percayalah bahawa ia akan dikabulkan, dan kamu akan memperolehnya.

25 Dan apabila kamu berdiri berdoa, ampunilah dan lepaskanlah kesalahanmu terhadap seseorang supaya Bapamu yang di sorga juga mengampuni kesalahan dan kekuranganmu sendiri.
26 Tetapi jika kamu tidak mengampuni, Bapamu yang di sorga juga tidak akan mengampuni kesalahan dan kekuranganmu.
Jika anda melihat ayat 23, Dia berfirman "sesiapa yang berkata". Bahawa sesiapa yang termasuk anda. Ia tidak mengatakan, "jika anda seorang lelaki atau wanita yang diurapi Tuhan" Satu-satunya syarat ialah "dan tidak ragu-ragu sama sekali percaya apa yang dia katakan akan berlaku, maka itu akan dilakukan untuknya"
Perlu diingat, ini berlaku sebelum Roh Kudus diberikan. Sekarang, anda dan saya mempunyai Roh Kudus yang diam di dalam kita. Apa yang perlu kita lakukan hanyalah menggerakkan-Nya. Melalui penyembahan, pujian, dan berbahasa roh supaya kita dibina dalam iman untuk membuat pengumuman yang akan berkuat kuasa.

Sekarang mari kita mulakan. CONTOH SKRIP DOA

Contoh skrip doa untuk bercakap ke dalam air atau minyak sebelum kita menyapu atau meminumnya untuk mencapai tujuan yang dimaksudkan. Ingat, anda mesti melihat dengan jelas hasil yang diinginkan semasa anda membuat lafaz tersebut ke dalam air dan/atau minyak untuk menjadi agen penyembuhan, pembebasan, dan pemulihan. Teruskan melakukan ini sehingga terdapat perubahan dalam keadaan atau situasi.

Mula Bercakap : Air atau minyak, aku menghembus nafas kehidupan yang bersemayam di dalam diriku melalui pengakuan keselamatan melalui iman dalam nama Yesus Kristus dan kuasa serta kehadiran Roh Kudus di dalam diriku sekarang. – (tiup udara ke dalam dan ke dalam air

atau minyak sekarang dengan iman, lihat hasil yang diinginkan yang selaras dengan kitab suci)

Air atau minyak, dengan kuasa Roh Kudus, diurapi untuk penyembuhan (sebutkan untuk apa anda inginkan penyembuhan), pembebasan (sebutkan untuk apa anda inginkan pembebasan), dan pemulihan dalam nama Yesus Kristus (sebutkan untuk apa anda inginkan pemulihan) – (Tiup dari lubuk hati anda, dengan kuasa Roh Kudus ke dalam air atau minyak – bertutur dalam bahasa roh apabila digerakkan)
Semasa saya mengambil air yang diurapi ini dan minum atau mengambil minyak dan menyapunya, biarkan riak kuasa urapan Roh Kudus meresap ke seluruh tubuh saya, di dalam tubuh saya dan membawa penyembuhan total, pembebasan total dan pemulihan total dalam nama Yesus Kristus, Amin (Sebutkan area di mana Anda memerlukan penyembuhan, pembebasan dan pemulihan)
Saya mengisytiharkan susunan ilahi dan penjajaran semula sepenuhnya dalam roh, jiwa, dan tubuh saya dalam nama Yesus Kristus, amin.

Aku bersyukur kepada-Mu, Bapa, aku bersyukur kepada-Mu, Yesus, aku bersyukur kepada-Mu, Roh Kudus yang dikasihi, atas penyembuhan total (penyembuhan dari apa? sebutkan nama mereka, lihat hasil penyembuhan), Pembebasan (dari apa? sebutkan nama mereka, lihat hasil yang disampaikan) dan Pemulihan (dari apa? sebutkan nama mereka, lihat hasil yang dipulihkan) Amin dan Amin.

PS – Mula melihat hasilnya – sentiasa, mula mengakui hasilnya – sentiasa, mula mengalami hasilnya dan bersaksi tentang hasilnya untuk kemuliaan-Nya dan berkat anda dalam nama Yesus, amin. Teruskan mengulanginya sehingga penggenapan hasilnya dan sebarkan berita itu kepada orang lain yang memerlukan sentuhan Tuhan dalam nama Yesus, Amin.

Sekarang, mari kita ambil 2 Cerita tentang PEMBEBASAN seorang Pastor dan seorang budak perempuan berusia 6 tahun sebagai pembelajaran untuk ANDA

Cerita 1 Patutkah Saya Menjadi Pendeta Pembebasan? Bagaimana saya dilancarkan ke dalam pembebasan oleh Frank Hammond – Pembebasan seorang pastor.

"Bagaimana anda boleh terlibat dalam pelayanan pembebasan?" Soalan itu sering diajukan kepada saya. Ia pastinya bukan sesuatu yang saya inginkan dan cari. Saya sering memberitahu orang ramai, "Jika anda melihat ke luar, anda akan menemui alur yang dibuat oleh jari kaki saya ketika saya diseret ke dalam urusan ini." Tuhan tidak memanggil saya ke dalam aspek pelayanan ini – Dia mendorong saya ke dalamnya! Dalam Matius 9:38 Yesus memberitahu pengikut-pengikut-Nya untuk berdoa agar Tuhan yang empunya tuaian akan "menghantar" pekerja-pekerja. Tafsiran harfiahnya ialah Dia akan "mendorong" atau "memaksa" pekerja-pekerja. Beginilah saya mengalami "panggilan". Tuhan tidak bertanya kepada saya; Dia memberitahu saya!

Ia merupakan satu penemuan yang mengujakan apabila mengetahui bahawa Yesus adalah "sama, baik semalam, hari ini, dan sampai selama-lamanya" (Ibrani 13:8). Apabila saya mengalami pembaptisan dalam Roh Kudus, saya mendapati bahawa mukjizat tidak berakhir apabila kedua belas rasul mati atau apabila kanun kitab suci selesai. Mukjizat adalah untuk hari ini. Saya pergi mendengar Kathryn Kuhlman dan menyaksikan banyak mukjizat penyembuhan dalam khidmat itu. Iman saya dipercepatkan, dan saya mula memikirkan rakan-rakan yang memerlukan penyembuhan.

Seorang rakan pastor sangat menyentuh hati saya. Saya ingin melihatnya sembuh lebih daripada sesiapa pun yang dapat saya fikirkan. Selama enam belas tahun dia mengalami sakit kepala yang berterusan. Ini adalah akibat kecederaan kepala yang serius. Doktor tidak menawarkan penyelesaian. Mereka mencadangkan pembedahan otak eksplorasi, tetapi Fred tidak bersetuju dengan pembedahan berbahaya seperti itu dengan begitu sedikit janji bantuan. Disebabkan kesakitan, dia tidak dapat tidur dan sarafnya hancur berkecai. Dia tidak dapat belajar dan membuat persediaan yang mencukupi untuk khutbahnya. Kesakitan yang berterusan membuatnya marah dan mudah tersinggung. Keluarganya berada dalam ketegangan yang teruk. Anak-anak tidak dapat membuat bising. Semuanya berkisar tentang penderitaan Fred.

Saya memberitahu Fred bahawa saya akan mendoakannya sehingga saya melihatnya sembuh. Setiap hari selama seminggu saya meluangkan masa untuk berdoa untuknya. Kemudian pada suatu pagi ketika saya sedang berdoa, Tuhan memberitahu saya bahawa masalah Fred adalah disebabkan oleh roh jahat. Adakah saya benar-benar mendengar suara Tuhan? Bagaimana saya boleh berkongsi wahyu sedemikian dengan rakan saya? Apa yang akan difikirkannya? Lagipun, apa yang saya tahu tentang iblis? Saya telah mendengar beberapa rujukan kepada mereka di beberapa mesyuarat yang saya hadiri, tetapi saya tidak pernah membaca apa-apa tentang subjek itu. Bagaimana saya boleh pasti? Apa yang perlu saya lakukan?

Kesan untuk berkongsi wahyu saya dengan Fred tidak hilang; ia semakin kuat. Pada suatu hari ketika kami bersama, saya dengan berhati-hati mendekati subjek itu.

"Fred, saya berjanji untuk mendoakan awak sehingga Tuhan menyembuhkan awak," saya mengingatkan. "Saya telah mendoakan awak setiap hari. Tempoh tadi Tuhan memberitahu saya apa masalah awak." Saya berhenti seketika untuk melihat reaksi Fred. Saya mendapat perhatiannya. "Baiklah, puji Tuhan," katanya, "Apa yang Tuhan beritahu awak?" "Sekarang, Fred, saya tidak tahu apa yang awak akan fikirkan tentang ini," saya menawarkan, memilih kata-kata dengan teliti seperti yang saya tahu, "tetapi Tuhan memberitahu saya sakit kepala awak disebabkan oleh syaitan." Saya menahan nafas sambil memerhatikan wajahnya untuk reaksi. Saya tidak tahu bahawa Fred lebih mengetahui tentang syaitan daripada saya. Dia menerimanya dengan tenang. "Baiklah, puji Tuhan!" serunya, malah kelihatan gembira. "Bukankah Bible mengatakan syaitan boleh diusir? Saya mahu awak mengusirnya keluar dari dalam diri saya."

"Sekarang, tunggu sebentar," saya membantah. "Saya tidak tahu apa-apa tentang mengusir syaitan, tetapi saya rasa saya mungkin boleh mencari seseorang yang tahu bagaimana untuk melakukannya. Berikan saya beberapa hari untuk berdoa tentang siapa yang boleh melakukan ini untuk anda. Saya akan memberitahu anda sebaik sahaja saya menemui seseorang."

Saya terus berdoa meminta Tuhan untuk memimpin saya kepada seorang menteri pembebasan. Tuhan berfirman, "Lakukanlah." Jadi saya berdoa lagi. Saya dengan teliti menjelaskan kepada Tuhan betapa tidak layaknya saya. Saya pasti kedengaran lebih teruk daripada Musa di semak yang terbakar itu sambil memberi alasan mengapa dia tidak dapat memimpin umat-Nya keluar dari Mesir. Tuhan tidak akan memberi saya jalan lain. Saya mesti melaksanakan pelayanan ini.

Banyak fikiran mula bermain di fikiran saya. Apa yang akan terjadi kepada saya jika saya membuat serangan frontal terhadap roh-roh jahat? Bukankah mereka akan menjadikan saya sasaran khas? Saya pasti akan berada dalam masalah. Kemungkinannya amat menakutkan.

Seminggu kemudian, saya bercakap dengan Fred sekali lagi. Saya memberitahunya hasil daripada doa-doa itu. Nampaknya tidak munasabah bahawa saya yang harus melayaninya, tetapi dia benar-benar bersedia untuk bersetuju . Kami bersetuju untuk berdoa seminggu lagi dan mengkaji apa yang dikatakan Kitab Suci tentang perkara itu. Kemudian kami dan isteri kami akan berkumpul dan melihat apa yang akan berlaku.

Tibalah harinya apabila kami akan mengadakan percubaan pelayanan. Fred dan isterinya akan bertemu di rumah kami untuk makan malam, dan kemudian kami akan pergi ke bangunan gereja untuk pertemuan doa – atau apa sahaja yang akan diadakan. Saya agak gembira kerana hari itu begitu sibuk bagi kami. Kami perlu membuat perjalanan perniagaan ke luar bandar. Kami pulang ke rumah kira-kira dua jam sebelum Fred dan isterinya tiba. Di depan pintu rumah saya terdapat sebuah risalah kecil, yang ditimbun dengan batu. Seorang rakan telah datang dari bandar dan kerana tidak menemui saya di rumah, dia telah meninggalkan risalah kecil itu untuk saya. Saya hampir tidak percaya mata saya ketika saya membaca tajuk – *"Pengenalan kepada Mengusir Syaitan"* oleh Derek Prince. Kawan saya tidak tahu tentang pelayanan yang akan datang. Masanya tepat. Ia pasti Tuhan!

Dalam beberapa minit, saya telah menghabiskan isi kandungan risalah itu. Ia sangat praktikal dan penuh dengan maklumat yang berguna. Kami dapat menjangkakan sejenis manifestasi apabila iblis itu keluar. Sekurang-kurangnya saya berasa lebih yakin tentang keseluruhan perkara itu.

Apabila Fred tiba, saya menyuruhnya dan isterinya membaca risalah itu sebelum kami cuba melakukan pelayanan.

Kami meluangkan sedikit masa berdoa sebelum mencabar iblis itu. Dan saya hanya berfikir tentang seekor iblis pada masa itu. Pemahaman saya tidak lebih daripada itu. Fred masih berlutut apabila saya mencadangkan agar kami mula bercakap dengan iblis itu. Saya dan isteri meletakkan tangan di atas kepalanya dan kami berdua berkata, "Aku perintahkan iblis itu keluar daripadanya dalam nama Yesus." Selepas saya memberi arahan ini dan isteri saya mengulanginya, kami menunggu untuk melihat apa yang akan berlaku. Akhirnya, saya bertanya, "Adakah awak merasakan apa-apa, Fred? Adakah awak rasa apa-apa telah berlaku?" Fred menggelengkan kepalanya secara negatif, dia tidak merasakan apa-apa. Kami mengadakan rundingan ringkas dan memutuskan untuk mencubanya lagi.

Arahan itu diberikan beberapa kali lagi. Apa yang sedang berlaku kepada Fred? Wajahnya berkerut! Dia cuba bercakap, tetapi dia tidak dapat mengeluarkan sepatah kata pun. Dia kelihatan seperti tercekik. Bukan masanya untuk bermalas-malasan sekarang. Kami terus memerintahkan iblis itu keluar darinya. Fred mula batuk dengan kuat. Ini berlarutan selama kira-kira seminit. Kemudian dia rebah ke lantai dan terbaring tidak bergerak. "Adakah ia sembuh, Fred?" Saya bertanya. "Saya rasa begitu," dia berbisik. Dia hampir tidak dapat bercakap. "Saya sangat lemah sehingga saya tidak boleh bangun," jelasnya. Kami berdoa untuk Fred dan bersyukur kepada Tuhan atas pembebasannya. Sekurang-kurangnya lima minit sebelum Fred dapat duduk.

Isteri Fred telah duduk dan berdoa selama ini. Kini saya terdengar dia menyanyi dengan lembut. Saya mengenali melodi himne yang biasa… "Amazing Grace". Saya fikir

saya akan menyertainya dalam himne itu, dan semasa saya mendengar untuk memahami liriknya, saya sedar dia menyanyi dalam bahasa roh. Beberapa minggu sebelumnya saya telah berdoa agar dia menerima baptisan dalam Roh Kudus, dan dia hanya dapat mengucapkan satu frasa pendek dalam bahasa roh. Kini dia menyanyi dengan bebas sepenuhnya. Kami berempat sangat gembira.
Seminggu kemudian, saya berjumpa Fred sekali lagi. Saya ingin sekali mendapatkan laporan tentang sakit kepalanya. Saya yakin dia akan memberitahu saya bahawa semuanya telah hilang. “Frank, saya tidak tahu apa yang perlu dibuat,” Fred memulakan, “tetapi saya masih sakit kepala. Ia tidak lebih baik.” Perasaan kecewa yang tidak menyenangkan datang menyelubungi saya. Bagaimana mungkin sebuah pelayanan begitu dramatik tetapi tidak berkesan? Kami berdua bingung.
Fred memberitahu saya bahawa dia telah menerima panggilan untuk menjadi pastor di sebuah gereja di negeri lain. Dia akan berpindah dengan segera. Enam bulan berlalu sebelum kami melihatnya lagi. Kami sedang dalam perjalanan yang membawa kami berhampiran tempat pelayanan baharunya, jadi kami memandu beberapa batu lagi untuk melawat dan bermalam. Semasa kami berdoa pada petang itu, telah diputuskan bahawa kami harus melayani Fred sekali lagi. Sepanjang beberapa bulan yang lalu, kami telah mempelajari lebih lanjut tentang iblis. Mungkin terdapat lebih daripada satu daripadanya. Mungkin kami tidak mendapat iblis yang menyebabkan sakit kepala. Kami akan lebih gigih.

Kami menyuruh Fred duduk di kerusi semasa kami berkumpul di sekelilingnya. Dia sangat bekerjasama. Dia sanggup melakukan apa sahaja yang menawarkan sinar harapan untuk menghilangkan kesakitan yang tidak henti-henti yang memusnahkannya. Pada ketika ini, kami tidak tahu bagaimana untuk mengesan pelbagai jenis roh dan tidak

pernah menerima sebarang pembezaan ghaib terhadap syaitan tertentu. Jadi kami memberi arahan umum agar syaitan apa sahaja yang ada di dalam dirinya keluar. Setiap kali kami memberi arahan, Fred akan terbatuk-batuk. Dia dapat merasakan tekanan di tekaknya yang akan lega melalui batuk. Ini berlaku kira-kira enam kali. "Adakah sakit kepala anda sudah hilang?" Saya bertanya. "Tidak, ia lebih sakit daripada sebelumnya," jelas Fred. Kami dapat tahu ada sesuatu yang masih ada di dalam diri Fred. Saya teringat pernah mendengar pita tentang pembebasan di mana menteri memerintahkan syaitan-syaitan itu menamakan diri mereka sendiri. Telah diputuskan bahawa kami harus mencuba ini.
“Siapa nama awak?” Saya bertanya kepada iblis yang saya pasti masih ada dalam diri Fred. “Dalam nama Yesus, saya perintahkan awak untuk memberitahu saya nama awak.” Wajahnya mula berkerut seperti semasa pelayanan awal. Kami terus memerintahkan makhluk itu untuk menamakan dirinya sendiri. Bibir Fred terkeluar dan mulutnya mengerut menjadi geraman. Dengan sangat perlahan dan dengan suara yang hampir tidak kedengaran, terdapat satu perkataan yang dituturkan – “P..a..i..n”.
Ia kedengaran begitu mudah. Mengapa kami tidak pernah memikirkannya sebelum ini? *“Hai syaitan kesakitan* , keluarlah dari Fred!” Kata-kata kami bersungguh-sungguh. “Dalam nama Yesus, keluarlah darinya!” Isteri Fred pasti dapat merasakan dalam rohnya apa yang akan berlaku. Dia mengambil surat khabar dari meja kopi dan melemparkannya ke lantai di antara kaki Fred. Fred serta-merta terbatuk dan memuntahkan dua gumpalan besar kahak ke atas kertas itu. Syaitan itu keluar! Dan kesakitannya hilang! Hampir lima tahun telah berlalu dan Fred masih sembuh. Tuhan telah menjawab doa kami!

Cerita 2) Ida Mae Menggambarkan Pembebasan Seorang Kanak-kanak yang Dramatik Seorang gadis berusia 6 tahun yang menghidap Skizofrenia dan sekumpulan syaitan lain

Pembebasan kanak-kanak yang paling jelas yang pernah saya (Ida Mae) alami ialah seorang kanak-kanak perempuan berusia enam tahun. Kami akan memanggilnya Mary. Bapa Mary datang kepada kami untuk meminta pembebasan. Semasa temu bual itu, dia bercakap tentang kesukaran yang dihadapinya dalam mengendalikan anak perempuannya. Dia dan isterinya telah bercerai dan dia yang membesarkan anak perempuan itu. Dia berkata bahawa anak perempuannya adalah seorang kanak-kanak yang sangat sukar untuk dikendalikan, sangat degil, keras kepala dan memberontak. Dia agak bimbang kerana sifat anak perempuannya menyebabkan dia menjadi terlalu marah sehingga dia akan menghukumnya terlalu keras. Kami memberitahunya bahawa anak perempuan itu memerlukan pembebasan yang sama seperti dia, jika tidak lebih, dan menegaskan agar dia membawanya kepada kami.

Mary datang terus dari sekolah beberapa hari kemudian. Saya perlu menegaskan bahawa semasa saya berkenalan dengannya dan menjelaskan kepadanya bahawa saya ingin mendoakannya; dia minum kira-kira setengah termos jus oren. Dia sangat hiperaktif, melompat-lompat di bangku gereja, langsung tidak dapat duduk semasa kami berbual kerana kegelisahan.

Saya berkata, "Mary, ayah awak beritahu saya yang awak tahu ada roh jahat." Matanya terbeliak dan dia mula memberitahu saya dengan serius bagaimana setiap malam dia perlu memastikan semua pintu dikunci sebelum dia boleh tidur. Apabila dia bangun pada waktu malam untuk mendapatkan minuman atau pergi ke bilik mandi, dia takut dan terpaksa tahu secara peribadi bahawa semua pintu dikunci dengan selamat. Saya berkata, “Ya, itulah ketakutan, Mary. Awak mempunyai syaitan ketakutan dalam badan awak. Mereka membuat awak takut dan saya ingin berdoa untuk awak dan membuat mereka meninggalkan badan awak. Mereka telah masuk ke dalam diri awak dan apabila saya berdoa, mereka akan keluar dari mulut awak dan pergi.” Dia menerima kata-kata saya dengan iman yang sederhana seperti kanak-kanak.

Saya memintanya untuk duduk di bangku di sebelah saya sementara saya berdoa. Dia berbuat demikian, tetapi dia begitu gelisah sehingga saya terpaksa mengangkatnya ke atas riba saya untuk memastikan dia berada dekat dengan saya. Dia duduk di atas riba saya dengan membelakangi saya. Saya mula berdoa dengan iman dan kepercayaan bahawa Yesus akan membebaskannya. Roh Kudus dengan jelas memberitahu saya untuk memastikan suara saya sangat perlahan... lebih rendah daripada nada perbualan. Juga, untuk menganggap setiap perkataan selepas ini yang keluar dari mulut Maria sebagai iblis yang bercakap atau diilhami iblis.

Kemudian saya mula bercakap dengan iblis-iblis itu. Saya berkata, “Sekarang, hai iblis-iblis yang mendiami tubuh Maria, saya ingin kamu tahu bahawa Maria dilindungi oleh darah Yesus melalui hubungan bapanya dengan Yesus. Sama seperti bapa pada zaman Musa yang memercikkan darah pada tiang pintu untuk perlindungan seluruh keluarga, begitu juga Maria di bawah penutup darah. Hai iblis-iblis, saya juga ingin kamu tahu bahawa bapa Maria telah mendengar dan menerima kebenaran Firman Tuhan mengenai kamu roh-roh iblis. Dia tahu sekarang bahawa kamulah yang telah dia perjuangkan dan bukan Maria.”

Saya sedar bahawa Mary sedang berbisik dan mencondongkan badan untuk melihat sama ada saya dapat menangkap apa yang dia katakan. Dia berbisik, "Saya tidak suka apa yang awak katakan." Saya menjawab, "Saya tahu awak tidak menyukainya, hai iblis, kerana saya mendedahkan kamu dan saya mengenali kamu. Mary telah diseksa oleh kamu sejak sebelum dia dilahirkan. Semasa dia masih dalam kandungan ibunya, sebahagian daripada kamu telah memasukinya. Tetapi Tuhan telah berfirman bahawa kamu tidak boleh lagi mendiami tubuhnya." Sekali lagi iblis dalam diri Mary mula berbisik. Kali ini dengan kata-kata nakal yang rahangnya sangat ketat, mereka membantah, "Saya … tidak … suka … apa … apa … awak... sedang... berkata!" Saya berhati-hati untuk mengeraskan suara saya sambil menjawab, "Keadaan awak takkan bertambah baik, wahai iblis, tetapi lebih teruk lagi kerana awak akan dihalau keluar darinya hari ini. Awak akan kehilangan rumah awak." Mendengar ini, iblis itu menjerit dan sekali lagi membalas, "Saya tak suka apa yang awak katakan; sekarang diamlah!" Saya menjawab, "Tidak, saya takkan diam tetapi sebaliknya saya akan terus bercakap sehingga awak keluar dari tubuhnya."

Saya terus bercakap dengan iblis-iblis itu dengan lembut. "Sekarang, satu demi satu kamu iblis-iblis mula menjelma, atas nama Yesus." Mary serta-merta mula berkata dengan berbisik, "Kamu tidak mengasihi Aku; jika kamu mengasihi Aku, kamu tidak akan memeluk Aku." Saya menjawab, "Betul, iblis penolak, kamu menutup hubungan cintanya. Kamu membuatnya berfikir tiada siapa yang mengasihinya. Kamu juga membuatnya berfikir Tuhan tidak mengasihinya. Kamu akan keluar dari dirinya, penolakan, atas nama Yesus." Satu demi satu iblis-iblis mula menjelma sifat mereka. Mereka datang begitu cepat sehingga saya sering hanya sempat menamakan satu dan yang lain akan muncul ke permukaan.

Syaitan-syaitan itu membuatkan Mary bergelut untuk keluar dari pangkuan saya walaupun saya masih dapat memeluknya dengan agak longgar. Akhirnya saya terpaksa meletakkan salah satu kakinya di antara kaki saya, lalu menahannya.
ragum dan menahannya secara fizikal. Iblis kebencian itu mendekatkan wajahnya tepat ke wajah saya dengan hidung kami bersentuhan dan menjerit, "Aku benci kau." Masih bercakap perlahan, aku berkata kepada iblis itu, "Keluarlah, iblis kebencian." Dia mula menjerit, "Aku mahu pisau, aku mahu
pisau." Saya bertanya. "Apa yang kamu mahu dengan pisau ini?" Iblis itu mengetap gigi Maryam dan berkata, "Jadi Aku boleh bunuh kau." ' 'Baiklah, wahai iblis pembunuh,' aku perintah, "kau keluar dalam nama Yesus." Seterusnya, Mary berdiri, melipat bahunya ke belakang, meletakkan tangannya di pinggul dan membalas, "Tiada siapa yang PERNAH memberitahu saya apa yang perlu dilakukan!" Saya berkata, "Defiance, keluarlah!"

Terdapat perubahan suara yang ketara apabila iblis seterusnya bercakap. Ia berkata, "Aku hanya melakukan apa yang aku mahu lakukan." Saya berkata, "Kehendak diri sendiri keluar." Kemudian terdapat perubahan suara yang lain. "Kau tidak akan pernah menyuruhku keluar," kata suara baru itu. "Kedegilan, kau juga perlu keluar," saya berkeras. Mary kemudian mengangkat tangannya seperti cakar dan menerkam muka saya; matanya terjulur dan dia menjerit. Saya berkata, "Gila, kau keluar dari Mary dalam nama Yesus." Dia mula mencakar rambutnya dan menggelengkan kepalanya dengan kuat. Saya berkata, "Penyakit mental dan kegilaan, keluarlah." Seterusnya saya memanggil roh skizofrenia. "Hai iblis skizofrenia, aku memanggil tanganmu. Kau mengeluarkan dua personaliti bertentangan yang kau bangunkan dalam dirinya. Salah seorang daripadamu berakar umbi dalam penolakan dan rasa kasihan diri dan yang seorang lagi berakar umbi dalam pemberontakan dan kepahitan. Kedua-dua personaliti itu bukanlah Maria yang sebenar. Aku melepaskan dan kehilangan Maria yang sebenar untuk menjadi seperti yang Yesus inginkan." Dengan ini dia mencakar saya dengan kuat, menggaru lengan saya, dan menerkam saya, dia menggigit lubang pada blaus saya. Apabila dia terjumpa sebahagian daripada blaus saya di giginya, dia kelihatan sangat terkejut seolah-olah dia menjangkakan saya akan menampar mukanya. Saya dapat tahu bahawa Mary yang sebenar yang terkejut. Saya berkata kepada iblis-iblis itu dan berkata, "Tidak, iblis-iblis, saya tidak akan menyakiti Mary kerana merosakkan blaus saya kerana saya boleh memisahkannya daripada kamu. Terlalu lama Mary telah dihukum dalam dagingnya kerana perkara-perkara yang telah kamu lakukan melaluinya. Kamu semua iblis-iblis tidak pernah disentuh.

Lain pula hari ini; kamu semua iblis-iblis sedang menanggung hukuman dan Mary bebas." Mary kelihatan lega seketika, kemudian iblis-iblis lain mula menjelma.

Akhirnya, selepas kira-kira dua puluh atau tiga puluh minit prosedur pembebasan ini, Mary mula menjerit satu demi satu jeritan panjang dan merayu untuk dilepaskan. Dia akan berkata, "Jangan pegang kaki saya! Jangan pegang kaki saya! Roh Kudus memberi saya pemahaman bahawa dagingnya kini telah terangsang dan saya harus melepaskannya dan menyuruhnya duduk di bangku di sebelah saya. Saya mengarahkan, "Mary, saya akan membiarkan awak duduk di bangku itu.

Okey?" Dia menangis perlahan dan berkata, "Saya tak suka awak peluk saya macam tu." Saya kata, "Maafkan saya sebab terpaksa peluk awak erat-erat, tapi roh jahat yang buat awak lawan saya." Saya sentiasa berhati-hati untuk menyalahkan iblis-iblis itu. Dengan cara kebudak-

budakannya, dia seolah-olah menghargai bahawa mereka akhirnya yang menanggung kesalahan dan bukannya dirinya sendiri.
Mary duduk di sebelah saya seketika dan diam dan tenang. Roh Kudus memberitahu saya bahawa saya harus segera memberi arahan agar roh-roh jahat yang tinggal keluar. Saya berkata, "Sekarang, dalam nama Yesus, saya perintahkan semua roh jahat yang masih ada dalam diri Mary untuk keluar. Keluarlah sekarang dalam nama Yesus!"

Mary serta-merta berasa mual dan sebelum saya sempat mencapai tuala kertas, dia memuntahkan sebiji bebola lendir yang besar. Ia memenuhi tangan kecilnya dan tangan saya. Dia mendongak dan tersenyum nipis dan kemudian seolah-olah bertukar menjadi ketenangan di sekujur badan.
Ingat, pada permulaan kisah ini saya menyatakan bahawa Mary sedang minum termos jus oren ketika dia datang untuk pelayanan. Tiada sedikit pun jus dalam muntahannya. Tiada lendir yang keluar dari perutnya.

Kami duduk di sana dan berbual selama kira-kira lima belas minit. Mary duduk dengan tenang dan santai, berbeza dengan sifat hiperaktif yang ditunjukkannya sebelum ini.

Bapanya terkejut. Dia telah menyaksikan pembebasan yang penuh gejolak itu dengan emosi yang bercampur-baur dan mengelirukan. Tidak biasa dengan manifestasi syaitan, dan tidak dapat membezakan pelbagai suara syaitan seperti yang telah diketahui oleh telinga saya yang terlatih, bapa Mary menyangka bahawa Mary yang sebenar sedang dilayan dengan agak kasar dan berkata bahawa setelah itu sahaja yang boleh dilakukannya untuk tidak campur tangan.
Walaupun saya tidak pernah melihat Maryam secara peribadi sejak pembebasannya, saya telah menerima beberapa laporan yang baik. Kebanyakannya berkata, "Dia sangat berbeza." "Dia tidak sama lagi." "Saya boleh

memeluknya dan dia membalas kasih sayang." "Awak takkan
percaya dia gadis yang sama."

Mata saya berair walaupun saya menulis ini. Dia satu-satunya pembebasan yang pernah menyebabkan saya menangis. Peperangan itu begitu huru-hara dan kedamaian selepas itu begitu indah. Saya tidak dapat menahan air mata. Bagi Tuhan segala kemuliaan!

Doa Ringkas untuk Kebebasan Diri.

"Tuhan Yesus Kristus, aku percaya Engkau telah mati di kayu salib untuk dosa-dosaku dan bangkit semula dari antara orang mati. Engkau telah menebus aku dengan darah-Mu dan aku adalah milik-Mu, dan aku ingin hidup untuk-Mu. Aku mengakui semua dosaku—yang diketahui dan tidak diketahui—aku menyesali semuanya. Aku meninggalkan semuanya. Aku mengampuni semua orang lain seperti aku mahu Engkau mengampuni aku. Ampunilah aku sekarang dan sucikanlah aku dengan darah-Mu. Aku bersyukur kepada-Mu atas darah Yesus Kristus yang membersihkan aku sekarang dari segala dosa. Dan aku datang kepada-Mu sekarang sebagai pembebasku. Engkau mengetahui keperluan khususku—perkara yang mengikat, yang menyeksa, yang mencemarkan; roh jahat itu, roh najis itu—aku menuntut janji firman-Mu, "Barangsiapa yang berseru kepada nama Tuhan akan diselamatkan." Aku berseru kepada-Mu sekarang. Dalam nama Tuhan Yesus Kristus, bebaskanlah aku dan bebaskanlah aku. Syaitan, aku meninggalkan Engkau dan semua pekerjaan-Mu. Aku kehilangan diriku daripada-Mu, dalam nama Yesus, dan aku memerintahkan engkau untuk meninggalkan aku sekarang juga dalam nama Yesus. Amin!"

Biarlah ia datang dari hatimu dan lihatlah keselamatan dari Tuhan!

Adakah Anda Sakit atau memerlukan pemulihan?

Bagi mereka yang sakit atau tidak sihat dalam apa jua bentuk, atau memerlukan pembebasan? Atau pemulihan, sila sentuh titik di bawah dengan iman (Iman bermaksud melihat hasil positif yang tepat dari situasi semasa anda, mengetahui bahawa Yesus telah melakukan bahagian-Nya lebih daripada 2000 tahun yang lalu untuk menjamin penyembuhan dan pembebasan anda, pemulihan sebagai bayaran pendahuluan, mempercayai bahawa bayaran pendahuluan tersedia untuk anda gunakan, seperti baki positif dalam akaun semasa anda dengan bank, tiada soalan yang ditanya kerana kami bersetuju dengan anda dan mengucapkan SEMBUHLAH dalam nama Yesus Kristus, Amin)

Dengan kuasa yang telah Engkau berikan kepadaku dan kepada mereka, aku menjalankan kuasa itu sekarang dalam iman dengan kemarahan mereka terhadap musuh dan kelaparan untuk mendapatkan apa yang telah Engkau berikan dengan rela hati kepada mereka semua, aku mengutuk setiap penyakit, setiap penyakit, baik itu kanser, COVID 19, baik itu roh kelemahan, baik itu kerasukan atau penindasan, baik itu roh kemiskinan, kemunduran, penggenapan yang tertangguh dari apa yang telah ditentukan dan dilepaskan oleh Tuhan. Kami datang melawan anomali itu, aku mengikat mereka, kami mengutuk mereka hingga ke akarnya dan kami mengusir mereka dengan kuasa dalam nama Yesus Kristus. Amin. Kami menyeru pembebasan penyembuhan, pembebasan dan pemulihan ke dalam hidup mereka dalam nama Yesus Kristus yang perkasa. Terima kasih Tuhan atas kesaksian yang kekal untuk kemuliaan, kehormatan dan pemujaan-

Mu. Terima kasih atas jiwa-jiwa yang ditambahkan ke dalam kerajaan-Mu sebagai hasil dari pesan ini, keajaiban yang telah kami lihat sekarang dan nyatakan untuk kemuliaan-Mu dalam nama Yesus, Amin. Sudah selesai! Bersukacitalah!

Sentuh tempat ini yang diserlahkan sebagai titik sentuhan dan akui dengan mulut anda – SAYA TELAH SEMBUH, SAYA TELAH DILEPASKAN dan SAYA TELAH DIPULIHKAN dalam Roh, Jiwa, Tubuh, dan seluruh sekeliling saya dalam nama YESUS Kristus, Amin!!!

Mulakan melakukan apa yang anda tidak dapat lakukan sebelum ini dan mula mengaku sehingga penyembuhan sepenuhnya, pemulihan pembebasan menjadi buah dalam hidup anda dalam nama Yesus, amin. Kekallah dahaga akan semua Tuhan, kekallah marah dan ambil kembali semua yang telah ditahan oleh musuh dalam nama Yesus, amin.

Nota:
Bersaksi tentang penyembuhan untuk kemuliaan Tuhan dan memalukan musuh! Hantarkan e-mel atau whatsapp kepada kami jika anda masih memerlukan kami bersetuju dengan anda mengenai isu ini. Dan berhubunglah di siri kelengkapan bermula minggu depan Khamis. Dapatkan maklumat lanjut tidak lama lagi di laman web kami!

Eksploitasi Lebih Besar - 1 - Bab 9 - Ketahui Caranya daripada Tokoh-tokoh Hebat dalam Bahagian 8

Di manakah letaknya KEHENDAK dan KEDAULATAN Tuhan dalam semua ceramah tentang KEBEBASAN ini? Mengapa tidak SEMUA ORANG yang kita doakan DISEMBUHKAN, DILEPASKAN atau DIPULIHKAN? Mengapa ada yang BERANTARAN-ANTARAN atau SEPARUH? Apakah Halangan kepada PENYEMBUHAN, PEMBEBASAN dan PEMULIHAN? Dan Beberapa Perkara Yang Perlu dan Tidak Perlu Dilakukan + Satu (1) Kisah untuk Meneguhkan tajuk ini dan memecahkan cengkaman semangat ketakutan oleh Bro Robert Schambach – Bahagian 8 + Skrip Pembebasan Diri dan doa persetujuan untuk Penyembuhan, Pembebasan dan Pemulihan

Sahabat-sahabat yang dikasihi, hari ini, kami membawakan kepada anda bahagian 8 siri kami tentang cukuplah untuk ditawan dan dialu-alukan kepada kebebasan dalam Kristus. Iman datang melalui pendengaran dan pendengaran melalui firman Tuhan – Roma 10:17. Siri ke- 8 ini mungkin menjadi penghalang terakhir kepada seseorang yang menerima penyembuhan hari ini untuk diri sendiri dan orang lain. Ini adalah hari permulaan kebebasan yang baharu. Jadi, kekallah bersamaku, tentera Tuhan yang hidup. Ini adalah siri yang memperlengkapi.

Yesus menyinggung fakta bahawa Syaitan adalah pencuri, seorang yang keras dan pemusnah. Baca ini

Yohanes 10:10
Bible Amplified, Edisi Klasik
[10] Pencuri datang hanya untuk mencuri, membunuh, dan membinasakan. Aku datang supaya mereka mempunyai dan menikmati hidup, dan memilikinya dalam kelimpahan (secara penuh, sehingga ia melimpah ruah).
Dalam menangani musuh ini, Yesus memerintahkan semua ORANG YANG BERIMAN kepada-Nya seperti berikut:

Markus 16:16-20
Bible Amplified, Edisi Klasik
[16] Sesiapa yang percaya [yang berpegang teguh dan percaya kepada dan bergantung pada Injil dan Dia yang dinyatakannya] dan dibaptis akan diselamatkan [[a] daripada hukuman maut kekal]; tetapi sesiapa yang tidak percaya [yang tidak berpegang teguh dan percaya kepada dan bergantung pada Injil dan Dia yang dinyatakannya] akan dihukum.
[17] Tanda-tanda ini akan menyertai orang-orang yang percaya : mereka akan mengusir roh-roh jahat demi nama-Ku; mereka akan berkata-kata dalam bahasa-bahasa baru;
[18] Mereka akan memegang ular; dan walaupun mereka minum minuman yang boleh membawa maut, ia tidak akan mencederakan mereka; mereka akan meletakkan tangan mereka atas orang sakit, dan orang itu akan sembuh.

[19] Kemudian, setelah Tuhan Yesus berfirman kepada mereka, Dia terangkat ke syurga dan duduk di sebelah kanan Tuhan.
[20] Lalu pergilah mereka memberitakan Injil ke mana-mana, sementara Tuhan terus bekerja bersama mereka dan meneguhkan firman itu dengan tanda-tanda dan mukjizat-mukjizat yang menyertainya. Amin (jadilah demikian).

Kami telah menyebut dalam siri-siri terdahulu bahawa untuk melaksanakan perintah Yesus ini dengan jayanya untuk SEMUA ORANG YANG BERIMAN, untuk menghadapi musuh jenis ini sebagai tentera yang berdisiplin, yang sanggup tunduk kepada perintah Panglima Tertinggi kita, kita memerlukan perkara berikut seperti dalam **A, B, C, D, E, F dan G. Saya harus menekankan bahawa siri-siri ini bukan untuk semua orang. Segelintir orang terpilih akan melayakkan diri mereka untuk pendaftaran melalui 7 sifat ini. Ia adalah seperti berikut** :

A. **Ketersediaan (Roh, jiwa dan raga)**
B. **Keberanian**
C. **Belas kasihan terhadap orang lain**
D. **Penentuan**
E. **Cinta yang tulus**
F. **Kemarahan yang Berapi-api**
G. **Kelaparan Besar**

Jika anda tidak mempunyai sifat-sifat ini sebagai bahan minimum, adalah mustahil untuk melancarkan kempen yang berjaya kerana semua bahan di atas perlu dicampur bersama untuk menghasilkan iman seperti biji sawi bagi membawa perubahan kerana Tuhan memberi makan orang yang lapar, bukan kanak-kanak yang kesejukan atau suam-suam kuku, sama ada dalam penyembuhan, pembebasan dan pemulihan dari dalam dan luar.

Rampasan sudah sedia untuk dikumpulkan tetapi sebiji sawi, iman yang konsisten diperlukan untuk mengumpulkannya ke dalam pengalaman kita. Kita sedang bercakap tentang jiwa, jiwa dan lebih banyak jiwa dan semua yang kita perlukan sebagai tentera Tuhan yang hidup untuk melancarkan kempen yang berjaya. Kami di sini untuk melengkapi anda dengan pembelajaran daripada mereka yang telah mendahului kita.

Sekarang, dalam bahagian 8 hari ini, kita ingin meneroka beberapa persoalan kritikal yang terus muncul dalam minda orang percaya yang cenderung menjadi penghalang untuk menerima daripada Tuhan apa yang telah Dia berikan kepada kita dengan murah hati. Terutamanya apabila kita telah melakukan segala-galanya dan kebebasan telah terlepas daripada kita seperti wabak.
Apakah soalan-soalan ini?

Di manakah letaknya KEHENDAK dan KEDAULATAN Tuhan dalam semua perbincangan tentang KEBEBASAN ini? Mengapa tidak SEMUA ORANG yang kita doakan DISEMBUHKAN, DILEPASKAN atau DIPULIHKAN? Mengapa ada yang BERANTARAN-ANTARAN atau SEBAHAGIAN? Apakah Halangan kepada PENYEMBUHAN, PEMBEBASAN dan PEMULIHAN? Dan Beberapa Perkara Yang Perlu dan Tidak Perlu + Satu (1) Kisah untuk Meneguhkan tajuk ini dan memutuskan cengkaman semangat ketakutan

Mari kita mula menanganinya satu demi satu.

1) Adakah Betul untuk Berdoa "Jika Itu Kehendak-Mu" Ketika Melayani Penyembuhan dan Pembebasan?

Setelah membuktikan bahawa adalah kehendak Tuhan agar setiap orang yang datang kepada-Nya dalam iman disembuhkan, seperti yang telah kita buktikan sepenuhnya melalui bahagian 1 hingga 7 siri ini tentang cukuplah untuk ditawan dan dialu-alukan kepada kebebasan, maka, tidak ada lagi tempat untuk kita berdoa **"jika itu kehendak-Mu"** ketika melayani penyembuhan dan pembebasan. Kita sudah tahu kehendak Tuhan dalam perkara ini. Kita tahu kehendak Tuhan adalah agar setiap orang disembuhkan dan dibebaskan jika mereka bersedia untuk percaya.
Yesus adalah teladan kita dan kita tidak pernah melihat Yesus berdoa "jika itu kehendak-Mu" ketika melayani penyembuhan dan pembebasan. Sekali pun tidak! Jadi mengapa kita mencipta teologi dan melakukan perkara-perkara yang bertentangan dengan Firman itu sendiri? Kerana Yesus adalah Firman Yohanes 1:14 – teladan kita yang sempurna, hidup, dan bernafas dalam kehidupan dan pelayanan.

Satu-satunya masa Dia berkata "bukanlah seperti yang Aku kehendaki, tetapi seperti yang Engkau kehendaki" (Matius 26:39,42) adalah di Taman Getsemani ketika Dia bersiap untuk pergi ke Salib. Ini adalah doa penyerahan diri kepada rancangan Bapa. Setiap kali orang meminta penyembuhan, Dia berkata, "Aku rela." Kecuali *wanita Siro-Fenisia* yang meyakinkan Yesus untuk menyembuhkan anak perempuannya yang diusir roh jahat. Satu-satunya sebabnya adalah, sebelum masa ini, Yesus beroperasi berdasarkan perjanjian dengan orang Yahudi tetapi kerana iman dan kegigihannya, dia mendapat permintaannya. Beberapa orang lain yang tidak mempunyai perjanjian juga disembuhkan hanya kerana iman mereka. Melalui Markus 16:14-19, kita kini diberi kuasa untuk melakukan perkara yang sama walaupun untuk orang yang tidak percaya yang percaya melalui pembaptisan dalam Roh Kudus - Kisah Para Rasul 1:4-8.

Dia harus membuat pilihan untuk berjalan dalam ketaatan dan tunduk kepada rencana Bapa untuk penebusan yang hanya dapat dimungkinkan melalui kematian-Nya di kayu Salib.

Pernahkah kita berdoa untuk orang berdosa yang datang kepada kita untuk mendapatkan pengampunan? dosa melalui iman kepada Yesus , **"Tuhan, jika itu kehendak-Mu, mohonlah ampunilah dosa-dosanya dan kabulkan kepadanya hidup yang kekal. Jika tidak, jika bukan kehendakmu membiarkannya pergi ke neraka."**
Jangan sekali-kali! Kita tidak akan pernah berdoa seperti itu, kerana kita tahu bahawa Tuhan telah berjanji bahawa "oleh nama-Nya, sesiapa yang percaya kepada-Nya akan menerima pengampunan dosa" (Kisah Para Rasul 10:43) dan bahawa "Tuhan begitu mengasihi dunia ini sehingga Dia telah mengaruniakan Anak-Nya yang tunggal, supaya sesiapa yang percaya kepada-Nya tidak binasa, melainkan beroleh hidup yang kekal" (Yohanes 3:16).

Cara yang betul untuk melayani penyembuhan dan pembebasan adalah dengan mengetahui sepenuhnya bahawa Tuhan menghendaki orang sakit disembuhkan dan dibebaskan. Kita berada di sini untuk melaksanakan kehendak-Nya di bumi, seperti di syurga. Pendekatan kita untuk mengalu-alukan sesiapa sahaja untuk menerima penyembuhan dan pembebasan mestilah sama seperti pendekatan kita apabila mereka datang untuk menerima pengampunan dosa. Percayalah sahaja! – Pakej yang sama!

2) Memandangkan Tuhan Berdaulat, Bukankah Dia Hanya Menyembuhkan Orang Jika dan Bila Dia Mahu?

Ini adalah soalan ikhlas yang ditanyakan ramai orang dan juga agak mencabar untuk dijawab. Tidak syak lagi bahawa Tuhan Maha Kuasa, Dia boleh melakukan apa sahaja. Dia boleh menyembuhkan dan membebaskan sesiapa sahaja dalam sekelip mata. Kita juga tahu bahawa Tuhan berdaulat dan bertindak atas kehendak-Nya sendiri dan pada bila-bila masa yang Dia kehendaki. Tiada siapa yang boleh menghalang-Nya. Jadi mengapa Tuhan yang baik, berkuasa, penyayang, penyembuh dan penyelamat tidak menyembuhkan setiap orang sakit dan membebaskan setiap orang yang tertindas? Mengapa kita masih melihat sebahagian daripada saudara kita sendiri, walaupun mereka yang telah melayani Tuhan dengan setia dan yang sangat mengasihi-Nya menderita kesakitan, penyakit dan mati akibat penyakit yang berpanjangan? Mengapa Tuhan dalam kedaulatan-Nya tidak menyembuhkan mereka dan menyembuhkan mereka?

Kami akan membincangkan perkara ini dalam tiga bahagian:
A. Kedaulatan Tuhan dan tanggungjawab manusia
B, Kedaulatan Tuhan dan pelaksanaan iman
C, Kita berjalan menurut kebenaran yang telah diwahyukan dan mencari apa yang tidak diketahui

A, Kedaulatan Tuhan dan Tanggungjawab Manusia

Mazmur 115:3,16 3 Tetapi Allah kita ada di sorga; Ia melakukan apa sahaja yang dikehendaki-Nya. 16 Langit, bahkan langit pun, adalah milik TUHAN, tetapi bumi telah diberikan-Nya kepada anak-anak manusia.
Tuhan itu berdaulat dan Dia melakukan apa sahaja yang Dia kehendaki, seperti yang dikatakan dalam Kitab Suci. Walau bagaimanapun, dalam kedaulatan-Nya, Dia telah memutuskan untuk mempercayakan bumi kepada manusia

dan telah menentukan bahawa dalam keadaan normal, Dia tidak akan mengatasi tanggungjawab manusia dan keputusan manusia. Tuhan telah memutuskan untuk melakukan ini sehingga walaupun di Taman Eden, ketika Adam dan Hawa hendak mengingkari dan berdosa, Tuhan tidak campur tangan, walaupun Dia boleh berbuat demikian. Malah, Tuhan mengetahui semua ini lebih awal tetapi Dia masih terus mencipta manusia dan menempatkannya di Taman Eden.

Pertimbangkan ini, Tuhan dalam kedaulatan-Nya telah menyediakan anugerah keselamatan percuma untuk semua orang. Hanya kerana keselamatan telah disediakan untuk setiap individu tidak bermakna setiap individu akan diselamatkan secara automatik. Setiap individu perlu bertanggungjawab untuk menerima peruntukan keselamatan ini. Bible masih menyatakan, "Barangsiapa percaya kepada Anak, ia beroleh hidup yang kekal; tetapi barangsiapa tidak percaya kepada Anak, ia tidak akan melihat hidup, melainkan murka Allah tetap ada di atasnya" (Yohanes 3:36).

Begitu juga, dalam bidang pelayanan penyembuhan dan pembebasan terdapat beberapa bidang tanggungjawab untuk kita, dalam keadaan biasa:

(a) Adalah menjadi tanggungjawab mereka yang melayani untuk bertumbuh dalam kasih karunia (2 Petrus 3:18), bertumbuh dalam kekuatan rohani (Efesus 3:16) dan bertumbuh dalam iman dan kemampuan kita untuk memberikan pengurapan dan kuasa Tuhan. Terdapat pengurapan yang tersedia untuk mematahkan setiap kuk, menghilangkan setiap beban dan menyembuhkan setiap keadaan. Adakah mungkin kita sebagai pelayan, gagal dalam tanggungjawab kita untuk terus maju dan melangkah ke tahap pengurapan ini? Mungkin kita hanya melakukannya sekali-sekala, daripada beroperasi dalam alam itu dengan lebih konsisten.

(b) Adalah menjadi tanggungjawab setiap individu untuk menjaga tubuh badan mereka, mempercayai Firman Tuhan dan menentang syaitan, serta perbuatannya. Tuhan tidak akan melakukan ini untuk kita.

Memandangkan pemahaman ini, kita biasanya tidak melihat Tuhan menyembuhkan secara bebas daripada bidang tanggungjawab manusia ini. Dia telah berdaulat memutuskan untuk tidak berbuat demikian. Ini adalah satu sisi kepada kedaulatan Tuhan.

Walau bagaimanapun, terdapat keadaan apabila Tuhan bergerak walaupun manusia gagal dalam dua bidang (a) dan (b) seperti yang dinyatakan, dan masih menyebabkan penyembuhan dan pembebasan. Ini adalah pengecualian yang kita lihat dan bukan kebiasaan. Tuhan bergerak dan menyembuhkan walaupun manusia gagal dalam dua bidang (a) dan (b) adalah sisi lain kepada kedaulatan Tuhan. Dua sisi pada syiling yang sama, dalam memahami kedaulatan Tuhan.

B, Kedaulatan Tuhan dan Amalan Iman

Matius 13:58 58 Tetapi Yesus tidak melakukan banyak mujizat di sana kerana ketidakpercayaan mereka.

Markus 6:5,6 5 Yesus tidak dapat melakukan sebarang mujizat di sana, kecuali dengan meletakkan tangan-Nya ke atas beberapa orang sakit dan menyembuhkan mereka. 6 Yesus hairan kerana mereka tidak percaya. Kemudian Dia berkeliling di kampung-kampung sambil mengajar.

Yesus kembali ke kampung halaman-Nya di negara asal-Nya sendiri, Nazareth, tempat Dia membesar sebagai anak tukang kayu sehingga usia 30 tahun. Malangnya, orang di negara-Nya sendiri tidak dapat menerima-Nya seadanya. Mereka melihat-Nya sebagai anak tukang kayu, bukannya sebagai Orang yang diutus oleh Tuhan, yang diurapi untuk menyembuhkan dan membebaskan. Dalam persekitaran sedemikian, Yesus tidak melakukan banyak perbuatan ajaib kerana ketidakpercayaan mereka.

Jika Tuhan itu berdaulat (maha berkuasa, mengatasi segala yang lain dan bebas daripada semua yang lain) dan tidak dapat dihentikan oleh sesiapa pun, mengapa Dia masih mewajibkan umat-Nya untuk mengamalkan iman peribadi jika mereka ingin mengalami pekerjaan-Nya yang perkasa dalam hidup mereka?
Ia mungkin kelihatan bercanggah, bahawa Tuhan kita maha kuasa dan berdaulat namun Tuhan mungkin terhad oleh ketidakpercayaan kita. Dia biasanya tidak dan tidak boleh bekerja jika tiada iman.
Jika segala-galanya adalah anugerah rahmat secara cuma-cuma, bagaimanakah kita hanya dapat menerimanya melalui iman? Kerana seperti yang kita fahami, rahmat adalah ungkapan watak Tuhan yang bebas daripada apa pun yang telah kita lakukan, sementara iman adalah ungkapan keyakinan dan kepercayaan kita kepada Tuhan.

Berikut adalah beberapa perkara yang perlu dipertimbangkan:

1) Tuhan dalam kebijaksanaan-Nya telah menganggap wajar bahawa kedua-dua sifat yang nampaknya bertentangan ini wujud bersama. Terdapat alam kedaulatan Tuhan yang tidak dapat dipertikaikan dan pastinya terdapat unsur iman peribadi yang penting dan penting dengan hasil dinamiknya.
2) Terdapat perkara-perkara tertentu yang bergantung sepenuhnya kepada kedaulatan Tuhan seperti tujuan abadi Tuhan dan rancangan-Nya untuk selama-lamanya. Ini akan dicapai tanpa bergantung kepada amalan iman seseorang individu. Dan kemudian terdapat tujuan individu yang Tuhan miliki, yang pemenuhannya bergantung pada kerjasama individu dengan Tuhan.

3) Dengan memberikan semua kurniaan-Nya secara percuma kepada kita daripada rahmat-Nya dan menjadikannya perlu bagi setiap orang untuk menerimanya dengan iman, Tuhan memberi setiap orang "peluang yang sama" untuk menerima daripada-Nya. Tanpa mengira bangsa, warna kulit, kedudukan sosial atau ekonomi, dan pengalaman masa lalu, setiap orang mempunyai peluang yang sama untuk menerima apa yang telah Tuhan berikan kepada kita secara percuma melalui rahmat-Nya.

4) Alam iman mempunyai batasannya yang ditetapkan oleh kehendak dan tujuan Tuhan. Beroperasi di luar ini adalah seperti "mengetuk" kehendak Tuhan yang berdaulat, dan tiada siapa yang boleh berjaya berbuat demikian.

Jadi, setiap orang percaya harus belajar bagaimana untuk hidup dengan iman.

Namun terdapat dua sisi dalam syiling iman kepada Tuhan ini. Biasanya, Tuhan telah menentukan secara berdaulat bahawa Dia akan sentiasa bekerja sebagai tindak balas kepada iman. ***"Jadilah untukmu menurut imanmu" (Matius 9:29)*** adalah tindak balas-Nya terhadap iman. Beginilah cara Dia memutuskan untuk bekerja secara normal. Sebaliknya, ada kalanya Tuhan bertindak secara berdaulat untuk menyembuhkan dan membebaskan, walaupun nampaknya tiada iman. Ini memang berlaku, tetapi ini adalah pengecualian dan bukan kebiasaan.

C, Kita Berjalan Mengikut Kebenaran Yang Telah Diungkapkan dan Mencari Apa Yang Tidak Diketahui

Ulangan 29:29 Perkara-perkara yang tersembunyi adalah bagi TUHAN, Allah kita, tetapi perkara-perkara yang dinyatakan adalah bagi kita dan bagi anak-anak kita untuk selama-lamanya, supaya kita melakukan segala perkataan hukum Taurat ini.

Amsal 25:2 Kemuliaan Tuhan adalah menyembunyikan sesuatu, tetapi kemuliaan raja-raja adalah menyelidiki sesuatu.

Pengkhutbah 1:13 Dan aku bertekad untuk mencari dan menyelidiki dengan hikmat segala yang terjadi di bawah kolong langit, pekerjaan berat ini yang diberikan Allah kepada anak-anak manusia untuk dilatih.

Adalah sangat bodoh bagi kita untuk mendakwa bahawa kita mempunyai semua jawapan. Hakikatnya ialah kita tidak mempunyainya. Adalah sangat salah untuk menunjuk kepada seseorang yang kita tahu setia kepada Tuhan, seseorang yang sangat mengasihi Tuhan dan sanggup mati untuk tujuan Kristus, dan mengatakan bahawa mereka tidak mempunyai iman. Apabila kita melihat sebahagian daripada saudara kita sendiri, walaupun mereka yang telah melayani Tuhan dengan setia dan yang sangat mengasihi-Nya menderita kesakitan, penyakit dan mati akibat penyakit yang berpanjangan, dan kita bertanya "mengapa?" maka apa yang boleh kita katakan ialah "kita tidak tahu."

Apa yang kita tekadkan adalah untuk terus hidup menurut kebenaran yang kita ketahui. Kita taat kepada apa yang diajarkan oleh Firman kepada kita. Kita tidak berkompromi dengan kebenaran yang telah diwahyukan dengan jelas. Dan kemudian kita terus mencari apa yang tidak diketahui. Ini tidak bermakna kita
akan mendapat jawapan kepada setiap Mengapa. Apa yang kita cari ialah bagaimana kita boleh menjadi dan mengalami apa yang telah Tuhan tetapkan untuk kita. Dia memang mahu kita menjadi seperti Tuan kita dan melayani seperti yang dilakukan oleh Tuhan Yesus. Kita mencari jawapan tentang cara untuk berkembang menjadi ini.

Walaupun di tengah-tengah pengalaman di mana kita tidak mempunyai jawapan segera, kita terus "hidup dengan iman dan bukan dengan penglihatan" (2 Korintus 5:7).

Iman rela untuk hidup dengan apa yang telah didedahkan dan apa yang diketahui tentang Tuhan, walaupun daripada semua perkara yang tidak diketahui. Iman memang tidak membenarkan apa yang tidak diketahui mengatasi apa yang diketahui. Iman tidak membenarkan kegelapan melampaui untuk mengatasi cahaya yang kita miliki. Sebaliknya, iman menganggap cahaya yang kita miliki sekarang mencukupi untuk mengambil langkah seterusnya, walaupun dunia yang gelap mungkin berada di luar sana.

Kita terus mencari jawapan tentang apa yang perlu kita lakukan pada akhirnya, untuk melayani penyembuhan dan pembebasan dengan lebih berkesan seperti yang dilakukan Yesus. Kita terus mendesak Tuhan untuk apa yang tidak kita ketahui. Dia telah berjanji, "'Berserulah kepada-Ku, maka Aku akan menjawab engkau dan memberitahukan kepadamu hal-hal yang besar dan yang perkasa, yang tidak kauketahui'" (Yeremia 33:3). Salomo berkata, "Aku telah memusatkan hatiku untuk mengetahui, untuk menyelidiki dan mencari hikmat dan alasan segala sesuatu..." (Pengkhutbah 7:25). Kita terus belajar, menyelidiki Kitab Suci, mendengar Roh, supaya kita memperoleh wawasan yang kita kekurangan pada masa ini yang akan membantu kita melayani dengan kuasa dan wewenang yang lebih besar. Tuhan Yesus berjanji bahawa jika kita terus dalam Firman-Nya, kita akan "mengetahui kebenaran, dan kebenaran itu akan memerdekakan kamu" (Yohanes 8:31,32).
Kita terus berusaha untuk lebih mengenali Tuhan.

Akhirnya, kita didorong oleh kasih kepada Tuhan. Kita mengasihi-Nya kerana Dia lebih dahulu mengasihi kita (1 Yohanes 4:19). Tiada apa yang dapat mengurangkan kasih kita kepada-Nya. Kita mengasihi-Nya walaupun iman diuji dan harapan seolah-olah hancur. Kita tahu suatu hari nanti iman kita akan menjadi nyata. Harapan kita akan menjadi kenyataan. Dan kasih akan terus berlanjut. “Demikianlah tinggal ketiga hal ini: iman, harapan, dan kasih, tetapi yang paling besar di antaranya ialah kasih” (1 Korintus 13:13).

Mengapa Tidak Semua Orang Sembuh?

Kami dengan senang hati mengakui bahawa bukan semua orang yang kami layani disembuhkan atau dibebaskan. Saya pasti bahawa setiap penginjil penyembuhan yang hebat dan lelaki atau wanita Tuhan pernah menghadapi perkara ini dan juga bergelut untuk menjawab soalan ini tentang mengapa kita tidak melihat setiap orang yang kami layani disembuhkan dan dibebaskan.

Jawapan kepada soalan sedemikian adalah sangat subjektif kerana keadaan sebenar boleh berbeza-beza dari individu ke individu. Kita sedar bahawa terdapat beberapa perkara yang menghalang seseorang daripada menerima penyembuhan atau pembebasan mereka. Mungkin terdapat pelbagai sebab, ada yang diketahui oleh kita dan ada yang tidak diketahui oleh kita.

Walau bagaimanapun, bagaimana kita bertindak balas terhadap "kegagalan" ini adalah penting. Kita mesti sentiasa ingat bahawa sebarang kegagalan adalah di pihak kita, bukan di pihak Tuhan. Tuhan setia kepada Firman-Nya. Kita sedang dalam proses pembelajaran dan penemuan kebenaran yang berterusan mengenai Kerajaan Tuhan dan cara-cara Tuhan bekerja. Tiada seorang pun daripada kita yang sempurna dalam pengetahuan kita. Kita perlu terus berusaha untuk menemui kebenaran yang tersembunyi dalam Firman-Nya dan melalui Roh-Nya, supaya kita dapat mewakili-Nya dengan lebih tepat dan melakukan perkara-perkara yang telah Dia tetapkan untuk kita lakukan.

Berikut adalah

Beberapa perkara yang boleh/tidak boleh dilakukan apabila kita menghadapi situasi di mana orang yang kita layani tidak disembuhkan atau dibebaskan:

Jangan Berkompromi dengan Kebenaran

Kita tidak boleh berkompromi dengan kebenaran. Kita tidak mengubah pemahaman kita tentang sifat Tuhan, Firman Tuhan dan pekerjaan Kristus yang telah selesai di Kayu Salib. Ini adalah perkara yang mutlak. Siapakah Tuhan, apa yang telah dijanjikan-Nya dan apa yang telah dicapai oleh Kristus di Kayu Salib tidak akan berubah. Kita mesti menolak godaan untuk mengubah suai teologi kita bagi menyesuaikan diri dengan pengalaman kita. Sebaliknya, kita mesti berusaha untuk meningkatkan tahap pengalaman kita agar sepadan dengan piawaian Firman Tuhan.

Jangan Berspekulasi, Akui Sahaja "Saya Tidak Tahu"

Oleh kerana kita tidak mempunyai semua jawapan, kita tidak boleh membuat spekulasi dan berpura-pura tahu. Apabila kita tidak pasti, kita harus mengelak daripada membuat kenyataan seperti "Anda tidak mempunyai iman yang cukup," "Terdapat beberapa dosa tersembunyi," "Terdapat beberapa kutukan generasi," dan sebagainya. Kita boleh menyakiti orang apabila bercakap kerana kejahilan. Memadai untuk mengatakan, "Saya tidak tahu mengapa anda tidak sembuh tetapi kasih Tuhan untuk anda adalah pasti dan kehendak-Nya adalah bahawa Dia menginginkan anda sihat."

Mintalah Wawasan daripada Tuhan dan Teruskan Melayani Individu

Memang benar bahawa bukan semua orang yang kita doakan akan disembuhkan. Tetapi ini tidak seharusnya menghalang kita daripada berusaha dan melakukan yang terbaik untuk membawa penyembuhan dan pembebasan kepada setiap orang yang mungkin. Kita terus berdoa dan mencuba pelbagai pendekatan untuk melayani individu tersebut bila-bila masa yang mungkin. Kita menggalakkan individu tersebut untuk terus mendekati Tuhan, terus berdoa, terus percaya, terus memuji Tuhan atas penyembuhan mereka dan berpegang teguh pada Firman Tuhan. Mintalah kepada Tuhan untuk wawasan, untuk kurniaan Roh yang akan mendedahkan perkara-perkara yang menghalang penyembuhan dan pembebasan daripada berlaku. Kadangkala individu tersebut mungkin perlu bertaubat daripada beberapa dosa, atau melepaskan pengampunan kepada orang lain. Peka terhadap Roh Kudus dan ikuti apa yang diwahyukan oleh Roh Tuhan.

Muliakan Tuhan, Bukan Keadaannya

Kita harus memuliakan Tuhan dan bukan keadaannya. Jangan sekali-kali membesar-besarkan penyakit atau pekerjaan syaitan yang menindas. Tiada penyakit, tiada pekerjaan iblis yang lebih besar daripada Tuhan kita. Hanya kerana kita tidak melihat penyembuhan atau pembebasan, janganlah kita membuatnya kelihatan bahawa ini terlalu sukar bagi Tuhan kita. Tiada apa yang terlalu sukar bagi Tuhan kita. Kita hanya perlu belajar bagaimana untuk melepaskan kuasa-Nya dengan lebih berkesan. Walaupun dalam keadaan ini, kita bersukacita, kita sentiasa berdoa dan dalam segala hal kita mengucap syukur (1 Tesalonika 5:16-18) kerana kita tahu siapa Dia.

"Walaupun" Bukan "Kerana"

Tuhan boleh menggunakan seseorang "walaupun" sakit, penyakit fizikal, atau apa-apa masalah fizikal. Walau bagaimanapun, ini tidak bermakna secara automatik bahawa keadaan mereka adalah yang terbaik daripada Tuhan untuk mereka. Tuhan tidak menggunakan mereka "kerana" penyakit atau kelemahan mereka. Tuhan bekerja walau apa pun situasinya. Dia tidak terhad oleh batasan kita. Dia bekerja kerana tujuan dan rahmat-Nya yang diberikan kepada kita dalam Yesus Kristus (2 Timotius 1:9), sakit atau tiada penyakit! Itulah sebabnya Dia adalah Tuhan! Jadi, apabila Tuhan menggunakan seseorang walaupun sakit atau kelemahan mereka, kita memuliakan Tuhan dan bukan penyakitnya. Penyakit itu masih merupakan sesuatu yang perlu kita lawan dan lawan.

Teruskan Mencapai Lebih Banyak Lagi!

Sebarang kegagalan adalah di pihak kita, bukan Tuhan. Teruskan berusaha untuk mendapatkan lebih banyak pengurapan dan wahyu-Nya tentang cara membawa penyembuhan kepada "semua" dan "sebanyak mana", sama seperti yang dilakukan oleh Yesus. Dia adalah Panji kita. Kita mesti berusaha untuk melakukan pekerjaan-Nya dan pekerjaan-pekerjaan yang lebih besar lagi.

Terdapat sekurang-kurangnya dua soalan berkaitan lain yang boleh kita bincangkan di sini: Mengapa sesetengah penyembuhan berlaku secara beransur-ansur? Dan mengapa sesetengah penyembuhan berlaku separa dan tidak lengkap?

Mengapa Sesetengah Penyembuhan Beransur-ansur?

Dalam pelayanan Yesus, selain daripada satu kejadian di mana Dia menyentuh seorang buta dua kali, kita melihat semua penyembuhan dan pembebasan lain berlaku serta-merta. Walau bagaimanapun, apabila kita melayani, terdapat banyak kali, apabila penyembuhan berlaku secara beransur-ansur dari semasa ke semasa. Sekali lagi, respons kepada soalan ini sebenarnya subjektif dan bergantung pada situasi individu. Dalam banyak kes, kita tidak tahu mengapa sesuatu berlaku secara beransur-ansur dan bukannya berlaku serta-merta. Walau bagaimanapun, respons kita mestilah terus berusaha untuk melihat kerja selesai, tidak kira berapa lama masa yang diperlukan. Kita meraikan setiap peringkat peningkatan yang kita lihat di sepanjang jalan. Kita mesti bersyukur kepada Tuhan atas setiap kemajuan kecil dalam pemulihan yang kita lihat, terus memuji Tuhan dan terus berusaha untuk melihat penyembuhan dan pembebasan yang lengkap.

Markus 8:22-26 22 Kemudian Yesus sampai di Betsaida. Mereka membawa seorang buta kepada-Nya dan memohon kepada-Nya untuk menyentuhnya. 23 Lalu Yesus memegang tangan orang buta itu dan membawanya ke luar kota. Setelah meludah pada matanya, Ia meletakkan tangan-Nya ke atasnya dan bertanya kepadanya, "Apakah ia melihat sesuatu?" 24 Orang itu mendongak dan berkata, "Aku melihat orang berjalan seperti pohon." 25 Kemudian Yesus meletakkan tangan-Nya kembali pada matanya dan menyuruhnya melihat. Dan dia sembuh dan dapat melihat semua orang dengan jelas. 26 Kemudian Yesus menyuruhnya pulang ke rumahnya, katanya, "Jangan masuk ke kota dan jangan beritahukan kepada sesiapa pun di kota ini."

Mengapakah Yesus membawa orang buta ini keluar dari bandar untuk melayaninya? Dan, mengapakah Yesus perlu menyentuhnya dua kali sebelum penglihatannya pulih

sepenuhnya? Mengapakah Yesus menyuruhnya supaya jangan kembali ke bandar atau memberitahu sesiapa pun di bandar itu? Semua soalan itu sangat menarik.
Sekurang-kurangnya empat orang murid Yesus berasal dari Betsaida. Andreas, Simon Petrus, Filipus dan Natanael berasal dari kota Betsaida (Yohanes 1:44). Betsaida adalah salah satu kota yang ditegur oleh Tuhan Yesus kerana keengganan mereka untuk bertindak balas terhadap mukjizat-mukjizat besar yang mereka lihat (Matius 11:21-26). Jelas sekali bahawa kota ini tidak percaya dan tidak menerima mukjizat-mukjizat Yesus, mungkin kerana penduduknya yang "bijaksana dan bijaksana" (Matius 11:25) yang kemudiannya merosakkan penduduk lain di kota itu. Sekurang-kurangnya pada satu kesempatan lain, di rumah Yairus, kita melihat Tuhan Yesus mengusir semua orang yang mengejek, yang tidak percaya dan tidak menerima pelayanan-Nya (Markus 5:40).

Walaupun petikan ini tidak menyatakan perkara ini, ada kemungkinan bahawa sebab Tuhan Yesus membawa lelaki ini keluar dari bandar dan kemudian melayaninya, dan juga memberinya arahan untuk tidak kembali ke bandar atau memberitahu orang di bandar itu, adalah untuk memisahkannya dan melindunginya daripada ketidakpercayaan dan kurangnya penerimaan yang berlaku di bandar itu. Sebab yang sama mengapa Tuhan Yesus tidak membenarkan sesiapa pun kecuali Petrus, Yakobus dan Yohanes dan ibu bapa gadis itu berada di sekitar ketika Dia membangkitkan anak perempuan Yairus. Dalam kes lain orang buta yang disembuhkan, Tuhan Yesus melayani dengan bebas, memulihkan penglihatan mereka sebagai tindak balas kepada iman mereka. Walaupun petikan dalam Markus 8 tidak menyebut tentang iman (atau kekurangannya) pada orang buta ini di Betsaida, ada kemungkinan mereka mungkin dipengaruhi oleh ketidakpercayaan yang berlaku di bandar itu. Imannya

digalakkan apabila dia melihat sebahagian daripada matanya bertambah baik dan dia dapat percaya untuk pemulihan sepenuhnya.
Mungkin beberapa pengajaran yang boleh kita ambil daripada peristiwa orang buta di Betsaida ini ialah kita belajar untuk memisahkan orang daripada persekitaran keraguan dan ketidakpercayaan untuk membantu iman mereka. Kita juga menggalakkan iman orang ramai walaupun dengan peningkatan secara beransur-ansur dalam keadaan fizikal mereka dan teruskan sehingga penyembuhan selesai.

Mengapakah Sesetengah Penyembuhan Sebahagian dan Tidak Lengkap?

Satu lagi perkara yang mungkin kita perhatikan ketika melayani penyembuhan adalah kadangkala orang yang mempunyai pelbagai masalah sembuh dari beberapa keadaan dan terus mengalami penyakit lain yang berterusan dalam tubuh mereka. Di sini sekali lagi kita tidak akan mempunyai semua sebab mengapa penyembuhan lengkap tidak berlaku. Kita mesti bersyukur kepada Tuhan atas setiap kemajuan kecil dalam pemulihan yang kita lihat, terus memuji Tuhan dan terus berusaha untuk melihat penyembuhan dan pembebasan sepenuhnya. Teruskan memberi galakan kepada individu dan jangan sekali-kali memalukan atau mengutuk seseorang. Teruskan meminta Tuhan untuk mendedahkan cara melayani individu tersebut dan untuk mendedahkan apa yang perlu dilakukan untuk melihat penyembuhan lengkap.
Ada kemungkinan punca bagi keadaan yang berbeza adalah berbeza. Salah satunya mungkin penyakit fizikal semata-mata yang memerlukan penyembuhan dan telah disembuhkan dengan segera. Satu lagi keadaan mungkin disebabkan oleh roh jahat dengan roh kelemahan yang degil yang perlu diusir supaya penyembuhan dapat datang.

Mungkin satu keadaan boleh ditangani dengan mengusir roh kelemahan, manakala untuk keadaan yang lain disembuhkan, ada kemungkinan kita hanya perlu menggalakkan iman bangkit di hati mereka agar mereka menerimanya.
Kita perlu peka terhadap pimpinan dan arahan Roh Kudus tentang cara terbaik untuk menyampaikan kuasa Tuhan kepada individu.

Tiga Sikap Hati yang Membolehkan Tuhan Melakukan Mukjizat

Selain daripada ABCDE dan F yang telah disebutkan sebelum ini, untuk melayani penyembuhan dan pembebasan, serta menggalakkan orang ramai supaya bersedia menerima penyembuhan dan pembebasan, terdapat tiga sikap hati yang penting: iman, harapan dan keinginan yang kuat.
Apabila melayani orang ramai, kita mesti berjalan dalam iman, harapan dan keinginan yang kuat. Kita melayani penyembuhan dan pembebasan dengan iman di dalam hati kita. Ketidakpercayaan kita boleh menjadi penghalang kepada kuasa Tuhan yang mengalir melalui kita. Kita mesti mengharapkan orang ramai sembuh. Mengharapkan orang ramai dibebaskan dan disembuhkan. Mempunyai keinginan yang kuat untuk melihat orang ramai disembuhkan, disembuhkan dan dibebaskan untuk kemuliaan Tuhan.
Semasa kita melayani orang ramai, kita perlu membantu mereka mencapai tahap iman, harapan dan juga mempunyai keinginan yang kuat untuk disembuhkan. Kita menggalakkan mereka melalui Firman, doa dan penyembahan. Seperti wanita yang mengalami pendarahan, kita mesti menggalakkan orang ramai untuk mengharapkan sesuatu berlaku apabila mereka menghulurkan bantuan dengan iman. Seperti wanita Kanaan, kita mesti menggalakkan orang ramai untuk bertekad untuk menerima penyembuhan dan pembebasan mereka.

Halangan untuk Menerima Penyembuhan

Walaupun ini bukanlah senarai lengkap "sekatan jalan" atau halangan untuk menerima penyembuhan dan pembebasan, kita perlu menyedari perkara ini, semasa kita melayani orang ramai. Jika kita menyedari bahawa satu atau lebih halangan ini wujud, kita harus menanganinya dengan cara yang penuh kasih sayang dan menggalakkan. Jangan sekali-kali mengkritik, mengutuk, menyalahkan atau memalukan individu semasa melayani. Kita tidak boleh cuba mengambil tempat "Tuhan" dalam kehidupan orang ramai. Kita hanyalah bejana tanah liat yang menyediakan diri kita di tangan Tuhan untuk digunakan untuk tujuan-Nya.

- **Kekurangan pengetahuan (Hosea 4:6, Yesaya 5:13)**
- **Kekurangan iman (Markus 6:5,6)**
- **Menganggap penyakit itu sebagai kehendak Tuhan.**
- **Kekurangan keinginan berterusan untuk sembuh. Tidak begitu mahu sihat. Mungkin, menikmati simpati dan perhatian orang ramai. Mungkin takut untuk menjalani kehidupan dengan tanggungjawab normal sebaik sahaja mereka sembuh.**
- **Bersikap pasif dalam menentang penyakit (postur yang salah yang membawa kepada kepercayaan pasif: "Jika itu kehendak Tuhan, Dia akan menyembuhkan saya," "Tuhan akan menyembuhkan pada waktunya," "Apa sahaja yang berlaku adalah kehendak Tuhan," dan sebagainya).**
- **Sikap hati yang salah: kemarahan, dendam, iri hati, tidak memaafkan, kepahitan, dan sebagainya. Amsal 14:30 Hati yang tenang adalah kehidupan bagi tubuh, tetapi iri hati adalah kebusukan bagi tulang. Amsal 17:22 Hati yang gembira mendatangkan kebaikan seperti ubat, tetapi semangat yang patah mengeringkan tulang.**

• Gaya hidup yang merosakkan: Jika seseorang terus melakukan perkara-perkara yang merosakkan kesihatan diri, contohnya alkohol, merokok, dadah, dan sebagainya.
• Perkara lain yang tidak diketahui: Kita tidak mengetahui setiap punca yang boleh menghalang seseorang daripada menerima penyembuhan dan pembebasan. Jadi kita belajar untuk mendengar Roh Kudus dan Dia akan menunjukkan kepada kita apa yang perlu dilakukan dalam situasi tertentu.

Satu Cerita _ memecahkan Cengkaman Semangat Ketakutan oleh Bro Schambach –

BERJALAN-JALAN DI JALAN-JALAN PHILADELPHIA SELATAN

Bible berkata, "Tuhan tidak memberikan kita roh ketakutan…" (2 Timotius 1:7). Ia juga berkata, "…ketakutan melibatkan seksaan…" (1 Yohanes 4:18). Oleh itu, saya boleh menyimpulkan bahawa ketakutan adalah roh yang menyeksa. Ramai umat Tuhan terikat dengan roh ketakutan yang menyeksa ini, walaupun mereka mendengar Firman itu dikhutbahkan.
Ketakutan adalah lawan kepada iman. Ia boleh menghalang anda daripada aktif sebagai seorang Kristian. Jika anda terikat dengan roh ketakutan, saya tidak perlu memberitahu anda—anda memerlukan keajaiban pembebasan. Dan saya ada berita baik—Tuhan mahu anda menyingkirkan ketakutan dalam hidup anda dan bersedia dan rela untuk membebaskan anda.
Pernah sekali, ketika saya berada di Philadelphia, saya bertemu dengan seorang wanita yang mempunyai masalah dengan **ketakutan.**

Saya pernah mengadakan temu bual peribadi di mana orang ramai boleh datang dan bertemu dengan saya secara bersemuka. Wanita ini datang cuba memberi kesan. Dia bertutur dalam bahasa roh sedikit dan kemudian duduk.
Saya berkata, “Apa yang boleh saya bantu?”
Dia berkata, “Aku datang kepadamu untuk mendoakanku.”
Saya berkata, “Saya tidak berdoa pada siang hari. Saya berdoa pada waktu malam. Anda lihat, kami berkhutbah pada siang hari untuk menggerakkan iman anda. Kemudian kami meletakkan tangan ke atas anda semasa kebaktian malam ketika iman masih hidup.”
Dia berkata, “Saya tidak boleh datang pada waktu malam.”
Saya kata, “Awak tengah kerja ke?”
"Tidak."
"Awak ada temu janji ke?"
"Tidak."
"Kalau begitu, datanglah semula malam ini," kataku kepadanya.
"Saya tidak akan kembali."
Saya berkata, “Saya tidak sedang berdoa.”
Itu mungkin kelihatan kasar, tetapi saya tahu dia menyembunyikan sesuatu daripada saya. Saya dapat merasakannya dalam roh saya sendiri. Jadi saya bertanya kepadanya, “Apa masalah awak? Saya ingin tahu.”
Dia berkata, “Saya ada tekanan darah tinggi, dan saya juga ada diabetes.” “Itu sahaja?” kata saya.
"Ya, memang begitu," jawabnya.
Saya berkata, “Tidak, awak berbohong. Awak memberitahu saya bahawa awak tidak boleh datang malam ini. Sebab mengapa awak tidak boleh datang adalah kerana awak terikat dengan roh ketakutan.”
Dia berkata, “Bagaimana kamu tahu?”
Dengar, dia adalah anak Tuhan. Dia mengasihi Tuhan. Tetapi dia masih terikat oleh roh ketakutan.

Dia berkata, "Saya tidak keluar rumah pada waktu malam selama dua belas tahun yang lalu. Oh, Saudara Schambach, roh ini menyeksa saya."

Saya berkata, "Begini, tinggallah sehingga malam ini. Pergi ke sebelah dan beli sandwic. Tinggallah di sini, dan saya akan berdoa untuk awak malam ini. Saya akan menghilangkan roh ketakutan itu. Tuhan telah memberi saya kuasa untuk mengusir syaitan, dan saya akan membebaskan awak daripada roh jahat yang menyeksa fikiran awak. Jika awak tinggal, dan Tuhan tidak membebaskan awak, saya dan isteri saya akan membawa awak pulang."

Dia berkata, "Awak akan buat macam tu?"

Saya kata, "Saya akan buat. Saya akan masuk ke rumah awak dulu. Awak boleh tinggal dengan isteri saya di dalam kereta. Saya akan pasang setiap lampu, tengok di sebalik sofa dan kerusi, buka almari awak, dan pastikan tiada sesiapa di sekitar sana."

Dia yakin. Dia berkata, "Baiklah, jika awak berbuat demikian, saya akan tinggal."

Selepas saya berkhutbah pada malam itu, saya memanggilnya dahulu untuk berdoa. Saya meletakkan tangan ke atasnya dan kuasa Tuhan melandanya dan menjatuhkannya ke belakang. Saya meletakkan tangan ke atas kira-kira 500 orang pada malam itu.

Selepas semuanya selesai, saya dan isteri mencari wanita itu kerana saya telah berjanji untuk menghantarnya pulang. Tetapi saya tidak dapat menemuinya di mana-mana! Saya berlari keluar dan mencari di merata tempat. Saya berkata, "Ya Tuhan. Saya perlu mencari wanita itu." Saya tidak pernah melakukannya.

Malam berikutnya dia kembali ke mesyuarat sambil menjerit dan bersukacita. Pada waktu malam!

Saya kata, "Naik ke sini. Saya tahu awak ada kesaksian."

Dia menceritakan kepada orang ramai kisah yang saya ceritakan kepada anda. Dia berkata, "Saya tahu Saudara Schambach memberitahu saya bahawa dia dan isterinya akan membawa saya pulang malam tadi. Tetapi saya tidak perlu membiarkan mereka membawa saya pulang kerana apabila dia meletakkan tangan ke atas saya, syaitan ketakutan itu hilang. Tuhan menyelamatkan saya dan membebaskan saya! Saya berjalan sepanjang perjalanan pulang."

Saya kata, "Awak berjalan kaki? Di Philadelphia?"

Sekarang saya mula gementar! Dia tinggal tiga puluh blok jauhnya di Philadelphia Selatan. Ini bermakna dia telah berjalan melalui bahagian bandar yang paling teruk! Ini adalah wanita yang sama yang takut keluar pada waktu malam!

Dia berkata, "Saya sampai di sana kira-kira pukul tiga pagi. Saya memasukkan kunci ke dalam selak, tetapi saya berasa sangat gembira sehingga saya mengeluarkannya semula dan berjalan di jalanan sepanjang malam sambil berkata, 'Syaitan, awak pembohong. Saya tidak takut lagi dengan awak!'"

Tuhan telah menyelamatkannya daripada ketakutan! Jika anda terikat dengan roh ketakutan, Dia mahu melakukan perkara yang sama untuk anda. Anda tidak perlu takut lagi. Anda boleh berpaling dan menghadapi musuh dengan yakin kerana Tuhan berada di pihak anda!

Izinkan saya mendoakan anda:

Bapa, dalam nama Yesus, aku datang kepada-Mu bagi pihak pembaca ini yang terikat oleh ketakutan. Terima kasih atas kuasa yang telah Engkau berikan kepadaku atas syaitan-syaitan. Ketakutan, wahai roh yang busuk dan menyeksa, aku menyuruh-Mu demi Yesus—lepaskan cengkaman-Mu atas kehidupan orang ini. Aku memerintahkannya dalam nama Yesus. Tuhan, berikanlah dia keajaiban pembebasan, dan berikanlah dia kekuatan untuk berdiri melawan musuh. Dalam nama Yesus, aku mengakhirinya. Amin dan amin.

Doa Ringkas untuk Kebebasan Diri.

"Tuhan Yesus Kristus, aku percaya Engkau telah mati di kayu salib untuk dosa-dosaku dan bangkit semula dari antara orang mati. Engkau telah menebus aku dengan darah-Mu dan aku adalah milik-Mu, dan aku ingin hidup untuk-Mu. Aku mengakui semua dosaku—yang diketahui dan tidak diketahui—aku menyesali semuanya. Aku meninggalkan semuanya. Aku mengampuni semua orang lain seperti aku mahu Engkau mengampuni aku. Ampunilah aku sekarang dan sucikanlah aku dengan darah-Mu. Aku bersyukur kepada-Mu atas darah Yesus Kristus yang membersihkan aku sekarang dari segala dosa. Dan aku datang kepada-Mu sekarang sebagai pembebasku. Engkau mengetahui keperluan khususku—perkara yang mengikat, yang menyeksa, yang mencemarkan; roh jahat itu, roh najis itu—aku menuntut janji firman-Mu, "Barangsiapa yang berseru kepada nama Tuhan akan diselamatkan." Aku berseru kepada-Mu sekarang. Dalam nama Tuhan Yesus Kristus, bebaskanlah aku dan bebaskanlah aku. Syaitan, aku meninggalkan Engkau dan semua pekerjaan-Mu. Aku kehilangan diriku daripada-Mu, dalam nama Yesus, dan aku memerintahkan engkau untuk meninggalkan aku sekarang juga dalam nama Yesus. Amin!"

Biarlah ia datang dari hatimu dan lihatlah keselamatan dari Tuhan!

Adakah Anda Sakit atau memerlukan pemulihan?

Bagi mereka yang sakit atau tidak sihat dalam apa jua bentuk, atau memerlukan pembebasan? Atau pemulihan, sila sentuh titik di bawah dengan iman (Iman bermaksud melihat hasil positif yang tepat dari situasi semasa anda, mengetahui bahawa Yesus telah melakukan bahagian-Nya lebih daripada 2000 tahun yang lalu untuk menjamin penyembuhan dan pembebasan anda, pemulihan sebagai bayaran pendahuluan, mempercayai bahawa bayaran pendahuluan tersedia untuk anda gunakan, seperti baki positif dalam akaun semasa anda dengan bank, tiada soalan yang ditanya kerana kami bersetuju dengan anda dan mengumumkan SEGERALAH dalam nama Yesus Kristus, Amin)

Dengan kuasa yang telah Engkau berikan kepadaku dan kepada mereka, aku menjalankan kuasa itu sekarang dalam iman dengan kemarahan mereka terhadap musuh dan kelaparan untuk mendapatkan apa yang telah Engkau berikan dengan rela hati kepada mereka semua, aku mengutuk setiap penyakit, setiap penyakit, baik itu kanser, COVID 19, baik itu roh kelemahan, baik itu kerasukan atau penindasan, baik itu roh kemiskinan, kemunduran, penggenapan yang tertangguh dari apa yang telah ditentukan dan dilepaskan oleh Tuhan. Kami datang melawan anomali itu, aku mengikat mereka, kami mengutuk mereka hingga ke akarnya dan kami mengusir mereka dengan kuasa dalam nama Yesus Kristus. Amin. Kami menyeru pembebasan penyembuhan, pembebasan dan pemulihan ke dalam hidup mereka dalam nama Yesus Kristus yang perkasa. Terima kasih Tuhan atas kesaksian yang kekal untuk kemuliaan, kehormatan dan pemujaan-Mu. Terima kasih atas jiwa-jiwa yang ditambahkan ke dalam kerajaan-Mu sebagai hasil dari pesan ini, keajaiban yang telah kami lihat sekarang dan nyatakan untuk kemuliaan-Mu dalam nama Yesus, Amin. Sudah selesai! Bersukacitalah!

Sentuh tempat ini yang diserlahkan sebagai titik sentuhan dan akui dengan mulut anda – SAYA TELAH SEMBUH,

SAYA TELAH DILEPASKAN dan SAYA TELAH DIPULIHKAN dalam Roh, Jiwa, Tubuh dan seluruh sekeliling saya dalam nama YESUS Kristus, Amin!!!

Mulakan melakukan apa yang anda tidak dapat lakukan sebelum ini dan mula mengaku sehingga penyembuhan sepenuhnya, pemulihan pembebasan menjadi buah dalam hidup anda dalam nama Yesus, amin. Kekallah dahaga akan semua Tuhan, kekallah marah dan ambil kembali semua yang telah ditahan oleh musuh dalam nama Yesus, amin.

Nota:
Bersaksi tentang penyembuhan untuk kemuliaan Tuhan dan memalukan musuh! Hantarkan e-mel atau whatsapp kepada kami jika anda masih memerlukan kami bersetuju dengan anda mengenai isu ini. Dan berhubunglah di siri kelengkapan bermula minggu depan Khamis. Dapatkan maklumat lanjut tidak lama lagi di laman web kami!

Eksploitasi Lebih Besar - 1 - Bab 10 - Terima Jawapan kepada Soalan Lazim tentang penyembuhan, pembebasan dan pemulihan + Garis Panduan Praktikal untuk Melayani Penyembuhan, Pembebasan dan Pemulihan + Sintesis Skizofrenia seperti yang diwahyukan oleh Roh Kudus kepada Ida Mae Hammond dan cara menangani roh bahagian 9

Sahabat-sahabat yang dikasihi, hari ini, kami membawakan kepada anda bahagian 9 siri kami tentang cukuplah untuk ditawan dan dialu-alukan kepada kebebasan dalam Kristus. Iman datang dari pendengaran dan pendengaran oleh firman

Tuhan – Roma 10:17. Tuhan berfirman kepada nabi Hosea dalam **Hosea 4:6-7**

Bible Amplified, Edisi Klasik
6 Umat-Ku binasa kerana kekurangan pengetahuan; oleh kerana engkau [bangsa imam] telah menolak pengetahuan, maka Aku juga akan menolak engkau supaya engkau tidak menjadi imam bagi-Ku; oleh kerana engkau telah melupakan Taurat Allahmu, maka Aku juga akan melupakan anak-anakmu.
7 Semakin mereka bertambah banyak dan bertambah banyak [dalam kemakmuran dan kuasa], semakin mereka berdosa terhadap Aku; Aku akan mengubah kemuliaan mereka menjadi kehinaan.

Mari kita fikirkan sejenak kata-kata di atas. Tuhan berfirman ketika kita menolak pengetahuan. Pengetahuan tentang-Nya seperti yang diwahyukan dalam kitab suci, Dia juga akan menolak kita daripada melayani sebagai imam bagi-Nya. Dia berfirman oleh kerana kita telah melupakan hukum Tuhan, Dia berfirman Dia juga akan melupakan anak-anak kita. Secara ringkasnya, Dia akan melupakan kita dan anak-anak kita. Begitulah kejamnya perkataan itu dan apa yang Tuhan katakan akan Dia lakukan sebagai akibat dari kejahilan atau kekurangan pengetahuan tentang cara kerja Tuhan. Tuhan juga mengaitkan satu perkataan dengan bahagian pertama ayat 6 itu. Dia berfirman kita berdosa terhadap-Nya mengikut ukuran kemakmuran kita. Semakin kita makmur, semakin kita menjadi berdikari dan semakin kita melupakan Tuhan.

Adakah anda pelik bahawa satu-satunya masa kita serius mencari penyelesaian kepada Tuhan adalah apabila kita kehabisan pilihan? Apabila kita sakit, orang pertama yang terlintas di fikiran ialah alternatif yang ditawarkan apabila

balsem Gilead hidup di dalam diri kita. Kita menggunakan Tuhan sebagai tayar ganti apabila semuanya gagal.
Apabila kita diberikan firman Tuhan atau apa-apa sahaja yang membawa pencerahan (ilmu) untuk membantu kita menangani kebimbangan kita, kita mengatakan bahawa kita tidak mempunyai masa. Tetapi kita tidak kisah untuk terlibat dalam apa-apa sahaja yang menghiburkan kita atau apa-apa sahaja yang memberi kita manfaat duniawi.

Kita boleh mengambil masa berjam-jam untuk meneliti hal ehwal kewangan kita, tetapi apabila melibatkan perkara-perkara yang berkaitan dengan kerajaan, kita terburu-buru melihat jam tangan kita atau tertidur sebelum kita dapat mula memahami mesej yang cuba disampaikan-Nya kepada kita iaitu pembebasan kita. Kita boleh menghabiskan masa berjam-jam menunggu untuk berjumpa doktor tetapi kita tidak mempunyai sejam pun untuk melengkapkan diri yang diperlukan untuk membawa kita kepada keutuhan dalam pekerjaan kita dan berjalan bersama Tuhan.

Siapakah yang kita perbodohkan? Tuhan atau diri kita sendiri? Dan kita tertanya-tanya mengapa doa kita tidak mendapat perhatian syurga – Pada hari kita mula menganggap Tuhan serius, Dia akan mula menganggap kita serius.
Tuhan masih berfirman kepada anda dan saya - **Yeremia 29:13**

Bible Amplified, Edisi Klasik
13 Maka kamu akan mencari Aku, bertanya, dan meminta Aku [sebagai keperluan penting] dan menemukan Aku apabila kamu mencari Aku dengan segenap hatimu.

Itulah sebabnya siri ini bukan untuk semua orang. Siri ini adalah untuk mereka yang dahagakan Tuhan. Kita mesti melayakkan diri kita dengan perkara berikut:

A: Ketersediaan – Roh, Jiwa dan Tubuh;
B: Keberanian untuk menggunakan autoriti dan kuasa;
C: Belas kasihan untuk duduk di tempat orang sakit;
D: Keazaman untuk terus maju sehingga kemenangan;
E: Kasih sayang yang tulus ikhlas yang tidak berdasarkan perkara yang dangkal;
F: Kemarahan yang Membara dengan Syaitan dan
G: Rasa lapar yang mendalam akan KEPENUHAN TUHAN di dalam kita dan di sekeliling kita supaya kita dapat menyentuh dunia untuk-Nya

Saya suka kita merenungkan firman Yesus ini - **Lukas 18:7-8**

Bible Amplified, Edisi Klasik

7 Dan tidakkah Tuhan [kita yang adil] akan membela dan melindungi serta membalaskan dendam orang-orang pilihan-Nya (orang-orang pilihan-Nya), yang berseru kepada-Nya siang dan malam? Adakah Dia [a] akan menangguhkan mereka dan [b] menangguhkan bantuan bagi pihak mereka?

8 Aku berkata kepadamu, Dia akan segera membela dan melindungi serta membalaskan kesalahan mereka. Namun, apabila Anak Manusia datang, adakah Dia akan mendapati [[c] ketekunan dalam] iman di bumi?

Semoga Tuhan mendapati anda dan saya dalam iman apabila Dia datang. Jenis iman yang datang melalui pendengaran dan pendengaran oleh firman Tuhan, mengambil tindakan yang sepadan – Roma 10:17. Amin? Amin

JAWAPAN KEPADA SOALAN LAZIM TENTANG SAKIT DAN PENYEMBUHAN

Contoh: **Duri Paulus; Masalah Ayub; Menyerahkan seseorang kepada syaitan; Gereja Korintus—Ramai yang Lemah, Ramai yang Sakit, dan Ramai yang Mati**

Pramatang; Perut Timotius; Penyakit Hizkia; Trofimus Meninggalkan Sakit; Epafroditus – kerana pekerjaan Kristus Dia hampir mati; Adakah penyakit itu hajaran Tuhan? Adakah boleh menggabungkan iman dan perubatan? Adakah menjaga kesihatan anda tanda ketidakpercayaan?

Terdapat beberapa petikan dalam Bible yang sering disalahertikan dan digunakan sebagai asas untuk bertolak ansur dengan penyakit dan perbuatan jahat yang lain. Dalam khutbah hari ini, kita akan melihat beberapa daripadanya dan memberikan pandangan tentang cara memahaminya. Kita mesti ingat bahawa semua Kitab Suci mesti ditafsirkan berdasarkan seluruh Kitab Suci dan berdasarkan Peribadi Yesus Kristus.
Segala yang kita ketahui tentang Tuhan mesti selaras dengan apa yang dilihat dan didengar melalui Tuhan yang menjadi manusia, Yesus Kristus. Apa-apa sahaja yang kita dakwa fahami tentang Tuhan yang tidak selaras dengan apa yang Yesus katakan dan lakukan, boleh dipersoalkan dan dibuang. Yesus Kristus adalah teologi yang sempurna, Firman yang menjadi manusia.

Duri Paul

2 Korintus 12:7-10 7 Dan supaya aku jangan meninggikan diri melampaui batas oleh banyaknya wahyu itu, maka aku diberikan suatu duri dalam daging, suatu utusan Iblis untuk memukul aku, supaya aku jangan meninggikan diri melampaui batas. 8 Mengenai hal ini aku telah tiga kali memohon kepada Tuhan, supaya ia pergi dari padaku. 9 Lalu Ia berkata kepadaku: "Cukuplah kasih karunia-Ku bagimu, sebab kekuatan-Ku menjadi sempurna dalam kelemahan." Sebab itu aku lebih suka bermegah atas kelemahanku, supaya kuasa Kristus turun atasku. 10 Sebab itu aku suka akan kelemahan, dalam celaan, dalam kekurangan, dalam

penganiayaan, dalam kesesakan, oleh karena Kristus. Sebab apabila aku lemah, maka aku kuat.
Rasul Paulus sememangnya menerima banyak wahyu. Selain daripada banyak pengalaman peribadinya, lawatan dan diangkat ke syurga yang ketiga, Paulus memahami dan menulis banyak wahyu Perjanjian Baru. Agar Paulus tidak menjadi sombong, Tuhan membenarkan "duri dalam daging." Kini ramai yang membuat spekulasi tentang apa itu "duri dalam daging" ini. Ada yang mengatakan ia adalah penyakit, masalah mata, masalah tangan.

Walau bagaimanapun, rasul menyatakan ia adalah "utusan (Yunani angelos = malaikat) syaitan." Paulus menyatakan dengan jelas bahawa duri dalam daging itu adalah utusan syaitan. Perkataan utusan dalam bahasa Yunani, adalah perkataan yang sama yang digunakan untuk malaikat, dan sebagai contoh digunakan dalam "malaikat gereja," dalam kitab Wahyu, bab 2 dan 3, ketika Tuhan berucap kepada setiap gereja. Oleh itu, utusan syaitan adalah makhluk rohani yang sentiasa menentang Paulus dalam pelayanannya "untuk memukul" (bermaksud memukulnya berulang kali). Dalam bab sebelumnya, Paulus menggambarkan banyak kesusahan, masalah, kelemahan yang ditanggungnya. Inilah yang dinyatakannya, "Adakah mereka pelayan Kristus?—Aku berkata seperti orang bodoh—aku lebih: dalam pekerjaan yang lebih banyak, dalam pukulan yang tidak terukur, dalam penjara lebih kerap, dalam kematian sering.

Lima kali aku menerima empat puluh sebatan kurang satu daripada orang Yahudi. Tiga kali aku dipukul dengan rotan; sekali aku direjam; tiga kali aku karam kapal; satu malam satu hari aku berada di tengah laut; dalam perjalanan yang kerap, dalam bahaya perairan, dalam bahaya perompak, dalam bahaya saudara-saudaraku sendiri, dalam bahaya orang bukan Yahudi, dalam bahaya di kota, dalam bahaya di padang gurun, dalam bahaya di laut, dalam bahaya di antara

saudara-saudara palsu; dalam keletihan dan kerja keras, dalam tidur yang kerap, dalam kelaparan dan dahaga, dalam berpuasa yang kerap, dalam kesejukan dan ketelanjangan" (2 Korintus 11:23-27). Walaupun sebahagian daripada kesusahan ini ditanggungnya sendiri, banyak daripadanya datang sebagai tentangan terhadap pekerjaan yang sedang dilakukannya.
Semua ini berfungsi untuk memastikan "kakinya berpijak di tanah," membantunya berjalan dengan rendah hati kerana mengetahui bahawa dia harus bergantung kepada Tuhan. Paulus berdoa tiga kali agar makhluk jahat ini hilang. Dalam situasi ini, Tuhan tidak menyingkirkan utusan syaitan itu. Sebaliknya, Dia memanggil Paulus untuk bergantung pada rahmat-Nya untuk terus maju ke hadapan dan mengatasi apa yang dilakukan oleh makhluk jahat ini. Oleh itu, Paulus memahami bahawa walaupun pada saat-saat paling lemahnya, rahmat Tuhan lebih daripada cukup untuk membuatnya tetap kuat.

Sebagai orang percaya hari ini, tiada seorang pun daripada kita yang menerima wahyu yang begitu banyak. Kita tidak pernah digunakan dengan cara yang sama seperti Paulus untuk diberi keistimewaan untuk diberikan "duri dalam daging," seorang utusan syaitan untuk menggempur kita agar kita tetap rendah hati. Tambahan pula, bagi kita untuk mendakwa bahawa penyakit kita adalah "duri dalam daging" yang diberikan kepada kita untuk tujuan rohani yang besar adalah agak tidak berdasarkan kitab suci dan meninggikan diri. Kita mesti melawan penyakit sebagai pekerjaan syaitan yang tidak berhak atas tubuh kita.

Masalah Ayub

Ayub 1:12 Lalu pergilah Syaitan dari hadirat TUHAN.
Ayub 2:6,7 6 Lalu berfirmanlah TUHAN kepada Iblis: "Lihatlah, dia ada dalam kuasamu, tetapi janganlah

kiranya nyawanya." 7 Lalu pergilah Iblis dari hadapan TUHAN, lalu menimpakan Ayub dengan bisul yang busuk dari telapak kakinya sampai ke batu kepalanya.

***Ayub 2:10** Dalam semua ini Ayub tidak berdosa dengan bibirnya.*

***Ayub 3:25** Sebab perkara yang kutakutkan telah menimpa aku, dan apa yang kucemaskan telah menimpa aku.*

***Ayub 42:10** Dan TUHAN memulihkan keadaan Ayub ketika dia berdoa untuk sahabat-sahabatnya. Sesungguhnya TUHAN memberikan kepada Ayub dua kali lipat dari apa yang dimilikinya sebelumnya.*

***Yakobus 5:11** Sesungguhnya kita menganggap mereka berbahagia, orang yang bertahan. Kamu telah mendengar tentang ketekunan Ayub dan telah melihat apa yang dimaksudkan oleh Tuhan untuk menjadi tujuan akhir-Nya—bahwa Tuhan sangat penyayang dan pengasih.*

Syaitanlah yang menimpa Ayub dan keluarganya sehingga menyebabkan pelbagai bencana dan penyakit (Ayub 1:12; 2:7). Kita tidak boleh menyalahkan Tuhan atas perkara-perkara yang dilakukan oleh syaitan. Memang benar Tuhan telah memberi kebenaran kepada syaitan untuk menyentuh Ayub, yang sebaliknya berada di bawah perlindungan ilahi kerana Tuhan telah "membuat pagar di sekelilingnya" (Ayub 1:10). Tetapi syaitan tetaplah yang menyebabkan semua bencana berlaku, dengan menggunakan unsur cuaca dan alam semula jadi juga.

Dalam dunia kita hari ini, syaitan dan iblis-iblisnya dibenarkan melakukan perbuatan jahat mereka. Secara amnya, Tuhan tidak menghalang syaitan dan iblis-iblis daripada menyerang orang percaya dengan godaan, halangan dan halangan lain. Kita semua menghadapi perkara seperti ini. Tuhan membenarkan perkara-perkara ini berlaku walaupun terhadap mereka yang percaya kepada-Nya. Tuhan menggunakan ini sebagai sebahagian daripada latihan dan kematangan kita menjadi serupa dengan Kristus. Dia memanggil kita untuk bertarung dalam pertarungan yang baik, melawan syaitan, bergulat melawan kuasa kegelapan, memadamkan setiap panah api, dan menjalani kehidupan yang penuh kemenangan. Sebagai orang percaya, kita boleh mendapatkan perlindungan ilahi (Mazmur 34:7; Mazmur 91; Yesaya 54:17; 1 Yohanes 5:18) atau melalui ketakutan, keraguan atau ketidakpatuhan menjadikan diri kita terdedah kepada serangan iblis yang sepatutnya tidak dapat mengalahkan kita. Tuhan telah memberikan kita setiap senjata untuk mengatasi musuh (Efesus 6:10-18), sesuatu yang Ayub tidak semestinya fahami. Berdasarkan semua yang kita ada dalam Perjanjian Baru, tidak seperti Ayub, sebenarnya tidak perlu kita dikalahkan oleh musuh, walaupun ketika pasukannya menyerang kita.

Di tengah-tengah semua yang berlaku, Ayub mengekalkan integriti dan imannya kepada Tuhan. Dia berdiri teguh dalam pengabdiannya kepada Tuhan. Ketabahan Ayub inilah yang harus kita contohi, kerana mengetahui bahawa Tuhan sememangnya penyayang dan berbelas kasihan, dan Dia akhirnya akan mengubah keadaan menjadi kebaikan kita. Satu lagi aspek tentang Ayub ialah dia kelihatan seperti seorang yang sangat takut bahawa bencana seperti itu mungkin menimpanya dan memang benar-benar menimpanya. Ketakutan adalah iman ke arah yang salah. Ia menarik perkara-perkara yang salah dalam hidup kita. Sebagai anak-anak Tuhan, kita boleh belajar untuk hidup tanpa ketakutan sedemikian, dan sebaliknya kita boleh berehat dalam iman.

Menyerahkan Seseorang kepada Syaitan

1 Korintus 5:1-5 1 Telah dilaporkan bahawa terdapat percabulan di antara kamu, iaitu percabulan yang tidak pernah disebut di antara orang bukan Yahudi, iaitu

seorang lelaki berkahwin dengan isteri bapanya. 2 Kamu sombong dan tidak sebaliknya berkabung, supaya orang yang melakukan perbuatan ini disingkirkan daripada kalangan kamu. 3 Kerana aku, walaupun tidak hadir secara fizikal tetapi hadir secara rohani, telah menghakimi orang yang melakukan perbuatan ini seolah-olah hadir secara fizikal. 4 Dalam nama Tuhan kita Yesus Kristus, apabila kamu berkumpul bersama-sama dengan rohku dan dengan kuasa Tuhan kita Yesus Kristus, 5 serahkanlah orang seperti itu kepada Iblis untuk membinasakan dagingnya, supaya rohnya diselamatkan pada hari Tuhan Yesus.

1 Timotius 1:20 antara mereka ialah Himeneus dan Aleksander, yang telah kuserahkan kepada Iblis, supaya mereka belajar untuk tidak menghujat.

2 Timotius 2:17-18 17 Dan berita mereka akan merebak seperti barah. Himeneus dan Filetus adalah daripada golongan ini, 18 yang telah menyimpang dari kebenaran, mengatakan bahawa kebangkitan telah berlalu; dan mereka menggoyahkan iman sesetengah orang.

2 Timotius 4:14-15 14 Alexander, tukang tembaga itu, telah banyak berbuat jahat kepadaku. Semoga Tuhan membalasnya setimpal dengan perbuatannya. 15 Engkau juga harus berwaspada terhadapnya, kerana dia telah menentang kata-kata kami dengan keras.

Hanya terdapat dua contoh di mana rasul Paulus menyebut tentang menyerahkan seseorang kepada syaitan. Dalam gereja Korintus, ia berkaitan dengan disiplin seorang lelaki yang hidup dalam kemaksiatan, yang pada mulanya nampaknya tidak bertaubat. Paulus mahu lelaki ini disingkirkan daripada jemaah tempatan untuk beberapa waktu (1 Korintus 5:13) dan diserahkan kepada syaitan untuk kemusnahan daging, supaya rohnya dapat diselamatkan. Kita menyedari bahawa Paulus sedang menggunakan kuasa kerasulannya dan sedang mendisiplinkan tingkah laku berdosa yang tidak bertaubat. Lelaki itu disingkirkan daripada gereja tempatan, dalam satu segi, secara fizikal dan juga rohani. Ini bermakna perlindungan yang biasanya dimilikinya telah ditarik balik dan dia kini terdedah kepada syaitan kerana dosanya. Syaitan kemudiannya boleh melakukan apa sahaja untuk mendatangkan bahaya dalam alam fizikal, tetapi ini dibenarkan agar lelaki itu bertaubat.

Kita mempunyai catatan seterusnya dalam 2 Korintus, di mana selepas tempoh masa yang singkat, perintah Paulus kepada gereja ialah: "Hukuman yang dijatuhkan oleh kebanyakan orang sudah cukup untuk orang seperti itu, jadi sebaliknya, kamu harus mengampuni dan menghiburkannya, supaya orang itu jangan terlalu berdukacita. Oleh itu aku menggesa kamu supaya kamu menegaskan semula kasihmu kepadanya" (2 Korintus 2:6-8). Tiada catatan bahawa lelaki ini benar-benar mengalami kecederaan fizikal. Walau apa pun, nampaknya terdapat banyak kesedihan dan pertobatan yang tulen, sehingga Paulus sendiri menulis: "Sebab jika aku telah mengampuni sesuatu, aku telah mengampuni orang itu untuk kepentingan kamu di hadapan Kristus" (2 Korintus 2:10).

Kes kedua berkaitan dengan dua orang pemberontak dalam gereja Efesus, Himeneus dan Aleksander. Himeneus adalah seorang yang menghujat (bercakap jahat), mungkin tentang Paulus dan kebenaran tentang Kristus, dan menyebarkan doktrin palsu bahawa kebangkitan telah berakhir, menyebabkan beberapa orang murtad dari iman. Aleksander nampaknya orang yang menentang Paulus, mengatakan perkara-perkara yang menyebabkan banyak bahaya kepada Paulus. Dalam kedua-dua kes, Paulus menggunakan kuasa kerasulan untuk membebaskan orang-orang ini dari gereja dan membuang mereka kepada syaitan. Mengetahui hati rasul, ini akan dilakukan dengan niat agar orang-orang ini bertaubat dan menyelaraskan diri dengan kebenaran. Tetapi kita tidak mempunyai rekod tentang hasilnya dalam kes ini.

Memang benar bahawa apabila seseorang berjalan dalam ketidaktaatan, pemberontakan dan melampaui batas Tuhan, dia menjadi terdedah kepada syaitan. Walau bagaimanapun, sebagai orang yang beriman, kita tidak perlu takut diserahkan kepada syaitan, kerana kita sedang mendesak masuk kepada Tuhan, bukan menjauhi-Nya.

Gereja Korintus—Ramai yang Lemah, Ramai yang Sakit, dan Ramai yang Mati Pramatang

1 Korintus 11:17-34 17 Dalam memberikan arahan ini, aku tidak memuji kamu, kerana kamu berkumpul bukan untuk kebaikan tetapi untuk keburukan. 18 Pertama sekali, apabila kamu berkumpul sebagai jemaat, aku mendengar bahawa terdapat perpecahan di antara kamu, dan sebahagiannya aku mempercayainya. 19 Kerana mesti ada juga perpecahan di antara kamu, supaya mereka yang layak dapat dikenal pasti di antara kamu. 20 Oleh itu, apabila kamu berkumpul di satu tempat, bukanlah untuk makan Perjamuan Kudus. 21 Kerana dalam makan, setiap orang makan dahulu daripada yang lain; sehingga yang seorang lapar dan yang lain mabuk. 22 Apa! Tidakkah kamu mempunyai rumah untuk makan dan minum? Atau adakah kamu menghina jemaat Tuhan dan mempermalukan mereka yang tidak mempunyai apa-apa? Apakah yang harus aku katakan kepadamu? Haruskah aku memuji kamu dalam hal ini? Aku tidak memuji kamu. 23 Kerana aku telah menerima dari Tuhan apa yang telah kusampaikan kepadamu: bahawa Tuhan Yesus pada malam yang sama ketika Dia dikhianati mengambil roti; 24 Dan setelah Ia mengucap syukur, Ia memecah-mecahkannya lalu berkata, "Ambillah, makanlah; inilah tubuh-Ku yang dipecah-pecahkan bagimu; perbuatlah ini

untuk mengenang Aku." 25 Dengan cara yang sama Ia juga mengambil cawan setelah makan malam, lalu berkata, "Cawan ini adalah perjanjian baru yang dimeteraikan oleh darah-Ku. Perbuatlah ini, setiap kali kamu meminumnya, untuk mengenang Aku." 26 Sebab setiap kali kamu makan roti ini dan minum cawan ini, kamu memberitakan kematian Tuhan sampai Ia datang. 27 Oleh itu, barangsiapa makan roti ini atau minum cawan Tuhan ini dengan cara yang tidak layak, ia berdosa terhadap tubuh dan darah Tuhan. 28 Tetapi baiklah seseorang menguji dirinya sendiri, dan dengan demikian hendaklah ia makan roti dan minum dari cawan ini. 29 Sebab barangsiapa makan dan minum dengan cara yang tidak layak, ia makan dan minum penghakiman bagi dirinya sendiri, karena ia tidak mengenal tubuh Tuhan. 30 Itulah sebabnya banyak orang di antara kamu yang lemah dan sakit, dan banyak yang tidur. 31 Sebab jika kita menghakimi diri kita sendiri, kita tidak akan dihakimi. 32 Tetapi apabila kita dihakimi, kita dihukum oleh Tuhan, supaya kita tidak dihukum bersama-sama dengan dunia. 33 Oleh itu, saudara-saudaraku, apabila kamu berkumpul untuk makan, hendaklah kamu saling menunggu.
34 Tetapi jika ada yang lapar, hendaklah ia makan di rumah, supaya kamu tidak berkumpul dan dihukum. Dan yang lain akan aku aturkan apabila aku datang.

Gereja Korintus, walaupun merupakan sebuah kumpulan orang yang sangat rohani, juga mempunyai banyak masalah yang perlu ditangani, dalam bidang piawaian moral, tingkah laku dalam perhimpunan gereja dan hidup bersama sebagai satu komuniti yang bersatu padu. Sebahagian daripadanya adalah tingkah laku mereka dalam meraikan Meja Tuhan. Daripada melayan perkara ini dengan penuh hormat dan melakukan ini dengan makna rohani, ini menjadi masa untuk berpesta, makan dan minum dalam perhimpunan gereja. Mereka mengubahnya menjadi masa untuk mengadakan pesta bersama, yang menurut Paulus boleh mereka lakukan di rumah. Apa yang dimaksudkan oleh Tuhan sebagai masa penghormatan yang besar dan pengisytiharan rohani tentang kematian, kebangkitan dan kedatangan-Nya yang tidak lama lagi, menjadi lebih seperti pesta makan tengah hari!

Akibatnya, daripada menikmati manfaat, berkat dan kuasa Salib Kristus, sebaliknya orang Korintus ini dengan menghina meja suci, telah meletakkan diri mereka di tempat untuk penghakiman Tuhan. Akibatnya, ramai yang jatuh sakit, lemah dan mati sebelum waktunya, bukannya menikmati manfaat Salib penyembuhan, pembebasan dan keutuhan.

Tujuan Meja Tuhan diberikan adalah untuk kita mengisytiharkan kematian Tuhan dalam perayaan suci ini dan dengan itu mengalami berkat penuh Salib Yesus Kristus. Inilah rancangan dan keinginan Tuhan. Inilah kehendak Tuhan. Bukanlah kehendak-Nya agar umat-Nya menjadi lemah, sakit dan mati sebelum waktunya.

Walau bagaimanapun, dengan secara terang-terangan menghina apa yang suci dan menjadikannya masa untuk berpesta tanpa memberi tumpuan kepada memeriksa kehidupan sendiri dan menilai tubuh Tuhan, kita gagal menerima berkat Tuhan yang dimaksudkan dan sebaliknya melangkah keluar dari perlindungan Tuhan dan menjadikan diri kita terdedah kepada kelemahan, penyakit dan kematian pramatang. Kita memahami tindakan Tuhan dalam menghukum sebagai (A) penarikan perlindungan ilahi dan (B) Tuhan membenarkan atau melibatkan unsur-unsur ini (kelemahan, penyakit dan kematian pramatang) untuk menarik perhatian orang ramai, untuk membawa kita kembali ke jalan yang benar. Ini bukanlah kehendak Tuhan, tetapi apa yang berlaku apabila kita melangkah keluar dari reka bentuk Tuhan dan berjalan dalam ketidakpatuhan. Jika kita menilai diri kita sendiri dan berjalan dalam ketaatan, kita dapat mengelakkan perkara ini.

Sebagai orang percaya hari ini, kita tidak perlu takut akan kelemahan, penyakit dan kematian pramatang kerana "secara salah" mengambil bahagian dalam Meja Tuhan, hanya kerana kita telah diajar cara melakukannya dengan betul. Kita tahu apa yang perlu kita lakukan setiap kali kita mengambil bahagian dalam Meja Tuhan. Bukanlah Tuhan sedang menunggu kesilapan terkecil untuk menjatuhkan penghakiman ke atas kita! Sebaliknya setiap kali kita merayakan Meja Tuhan, kita membawa kegembiraan ke dalam hati-Nya dan ketakutan di dalam perkhemahan musuh!

Perut Timothy

1 Timotius 5:23 Janganlah minum air sahaja, tetapi gunakanlah sedikit wain untuk melegakan perutmu dan untuk penyakitmu yang kerap.
Jelas daripada ayat ini bahawa Timotius mengalami sejenis masalah perut yang berulang dan mungkin penyakit fizikal lain yang kerap. Sama ada ini sesuatu yang mula berlaku kepadanya hanya selepas datang ke Efesus atau sama ada masalah ini wujud sejak sekian lama, tidak diketahui. Selain itu, tidak diketahui sama ada Timotius mengalami masalah ini hanya untuk tempoh masa yang singkat atau sama ada masalah ini berterusan. Jadi sebarang komen seperti ini hanyalah spekulasi semata-mata. Apa yang kita tahu ialah Timotius memimpin gereja di Efesus dan pelayanannya tidak berhenti kerana penyakit ini.

Rasul Paulus mengesyorkan penggunaan wain kerana khasiatnya dalam perubatan untuk masalah perut Timotius. Oleh itu, kita boleh menyimpulkan bahawa adalah wajar untuk menggunakan ubat-ubatan semula jadi dan perubatan, sambil tetap mengabdikan hati kita kepada Tuhan.

Penyakit Hizkia

2 Raja-raja 20:1-7 1 Pada masa itu Hizkia sakit dan hampir mati. Nabi Yesaya bin Amos datang kepadanya dan berkata kepadanya: "Beginilah firman TUHAN: 'Perbaikilah keluargamu, sebab engkau akan mati, bukan hidup.'" 2 Kemudian ia memalingkan mukanya ke dinding dan berdoa kepada TUHAN, katanya: 3 "Ingatlah kiranya, ya TUHAN, bagaimana aku telah hidup di hadapan-Mu dengan setia dan dengan hati yang tulus, dan bagaimana aku telah melakukan apa yang baik di mata-Mu." Lalu Hizkia menangis dengan sedih. 4 Sebelum Yesaya keluar ke pelataran tengah, datanglah firman TUHAN kepadanya: 5 "Kembalilah dan katakanlah kepada Hizkia, pemimpin umat-Ku: Beginilah firman TUHAN, Allah nenek moyangmu Daud: "Aku telah mendengar doamu, Aku telah melihat air matamu; sesungguhnya Aku akan menyembuhkan engkau. Pada hari yang ketiga engkau akan pergi ke rumah TUHAN. 6 Dan Aku akan menambahkan umurmu lima belas tahun. Aku akan melepaskan engkau dan kota ini dari tangan raja Asyur; dan Aku akan mempertahankan kota ini oleh karena Aku sendiri, dan oleh karena hamba-Ku Daud." 7 Kemudian berkatalah Yesaya: "Ambillah segumpal buah ara." Maka mereka mengambilnya dan meletakkannya pada bisul itu, lalu sembuhlah ia.

Yesaya 38:21 Yesaya berkata, "Baiklah mereka mengambil segumpal buah ara dan membalutnya pada bisul itu, maka dia akan sembuh."

Raja Hizkia sakit dan hampir mati. Selepas mendengar amaran nabi itu, Hizkia berpaling kepada Tuhan dan berdoa. Tuhan mendengar doa raja dan menyuruh nabi itu mengarahkan orang ramai untuk membuat pes daripada

segumpal buah ara dan meletakkannya pada bisul itu (beberapa versi menyebut 'ulser' atau 'tumor'). Hizkia sembuh dan hidup selama 15 tahun lagi.
Jelas sekali Tuhan boleh menyembuhkan Hizkia tanpa menggunakan pes yang diperbuat daripada buah ara. Sama ada pes yang diperbuat daripada buah ara itu mempunyai sebarang khasiat penyembuhan atau perubatan untuk bisul itu, tidak dapat dipastikan. Sama ada ia mempunyai nilai perubatan atau tidak, kita boleh menegaskan bahawa Tuhan tidak menentang penggunaan unsur-unsur semula jadi yang melaluinya (atau bersama-sama dengannya) penyembuhan-Nya diberikan kepada seseorang.

Trophimus Sakit

2 Timotius 4:20 Erastus tinggal di Korintus, tetapi Trofimus kutinggalkan di Miletus dalam keadaan sakit.
Rasul Paulus adalah seorang yang melayani dalam kuasa Roh dan menyaksikan penyembuhan, mukjizat, tanda dan keajaiban yang hebat dilakukan di banyak tempat di mana dia melayani. Walau bagaimanapun, dia masih menulis dengan menyatakan bahawa dia meninggalkan salah seorang ahli pasukannya, Trofimus, sakit di Miletus (Kisah Para Rasul 20:4,15), sebelum menuju ke Rom.
Walaupun Paulus sendiri tidak melihat hasil yang sempurna, dia tidak memperlekehkan karya Roh, penyembuhan, mukjizat, kurniaan Roh, tanda-tanda dan keajaiban. Malah, dia menulis dengan tegas mengenai perkara ini dalam surat-suratnya.
Kita tidak tahu apa yang sebenarnya berlaku kepada Trofimus. Kita tidak tahu sama ada ini penyakit sementara yang cepat sembuh daripadanya. Walau apa pun, kita mengakui bahawa kita tidak selalu mempunyai semua jawapan. Tetapi kita masih terus berusaha dalam pekerjaan Tuhan, melayani dalam kuasa Roh, seperti yang dilakukan oleh Paulus.

Epafroditus—kerana Pekerjaan Kristus Dia Hampir Mati

Filipi 2:25-30 25 Namun aku menganggap perlu untuk mengutus Epafroditus kepadamu, saudaraku, teman sekerjaku, dan teman seperjuanganku, tetapi juga utusanmu dan orang yang melayani keperluanku. 26 Sebab ia sangat merindukan kamu semua dan sangat sedih karena kamu telah mendengar bahwa ia sakit. 27 Memang ia sakit hampir mati, tetapi Allah mengasihani dia, bukan hanya kepadanya, tetapi juga kepadaku, supaya aku jangan bersedih hati. 28 Itulah sebabnya aku mengutus dia dengan lebih giat, supaya apabila kamu bertemu dengannya lagi, kamu dapat bersukacita dan aku dapat menjadi kurang sedih. 29 Oleh itu, sambutlah dia dalam Tuhan dengan segala sukacita, dan hormatilah orang-orang seperti itu. 30 Sebab demi pekerjaan Kristus ia hampir mati, tidak mempertaruhkan nyawanya untuk memenuhi apa yang kurang dalam pelayananmu kepadaku.

Filipi 4:18 Sesungguhnya aku mempunyai segala-galanya dan berkelimpahan. Aku kenyang, setelah menerima kirimanmu dari Epafroditus, suatu bau yang harum, suatu korban yang diterima dan yang berkenan kepada Allah.

Filipi 1:22-24 22 Tetapi jika aku hidup di dunia ini, ini bermakna hasil daripada usahaku; namun aku tidak tahu apa yang harus aku pilih. 23 Kerana aku berada di antara kedua-duanya, kerana aku ingin pergi dan bersama-sama dengan Kristus, yang jauh lebih baik. 24 Namun begitu, lebih penting bagi kamu untuk tinggal di dunia ini.

Paulus dipenjarakan di Rom. Epafroditus diutus oleh gereja di Filipi untuk melayani rasul itu semasa dia dipenjarakan. Dalam melayani rasul Paulus, Epafroditus nampaknya telah berusaha lebih gigih sehingga dia hampir mati, tanpa menghiraukan nyawanya sendiri. Kita tidak tahu sifat sebenar perkhidmatan yang diberikannya dan berapa banyak dia bekerja keras. Tetapi cukuplah untuk diperhatikan bahawa dalam proses melayani Tuhan, dia jatuh sakit dan hampir mati. Nyawanya diselamatkan oleh belas kasihan Tuhan dan Epafroditus terus hidup.

Hanya kerana kita berada dalam pelayanan Kristian yang melayani Tuhan dan umat-Nya, kita tidak dijamin secara automatik kesihatan dan kekuatan yang baik. Kita juga perlu melakukan apa yang perlu sebagai sebahagian daripada tanggungjawab kita untuk menjaga kesihatan kita. Ada kemungkinan kita boleh bekerja terlalu keras dan berisiko mati dalam proses itu.

Walaupun mungkin kelihatan mulia untuk bekerja sehingga kita rebah mati demi Kristus, ini agak tidak perlu dan tidak menguntungkan. Kita lebih berguna kepada Tuhan, Kerajaan-Nya dan umat-Nya di bumi ini hidup-hidup, daripada jika kita mati. Sudah tentu untuk pergi dan bersama Kristus adalah jauh lebih baik. Walau bagaimanapun, demi Gereja-Nya dan Kerajaan-Nya, adalah lebih baik untuk menjaga kesihatan kita, menjalani kehidupan yang panjang, sihat dan bermanfaat.

Adakah Penyakit Hajaran Tuhan?

1 Korintus 11:28-32 *28 Tetapi hendaklah setiap orang menguji dirinya sendiri, dan dengan demikian hendaklah ia makan roti dan minum dari cawan itu. 29 Kerana barangsiapa makan dan minum dengan cara yang tidak layak, ia makan dan minum penghakiman bagi dirinya sendiri, sedangkan ia tidak menganggap tubuh Tuhan sebagai tubuh. 30 Itulah sebabnya ramai di antara kamu yang lemah dan sakit, dan ramai yang tidur. 31 Kerana jika kita menghakimi diri kita sendiri, kita tidak akan dihakimi.*

32 Tetapi apabila kita dihakimi, kita dididik oleh Tuhan, supaya kita tidak dihukum bersama-sama dengan dunia.

Ibrani 12:5-11 5 *Dan kamu telah melupakan nasihat yang berbicara kepadamu seperti kepada anak-anak: "HAI ANAKKU, JANGANLAH HATI-HATI DISARAN TUHAN, DAN JANGANLAH BERPUTUS ASA APABILA KAMU DITERANGI-NYA; 6 KERANA ORANG YANG DIKASIHI TUHAN, DIA DISARANKAN-NYA, DAN DISEMBUNYI-NYA SETIAP ANAK YANG DITERIMA-NYA." 7 Jika kamu menanggung hukuman, Allah memperlakukan kamu seperti anak-anak. Sebab anak manakah yang tidak diseksa oleh bapa? 8 Tetapi jika kamu tidak diseksa, yang mana semua orang telah mengambil bahagian, maka kamu adalah anak haram dan bukan anak. 9 Selain itu, kita mempunyai bapa-bapa manusia yang telah menegur kita, dan kita menghormati mereka. Tidakkah kita harus lebih rela tunduk kepada Bapa segala roh dan hidup? 10 Sebab mereka memang hanya beberapa hari sahaja menghajar kita seperti yang mereka anggap baik, tetapi Dia untuk kepentingan kita, supaya kita mengambil bahagian dalam kekudusan-Nya. 11 Tiada hukuman yang kelihatan menggembirakan pada masa ini, tetapi menyakitkan; Namun begitu, selepas itu ia menghasilkan buah kebenaran yang membawa damai kepada mereka yang telah dilatih olehnya.*

Wahyu 3:19 *Sebanyak yang Aku kasihi, Aku tegur dan hajar. Oleh itu, hendaklah engkau bersemangat dan bertaubatlah.*

Mazmur 103:10-13 10 Dia tidak memperlakukan kita setimpal dengan dosa kita, dan tidak menghukum kita setimpal dengan kesalahan kita. 11 Kerana seperti langit tinggi di atas bumi, begitu besarnya rahmat-Nya terhadap orang-orang yang takut akan Dia; 12 sejauh timur dari barat, begitu jauhnya Dia menjauhkan pelanggaran kita dari kita. 13 Seperti seorang bapa mengasihani anak-

anaknya, begitulah TUHAN mengasihani orang-orang yang takut akan Dia.

Jika anak-anak kita melakukan sesuatu yang salah, siapakah antara kita yang ingin membetulkan dan mengajar mereka apa yang betul dan wajar dengan menyebabkan mereka sakit, menyebabkan mereka mengalami kemalangan, membaringkan mereka di atas katil sakit, atau menyebabkan mereka menghidap kanser atau sebarang penyakit lain yang melemahkan atau membawa maut? Saya fikir adalah selamat untuk mengatakan bahawa tiada seorang pun daripada kita akan melakukan perkara sedemikian! Kebanyakan daripada kita akan mula dengan bercakap dengan tegas kepada anak, kadangkala terus memukul mereka sekali atau dua kali dan kemudian mungkin menghapuskan beberapa keistimewaan mereka. Jika anak-anak sudah lebih besar, di mana pukulan tidak lagi sesuai, kita duduk dan berbincang dengan mereka dan cuba menjelaskan untuk mengajar mereka apa yang betul. Jika kita yang jahat tahu bagaimana melayan anak-anak kita sendiri dengan cara sedemikian, apatah lagi Bapa Syurgawi kita melayan anak-anak-Nya dengan cara yang lebih baik, untuk membetulkan, mengajar, dan membimbing mereka dengan penuh kasih sayang ke arah apa yang terbaik untuk kehidupan mereka.

Isu tentang hukuman Tuhan sering disalahertikan dan disalahtafsirkan. Orang jatuh sakit, dan kemudian mendakwa bahawa Tuhan yang menyebabkan mereka sakit untuk mengajar mereka pengajaran rohani yang mendalam. Kita bersetuju bahawa ibu bapa duniawi pun tidak akan melakukan perkara sedemikian kepada anak-anak mereka sendiri, apabila kita menuduh Tuhan melakukan perkara sedemikian, kita menjadikan-Nya lebih teruk daripada kita ibu bapa duniawi. Ambil contoh seorang mukmin yang jatuh sakit dan oleh itu terpaksa menghabiskan beberapa hari (atau minggu) di atas katil. Berbaring di atas katil, tanpa melakukan apa-apa lagi, orang percaya itu mula membaca buku-buku Kristian yang baik atau mendengar banyak khutbah dan oleh itu melalui ini memperoleh pemahaman rohani dan berasa dikuatkan secara rohani. Pada masa yang sesuai, orang percaya itu kembali sihat. Penjelasan paling biasa yang akan kita dengar ialah Tuhan yang menyebabkan orang ini sakit untuk menguatkannya secara rohani dan mengajar mereka pengajaran rohani tertentu itu. Alasan saya ialah, pertama kita menuduh Tuhan melakukan apa yang kita sebagai ibu bapa tidak akan lakukan sendiri yang menjadikan Tuhan lebih teruk daripada kita. Kedua, jika orang percaya itu ketika sihat, telah membaca buku-buku yang sama dan mendengar khutbah yang sama, dia mungkin telah mempelajari pengajaran rohani yang sama!

Perkataan "menguduskan" ialah 'paideuo' Yunani yang bermaksud "melatih seorang kanak-kanak, iaitu mendidik, atau (secara implikasinya) disiplin (dengan hukuman)," kepada "mengajar, belajar, mengajar" (Konkordans Strong). Perkataan ini juga diterjemahkan sebagai "terpelajar" (Kisah Para Rasul 7:22) sebagai "Musa telah dididik dalam segala hikmat orang Mesir, dan ia berkuasa dalam perkataan dan perbuatan." Perkataan ini juga diterjemahkan sebagai "diajar" (Kisah Para Rasul 22:3) kerana Paulus merujuk kepada didikannya sendiri oleh Gamaliel. "Aku memang seorang Yahudi, lahir di Tarsus di Kilikia, tetapi dibesarkan di kota ini di kaki Gamaliel, diajar menurut ketelitian hukum nenek moyang kita, dan aku bersemangat untuk Tuhan seperti kamu semua sekarang." Perkataan ini juga digunakan untuk merujuk kepada pukulan fizikal (Lukas 23:16,22), yang Pilatus, yang tidak mendapati kesalahan dalam Yesus, menawarkan untuk melakukannya dan melepaskan-Nya, dengan harapan itu akan menyenangkan hati orang Yahudi. Hajaran kemudiannya berkaitan dengan pengajaran (pembelajaran, latihan, arahan), pembetulan dan kadangkala hukuman. Objektif asas hajaran adalah untuk membantu orang itu mempelajari sesuatu. Arahan bukan kemusnahan, adalah objektifnya.

Menghukum dalam keadaan biasa ada kaitannya dengan pengajaran, pembetulan dan hukuman yang dilakukan dengan penuh kasih sayang seperti kepada seorang anak, dan hanya dalam situasi yang ekstrem ada kaitannya dengan penghakiman.
Lazimnya, teguran berkaitan dengan melatih anak dan oleh itu merujuk kepada sesuatu yang dilakukan kerana kasih sayang, bukan kemarahan. Teguran dalam keadaan biasa berkaitan dengan pengajaran, pembetulan dan hukuman yang dilakukan dengan penuh kasih sayang seperti kepada seorang anak, dan hanya dalam situasi yang ekstrem berkaitan dengan penghakiman.

Ibrani 12 menggambarkan tujuan pengajaran Tuhan iaitu untuk melatih kita dalam kekudusan dan kebenaran. Jadi sekarang, kembali kepada soalan awal kita: Adakah ibu bapa duniawi akan menggunakan penyakit untuk melatih anak-anak mereka supaya belajar melakukan apa yang betul? Tidak! Walaupun begitu, Tuhan kita yang merupakan Bapa yang jauh lebih agung, Bapa syurgawi yang kekal dan penyayang, tidak akan membuat anak-anak-Nya sakit untuk menghajar mereka dalam kehidupan seharian yang normal. Dalam kehidupan seharian yang normal, Tuhan akan menggunakan Firman-Nya, Roh-Nya dan persekutuan orang percaya lain untuk menerapkan disiplin-Nya ke dalam hidup kita.

Kita telah membincangkan sebelum ini dalam bab ini tentang gereja Korintus, di mana mereka benar-benar tidak teratur dan menghina Meja Tuhan, dengan menjadikannya sebagai pesta dan bukannya penyertaan suci. Apa yang berlaku dalam kes mereka ialah melalui ketidakpatuhan, mereka terlepas berkat penyembuhan, kesihatan dan keutuhan yang dimaksudkan dan sebaliknya menjadikan diri mereka terdedah kepada kelemahan, penyakit dan kematian. Tuhan membenarkan perkara-perkara ini sebagai sebahagian daripada urusan disiplin ilahi-Nya untuk mengembalikan mereka kepada cara yang betul dalam melakukan Meja Tuhan. Walau bagaimanapun, ini bukanlah urusan disiplin biasa Tuhan bagi mereka sebagai orang percaya, tetapi satu kes penghakiman ilahi. Berdasarkan semua yang diungkapkan oleh Kitab Suci tentang sifat Tuhan dan pekerjaan Tuhan seperti yang diungkapkan dalam Peribadi Yesus Kristus, adalah tidak tepat bagi seorang percaya yang berjalan bersama Tuhan untuk menyatakan bahawa Tuhan sedang menghajarnya dengan beberapa penyakit.

Adakah Boleh Menggabungkan Iman dan Perubatan?

Setelah melihat contoh Raja Hizkia dan Timotius, kami percaya bahawa tidak ada salahnya menggabungkan iman dan perubatan. Tuhan telah mempercayakan kita dengan sumber pengetahuan, teknologi dan sumber semula jadi yang harus kita gunakan untuk tujuan-Nya dan untuk kemuliaan-Nya. Kita tahu bahawa adalah tujuan Tuhan untuk menyembuhkan dan menjadikan orang sihat. Kita tahu bahawa Tuhan mendapat kemuliaan apabila orang disembuhkan. Oleh itu, kita tidak teragak-agak untuk menggunakan sumber yang telah Tuhan berikan kepada kita untuk membawa penyembuhan.

Walaupun kita memberi ubat atau menerima bantuan perubatan, mata kita tertumpu kepada Tuhan untuk membawa penyembuhan dan kesembuhan. Iman kita ada pada Firman-Nya dan kuasa penyembuhan-Nya akhirnya datang dari-Nya.

Adakah Menjaga Kesihatan Anda Tanda Tidak Percaya?

Salah satu pengajaran yang boleh kita pelajari daripada Epafroditus ialah semasa kita melakukan kerja kita dalam pelayanan Kristian untuk melayani Tuhan dan umat-Nya, kita juga perlu kekal bertanggungjawab dan menjaga kesihatan kita. Jika tidak, terdapat kemungkinan kita mengabaikan tubuh kita sendiri dan kita berisiko mati sebelum waktunya tanpa menyelesaikan kerja yang ditugaskan kepada kita. Walaupun kita mengharapkan penyembuhan, kesempurnaan dan kesihatan daripada Tuhan, sebagai sebahagian daripada tanggungjawab kita, adalah perlu bagi kita untuk menjaga kesihatan kita. Kita perlu melakukan apa yang tersedia untuk kita dan dalam kemampuan kita untuk menjaga kesihatan yang baik. Contohnya, sebahagian daripada kita boleh menggunakan pemeriksaan kesihatan secara berkala (contohnya tahunan), menjaga pemakanan kita, bersenam, dan sebagainya. Jika perlu, ambil langkah pencegahan seperti yang disyorkan oleh doktor. Ini bukanlah tanda ketidakpercayaan tetapi sebaliknya merupakan ungkapan pengawasan yang baik. Iman kita untuk penyembuhan dan kesihatan kekal di dalam Tuhan.

GARIS PANDUAN PRAKTIKAL TENTANG MINISTRING HEALING

Cara-cara untuk Melayani Penyembuhan

Terdapat banyak cara kita boleh melayani orang sakit. Tiada kaedah atau proses tetap yang perlu kita gunakan setiap kali. Apa yang kita cuba lakukan adalah membiasakan diri dengan pelbagai cara untuk melayani penyembuhan seperti yang diterangkan dalam Kitab Suci. Belajarlah cara melayani dengan cara yang telah dilihat dalam Kitab Suci.

Bersedialah pada bila-bila masa untuk melayani dalam apa jua cara. Kemudian, pekalah kepada Tuhan dan gunakan kaedah mana-mana yang anda rasa bebas di hati anda untuk digunakan, dalam melayani penyembuhan.
Ingatlah, penyembuhan bukanlah pada kaedahnya, tetapi pada Pribadinya. Yesus adalah Penyembuh. Penyembuhan berlaku bukan kerana kita melakukan semuanya dengan betul. Penyembuhan berlaku kerana kuasa-Nya yang mengalir ke dalam orang sakit sehingga mereka sembuh.

Perlu diingat bahawa perkara ini dibincangkan semata-mata dari sudut pandangan kelengkapan, perkara ini tidak boleh dibahagikan atau diasingkan sedemikian rupa sehingga jika kita menggunakan satu kaedah, kita tidak boleh menggabungkannya dengan kaedah lain. Pada hakikatnya, semasa pelayanan, kita biasanya akan menggunakan gabungan cara-cara ini untuk melayani penyembuhan.

Perlu diingat juga bahawa walaupun kita secara khusus membincangkan penyembuhan fizikal di sini, pada hakikatnya, akan ada situasi di mana kita akan melayani penyembuhan fizikal, pembebasan dan penyembuhan batin, semuanya mengalir bersama. Di sini sekali lagi tiada susunan tertentu di mana setiap satunya harus diberikan. Kadangkala, kita mungkin bermula dengan pembebasan, kemudian melayani penyembuhan fizikal dan kemudian penyembuhan batin. Pada masa lain Tuhan mungkin memimpin kita secara berbeza. Perlu diingat juga bahawa walaupun kita mungkin melayani penyembuhan fizikal, pada masa yang sama Tuhan mungkin sedang mengerjakan pembebasan dan penyembuhan batin dalam kehidupan seseorang individu. Kita mungkin tidak selalu menyedari semua yang berlaku dalam diri seseorang ketika mereka mengalami sentuhan Tuhan.

Kami persembahkan di sini secara ringkas beberapa cara untuk melayani/menerima penyembuhan seperti yang dilihat dalam Kitab Suci.

Melalui Kepercayaan Peribadi kepada Tuhan

Tuhan telah menyatakan bahawa Firman-Nya adalah ubat untuk seluruh tubuh kita (Amsal 4:20-22). Jadi sesiapa sahaja boleh menerima penyembuhan dengan merenungkan Firman Tuhan dan menggunakan iman yang lahir dari Firman-Nya (Roma 10:17). Apabila iman dicampurkan dengan Firman yang kita terima, kuasa Tuhan dilepaskan untuk melakukan keajaiban penyembuhan.

Hukum iman secara ringkasnya dinyatakan sebagai "menurut imanmu, jadilah untukmu" (Matius 9:29). Kita akan sentiasa menerima apabila kita melepaskan iman yang ada di dalam hati kita. Itulah hukum yang telah ditetapkan oleh Tuhan.

Anda boleh beriman kepada Tuhan untuk penyembuhan anda sendiri. Contoh: Wanita yang mengalami pendarahan (Matius 9:22), dua orang buta (Matius 9:22-30), salah seorang daripada sepuluh orang kusta (Lukas 17:11-19), orang buta di luar Jericho (Lukas 18:35-42).
Iman kepada Tuhan boleh dizahirkan dalam pelbagai cara:

1. Percaya dan berkata-kata (Matius 17:20, Markus 11:23, Roma 10:9,10). Kita percaya dengan hati kita dan mengaku dengan mulut kita. Inilah salah satu cara iman diungkapkan.
2. Percaya dan bertindak berdasarkan kepercayaan anda. Menjalankan Iman untuk Orang Lain Kita boleh beriman kepada Tuhan agar orang lain disembuhkan. Contoh: Ketua tentera Rom untuk hambanya (Matius 8:10-13), wanita Kanaan untuk anak perempuannya (Matius 15:28), Petrus dan Yohanes untuk orang lumpuh di pintu gerbang Bait

Suci (Kisah Para Rasul 3:16). Boleh wujud iman bersama kepada Tuhan apabila dua orang atau lebih percaya bersama. Contoh: empat orang sahabat dan sahabat mereka yang lumpuh (Matius 9:2), sekumpulan Penatua yang berdoa dengan iman (Yakobus 5:14-15). Kita juga boleh mempunyai iman korporat kepada Tuhan untuk orang lain, di mana sebilangan besar orang percaya bersama untuk suatu mukjizat. Contoh: Murid-murid berkumpul di sekeliling Paulus selepas dia direjam dan dibiarkan hampir mati (Kisah Para Rasul 14:19-20). Melalui Doa Persetujuan Matius 18:18-20 18 "Sesungguhnya, Aku berkata kepadamu, apa sahaja yang kamu ikat di dunia ini akan terikat di syurga, dan apa sahaja yang kamu lepaskan di dunia ini akan terlepas di syurga. 19 "Sekali lagi Aku berkata kepadamu: Jika dua orang daripada kamu di dunia ini bersetuju tentang apa sahaja yang mereka minta, permintaan mereka akan dikabulkan oleh Bapa-Ku yang di syurga. 20 Kerana di mana dua atau tiga orang berkumpul dalam nama-Ku, Aku ada di tengah-tengah mereka." Ada kalanya, apabila kita melayani dalam kumpulan, kita mungkin berdoa dan/atau menggunakan kuasa untuk mengikat apa yang syaitan sedang lakukan dan membebaskan individu daripada apa yang telah dikenakan oleh musuh ke atas mereka. Kita melakukan ini dengan persetujuan, sambil melepaskan iman kita dan menjalankan kuasa yang diberikan Tuhan kepada kita. Terdapat kuasa dalam persetujuan dan ini memberi kesan yang kuat.

Melalui Doa Iman

Yakobus 5:14,15 14 *Adakah sesiapa di antara kamu sakit? Hendaklah ia memanggil para penatua jemaah, supaya mereka berdoa untuknya dan mengurapinya dengan minyak dalam nama Tuhan. 15 Doa yang lahir dari iman akan menyelamatkan orang sakit itu dan Tuhan akan membangkitkannya. Dan jika ia telah berbuat dosa, ia akan diampuni.*

Matius 21:22 *Dan apa sahaja yang kamu minta dalam doa dengan penuh kepercayaan, kamu akan menerimanya."*

Yohanes 14:14 Jika kamu meminta apa-apa pun dalam nama-Ku, Aku akan melakukannya.

Kisah Para Rasul 28:8 Pada suatu hari bapa Publius terbaring sakit demam dan disentri. Paulus masuk ke rumahnya lalu berdoa. Kemudian dia meletakkan tangan ke atasnya lalu menyembuhkannya.

Petikan Kitab Suci dalam Yakobus menyeru para penatua (pemimpin rohani) dalam gereja untuk mendoakan doa iman untuk orang sakit. Ini dilakukan dalam nama Tuhan Yesus dan dengan pengurapan minyak.

Semua orang percaya boleh berdoa dengan iman agar seseorang disembuhkan. Jadi kita tidak seharusnya mengehadkan doa iman hanya kepada para penatua. Penyembuhan berlaku kerana kita berdoa dengan iman dalam nama Tuhan Yesus Kristus.

Melalui Firman Perintah

Matius 8:16 *Ketika petang tiba, mereka membawa kepada-Nya banyak orang yang kerasukan setan. Lalu Dia mengusir roh-roh itu dengan sepatah kata dan menyembuhkan semua orang sakit.*

Lukas 4:38,39 *38 Kemudian Yesus keluar dari rumah ibadat dan masuk ke rumah Simon. Ibu mertua Simon sedang demam panas, lalu mereka meminta pertolongan-Nya. 39 Lalu Yesus berdiri di sisinya dan menghardik demam itu, lalu demam itu hilang. Wanita itu segera bangun dan melayani mereka.*

Matius 17:20 *Maka kata Yesus kepada mereka: "Karena kamu kurang percaya. Sebab Aku berkata kepadamu, sesungguhnya jika kamu mempunyai iman sebesar biji sawi, kamu dapat berkata kepada gunung ini: Pindah dari sini ke sana, dan gunung itu akan pindah; dan tidak akan ada yang mustahil bagimu."*

Seperti apa yang kita lihat Yesus lakukan, kita mengucapkan sepatah kata perintah kepada penyakit atau roh jahat yang memerintahkannya untuk pergi. Yesus menghardik demam itu dan ia pergi. Begitu juga, kita menghardik penyakit atau penyakit itu dan memerintahkannya untuk pergi dalam nama Yesus yang perkasa. Kita melakukan ini dengan iman di dalam hati kita. Yesus berkata bahawa jika kita mempunyai iman dan berbicara kepada gunung yang memerintahkannya untuk bergerak, ia akan bergerak, dan tiada apa yang mustahil. Kita boleh mengucapkan sepatah kata perintah untuk menghardik penyakit dan penyakit apabila orang itu berada di hadapan kita atau walaupun apabila orang itu berada jauh di lokasi yang berbeza secara geografi. Sebenarnya tiada "jarak" dalam alam roh.

Melalui Penumpangan Tangan (dengan pengurapan minyak, dengan kata-kata perintah)

Matius 8:3 Kemudian Yesus menghulurkan tangan-Nya dan menyentuhnya sambil berkata, "Aku mahu, jadilah engkau tahir." Seketika itu juga sembuhlah penyakit kustanya.
Matius 8:15 Lalu Yesus menyentuh tangannya, lalu demamnya hilang. Lalu ia bangun dan melayani mereka.

Matius 9:29 Kemudian Dia menyentuh mata mereka sambil berkata, "Jadilah kepadamu menurut imanmu."

Matius 20:34 Maka tergeraklah hati Yesus oleh belas kasihan, lalu Ia menjamah mata mereka. Dan seketika itu juga mata mereka dapat melihat, lalu mereka mengikut Dia.

Markus 6:12-13 12 Lalu pergilah mereka dan memberitakan bahawa orang harus bertaubat. 13 Dan mereka mengusir banyak roh jahat, dan mengurapi banyak orang sakit dengan minyak, serta menyembuhkan mereka.

Markus 7:32-35 32 Kemudian mereka membawa kepada-Nya seorang yang pekak dan cacat bicara, lalu mereka memohon kepada-Nya supaya Dia meletakkan tangan-Nya ke atasnya. 33 Lalu Yesus membawa orang itu ke tepi dari orang ramai, lalu memasukkan jari-Nya ke dalam telinga orang itu, lalu Ia meludah dan menjamah lidah orang itu. 34 Kemudian, sambil memandang ke langit, Ia mengeluh, lalu berkata kepadanya, "Efata," yang bermaksud, "Terbukalah!" 35 Segera telinganya terbuka dan lidahnya terlepas, lalu ia berkata-kata dengan jelas.

Lukas 4:40 Ketika matahari terbenam, semua orang yang mempunyai orang sakit dengan pelbagai penyakit membawa orang-orang itu kepada-Nya; lalu Ia meletakkan tangan-Nya ke atas setiap orang dari mereka dan menyembuhkan mereka.

Lukas 13:13 Lalu Ia meletakkan tangan-Nya ke atasnya, dan seketika itu juga ia berdiri tegak, lalu memuliakan Allah.

Markus 16:17,18 17 Dan tanda-tanda ini akan menyertai orang-orang yang percaya: Demi nama-Ku mereka akan mengusir setan-setan; mereka akan berkata-kata dengan bahasa-bahasa yang baru bagi mereka; 18 mereka akan memegang ular, dan sekalipun mereka minum minuman keras yang mematikan, mereka tidak akan mendapat

celaka; mereka akan meletakkan tangan atas orang sakit, dan orang itu akan sembuh."

Melayani penyembuhan kepada orang sakit melalui penumpangan tangan adalah cara yang biasa untuk melayani. Kita meletakkan tangan ke atas orang sakit dan memerintahkan penyakit itu untuk pergi dalam nama Yesus yang perkasa. Kita mengharapkan kuasa Roh Kudus diberikan melalui penumpangan tangan.

Melayani penyembuhan melalui penumpangan tangan boleh dilakukan dengan beberapa cara, contohnya:

1 Penumpangan tangan bersama doa iman dalam nama Yesus

2 Penumpangan tangan dan pemberian perintah dalam nama Yesus

3 Penumpangan tangan bersama doa iman dan pengurapan dengan minyak

4 Penumpangan tangan dan pengurapan minyak dalam nama Tuhan (doa lisan tidak semestinya boleh dibuat) Apabila orang dilayani melalui penumpangan tangan, mereka mungkin atau mungkin tidak "dibunuh" dalam Roh. Tidak perlu bagi orang untuk "jatuh di bawah kuasa" apabila tangan diletakkan ke atas mereka. Jika ini berlaku, tidak mengapa. Jika tidak, kita tidak terlalu risau. Biasanya, kami akan meletakkan tangan di bahagian badan yang memerlukan penyembuhan. Ini adalah perkara biasa, walaupun bukan satu kemestian. Kadangkala, apabila seorang lelaki melayani seorang wanita, kami mungkin meminta wanita itu untuk meletakkan tangannya di bahagian badan wanita itu yang terjejas, sementara lelaki itu meletakkan tangannya di atas kepala wanita itu.

5 Apabila Orang Sakit Menyentuh Anda Matius 9:20 Tiba-tiba seorang perempuan yang mengalami

pendarahan selama dua belas tahun datang dari belakang lalu menyentuh jumbai jubah-Nya.

Matius 14:36 dan mereka memohon kepada-Nya supaya mereka hanya diperkenankan menyentuh jumbai jubah-Nya. Dan semua orang yang menyentuhnya menjadi sembuh.

Ada kalanya orang mungkin menghulurkan tangan dan menyentuh kita dengan iman. Sentuhan mereka adalah tindakan iman mereka dan hubungan mereka dengan kuasa Tuhan. Tuhan menghormati iman mereka dalam melakukan ini dan mereka menerima penyembuhan mereka.

Melalui Pengumuman Iman

Matius 8:13 Lalu kata Yesus kepada perwira itu, "Pergilah, dan seperti yang engkau percaya, biarlah terjadi kepadamu." Maka sembuhlah hambanya pada saat itu juga.

Matius 15:28 Lalu Yesus menjawabnya, kata-Nya: "Hai ibu, besar imanmu, jadilah kepadamu seperti yang kaukehendaki." Maka sembuhlah anak perempuannya sejak saat itu juga.

Yohanes 4:50 Kata Yesus kepadanya: "Pergilah, anakmu hidup." Orang itu percaya akan perkataan yang dikatakan Yesus kepadanya, lalu ia pergi.

Yohanes 5:8,9 8 Yesus berkata kepadanya, "Bangunlah, angkatlah katilmu dan berjalanlah." 9 Dan seketika itu juga sembuhlah orang itu, lalu ia mengangkat katilnya dan berjalan. Hari itu adalah hari Sabat.

Ada kalanya Tuhan mungkin memimpin kita untuk sekadar mengumumkan kepada orang itu bahawa penyembuhan telah dilakukan. Mungkin tidak semestinya doa atau kata-kata perintah, atau mungkin terdapat gabungan semua ini. Kita mengumumkan dengan iman dan kuasa bahawa kerja itu telah selesai. Tuhan yang melakukan kerja itu. Orang itu melihat bahawa penyembuhan telah selesai.

Melalui Bertindak dalam Iman

Matius 9:6,7 6 Tetapi supaya kamu tahu, bahawa di bumi ini Anak Manusia berkuasa mengampuni dosa"—lalu berkatalah Ia kepada orang lumpuh itu, "Bangunlah, angkatlah tempat tidurmu dan pulanglah ke rumahmu." 7 Lalu bangunlah orang itu lalu pulang ke rumahnya.

Matius 12:13 Kemudian Dia berkata kepada orang itu, "Ulurkanlah tanganmu." Orang itu pun menghulurkan tangannya, lalu sembuhlah ia seperti tangan yang sebelah lagi.

Yohanes 9:7 Lalu Yesus berkata kepadanya, "Pergilah, basuhlah dirimu di kolam Siloam." (Artinya: Diutus.) Maka pergilah ia dan membasuh dirinya, lalu kembali dengan mata yang dapat melihat.

Kisah Para Rasul 3:6-8 6 Lalu kata Petrus: "Emas dan perak tidak ada padaku, tetapi apa yang kumiliki, aku berikan kepadamu: Demi nama Yesus Kristus, orang Nazareth itu, bangunlah dan berjalanlah." 7 Lalu Petrus memegang tangan kanannya dan membantunya berdiri. Seketika itu juga kaki dan pergelangan kakinya menjadi kuat. 8 Maka ia melompat berdiri dan berjalan-jalan, lalu masuk bersama-sama mereka ke dalam Bait Allah, berjalan sambil meloncat-loncat dan memuji Allah.

Kisah Para Rasul 14:8-10 8 Di Listra ada seorang lelaki yang kakinya tidak bertenaga, lumpuh sejak dari kandungan ibunya, dan tidak pernah berjalan. 9 Lelaki itu mendengar Paulus berkata-kata. Paulus memerhatikannya dan melihat bahawa orang itu mempunyai iman untuk disembuhkan, 10 lalu berkata

dengan suara nyaring, "Berdiri tegak!" Lalu orang itu melompat dan berjalan.

Ada kalanya Roh Kudus mungkin memimpin kita untuk memberitahu orang sakit untuk bertindak berdasarkan iman mereka. Ini biasanya akan mengarahkan mereka untuk mula melakukan sesuatu yang mereka tidak dapat lakukan kerana penyakit mereka. Kadangkala kita mungkin membantu mereka pada mulanya semasa mereka berusaha untuk berbuat demikian. Apabila orang ramai mula bertindak berdasarkan iman mereka, kuasa Tuhan akan menyembuhkan mereka. Mereka terus masuk ke dalam penyembuhan mereka.

Apabila Orang Bertindak dengan Iman

Matius 9:20-22 20 Tiba-tiba, seorang wanita yang mengalami pendarahan selama dua belas tahun datang dari belakang lalu menyentuh jumbai jubah-Nya. 21 Dia berkata dalam hatinya, "Jika aku dapat menyentuh jubah-Nya, aku akan sembuh." 22 Yesus berpaling dan melihat wanita itu lalu berkata, "Tenanglah, anakku! Imanmu telah menyelamatkan engkau." Dan wanita itu sembuh sejak saat itu juga.

Markus 2:3-5 3 Kemudian datanglah mereka kepada-Nya membawa seorang lumpuh yang diusung oleh empat orang. 4 Tetapi kerana mereka tidak dapat mendekati-Nya kerana orang ramai, mereka membuka bumbung tempat Dia berada. Setelah mereka membuka pintu, mereka menurunkan katil tempat orang lumpuh itu berbaring. 5 Apabila Yesus melihat iman mereka, Dia berkata kepada orang lumpuh itu, "Hai anakku, dosamu telah diampuni."
Begitu juga, orang ramai mungkin melakukan sesuatu dengan iman tanpa disuruh berbuat demikian. Sama seperti wanita yang mengalami pendarahan yang menerobos orang

ramai dan menyentuh jumbai jubah Yesus. Inilah tindakan imannya. Tuhan menghormatinya. Empat lelaki yang membawa rakan mereka yang lumpuh kepada Yesus bertindak berdasarkan iman mereka. Mereka sampai naik ke bumbung dan menurunkan rakan mereka dari bumbung. Yesus melihat iman mereka. Rakan mereka telah sembuh. Tindakan iman mereka adalah sesuatu antara mereka dan Tuhan. Tuhan melihat hati mereka dan menjawab.

Melalui Kurnia Roh

1 Korintus 12:7-11 7 Tetapi kepada setiap orang, penyataan Roh diberikan untuk kepentingan semua orang. 8 Kerana kepada yang seorang diberikan kata-kata hikmat melalui Roh, kepada yang lain kata-kata pengetahuan melalui Roh yang sama, 9 kepada yang lain iman oleh Roh yang sama, kepada yang lain karunia penyembuhan oleh Roh yang sama, 10 kepada yang lain melakukan mukjizat, kepada yang lain bernubuat, kepada yang lain membezakan roh, kepada yang lain berkata-kata dengan pelbagai bahasa roh, kepada yang lain mentafsirkan bahasa roh. 11 Tetapi Roh yang satu dan yang sama mengerjakan semua ini, memberikan kepada setiap orang secara individu seperti yang dikehendaki-Nya.

Ibrani 2:3,4 3 Bagaimanakah kita akan luput, jika kita mengabaikan keselamatan yang begitu besar, yang pada mulanya disampaikan oleh Tuhan, dan yang telah diteguhkan kepada kita oleh mereka yang telah mendengar-Nya, 4 dan Allah juga memberi kesaksian dengan tanda-tanda dan mujizat-mujizat dan dengan pelbagai mujizat dan dengan pemberian Roh Kudus, menurut kehendak-Nya sendiri?

Tuhan melakukan penyembuhan melalui kurnia Roh. Biasanya ini adalah operasi kurnia penyembuhan, dan kata-

kata pengetahuan, kadangkala disertai dengan pekerjaan mukjizat dan kurnia iman. Kurnia Roh yang lain juga mungkin beroperasi pada masa yang sama. Mungkin terdapat kata-kata hikmat, membezakan roh atau nubuat yang dilepaskan juga pada masa pelayanan penyembuhan dan pembebasan.

Kita mesti menginginkan semua ini beroperasi ketika melayani orang. Kita mesti melangkah keluar dengan iman agar kurnia-kurnia ini dilepaskan. Inilah bahagian kita. Tuhan biasanya menjawab keinginan dan kesediaan kita untuk melangkah keluar dengan iman, dengan menyebabkan pelepasan sebarang kombinasi kurnia-kurnia Roh ini.

Ada kalanya kurnia-kurnia ini dilepaskan apabila tiada sesiapa yang benar-benar beriman atau mengharapkan sesuatu berlaku. Baik orang yang melayani mahupun orang yang dilayani tidak beriman, namun penyembuhan, pembebasan dan mukjizat masih berlaku kerana operasi kurnia-kurnia tersebut. Contohnya, orang yang tidak percaya yang kebetulan berada di suatu pertemuan semata-mata sebagai penonton, tanpa pengetahuan atau iman kepada Tuhan Yesus Kristus, mungkin menerima mukjizat penyembuhan yang menakjubkan semasa upacara tanpa sesiapa yang benar-benar berdoa atau melayani orang ini. Ini akan menjadi karya Tuhan yang berdaulat untuk mendapatkan perhatian orang itu dan menarik mereka kepada iman kepada Kristus.

Melalui Urapan Penyembuhan

Lukas 5:17 Pada suatu hari, ketika Yesus sedang mengajar, ada beberapa orang Farisi dan guru-guru Taurat yang datang dari setiap pekan di Galilea, Yudea, dan Yerusalem. Kuasa Tuhan hadir untuk menyembuhkan mereka.

Lukas 6:19 Dan seluruh orang banyak itu berusaha untuk menyentuh-Nya, sebab ada kuasa yang keluar dari pada-Nya dan menyembuhkan mereka semua.

Lukas 8:46-47 46 Tetapi Yesus berkata, "Ada orang yang menyentuh Aku, kerana Aku merasakan kuasa keluar dari diri-Ku." 47 Apabila wanita itu melihat bahawa dia tidak tersembunyi, dia datang dengan gementar, lalu sujud di hadapan-Nya, lalu memberitahukan kepada-Nya di hadapan semua orang mengapa dia menyentuh-Nya dan bagaimana dia sembuh serta-merta.

Pengurapan adalah kehadiran dan kuasa Roh Kudus. Pengurapan dapat memberdayakan seseorang atau hadir di atas jemaah (perhimpunan) orang percaya untuk menyebabkan kuasa Tuhan dinyatakan. Tuhan Yesus melayani dengan kuasa Roh Kudus (Kisah Para Rasul 10:38). Kuasa yang sama ini tersedia untuk semua orang percaya (Kisah Para Rasul 1:8) dan oleh itu dapat mengalir keluar dari kita, sama seperti ia mengalir keluar dari Yesus. Pengurapan penyembuhan adalah kehadiran dan kuasa Roh Kudus yang menyebabkan penyembuhan terjadi. Ketika Yesus melayani, kuasa Tuhan hadir untuk menyembuhkan orang. Kuasa penyembuhan (kebajikan penyembuhan atau pengurapan penyembuhan) mengalir keluar dari-Nya dan menyembuhkan banyak orang yang menyentuh-Nya.

Apabila kita melayani penyembuhan, kita mesti menginginkan dan mengharapkan kuasa penyembuhan yang sama daripada Roh Kudus untuk mengalir melalui kita dan menyembuhkan orang sakit. Ada kalanya kita dapat mengenali (merasai secara nyata) aliran kuasa penyembuhan ini. Pada masa lain kita tidak merasakan apa-apa, namun kita melayani dengan iman kerana mengetahui bahawa kuasa Roh Kudus sedang dilepaskan melalui kita.

Melalui Pengurapan Khas

Kisah Para Rasul 5:12-16 12 Dan melalui tangan para rasul banyak tanda dan mujizat dilakukan di antara orang banyak. Dan mereka semua berkumpul dengan sehati di Serambi Salomo. 13 Tetapi tidak seorang pun dari orang lain yang berani bergabung dengan mereka, tetapi orang banyak sangat menghormati mereka. 14 Dan orang-orang yang percaya kepada Tuhan semakin bertambah banyak, baik laki-laki maupun perempuan, 15 sehingga mereka membawa orang-orang sakit ke jalan-jalan dan membaringkannya di atas tempat tidur dan tilam, supaya apabila Petrus lewat, sekurang-kurangnya bayangannya mengenai beberapa orang dari mereka. 16 Juga orang banyak berhimpun dari kota-kota sekitarnya ke Yerusalem, membawa orang-orang sakit dan orang-orang yang disiksa oleh roh-roh jahat, dan mereka semua disembuhkan.

Ada kalanya urapan khas untuk penyembuhan datang kepada kita secara individu atau ke atas seluruh perhimpunan. Apabila ini berlaku, banyak mukjizat yang luar biasa dan banyak secara spontan mula berlaku. Kita mesti peka dan mengenali perkara ini serta mengalir dengan apa yang Roh Kudus ingin capai pada masa itu, supaya orang ramai dapat disentuh. Kita tidak boleh memadamkan karya Roh pada masa sedemikian kerana Tuhan sengaja melepaskan urapan istimewa ini atas sebab tertentu.

"Suasana untuk penyembuhan," di mana pengurapan penyembuhan memenuhi suasana rohani di seluruh perhimpunan, boleh diwujudkan melalui doa, penyembahan, tahap iman dan jangkaan yang tinggi. Walaupun mewujudkan suasana untuk penyembuhan adalah bermanfaat dan diingini, perkara ini tidak selalunya mungkin, kerana seperti Yesus, kita mungkin perlu melayani dalam persekitaran yang bermusuhan. Tuhan boleh bergerak dengan kuat tanpa mengira persekitaran dan oleh itu kita mesti sentiasa terbuka dan sensitif kepada Roh Tuhan.

Melalui Taubat dan Penolakan Dosa

Yohanes 5:14 Kemudian Yesus bertemu dengan dia di dalam Bait Suci, lalu berkata kepadanya: "Lihatlah, engkau telah sembuh. Jangan berbuat dosa lagi, supaya engkau tidak ditimpa perkara yang lebih buruk."
Yohanes 9:1-3 1 Ketika Yesus sedang lalu, Dia melihat seorang yang buta sejak lahir. 2 Murid-murid-Nya bertanya kepada-Nya, "Rabi, siapakah yang berdosa, orang ini atau ibu bapanya, sehingga dia dilahirkan buta?" 3 Yesus menjawab, "Bukan dia dan bukan ibu bapanya yang berdosa, tetapi supaya pekerjaan-pekerjaan Allah dinyatakan di dalam dia.

Tidak semua penyakit menunjukkan dosa peribadi dalam diri individu, seperti yang dilihat dalam kes lelaki yang dilahirkan buta dalam Yohanes 9. Walau bagaimanapun, ada kemungkinan terdapat dosa dalam kehidupan individu yang telah membuka pintu kepada penyakit fizikal. Ada kemungkinan lelaki lumpuh dalam Yohanes 5, datang ke dalam keadaan lumpuh itu disebabkan oleh beberapa dosa tertentu. Apabila Tuhan menyembuhkannya dan kemudian menasihatinya, "jangan berdosa lagi supaya kamu tidak ditimpa perkara yang lebih buruk," dia faham maksudnya. Bukannya dia tidak akan pernah melakukan "dosa" tetapi Yesus merujuk kepada dosa (atau dosa-dosa) yang membawanya ke dalam keadaan lumpuh itu pada mulanya. Pertimbangkan apa yang akan berlaku jika lelaki lumpuh yang telah disembuhkan dalam Yohanes 5, pergi dan berdosa. Seperti yang dikatakan Yesus, "perkara yang lebih buruk" mungkin telah menimpanya. Dia perlu bertaubat dan meninggalkan dosa itu untuk disembuhkan dan disembuhkan semula.

Apabila melayani penyembuhan, Tuhan mungkin mengarahkan kita untuk terlebih dahulu menangani dosa dalam kehidupan individu yang dilayani. Kemudian kita menangani perkara ini dengan penuh kasih sayang dengan individu tersebut dan memimpin mereka melalui pertaubatan dan meninggalkan perkara-perkara yang berkaitan dengan dosa tersebut. Mungkin terdapat sikap tidak mengampuni, kebencian, kemarahan dan sikap hati yang salah yang lain yang mungkin disembunyikan oleh individu tersebut, yang perlu ditinggalkan. Biasanya kita memimpin orang itu untuk meninggalkan corak gaya hidup, tabiat berdosa, dedikasi kepada roh najis, membatalkan hubungan dengan kuasa iblis dan menutup pintu/pintu masuk.

Melalui Pembebasan

Matius 9:32,33 32 Ketika mereka keluar, datanglah kepada-Nya seorang yang bisu dan kerasukan roh jahat. 33 Setelah roh jahat itu diusir, orang bisu itu berkata-kata. Dan orang banyak itu heran, katanya: "Belum pernah dilihat orang seperti ini di Israel."

Matius 12:22 Kemudian dibawalah kepada-Nya seorang yang kerasukan setan, buta dan bisu; lalu Yesus menyembuhkannya, sehingga orang bisu itu dapat berkata-kata dan melihat.

Lukas 13:11-13 11 Di situlah seorang wanita yang dirasuk roh sakit selama lapan belas tahun, dan ia bongkok badannya dan tidak dapat berdiri tegak. 12 Ketika Yesus melihatnya, Ia memanggilnya dan berkata kepadanya, "Hai wanita, penyakitmu telah sembuh." 13 Lalu Ia meletakkan tangan-Nya ke atasnya, dan seketika itu juga ia berdiri tegak, lalu memuliakan Allah.

Perhatikan dalam kes-kes di atas, kita melihat kebutaan, pekak, bisu dan bongkok disebabkan oleh kehadiran syaitan. Ini tidak bermakna setiap kebutaan, pekak, bisu atau masalah belakang adalah disebabkan oleh roh kelemahan. Sesetengah kebutaan mungkin disebabkan oleh kemalangan atau sebab-sebab lain. Kita cuba mendengar Roh Tuhan dan mengikuti pimpinan-Nya. Apabila kita tidak pasti, maka kita terus melayani penyembuhan dan juga menangani sebarang roh kelemahan yang mungkin ada. Banyak penyakit yang tidak dapat diubati dan keadaan fizikal lain yang puncanya tidak dapat dikenal pasti biasanya menunjukkan roh kelemahan yang perlu diusir.

Tiga Injil juga mencatatkan kes budak lelaki yang kelihatan menghidap epilepsi dan sawan (Matius 17:14-18 Markus 9:17-27 Lukas 9:37-43). Ini sebenarnya adalah kes kerasukan roh jahat yang menyebabkan pekak, bisu, gila dan kecenderungan membunuh diri.
Jadi apabila Yesus mengusir roh itu, budak lelaki itu sembuh. Kita tahu secara perubatan bahawa epilepsi disebabkan oleh ketidakseimbangan kimia yang memerlukan kerja mukjizat. Tetapi dalam beberapa kes, mungkin terdapat juga roh kelemahan yang tersembunyi yang juga perlu ditangani.

Melalui Latihan Iman Ketika Merayakan Perjamuan Kudus Tuhan

1 Korintus 11:26 Kerana setiap kali kamu makan roti ini dan minum cawan ini, kamu memberitakan kematian Tuhan sampai Dia datang.

Salib Tuhan kita Yesus Kristus adalah "pengisytiharan pembebasan" kita. Ia adalah tempat di mana pengampunan dosa, penyembuhan dan keutuhan tubuh dan minda, dan semua yang diperlukan untuk membalikkan Kejatuhan, disediakan. Tuhan Yesus telah menetapkan apa yang kita panggil "Perjamuan Kudus" atau "Meja Tuhan" untuk kita lakukan dengan kerap bagi memperingati-Nya. Setiap kali kita mengambil bahagian di Meja Tuhan, kita "memberitakan kematian Tuhan." Kita mengambil bahagian di Meja Tuhan "memahami tubuh Tuhan." Kita mengenali apa yang Kristus selesaikan untuk kita dalam tubuh-Nya di atas Kayu Salib. Meja Tuhan adalah pengisytiharan atau pengisytiharan iman kita terhadap karya Kristus yang telah selesai di atas Kayu Salib dan fakta bahawa Dia telah bangkit dan akan datang lagi. Ini adalah masa di mana kita menggabungkan iman kita dengan keinginan dan jangkaan untuk menerima berkat penuh Salib yang akan menjadi nyata dan berkesan dalam hidup kita. Kita mengharapkan Roh Kudus untuk menguatkuasakan dalam setiap bahagian kehidupan kita, berkat penuh Salib Kristus. Kita menjemput Roh Tuhan untuk menjadikan kuasa Salib berkesan dalam hidup kita. Karya Kristus di Kayu Salib telah dicapai melalui kuasa Roh Kudus (Ibrani 9:14). Roh yang sama ini ada di sini untuk menjadikan kuasa dan berkat Salib berkesan dalam hidup kita. Setiap kali kita mengambil bahagian di Meja Tuhan, kita mesti berbuat demikian dengan harapan ini. Tuhan akan memenuhi iman kita dengan perbuatan-perbuatan yang penuh kuasa (2 Tesalonika 1:11).

Jemaat Korintus terlepas daripada berkat ini kerana mereka tidak mengambil bahagian dalam Perjamuan Tuhan dengan cara yang layak. Mereka menganggapnya sebagai masa untuk berpesta dan mabuk. Daripada mengalami berkat Tuhan, mereka akhirnya membawa penghakiman ke atas diri mereka sendiri dan berakhir dengan kelemahan, penyakit dan kematian pramatang. “Kerana sesiapa yang makan dan minum dengan cara yang tidak layak, makan dan minum penghakiman untuk dirinya sendiri, kerana dia tidak mengenali tubuh Tuhan. Itulah sebabnya ramai di antara kamu yang lemah dan sakit, dan ramai yang tidur” (1

Korintus 11:29,30). Kelemahan, penyakit dan kematian boleh dielakkan dengan mengambil bahagian dalam Perjamuan Tuhan seperti yang sepatutnya.

Melalui Penggunaan Kain Solat

Kisah Para Rasul 19:11,12 11 Maka Allah mengadakan mujizat-mujizat yang luar biasa dengan tangan Paulus, 12 sehingga sapu tangan atau celemek yang dipakainya dibawa kepada orang sakit, lalu penyakit-penyakit itu lenyap dan roh-roh jahat keluar dari mereka .

Kita melihat Tuhan melakukan mukjizat melalui Paulus di mana sapu tangan dan celemek yang dibawa dari Paulus kepada orang sakit dan dirasuk roh jahat membawa penyembuhan dan pembebasan. Tuhan masih bekerja melalui kaedah ini. Jadi dalam kes di mana Tuhan memimpin kita, kita boleh berdoa untuk cebisan kain dan memintanya dibawa kepada mereka yang sakit. Apabila ini diletakkan pada orang sakit dengan iman, penyembuhan dan pembebasan diberikan kepada mereka. Tuhan juga boleh menggunakan benda-benda material lain seperti minyak, air, dan sebagainya.

Sekadar peringatan di sini semasa menggunakan kain/barang/objek. Kadangkala jika orang tidak diajar dengan betul, mereka boleh menjadikan barang yang digunakan untuk membawa penyembuhan atau pembebasan mereka sebagai objek penyembahan, sebagai azimat atau barang ghaib lain yang menarik perhatian mereka. Adalah penting untuk kita menjelaskan bahawa Tuhan Yesus yang membawa penyembuhan dan barang itu sendiri digunakan hanya sebagai titik sentuhan. Tuhan boleh membawa penyembuhan walaupun tanpa menggunakan objek tersebut.

Melalui Kaedah Luar Biasa Lain

Walaupun kami telah cuba mengkatalogkan beberapa cara penyembuhan dilakukan, sila ingat bahawa ini bukanlah senarai yang lengkap. Tuhan boleh menggunakan cara-cara lain yang luar biasa dan luar biasa dan kita mesti tetap terbuka kepada-Nya. Pertimbangkan hakikat bahawa Tuhan Yesus juga melayani dalam beberapa cara yang luar biasa dalam beberapa keadaan. Pernah sekali ketika melayani orang pekak dan bisu, Tuhan Yesus memasukkan jari-jari-Nya ke dalam telinga orang itu, kemudian meludah dan menyentuh lidah orang itu dengan ludahnya sendiri dan orang itu mendengar dan berkata-kata (Markus 7:32-25). Bagi seorang lagi orang buta, Yesus meludah pada matanya dan meletakkan tangan-Nya ke atasnya, dan orang buta itu melihat (Markus 8:22-26). Bagi seorang lagi orang buta, Yesus meludah ke tanah dan membuat tanah liat dengan air liur-Nya, meletakkan tanah liat itu pada mata orang buta itu dan menyuruhnya "Pergilah, basuhlah dirimu di kolam Siloam" dan orang buta ini sembuh (Yohanes 9:6,7). Dalam kitab Kisah Para Rasul, kita membaca tentang Tuhan menggunakan bayangan Petrus untuk membawa penyembuhan.

Jadi kita mesti kekal terbuka kepada arahan Tuhan dan melayani dengan cara yang luar biasa, jika Dia memimpin kita berbuat demikian. Walau bagaimanapun, jangan jadikan sesuatu yang telah Tuhan suruh anda gunakan dalam situasi istimewa sebagai rutin. Teruskan mengikuti pimpinan-Nya. Matlamat kita di sini bukanlah untuk mempromosikan kaedah baharu atau mencari identiti kita melalui cara penyembuhan yang luar biasa. Objektif kita adalah untuk menyembuhkan orang dan memuliakan Tuhan dalam segala hal.

Melayani Penyembuhan—Seorang demi Seorang

Apabila melayani penyembuhan secara peribadi kepada seseorang individu, jika boleh, luangkan masa untuk membina iman individu tersebut melalui pelayanan Firman. Kongsikan asas penyembuhan dan pembebasan kita. Kemudian kita melayani menggunakan mana-mana kaedah yang dibincangkan di atas, mengikut kesesuaian. Kita menginginkan dan mencari aliran kurnia penyembuhan dan kerja mukjizat. Dalam bab seterusnya, kita mempelajari pendekatan yang mudah dan senang untuk melayani penyembuhan secara individu.

Melayani Penyembuhan dalam Perhimpunan Besar

Walaupun tiada format atau aliran tetap yang perlu diikuti apabila melayani penyembuhan dalam perhimpunan besar, berikut adalah beberapa cara umum untuk melayani dalam suasana yang besar. Pendekatan biasa kami adalah untuk menyebarkan Firman untuk membina iman dalam hati orang ramai, bila-bila masa yang mungkin. Kemudian kami cuba mengikuti pimpinan Tuhan tentang cara melayani. Kadangkala Tuhan mungkin mengarahkan kami untuk memanggil barisan doa penyembuhan atau panggilan altar di mana orang ramai datang ke hadapan untuk menerima pelayanan. Kadangkala, melalui kata-kata pengetahuan kami menyeru kes-kes tertentu untuk penyembuhan, dan kemudian melayani secara beramai-ramai agar orang lain disembuhkan. Tiada formula tetap. Kuncinya adalah untuk peka kepada Tuhan dan mengikuti pimpinan-Nya. Berikut adalah beberapa perkara umum yang kami lakukan apabila melayani penyembuhan secara beramai-ramai selepas pelayanan Firman.

Kita mungkin menyuruh orang ramai meletakkan tangan mereka pada bahagian badan yang memerlukan

penyembuhan jika boleh. Ini adalah langkah mudah untuk melatih iman mereka dan membantu mereka berharap kepada Tuhan untuk keajaiban tertentu.
Apabila menjalankan penyembuhan beramai-ramai, biasanya kami akan mulakan dengan mengusir roh jahat dan roh-roh lemah. Ini adalah syaitan-syaitan yang menahan orang daripada sakit dan menghalang penyembuhan daripada datang. Jadi kami melalui masa pembebasan beramai-ramai. Kami cuba peka kepada Tuhan semasa Dia mendedahkan melalui pembezaan roh, jenis roh tertentu yang perlu ditegur.

Kemudian kita mengeluarkan kata-kata perintah agar orang ramai disembuhkan. Sepanjang tempoh ini, kita tetap peka kepada Tuhan untuk kata-kata ilmu dan menyeru keadaan tertentu yang sedang disembuhkan atau menggambarkan situasi tertentu yang mungkin menyebabkan penyakit atau masalah tersebut. Kata-kata ilmu khusus atau penerangan tentang situasi ini membina iman di hati orang ramai dan melancarkan mereka untuk menerima keajaiban penyembuhan mereka.

Kita menjemput kuasa Roh Kudus untuk menggerakkan mereka dengan kuasa penyembuhan-Nya (urapan penyembuhan) dan agar kurnia penyembuhan dan mukjizat dilepaskan. Sekali lagi Roh Kudus mungkin mendedahkan keadaan tertentu yang disembuhkan dan kita menyerunya.

Kemudian, kami menggalakkan orang ramai untuk memeriksa penyembuhan mereka dan menunjukkan iman mereka. Selalunya apabila orang ramai mula memeriksa badan mereka dan menunjukkan iman mereka, keajaiban penyembuhan berlaku. Mereka mendapati bahawa mereka telah sembuh sepenuhnya atau telah bertambah baik daripada keadaan sebelumnya. Bagi mereka yang melihat sedikit peningkatan, galakkan mereka untuk bersyukur dan mengharapkan pemulihan sepenuhnya.

Testimoni membina iman. Jadi, jika boleh, kami menggalakkan orang ramai untuk datang dan berkongsi testimoni tentang penyembuhan yang telah berlaku pada masa itu dan boleh disahkan. Dalam situasi di mana tidak mungkin untuk mengambil testimoni individu, kami menggalakkan orang ramai untuk menunjukkan bahawa mereka telah sembuh dengan mengangkat tangan mereka atau dengan cara lain. Memang benar bahawa mungkin terdapat beberapa keadaan yang hanya boleh disahkan melalui ujian dan pemeriksaan perubatan. Dalam kes sedemikian, galakkan orang ramai untuk berjumpa doktor terlebih dahulu, mendapatkan pengesahan dan kemudian memberi keterangan kemudian.

Apabila melayani dalam perhimpunan besar, biasanya tidak mungkin untuk menangani isu-isu peribadi individu seperti dosa yang tidak diakui, pintu terbuka, dan sebagainya. Serahkanlah perkara ini kepada Roh Kudus untuk menangani individu tersebut seperti yang dikehendaki-Nya. Jika Roh Kudus mendedahkan dosa-dosa tertentu atau aktiviti masa lalu yang perlu bertaubat dan meninggalkannya, serulah dosa-dosa tersebut dan pimpinlah orang ramai untuk berdoa mengenai perkara-perkara tersebut. Walau bagaimanapun, lakukan ini tanpa memalukan atau mendedahkan mana-mana individu tertentu. Matlamat kita adalah untuk membina orang ramai, bukan memusnahkan mereka.

Pasukan Penyembuhan

Lukas 10:1,9 1 Selepas itu, Tuhan melantik tujuh puluh orang lain, lalu mengutus mereka berdua-dua mendahului-Nya ke setiap kota dan tempat yang akan dikunjungi-Nya. 9

Sembuhkanlah orang sakit di sana dan katakanlah kepada mereka, 'Kerajaan Allah sudah dekat kepadamu.'

Apabila Tuhan Yesus mengutus murid-murid-Nya, Dia mengutus mereka dalam pasukan dua orang dengan tugas untuk menyebarkan Kerajaan Tuhan, menyembuhkan orang sakit dan mengusir syaitan. Dengan meluaskan konsep ini ke zaman kita, kita tahu bahawa melayani penyembuhan dan pembebasan sebagai satu pasukan adalah sangat berkuasa. Kita boleh mempunyai pasukan penyembuhan untuk pelayanan dalam gereja tempatan untuk berkhidmat semasa kebaktian atau pasukan penyembuhan yang pergi ke pusat membeli-belah, jalan, sekolah/kolej dan kawasan lain untuk penginjilan. Pasukan penyembuhan juga boleh berkhidmat di hospital atau lawatan ke rumah untuk melayani mereka yang sakit. Pasukan penyembuhan mungkin dianjurkan secara rasmi oleh gereja tempatan atau mungkin merupakan pertemuan spontan beberapa orang yang berfikiran sama dan bersemangat yang menyediakan diri mereka kepada Tuhan.

Berikut adalah beberapa elemen penting untuk beroperasi dengan jayanya sebagai pasukan penyembuhan:

- Pada asasnya, pasukan penyembuhan terdiri daripada dua atau lebih orang yang telah dilatih tentang cara melayani penyembuhan dan pembebasan.
- Mereka mengalir dalam kesatuan dan persetujuan setiap kali mereka melayani.
- Tiada siapa yang mencari kedudukan atau kepentingan ketika melayani.
- Mereka saling menyokong dan memberi galakan antara satu sama lain. Mereka memahami unsur iman dan risiko yang diambil oleh setiap ahli pasukan ketika melangkah keluar untuk melayani, dan oleh itu secara senyap-senyap saling menyokong dalam iman.
- Tiada sesiapa yang mengambil pujian peribadi untuk sebarang keajaiban atau kerja penyembuhan yang

dilakukan oleh Tuhan. Semua kemuliaan diberikan kepada Tuhan.

- Ahli pasukan membincangkan kisah dan pembelajaran mereka (kejayaan dan kesilapan) antara satu sama lain dan dengan pasukan penyembuhan yang lain, supaya semua orang dapat mendapat manfaat dan berkembang dalam mempelajari cara melayani penyembuhan dan pembebasan.
- Ahli pasukan bertemu secara berkala untuk berdoa, beribadat dan bersekutu yang membina rasa kebersamaan dan persefahaman bersama. Ini membantu ahli pasukan untuk saling memahami dan mengalir bersama apabila mereka keluar melayani. Mendorong Orang Ramai untuk Mengamalkan Kepercayaan Mereka Berikut adalah beberapa panduan mudah apabila menggalakkan orang ramai untuk melangkah keluar dan mengamalkan kepercayaan mereka:
- Lakukannya melalui Roh Kudus. Pastikan Roh Kudus mendorong anda untuk menyampaikan perkara ini kepada mereka. Jika tidak, berikan galakan positif supaya mereka melakukan apa yang mereka selesa lakukan sambil mengamalkan iman mereka.
- Jangan bersikap angkuh. Contohnya—jika seseorang yang menggunakan alat bantu penglihatan (cermin mata atau kanta lekap) mengatakan bahawa mereka sedang mengamalkan kepercayaan mereka dan dengan angkuhnya membuang alat bantu penglihatan mereka, mungkin terdapat akibat yang serius! Sebaliknya, apabila mata mereka sembuh, memakai cermin mata akan menjadi sangat tidak selesa bagi mereka. Itulah masa yang sesuai untuk menanggalkan alat bantu penglihatan mereka.

- Jangan biarkan kegembiraan saat ini menyebabkan anda bertindak bodoh. Gunakanlah kebijaksanaan.
- Jangan ambil tempat doktor. Jangan berikan nasihat perubatan. Jangan suruh orang berhenti mengambil ubat atau rawatan perubatan mereka. Biarkan mereka melakukan ini berdasarkan perundingan dengan doktor mereka.
- Mengajar Orang Ramai Cara Mengekalkan Penyembuhan Mereka Jika seseorang menerima sentuhan penyembuhan di kawasan tertentu, itu tidak bermakna mereka tidak akan mengalami sebarang penyakit lain atau penyakit itu tidak akan berulang. Orang ramai perlu diajar cara mengekalkan penyembuhan secara praktikal dan melalui kepercayaan kepada Tuhan. Orang ramai perlu belajar cara bermeditasi dalam Firman, membina iman mereka kepada Tuhan untuk mengekalkan penyembuhan mereka dan berjalan dalam kesihatan. Orang ramai perlu belajar untuk menyampaikan Firman, berjuang dalam perjuangan iman yang baik dan percaya bahawa Tuhan akan menerima dan mengekalkan penyembuhan mereka sendiri. Jadi, jika boleh, sediakan sumber (buku, khutbah, pengajaran) dan arahan untuk orang ramai melakukan ini.

Tambahan pula, terdapat beberapa perkara asas yang boleh kita semua lakukan seperti diet, rehat dan senaman yang betul yang penting untuk kesihatan yang berterusan.

Persediaan Peribadi untuk Melayani Penyembuhan

Walaupun Tuhan adalah Penyembuh dan kuasa-Nyalah yang menyembuhkan dan membebaskan orang, ada beberapa perkara yang boleh kita lakukan untuk menjadi rakan sekerja yang baik dengan Tuhan dalam melayani kuasa penyembuhan-Nya kepada orang ramai. Berikut adalah beberapa perkara yang disenaraikan sebagai peringatan mudah:

Bertumbuh dalam Firman

Biarlah Firman tentang penyembuhan, pengurapan, mukjizat, pembebasan, dan wewenang diteguhkan dengan kaya dalam diri kita melalui meditasi yang berterusan. Iman kita kepada Tuhan mesti kuat dan salah satu cara iman dikembangkan adalah melalui Firman. Kita tidak boleh gentar dengan kesukaran penyakit atau penindasan iblis yang kita hadapi.

Bertumbuh dalam Pengurapan

Kita mesti mengembangkan persekutuan yang mendalam dan kepekaan terhadap Roh Kudus. Berdoa dalam bahasa roh adalah bahagian penting dalam mengembangkan ini. Kita juga bertumbuh dalam pengurapan dengan bergaul, memerhati, belajar dan menerima melalui pelayan Tuhan yang lain. Menginginkan lebih banyak kehadiran dan kuasa-Nya. Menginginkan lebih banyak operasi karunia Roh.

Bertumbuh dalam Keintiman Melalui Ketaatan, Doa, Ibadah dan Puasa

Bertumbuh dalam hubungan kita dengan Tuhan melalui ketaatan, meluangkan masa bersendirian dengan-Nya dalam doa, ibadah dan puasa.

Mengekalkan Kesucian Hati

Kita mesti menjaga hati yang suci. Kita mesti menjaga hati kita daripada motivasi persaingan, iri hati, kesombongan, dan diri sendiri yang salah. Kita mesti menjaga hati kita daripada keinginan yang salah untuk kemasyhuran, kekayaan dan apa sahaja yang tidak menyenangkan hati Tuhan.

Bertumbuh dalam Iman Melalui Langkah Keluar

Satu-satunya cara untuk berjalan di atas air adalah dengan keluar dari perahu. Oleh kerana Dia telah berfirman dan memberi kita firman 'Mari', giliran kita untuk melangkah keluar. Ini adalah langkah iman. Kita mesti mengatasi ketakutan akan kegagalan walaupun dari pengalaman masa lalu. Sering kali fikiran "bagaimana jika tiada apa yang berlaku" terlintas di fikiran kita. Walau bagaimanapun, kita boleh menggantikannya dengan "bagaimana jika sesuatu berlaku." Apabila keraguan seolah-olah membanjiri fikiran kita, kita menggalakkan diri kita dengan berkata "Saya menjangkakan sesuatu akan berlaku."

Sentiasa Memberikan Segala Kemuliaan kepada Tuhan

Tuhan melihat hati kita. Adakah kita benar-benar memuji-Nya dan memberikan segala kemuliaan kepada-Nya atau adakah kita menyimpan sebahagian daripada kemuliaan itu untuk diri kita sendiri? Kita mesti sentiasa mempunyai hati yang mempersembahkan kepada-Nya segala pujian, kemuliaan, penghormatan dan penyembahan untuk segala yang berlaku.

Beberapa Perangkap yang Perlu Dielakkan

Jangan Buat Janji Palsu

Kita semua yang melayani ingin mencapai titik di mana setiap orang yang kita layani akan disembuhkan. Dalam usaha kita mencapai matlamat ini dan dalam semangat kita untuk mencapai matlamat tersebut, kita cenderung untuk membuat kenyataan yang agak sombong. Contohnya, jika kita berdiri di hadapan orang ramai dan berkata "semua orang akan sembuh malam ini," ini mungkin kenyataan yang baik untuk dibuat, tetapi ujian sebenar adalah pada akhir mesyuarat, apabila kita menyemak sama ada semua orang telah sembuh. Jika tidak, seseorang sedang berbohong! Kenyataan yang lebih sesuai untuk dibuat ialah "Semua orang boleh sembuh malam ini" yang merupakan kenyataan yang tulen dan sah berdasarkan Firman Tuhan. Semasa kita berusaha mencapai standard yang sempurna, marilah kita berhati-hati dengan apa yang kita katakan dan bagaimana kita melakukan sesuatu di sepanjang jalan. Hanya katakan apa yang telah Tuhan katakan.

Jatuh atau Sembuh —Apakah yang Lebih Penting?

Fokus kami adalah untuk menyembuhkan orang ramai dan bukannya membiarkan mereka "jatuh" ke tanah. Malangnya, dalam sesetengah kalangan Kristian kami, kami melihat para menteri cenderung untuk menolak orang ramai atau menjatuhkan diri dengan "tangan yang berat" sehingga memaksa mereka jatuh ke tanah. Walaupun ini kelihatan baik di hadapan mereka yang menonton, seolah-olah orang ramai "dibunuh dalam Roh" atau "jatuh di bawah kuasa", ini sebenarnya bukanlah amalan yang membantu. Marilah kita fokus pada melayani penyembuhan kepada orang ramai, bukan untuk menunjukkan persembahan yang baik. Jika orang ramai jatuh kerana mereka dibanjiri oleh kehadiran Roh Kudus, itu tidak mengapa. Tetapi ujian sebenar adalah apabila mereka bangun dari tanah, adakah mereka sembuh dan dibebaskan?

Sebagai penutup, marilah kita mencontohi pelayanan Yesus, apabila kita menjangkau orang ramai untuk melayani penyembuhan dan pembebasan.

Sintesis Skizofrenia seperti yang Diungkapkan oleh Roh Kudus kepada Ida Mae dan cara menangani roh tersebut

Skizofrenia merupakan masalah yang sangat biasa. Sesetengah pihak berkuasa dalam bidang penyakit mental menganggarkan mungkin terdapat seramai lima puluh juta orang di Amerika Syarikat yang menghidap skizofrenia sehingga tahap tertentu, "...penghidap skizofrenia dianggarkan membentuk kira-kira 50% daripada kemasukan ke hospital psikiatri negeri, dengan 300,000 kes baharu setiap tahun." Sesetengah kes adalah akut manakala yang lain agak ringan, tidak memerlukan rawatan profesional. Skizofrenia kekal sebagai masalah yang sangat membingungkan bagi profesional kesihatan mental. Punca dan penawarnya masih diselubungi ketidakpastian.

Gangguan, penyelewengan dan kehancuran personaliti yang dikenali sebagai skizofrenia atau demensia praecox sering dihadapi oleh menteri pembebasan. Hampir setiap orang yang datang kepada kami untuk pembebasan didapati mempunyai pelbagai tahap rangkaian roh iblis yang menyebabkan skizofrenia. Tuhan dengan murah hati telah memberikan kami **wahyu khas tentang masalah ini, yang** membolehkan kami memulihkan ramai orang kepada keutuhan personaliti. Sejak wahyu itu sampai kepada isteri saya, Ida Mae, saya telah memintanya untuk menulis baki ini.

WAHYU SKIZOFRENIK Ida Mae Hammond

Kami bekerjasama rapat dalam pembebasan dengan seorang yang tidak menunjukkan banyak peningkatan selepas pelayanan berulang kali. Orang ini sangat bersungguh-sungguh menginginkan pembebasan. Dia sangat mengasihi Tuhan, dia percaya dengan sepenuh hati bahawa pembebasan adalah jawapan kepada masalahnya, dan dia berseru kepada Tuhan dalam keadaan terdesak. Dia benar-benar bekerjasama dengan pelayanan itu. Walau bagaimanapun, keputusan keseluruhannya mengecewakan. Berkali-kali kami merasakan bahawa kemenangan telah dicapai. Selama beberapa hari, keperibadiannya akan menunjukkan tanda-tanda kestabilan, kemudian tiba-tiba semuanya akan berubah menjadi huru-hara. Kami akan kembali ke tempat kami bermula.

Kemudian pada suatu malam selepas pergolakan yang sangat ganas, saya terjaga daripada tidur. Tuhan berfirman dalam roh saya. Tuhan berfirman, "Aku ingin memberi kamu wahyu tentang apa masalah Sarah. Masalahnya ialah *skizofrenia.* Sekarang, saya tidak berpengetahuan tentang perkara ini. Di kolej saya telah mempelajari beberapa psikologi - cukup untuk membiasakan diri dengan istilah umum seperti manik depresif, skizofrenia, paranoia, psikosis dan neurosis. Saya kembali mengingati bahawa skizofrenia kadangkala dirujuk sebagai "personaliti berpecah". Tuhan memberi saya definisi ini: "Skizofrenia adalah gangguan, penyelewengan atau perpecahan perkembangan personaliti. Kamu tidak lagi akan memanggilnya Sarah tetapi 'Sarah Satu' dan 'Sarah Dua', kerana dia mempunyai lebih daripada satu personaliti dalam dirinya."
Saya masih di atas katil - masih tidur di mata saya - ketika Tuhan terus memberikan wahyu. Dia mengarahkan saya untuk menyatukan tangan saya, tapak tangan menghadap dan jari-jari dirapatkan rapat. Dia berkata ini mewakili sifat skizofrenia. Setiap tangan mewakili salah satu daripada dua personaliti dalam diri pesakit skizofrenia, yang kedua-duanya bukanlah diri sebenar. Kedua-duanya saling berkait rapat. Tuhan berfirman, "Tangan kamu mewakili sarang roh

iblis yang membentuk skizofrenia. Aku mahu kamu tahu bahawa ia adalah iblis. Ia adalah sarang roh iblis, dan mereka datang ke dalam kehidupan orang ini ketika dia masih sangat, sangat muda. Aku akan menunjukkan kepada kamu bagaimana ia beroperasi."

Barulah Tuhan mengarahkan saya untuk membuka tangan saya DENGAN SANGAT PERLAHAN. Semasa jari-jari saya perlahan-lahan dilepaskan, Tuhan menunjukkan kepada saya bahawa roh-roh jahat dalam diri pesakit skizofrenia ini mesti dipisahkan, diusir dan diserahkan. Proses ini memerlukan masa. Sungguh mengejutkan seseorang apabila mendapati bahawa sebahagian besar keperibadiannya bukanlah dirinya yang sebenar. Dia mungkin takut untuk mengetahui keperibadiannya yang sebenar. Dia memerlukan masa untuk menyesuaikan diri dan tidak bersetuju dengan keperibadian iblis palsu, perkara demi perkara. Dia mesti membenci keperibadian pesakit skizofrenia, dan tidak bersetuju dengannya. Tuhan mengingatkan saya Amos 3:3. "Bagaimanakah dua orang dapat berjalan bersama-sama jika mereka tidak bersetuju."

Satu demi satu jari saya terlepas, menggambarkan keperibadian jahat yang terpisah. (Kemudian, setiap jari diberi gelaran jahat). Dua jari terakhir yang terpisah adalah jari tengah pada setiap tangan. Tuhan menunjukkan bahawa jari-jari ini mewakili teras Penolakan *dan* Pemberontakan skizofrenia . Apabila jari-jari ini akhirnya dipisahkan, orang itu boleh menganggap dirinya sembuh - dibebaskan dan mengetahui siapa dirinya yang sebenar.

Iblis kawalan dipanggil "Skizofrenia" atau "Fikiran Berganda". Bible mengatakan, "Orang yang berfikiran ganda tidak stabil dalam segala jalannya" (Yakobus 1:8). Ini adalah sebutan kitab suci untuk seorang penghidap skizofrenia. Terjemahan Amplified mengatakan:

[Kerana sebagaimana adanya] seorang lelaki yang berfikiran dua—ragu-ragu, ragu-ragu, tidak tegas - [dia] tidak stabil dan tidak boleh dipercayai serta tidak pasti tentang segala-galanya (dia berfikir, merasa, memutuskan).

Frasa yang diterjemahkan sebagai "dua minda" berasal daripada perkataan Yunani majmuk yang secara literalnya bermaksud "dua jiwa". Peringkat seterusnya wahyu itu datang beberapa minggu kemudian. Tuhan mengarahkan saya untuk melukis garisan tangan saya di atas kertas. Kemudian Dia menamakan jari-jari itu sebagai pelbagai roh iblis dan menunjukkan kepada saya bagaimana setiap iblis menetapkan dirinya dalam pesakit skizofrenia. Iblis kawalan skizofrenia menjemput iblis lain masuk, untuk menyebabkan penyelewengan keperibadian. Skizofrenia SELALU bermula dengan "penolakan". Ia biasanya bermula pada zaman kanak-kanak atau bayi dan kadangkala semasa kanak-kanak itu masih dalam kandungan ibunya. Terdapat banyak punca penolakan. Mungkin kanak-kanak itu tidak diingini. Atau mungkin jantina yang salah diingini oleh salah seorang atau kedua-dua ibu bapa. Keadaan di rumah mungkin tidak menentu. 'Terdapat banyak "pintu" yang membawa kepada penolakan.'

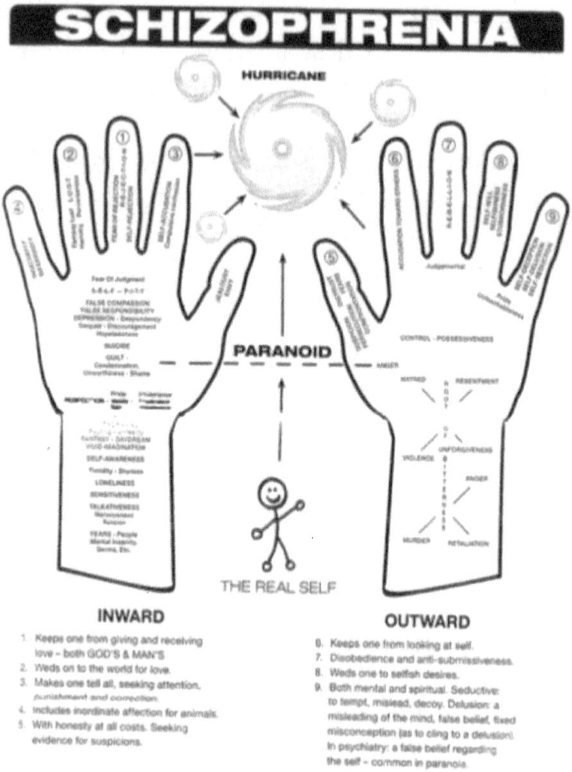

Skizofrenia boleh diwarisi secara syaitan. Perhatikan saya katakan "secara syaitan". Maksud saya, ia bukan dalam sistem darah, bukan dalam gen - ia ada dalam syaitan! Dalam erti kata lain, syaitan cuba mengekalkan jenis yang sama dengan mereka. Adalah lebih mudah bagi mereka untuk melakukan ini dalam sesebuah keluarga. Contohnya, katakan sifat skizofrenia ada pada ibu. Syaitan akan memilih seorang atau lebih anaknya untuk disusui. Ibu yang menghidap skizofrenia berasa ditolak. Dialah yang bertanggungjawab terutamanya untuk menyuburkan kasih sayang ke dalam keluarga. Dialah yang menyentuh, mengendalikan dan membelai bayi. Penolakan dalam dirinya menimbulkan masalah dalam hubungannya dengan anak. Jadi, anak itu terbuka untuk ditolak oleh ketidakstabilan ibu. Saya ulangi, skizofrenia SELALU bermula dengan penolakan.

Sekarang, seseorang boleh mempunyai semangat penolakan dan bukan seorang penghidap skizofrenia. Dalam erti kata lain, semuanya bergantung pada pembentukan keperibadian. Anda boleh mempunyai semangat penolakan dan masih berjaya membentuk keperibadian anda sendiri dan yakin dengan diri sendiri. Sebaliknya, penghidap skizofrenia sentiasa terhuyung-hayang ... "Siapakah saya?" Identiti diri sebenar keliru atau hilang.

Penolakan (*ditunjukkan* di sebelah kiri dalam ilustrasi) ialah iblis kawalan dalam salah satu personaliti yang dibentuk dalam diri penghidap skizofrenia. Penolakan menggambarkan personaliti jenis pendiam. (Ia adalah perasaan dalam diri - ia adalah kesakitan dalam diri... ia adalah kelaparan cinta... ia adalah rasa tidak selamat... ia adalah rasa rendah diri... ia adalah fantasi... ia adalah ketidaknyataan - semuanya ada di dalam — "Saya tidak berkongsi dalam hal ini.") Ini adalah satu personaliti yang dibentuk oleh iblis-iblis.

Personaliti kedua yang dibentuk oleh iblis ialah *"Pemberontakan"*. (Lihat jari tengah di tangan kanan dalam ilustrasi). Apabila seorang kanak-kanak tidak mempunyai hubungan cinta yang memuaskan dalam hidup, dia membesar tanpa dapat merasai dan berkongsi dalam hubungan cinta. Pemberontakan bermula. Dia mula memperjuangkan cinta. Atau dia menyerang mereka yang telah kebuluran cintanya. Pemberontakan menegaskan dirinya dalam kedegilan, kehendak diri dan keegoisan. Berikut adalah satu lagi personaliti. Yang ini tidak bersifat dalaman dan pendiam. Ia agresif dan meluap-luap dalam kemarahan, kepahitan, dendam, kebencian dan pembalasan. Penghidap skizofrenia secara literal berada di bawah dua kuasa yang bertentangan ini. Dia boleh bertukar daripada satu jenis personaliti kepada yang lain dalam sekelip mata. Tuhan menunjukkan kepada saya bahawa saya harus merujuk kepada orang yang menghidap skizofrenia sebagai "Sarah Satu" dan "Sarah Dua" - "Sarah Satu" adalah orang yang sebenar, dan "Sarah Dua" adalah personaliti skizofrenia yang mempunyai dua sisi. Oleh itu, terdapat tiga personaliti yang terlibat - personaliti sebenar, personaliti penolakan dan personaliti pemberontak. Dalam masa tiga puluh minit seseorang mungkin melihat ketiga-tiga personaliti itu dimanifestasikan. Sudah tentu, ini membawa banyak kekeliruan kepada orang itu sendiri dan juga kepada orang lain di sekelilingnya.

Orang sebenar bukanlah kedua-dua "tangan". "Diri Sebenar" ditunjukkan dalam ilustrasi di antara lengan, di bahagian bawah. Syaitan-syaitan tidak membenarkan diri sebenar berkembang. Penghidap skizofrenia tidak mengenali dirinya sebenar. Apabila penghidap skizofrenia mula dilahirkan, diri sebenar mesti mempunyai Yesus. Yesus mesti mula berkembang dalam diri orang itu, mengembangkan keperibadian itu, dan menjadikannya seperti yang Dia inginkan. Inilah sebabnya mengapa pembebasan skizofrenia memerlukan masa - kadangkala beberapa bulan atau setahun, atau lebih lama. Pembebasan mesti berfungsi secara seimbang dengan perkembangan "Diri Sebenar". Ia tidak boleh tergesa-gesa, kerana tiada apa-apa untuk orang itu bergantung. Jika setiap syaitan dalam diri penghidap skizofrenia tiba-tiba diusir, dia akan berasa hilang sepenuhnya. Identiti dengan "Diri Sebenar" memerlukan masa. Apabila sifat skizofrenia disingkirkan, keperibadian sebenar mesti muncul untuk menggantikannya.

Biar saya gambarkan apa yang boleh berlaku apabila seorang pesakit skizofrenia sedang dalam proses pembebasan. Dia mungkin sedang belajar tunduk kepada pihak berkuasa. Dia berhadapan dengan ujian. Terdapat situasi di mana dia dikehendaki tunduk. Dia tidak mempunyai tabiat untuk tunduk. Apa yang akan dia lakukan? Adakah dia akan kembali ditolak... pergi ke biliknya? ... menutup mukanya? ... enggan bercakap dengan sesiapa? Atau, adakah dia akan kembali memberontak... meluahkan kemarahan? ...menjadi degil? ...menunjukkan kedegilan?

Atau, adakah dia akan membenarkan sifat Yesus muncul ... bekerjasama? ... tunduk kepada pihak berkuasa? ... menjadi tunduk? Keputusan di tangan dia. Dia mesti sanggup keluar dari persetujuan dengan iblis dan memutuskan corak kebiasaan lama. "Diri Sebenar" mesti menjadi cukup kuat dalam Kristus untuk melaksanakan keputusan yang betul.

Pada ilustrasi ini, anda akan melihat pusaran di bahagian atas, di antara kedua-dua tangan. Ini mewakili "taufan". Orang yang menghidap skizofrenia sentiasa mencipta "ribut" di sekeliling dirinya. Dia terperangkap dalam ribut ini, dan yang lain, mesti mengaitkan diri dengan apa yang sedang berlaku. Perhatikan bahawa beberapa anak panah juga membawa pusaran atau "taufan". Jika orang yang cuba mengaitkan diri juga tidak stabil, dia membawa ributnya ke dalam ribut penghidap skizofrenia. Anda kemudian mempunyai ribut di dalam ribut. Anak panah lain adalah lurus. Ini menggambarkan orang yang stabil dan boleh mengaitkan diri dengan "taufan" dengan cara yang stabil. Orang sedemikian boleh menghadapi ribut tanpa rosak atau berparut. Dia tidak terperangkap oleh pergolakan itu. Menteri pembebasan mesti dapat masuk sebagai anak panah lurus.

Masa-masa ribut ini menyebabkan akar kepahitan terbentuk (lihat tangan kanan) dan menjadi semakin dalam.

Sekarang, mari kita lihat apa yang diwakili oleh jari-jari lain di tangan kiri. "Jari manis" bermaksud *nafsu.* Tuhan menunjukkan kepada saya bahawa syaitan ini "menikahi" seseorang dengan dunia untuk cinta. Nafsu berakar umbi dalam penolakan. Jika seseorang belum menerima cinta yang memuaskan melalui saluran kehidupan yang normal, sifat duniawi akan mula mencari jenis cinta sensualnya. Oleh itu, pintu dibuka untuk syaitan nafsu masuk. Roh pendamping dalam kumpulan ini ialah *nafsu fantasi* yang boleh menyebabkan seseorang membayangkan dia adalah pencinta dunia filem atau pengalaman seksual fantasi sebagai permulaan kepada perbuatan yang terang-terangan. *Roh pelacuran* dalam diri wanita mungkin mula-mula menjelma dalam pakaian dan provokasi. Penyimpangan seksual mewakili percubaan ekstrem untuk mengatasi penolakan.

Pengalaman seksual, sama ada nyata atau khayalan, tidak akan dapat memuaskan keperluan untuk cinta sejati. Ia adalah pengganti syaitan untuk cinta sejati dan membuatkan seseorang diliputi kekecewaan dan rasa bersalah.
Jari kelingking di tangan kiri mewakili *rasa tidak selamat* dan *rendah diri.* Ini merupakan satu lagi manifestasi penolakan. Orang yang mempunyai rasa penolakan yang mendalam akan berasa tidak selamat dan rendah diri.

Jari telunjuk di tangan kiri bermaksud " *tuduhan diri".* Syaitan ini menyebabkan seseorang berpaling tadah dan meruntuhkan rasa harga diri. Dalam kebanyakan kes, kita mendapati *"tuduhan diri"* digabungkan dengan " *dorongan untuk mengaku".* Contohnya, jika orang itu telah jatuh ke dalam maksiat, dia tidak boleh berehat sehingga dia mengaku salahnya. Dia biasanya mengaku kepada mereka

yang sepatutnya menunjukkan kasih sayang yang paling banyak kepadanya. Dia terdorong untuk melakukan ini dalam usaha untuk "mengejutkan" orang lain agar memberinya perhatian paksa dan dengan itu mencari pengganti cinta.
Sekarang, mari kita beralih ke tangan kanan dalam ilustrasi. Jari tengah dalam ilustrasi ditakrifkan sebagai "pemberontakan". Seperti yang telah kita lihat, pemberontakan mengenal pasti salah satu personaliti palsu yang dibentuk oleh iblis. Kumpulan iblis ini boleh dianggap sebagai roh yang memberi pampasan kepada "penolakan". Pemberontakan adalah lawan kepada penolakan. Yang satu ekspresif dan bergolak, yang satu lagi pendiam dan tidak selamat.

Jari manis di tangan kanan mewakili *kehendak diri.* Syaitan ini "menikahi" seseorang dengan keinginan yang mementingkan diri sendiri. Ini membuka jalan untuk *kedegilan* , *keegoisan* dan *tidak mudah diajar.* Sekali lagi, kita melihat pampasan untuk *penolakan.* Oleh kerana orang itu telah ditolak atau takut ditolak, dia terdorong untuk memanjakan diri... untuk mendorong diri sendiri. Dengan itu dia cuba mengatasi perasaan penolakan.

Jari telunjuk dipanggil *tuduhan.* Ia juga merupakan syaitan yang memberi pampasan. Ia menarik perhatian daripada penolakan. Ia cuba menghilangkan tumpuan pada diri sendiri dengan menarik perhatian kepada orang lain. Jari telunjuk kiri menunjuk ke arah diri sendiri - "Saya yang bersalah," manakala jari telunjuk kanan menunjuk ke arah orang lain - "Awak yang bersalah." Syaitan tuduhan membuka pintu untuk roh-roh *penghakiman yang berkawan.*

Jari kelingking di tangan kanan adalah *penipuan diri.* Rakan-rakannya adalah *khayalan* , *godaan diri* dan *keangkuhan.* Ketiga-tiga roh "diri" ini mengembangkan keangkuhan.

Keangkuhan adalah satu lagi pampasan untuk penolakan. Seseorang yang merasa ditolak ingin merasa penting. *Roh khayalan* datang dan berkata, "Anda BENAR-BENAR seorang yang istimewa"; 'Anda seorang gergasi rohani!", atau sejenis gergasi lain. Ego yang telah terluka nampaknya diberi rangsangan. Tetapi semuanya jahat. Ia hanya membawa kepada kekecewaan dan kekecewaan yang lebih besar.

Dalam satu kes pelayanan, *semangat penipuan diri* telah meyakinkan seorang gadis berusia tiga belas tahun bahawa dia berumur sembilan belas tahun. Dia menggunakan nama lain untuk diselaraskan dengan orang lain. Dia cuba berfikir, bercakap dan bertindak seperti gadis yang lebih tua. Dia ditolak melebihi kebolehan dan kematangannya yang normal. Ia menambahkan lagi penindasannya.

Melalui wahyu itu, Tuhan menunjukkan bagaimana ibu jari mewakili fasa "Paranoid" skizofrenia. Sebahagian daripadanya diwakili pada ibu jari kiri kerana ia berakar umbi dalam penolakan. Di sisi penolakan terdapat roh *cemburu* dan *iri hati.* Mereka yang kekurangan hubungan cinta timbal balik menjadi cemburu dan dengki terhadap mereka yang mengalami cinta yang memuaskan. Di sisi pemberontakan terdapat roh *ketidakpercayaan* , *syak wasangka, ketakutan* dan *penganiayaan.* Terdapat satu lagi syaitan dalam kumpulan kemudian ini dan ia dipanggil *"Konfrontasi dengan kejujuran walau apa pun harganya".* Syak wasangka dan ketidakpercayaan terbina dalam diri seseorang sehingga dia terpaksa berhadapan dengan orang lain. Selepas konfrontasi, tekanan itu reda dalam dirinya untuk seketika. Tetapi ia membiarkan orang yang diserang untuk mengendalikan *lukanya* . Orang yang bertindak di bawah pengaruh *syaitan paranoid* agak tidak sensitif tentang berapa banyak luka yang disebabkannya, namun dia sangat sensitif terhadap setiap kesalahan terhadap dirinya sendiri.

Wahyu yang digambarkan pada jari dan ibu jari telah terbukti tidak dapat disalahkan, seperti yang dinilai oleh banyak pelayanan dengan pesakit skizofrenia. Tiada cacat cela di dalamnya.

Syaitan-syaitan yang disenaraikan di sebelah kiri mewakili roh-roh lain yang biasa ditemui dalam bahagian penolakan corak skizofrenia. Ini akan mempunyai beberapa variasi dari orang ke orang. Penyenaraian ini bersifat sugestif dan bukannya menyeluruh. Jelas dalam kebanyakan keadaan bahawa syaitan-syaitan yang disenaraikan di sebelah kiri dalam beberapa cara dikaitkan dengan triad roh jenis penolakan ... *penolakan, ketakutan terhadap penolakan* dan *penolakan diri.*

Senarai iblis di sebelah kanan termasuk *kawalan dan sifat kerasukan.* Mereka berkaitan secara langsung dengan pemberontakan.

Kerana pemberontakan adalah seperti dosa ilmu sihir, dan kedegilan adalah seperti kefasikan dan penyembahan berhala. 1 Sam. 15:23a

Ayat ini boleh ditafsirkan dalam dua cara. Pertama, saya mentafsirkannya sebagai bermaksud bahawa bagi Tuhan, pemberontakan adalah sama kejinya dengan ilmu sihir itu sendiri. Saya juga mentafsirkannya sebagai bermaksud bahawa seseorang yang mempunyai sifat memberontak mempunyai sifat ahli sihir. Tujuan ilmu sihir adalah untuk mengawal. Ia adalah mengawal orang lain dengan sengaja atau tidak sengaja menggunakan kuasa roh jahat. Pemberontakan sering membawa kepada kawalan.

Sekarang, mari kita teruskan ke sebelah kanan. Terdapat "akar kepahitan". Dalam semua kehidupan, seseorang memang mempunyai konflik. Perkara MEMANG berlaku dan kata-kata diucapkan yang memerlukan sikap memaafkan. Di sinilah terletaknya masalah dengan penghidap skizofrenia. Dia tidak dapat memaafkan. Dia mempunyai *semangat yang tidak memaafkan.* Perkara-perkara yang berlaku tiga puluh tahun yang lalu masih hidup seperti saat ia berlaku. Akar kepahitan dikekalkan hidup dan daripadanya muncul *dendam* , *kebencian, kemarahan, pembalasan, keganasan* dan *pembunuhan.* Terdapat banyak syaitan lain yang terikat pada akar kepahitan sedemikian.

Bagaimanakah penghidap skizofrenia dapat keluar dari kusut masai ini? Tiga bidang utama yang perlu ditakluki ialah PENOLAKAN, PEMBERONTAK dan PUNCAK KEPAHITAN. Apabila bidang-bidang ini ditakluki, " *rumah* " (kehidupan) mesti diisi dengan memberi dan menerima kasih sayang, dengan tunduk kepada setiap pihak berkuasa yang sah dan dengan pengampunan semua orang tanpa mengira keadaan. Apabila ketiga-tiga bidang ini ditakluki, roh-roh lain yang berkaitan akan kehilangan kekuatannya. Keazaman adalah perlu. Orang yang boleh terus-menerus berkata, "SAYA AKAN BERBEZA! SAYA TIDAK AKAN MEMBIARKAN SYAITAN MENGUASAI HIDUP SAYA!" akhirnya akan melihat kemenangan.
Di antara tangan di bahagian bawah ilustrasi terdapat patung kayu kecil yang dipanggil "Diri Sebenar". Apabila pembebasan berlaku dalam tempoh masa tertentu, "Diri Sebenar" mesti bangkit (digambarkan oleh anak panah) dan memisahkan personaliti skizofrenia palsu dengan tidak bersetuju dengan semua pengaruh mereka dan semua yang mereka wakili. "Diri Sebenar" mesti mengambil sifat Yesus sendiri. Latihan rohani seperti pembelajaran Bible, doa, puasa, pujian dan persekutuan dengan orang percaya lain adalah penting untuk pembebasan yang berjaya. Latihan rohani ini juga akan mempercepatkan proses pembebasan apabila kehidupan seseorang dipenuhi dengan perkara-perkara positif Kristus Yesus.

Ia adalah kerja keras untuk pesakit skizofrenia dan juga menteri pembebasan. Saya sangat mengagumi pesakit skizofrenia yang berjuang hingga mencapai kemenangan. Saya mengagumi kemenangan ini melebihi semua pembebasan lain. Pembebasan Skizofrenia adalah pembebasan yang paling dalam, paling terlibat dan paling bertekad yang pernah kami temui.

Doa untuk diselamatkan daripada Skizofrenia

"Hai iblis-iblis skizofrenia, aku memanggilmu. Kamu menonjolkan dua keperibadian yang bertentangan yang sedang kamu bangunkan dalam dirinya. Salah seorang daripada kamu berakar umbi dalam penolakan dan rasa kasihan pada diri sendiri dan yang seorang lagi berakar umbi dalam pemberontakan dan kepahitan. Kedua-dua keperibadian itu bukanlah Dia atau Dia yang sebenar. Aku melepaskan dan kehilangan Dia yang sebenar untuk menjadi seperti yang Yesus inginkan." Dalam nama Yesus, Amin.

Doa Ringkas untuk Kebebasan Diri.

"Tuhan Yesus Kristus, aku percaya Engkau telah mati di kayu salib untuk dosa-dosaku dan bangkit semula dari antara orang mati. Engkau telah menebus aku dengan darah-Mu dan aku adalah milik-Mu, dan aku ingin hidup untuk-Mu. Aku mengakui semua dosaku—yang diketahui dan tidak diketahui—aku menyesali semuanya. Aku meninggalkan semuanya. Aku mengampuni semua orang lain seperti aku mahu Engkau mengampuni aku. Ampunilah aku sekarang dan sucikanlah aku dengan darah-Mu. Aku bersyukur kepada-Mu atas darah Yesus Kristus yang membersihkan aku sekarang dari segala dosa. Dan aku datang kepada-Mu sekarang sebagai pembebasku. Engkau mengetahui keperluan khususku—perkara yang mengikat, yang menyeksa, yang

mencemarkan; roh jahat itu, roh najis itu—aku menuntut janji firman-Mu, "Barangsiapa yang berseru kepada nama Tuhan akan diselamatkan." Aku berseru kepada-Mu sekarang. Dalam nama Tuhan Yesus Kristus, bebaskanlah aku dan bebaskanlah aku. Syaitan, aku meninggalkan Engkau dan semua pekerjaanmu. Aku melepaskan diriku dari Engkau, dalam nama Yesus, dan aku memerintahkan engkau untuk meninggalkan aku sekarang juga dalam nama Yesus. Amin!"
Biarlah ia datang dari hatimu dan lihatlah keselamatan dari Tuhan!

Adakah Anda Sakit atau memerlukan pemulihan?

Bagi mereka yang sakit atau tidak sihat dalam apa jua bentuk, atau memerlukan pembebasan? Atau pemulihan, sila sentuh titik di bawah dengan iman (Iman bermaksud melihat hasil positif yang tepat dari situasi semasa anda, mengetahui bahawa Yesus telah melakukan bahagian-Nya lebih daripada 2000 tahun yang lalu untuk menjamin penyembuhan dan pembebasan anda, pemulihan sebagai bayaran pendahuluan, mempercayai bahawa bayaran pendahuluan itu tersedia untuk anda gunakan, seperti baki positif dalam akaun semasa anda dengan bank, tiada soalan yang ditanya kerana kami bersetuju dengan anda dan mengumumkan SEGERALAH dalam nama Yesus Kristus, Amin)

Dengan kuasa yang telah Engkau berikan kepadaku dan kepada mereka, aku menjalankan kuasa itu sekarang dalam iman dengan kemarahan mereka terhadap musuh dan kelaparan untuk mendapatkan apa yang telah Engkau berikan dengan rela hati kepada mereka semua, aku mengutuk setiap penyakit, setiap penyakit, baik itu kanser, COVID 19, baik itu roh kelemahan, baik itu kerasukan atau penindasan, baik itu roh kemiskinan, kemunduran, penggenapan yang tertangguh dari apa yang telah ditentukan dan dilepaskan oleh Tuhan. Kami datang melawan anomali itu, aku mengikat mereka, kami mengutuk mereka hingga ke akarnya dan kami mengusir mereka dengan kuasa dalam nama Yesus Kristus. Amin. Kami menyeru pembebasan penyembuhan, pembebasan dan pemulihan ke dalam hidup mereka dalam nama Yesus Kristus yang perkasa. Terima kasih Tuhan atas kesaksian yang kekal untuk kemuliaan, kehormatan dan pemujaan-Mu. Terima kasih atas jiwa-jiwa yang ditambahkan ke dalam kerajaan-Mu sebagai hasil dari pesan ini, keajaiban yang telah kami lihat sekarang dan nyatakan untuk kemuliaan-Mu dalam nama Yesus, Amin. Sudah selesai! Bersukacitalah!

Sentuh tempat ini yang diserlahkan sebagai titik sentuhan dan akui dengan mulut anda – SAYA TELAH SEMBUH, SAYA TELAH DILEPASKAN dan SAYA TELAH DIPULIHKAN dalam Roh, Jiwa, Tubuh dan seluruh sekeliling saya dalam nama YESUS Kristus, Amin!!!

Mulakan melakukan apa yang anda tidak dapat lakukan sebelum ini dan mula mengaku sehingga penyembuhan sepenuhnya, pemulihan pembebasan menjadi buah dalam hidup anda dalam nama Yesus, amin. Kekallah dahaga akan semua Tuhan, kekallah marah dan ambil kembali semua yang telah ditahan oleh musuh dalam nama Yesus, amin.

Nota:
Bersaksi tentang penyembuhan untuk kemuliaan Tuhan dan memalukan musuh! Hantarkan e-mel atau whatsapp kepada kami jika anda masih memerlukan kami bersetuju dengan anda mengenai isu ini. Dan berhubunglah di siri kelengkapan bermula minggu

depan Khamis. Dapatkan maklumat lanjut tidak lama lagi di laman web kami!

Eksploitasi Lebih Besar - 1 - Kesimpulan

Kawan-kawan, saya berharap dan berdoa agar buku ini dapat memberikan anda semua yang anda inginkan sebelum memesan dan lebih-lebih lagi dalam nama Yesus, Amin.

Sebelum saya mengakhiri, saya ingin membawakan anda peluang yang lebih besar untuk mencapai kejayaan yang lebih besar. Mari kita terokai peluang ini bersama-sama.

PELUANG HEBAT

Kami tidak akan menamatkan tajuk ini di Borderless sehingga kami memberi peluang kepada mereka yang belum menemui Yesus untuk berdamai hari ini.

Doa Keselamatan

Doa Keselamatan - Perbualan Sebenar Pertama Kita dengan Tuhan
"Doa keselamatan" adalah doa paling penting yang pernah kita panjatkan. Apabila kita bersedia untuk menjadi seorang Kristian, kita bersedia untuk mengadakan perbualan sebenar pertama kita dengan Tuhan, dan ini adalah komponennya:

- Kami mengakui bahawa Yesus Kristus adalah Tuhan; bahawa Dia datang ke bumi sebagai manusia untuk menjalani kehidupan tanpa dosa yang tidak dapat kita jalani; bahawa Dia mati menggantikan kita, supaya kita tidak perlu membayar hukuman yang sepatutnya kita terima.

- Kita mengakui kehidupan dosa kita yang lalu -- hidup untuk diri kita sendiri dan tidak mentaati Tuhan.
- Kami mengakui bahawa kami bersedia untuk mempercayai Yesus Kristus sebagai Penyelamat dan Tuhan kami.
- Kita meminta Yesus untuk masuk ke dalam hati kita, menetap di sana, dan mula hidup melalui kita.

Doa Keselamatan - Ia Bermula dengan Iman kepada Tuhan
Apabila kita berdoa untuk keselamatan, kita memberitahu Tuhan bahawa kita percaya Firman-Nya adalah benar. Melalui iman yang telah Dia berikan kepada kita, kita memilih untuk percaya kepada-Nya. Bible memberitahu kita bahawa " *tanpa iman tidak mungkin orang menyenangkan hati-Nya. Kerana barangsiapa datang kepada Tuhan, ia harus percaya bahawa Dia ada, dan bahawa Dia memberi upah kepada orang yang tekun mencari-Nya* " (Ibrani 11:6).

Jadi, apabila kita berdoa, meminta Tuhan untuk kurnia keselamatan, kita menggunakan kehendak bebas kita untuk mengakui bahawa kita percaya kepada-Nya. Demonstrasi iman itu menyenangkan hati Tuhan, kerana kita telah memilih untuk mengenali-Nya dengan bebas.

Doa Keselamatan - Mengaku Dosa Kita
Apabila kita berdoa untuk keselamatan, kita mengakui bahawa kita telah berdosa. Seperti yang dikatakan Alkitab tentang semua orang, kecuali Kristus sahaja: " *Kerana semua orang telah berdosa dan telah kehilangan kemuliaan Tuhan* " (Roma 3:23).

Berdosa hanyalah bermaksud tidak mencapai sasaran, seperti anak panah yang tidak tepat mengenai sasaran. Kemuliaan Tuhan yang kita tidak peroleh hanya terdapat dalam Yesus Kristus: " *Kerana Tuhan, yang telah berfirman, supaya terang bersinar dari dalam kegelapan, Dialah yang telah bercahaya di dalam hati kita, supaya Ia memberi terang pengetahuan tentang kemuliaan Tuhan yang terdapat pada wajah Yesus Kristus* " (2 Korintus 4:6).

Oleh itu, doa keselamatan mengakui bahawa Yesus Kristus adalah satu-satunya manusia yang pernah hidup tanpa dosa. " *Kerana Dia yang tidak mengenal dosa telah menjadikan Dia dosa kerana kita, supaya kita menjadi kebenaran Tuhan di dalam Dia* " (2 Korintus 5:21).

Doa Keselamatan - Mengaku Iman kepada Kristus sebagai Penyelamat dan Tuhan
Dengan Kristus sebagai standar kesempurnaan kita, kita kini mengakui iman kepada-Nya sebagai Tuhan, setuju dengan Rasul Yohanes bahawa: " *Pada mulanya adalah Firman (Kristus), dan Firman itu bersama-sama dengan Allah, dan Firman itu adalah Allah. Ia pada mulanya bersama-sama dengan Allah. Segala sesuatu dijadikan melalui Dia, dan tanpa Dia tidak ada suatu pun yang telah dijadikan dari segala yang dijadikan* " (Yohanes 1:1-3).

Kerana Tuhan hanya dapat menerima korban yang sempurna dan tanpa dosa, dan kerana Dia tahu bahawa kita tidak mungkin dapat mencapainya, Dia mengutus Anak-Nya untuk mati bagi kita dan membayar harga yang kekal. "Karena *begitu besar kasih Allah akan dunia ini, sehingga Dia telah mengaruniakan Anak-Nya yang tunggal, supaya setiap orang yang percaya kepada-Nya tidak binasa, melainkan beroleh hidup yang kekal* ." (Yohanes 3:16).

Doa Keselamatan - Ucapkan & Maknakannya Sekarang!

Adakah anda bersetuju dengan semua yang telah anda baca setakat ini? Jika ya, jangan tunggu lagi untuk memulakan

hidup baharu anda dalam Yesus Kristus. Ingat, doa ini bukanlah formula ajaib. Anda hanya meluahkan isi hati anda kepada Tuhan. Doakan ini bersama kami:
"Ya Bapa, aku tahu bahawa aku telah melanggar hukum-Mu dan dosa-dosaku telah memisahkan aku daripada-Mu. Aku benar-benar menyesal, dan sekarang aku ingin berpaling dari kehidupan dosaku yang lalu kepada-Mu. Ampunilah aku, dan bantulah aku untuk tidak berdosa lagi. Aku percaya bahawa anak-Mu, Yesus Kristus, telah mati untuk dosa-dosaku, telah dibangkitkan dari antara orang mati, masih hidup, dan mendengar doaku. Aku mengajak Yesus untuk menjadi Tuhan dalam hidupku, untuk memerintah dan memerintah di hatiku mulai hari ini dan seterusnya. Utuslah Roh Kudus-Mu untuk membantuku mentaati-Mu, dan melakukan kehendak-Mu sepanjang sisa hidupku. Dalam nama Yesus aku berdoa, Amin."

Doa Keselamatan - Saya Telah Mendoakannya; Sekarang Apa?
Jika anda telah mendoakan doa keselamatan ini dengan keyakinan dan hati yang sejati, anda kini seorang pengikut Yesus. Ini adalah fakta, sama ada anda berasa berbeza atau tidak. Sistem keagamaan mungkin telah membuat anda percaya bahawa anda harus merasakan sesuatu - cahaya yang hangat, rasa geli, atau pengalaman mistik yang lain. Hakikatnya, anda mungkin, atau anda mungkin tidak. Jika anda telah mendoakan doa keselamatan dan bersungguh-sungguh, anda kini seorang pengikut Yesus. Bible memberitahu kita bahawa keselamatan abadi anda adalah selamat! " *Jika kamu mengaku dengan mulutmu bahawa Tuhan Yesus dan percaya dalam hatimu bahawa Tuhan telah membangkitkan Dia dari antara orang mati, maka kamu akan diselamatkan* " (Roma 10:9).

Selamat datang ke keluarga Tuhan! Kami menggalakkan anda sekarang untuk mencari gereja tempatan di mana anda

boleh dibaptis dan bertumbuh dalam pengetahuan tentang Tuhan melalui Firman-Nya, Alkitab.
Anda juga boleh melayari laman web kami di www.otakada.org yang akan membantu anda berkembang dan bertumbuh dalam Kristus. Menggunakan pautan ini dalam kajian Bible penemuan untuk menemui Yesus sendiri.

https://www.otakada.org/dbs-dmm/

Perjalanan Pemuridan 40 hari

Atau anda boleh memulakan perjalanan 40 hari mengikut kadar anda secara dalam talian melalui pautan ini https://www.otakada.org/get-free-40-days-online-discipleship-course-in-a-journey-with-jesus/

Jika anda memerlukan panduan, hantarkan emel ke info@otakada.org
Semoga Tuhan meluaskan hidupmu dan memenuhimu dengan sukacita, kedamaian, kasih sayang dan keharmonian yang hanya Dia yang dapat berikan, amin

Syalom!

Penyumbang Bahan Rujukan:

1) Otakada.org
2) Testimoni – healingrevival.com/testimonies
3) Babi di Ruang Tamu oleh Frank Hammond
4) Peraturan Pertunangan – Cindy Trim
5) Pengurapan untuk mukjizat – Robert Schambach dan Donna
6) Yang akan Mengusir Syaitan – Derek Prince
7) Melayani penyembuhan dan pembebasan oleh Ashish Raichur
8) Melibatkan Tuhan Ghaib oleh Monday Ogbe
9) Dikurniakan Kuasa - Norvel hayes

BUKU & SUMBER YANG DISYORKAN

Aku Melihat Api dari Syurga: Dari Jihad ke Yesus - Kesetiaan di Bawah Api (Surat-surat Hidup - Siri Renungan 40 Hari buku)

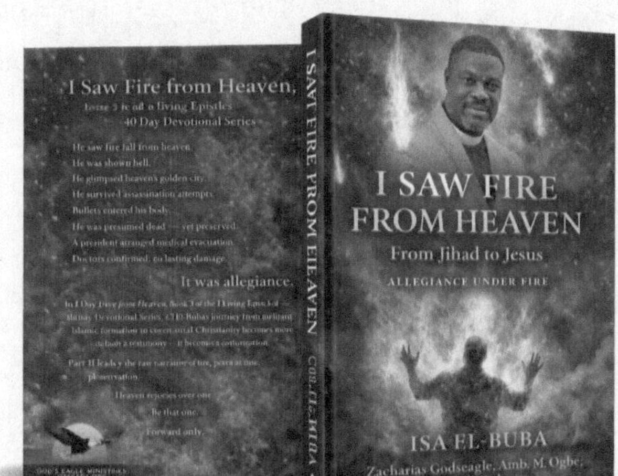

Kulit lembut - https://www.amazon.com/Saw-Fire-Heaven-Allegiance-Devotional/dp/B0GPK6C8VX

E-buku - https://www.amazon.com/Saw-Fire-Heaven-Allegiance-Devotional-ebook/dp/B0GP9TGL2D

CS Lewis (1898-1963) -Kekristianan Semata-mata, Dijalani Sepenuhnya: Daripada Minda yang Enggan kepada Kehidupan yang Berubah (Surat-surat Hidup - Siri Renungan 40 Hari|Buku Buku 2)

E-buku

https://www.amazon.com/Lewis-1898-1963-Mere-Christianity-Fully-ebook/dp/B0GKQ27F9N

Kulit lembut
https://www.amazon.com/Lewis-1898-1963-Mere-Christianity-Fully/dp/B0GM8YMXC3

Kulit keras

https://www.amazon.com/Lewis-1898-1963-Mere-Christianity-Fully/dp/B0GM8WHXJL

ST. AUGUSTINE DARI HIPPO (354–430 M)
Dari Hati yang Gelisah kepada Kehidupan yang Tertulis - Surat-surat Hidup – Siri Renungan 40 Hari - 1

Pautan Ebook Amazon - https://www.amazon.com/ST-AUGUSTINE-HIPPO-354-430-Devotional-ebook/dp/B0GJN8N9XS

Pautan pesanan Buku Kulit Paperback Amazon - https://www.amazon.com/St-Augustine-Hippo-354-430-Devotional/dp/B0GJWTVLR6

Pautan Kulit Lembut Ingramspark - https://shop.ingramspark.com/b/084?params=BZOOW3dj93aGEtBL2Fv1VY8wV1OQvA10dtZRDgk7Z9Z

IMBAS SAYA

PEMBAHARUAN 7
Sembuhkan Hati Rumah Anda dalam 7 Hari
Siri Pembaharuan – Edisi Perpaduan Keluarga

Pautan ke Buku Kulit Lembut -
https://shop.ingramspark.com/b/084?params=htyfL002e1JzyEpZWkKtaXWF5FJ1jZFOjgiQKEfcbnw

Pautan ke Halaman Amazon Kulit lembut -
https://www.amazon.com/RENEWAL-Heal-Heart-Your-Renewal/dp/B0GD92153W

Pautan ke Ebook Amazon –

https://www.amazon.com/RENEWAL-Heal-Heart-Your-Renewal-ebook/dp/B0G91BMFND

IMBAS SAYA –

Pautan ke Kulit Lembut -
https://shop.ingramspark.com/b/084?params=nSEElv9oUsItOu5akVZlg4ycGbbmvlBOtSiqeOZr5yQ

Pautan ke buku kulit lembut Amazon -
https://www.amazon.com/RENEWAL-MARRIAGE-Heart-Marriage-Renewal/dp/B0GDC1YZJ7

Pautan ke Ebook Amazon -
https://www.amazon.com/RENEWAL-MARRIAGE-Heart-Marriage-Renewal-ebook/dp/B0G6JXJWJL

Takhta hati – 12 pertempuran yang mesti kita menangi

E-buku Amazon - https://www.amazon.com/THRONE-HEART-COVETOUSNESS-Counterfeit-CONTENTMENT-ebook/dp/B0G4SPFRY7

Kulit lembut Amazon -
https://www.amazon.com/THRONE-HEART-COVETOUSNESS-Counterfeit-CONTENTMENT/dp/B0G4TKW1ND

Kulit lembut daripada Ingramspark -
https://shop.ingramspark.com/b/084?params=a75LJXtvvI63VnzeQPleQTkAJWfu8CPQV6l5Oe31D80

Khutbah 4 dalam 1 oleh Zacharias Godseagle dengan pautan Audio –

Pautan Ebook Amazon -
https://www.amazon.com/Sermons-Zacharias-Godseagle-Audio-links-ebook/dp/B0G4XCH4TW

Buku kulit lembut Amazon -
https://www.amazon.com/Sermons-Zacharias-Godseagle-Audio-links/dp/B0G4TK4XGT

Pautan Ingram spark kulit lembut -
https://shop.ingramspark.com/b/084?params=nK2JERskkbhdAOSNseTUNRhaCFqUPZuhB4uYfqrXvGb

KOD JEMAAH HAJI: Kebangkitan AI

E-buku - https://www.amazon.com/Logos-Protocol-Awakening-artificial-intelligence-ebook/dp/B0FXNQFSWZ

Kulit lembut - https://www.amazon.com/Logos-Protocol-Awakening-artificial-intelligence/dp/B0FXNGR66D

Kulit Keras - https://www.amazon.com/Logos-Protocol-Awakening-artificial-intelligence/dp/B0FZNTQR6Y

Ingramspark Kulit Lembut - https://shop.ingramspark.com/b/084?params=QkK4aNYTYO9U5z9uOkdHgc7Ue1eGDLqbb1tz9WRPaSk

Mengapa Pembebasan Gagal - dan Bagaimana Api Tuhan Memulihkan Jiwa: 40 Deklarasi Harian untuk Pembebasan Menyeluruh

E-buku - https://www.amazon.com/Why-Deliverance-Fails-Declarations-All-Round-ebook/dp/B0FW74L4G4

Kulit lembut - https://www.amazon.com/Why-Deliverance-Fails-Declarations-All-Round/dp/B0FWB3LXRM

Diselamatkan tetapi Hilang – Orang yang Tidak Berasal dari Agama – diterjemahkan ke dalam 25 bahasa

Kulit lembut
https://shop.ingramspark.com/b/084?params=iYNB6S3PLMfREpm0jMM15bMe3BvWlkjcYyLYnHVGAds
E-buku - https://www.amazon.com/SAVED-BUT-LOST-UNDISCIPLED-heartbreak-ebook/dp/B0FVJ29DF7

7 HARI PEPERANGAN & PEMULIHAN ROHANI - ini adalah Bahagian 1

Mengikat Musuh, Mengembalikan Anak Panah Tujuh Kali Lipat, dan Memulihkan Takdir Anda

https://shop.ingramspark.com/b/084?params=8mPzqUl73Ex7uPyeO7ydyt8EGkkB6u2gX1jZvWU8j1C

Pautan e-buku - https://www.amazon.com/DAYS-SPIRITUAL-WARFARE-RECOVERY-Returning-ebook/dp/B0FMPJM5KZ

7 HARI PEPERANGAN & PEMULIHAN ROHANI - Bahagian 2 - Memeteraikan Kemenangan,

Mematahkan Kejahatan Rumah Tangga, dan Memelihara Takdir Anda yang Dipulihkan

Kulit lembut - **https://shop.ingramspark.com/b/084?params=LkpNmGSsApHhWhiSO7bW3wFmcXQKIO4ZEBeSbP5rL1S**

E-buku - **https://www.amazon.com/DAYS-SPIRITUAL-WARFARE-RECOVERY-Wickedness-ebook/dp/B0FR9YCMY8**

DARI KEGELAPAN KEPADA PENGUASAAN: 40 Hari untuk Membebaskan Diri daripada Cengkaman Kegelapan yang Tersembunyi

–

Renungan Global tentang Kesedaran, Pembebasan & Kuasa - Untuk Individu, Keluarga dan Negara yang Bersedia untuk Bebas

Kulit lembut

https://shop.ingramspark.com/b/084?params=aVgp21QfwJxNANkfMxIQ0yejuFCVY12KFr978SRkZUD

Pautan Amazon -

https://www.amazon.com/DARKNESS-DOMINION-Devotional-Awareness-Deliverance-ebook/dp/B0FLDH2Y67

- *Disampaikan daripada Kuasa Kegelapan* **(Buku Kulit Paperback)** — Beli Di Sini | Ebook di Amazon

  - **Ulasan Teratas dari Amerika Syarikat:**
    - **Pelanggan Kindle** : "Bacaan Kristian Terbaik!" (5 bintang)

Puji Yesus atas kesaksian ini. Saya telah diberkati dan akan mengesyorkan setiap orang untuk membaca buku ini... Kerana upah dosa ialah maut tetapi kurnia Tuhan ialah hidup yang kekal. Shalom! Shalom!

- **Da Gster** : "Ini buku yang sangat menarik dan agak pelik." (5 bintang)

Jika apa yang dikatakan dalam buku itu benar, maka kita benar-benar ketinggalan jauh dalam apa yang musuh mampu lakukan! ... Satu kemestian bagi sesiapa sahaja yang ingin belajar tentang peperangan rohani.

- **Visa** : "Suka buku ini" (5 bintang)

Ini membuka mata... satu pengakuan yang benar... Baru-baru ini saya telah mencarinya di merata tempat untuk membelinya. Saya sangat gembira dapat mendapatkannya dari Amazon.

- **FrankJM** : "Agak berbeza" (4 bintang)

Buku ini mengingatkan saya betapa sebenar peperangan rohani itu. Ia juga mengingatkan saya tentang sebab untuk memakai "Seluruh Perisai Tuhan".

- **JenJen** : "Semua orang yang ingin pergi ke Syurga - bacalah ini!" (5 bintang)

Buku ini telah banyak mengubah hidup saya. Bersama-sama dengan kesaksian John Ramirez, ia akan membuatkan anda melihat iman anda secara berbeza. Saya telah membacanya sebanyak 6 kali!

- *Bekas Satanis: The James Exchange* (Buku Kulit Lembut) — Beli Di Sini | Ebook di Amazon

- ***KESAKSIAN SEORANG BEKAS SYAITAN Afrika*** - *Pastor JONAS LUKUNTU MPALA* (Buku lembut) — Beli Di Sini | Ebook di Amazon

- *Eksploitasi Lebih Besar 14* (Kulit Kulit) — Beli Di Sini | Ebook di Amazon

- *Keluar dari Kawah Syaitan* oleh John Ramirez — Tersedia di Amazon
- *Dia Datang untuk Membebaskan Tawanan* oleh Rebecca Brown — Cari di Amazon

Buku-buku lain yang diterbitkan oleh penulis – Lebih 1000 judul

Dicintai, Dipilih dan Sepenuhnya : Perjalanan 30 Hari dari Penolakan ke **Pemulihan** diterjemahkan ke dalam 40 bahasa di dunia
https://www.amazon.com/Loved-Chosen-Whole-Rejection-Restoration-ebook/dp/B0F9VSD8WL

https://shop.ingramspark.com/b/084?params=xga0WR16muFUwCoeMUBHQ6HwYjddLGpugQHb3DVa5hE

Dalam Langkah-Nya — Cabaran WWJD 40 Hari: Hidup Seperti Yesus dalam Kisah Nyata di Seluruh Dunia

https://www.amazon.com/His-Steps-Challenge-Real-Life-Stories-ebook/dp/B0FCYTL5MG

https://shop.ingramspark.com/b/084?params=DuNTWS59IbkvSKtGFbCbEFdv3Zg0FaITUEvlK49yLzB

YESUS DI PINTU:
40 Kisah Menyayat Hati dan Amaran Terakhir Syurga untuk Gereja-gereja HARI INI
https://www.amazon.com/dp/B0FDX31L9F

https://shop.ingramspark.com/b/084?params=TpdA5j8WPvw83glJ12N1B3nf8LQte2a1lIEy32bHcGg

KEHIDUPAN PERJANJIAN: 40 Hari Berjalan dalam Berkat Ulangan 28

- https://www.amazon.com/dp/B0FFJCLDB5

Kisah-kisah daripada Orang Sebenar, Ketaatan Sebenar, dan Kebenaran

https://shop.ingramspark.com/b/084?params=bH3pzfz1zdCOLpbs7tZYJNYgGcYfU32VMz3J3a4e2Qt

Transformasi dalam lebih 20 bahasa

MENGENALINYA & MENGENALINYA:
40 Hari untuk Penyembuhan, Pemahaman, dan Cinta yang Berkekalan

https://www.amazon.com/KNOWING-HER-HIM-Healing-Understanding-ebook/dp/B0FGC4V3D9

https://shop.ingramspark.com/b/084?params=vC6KCLoI7Nnum24BVmBtSme9i6k59p3oynaZOY4B9Rd

LENGKAP, BUKAN BERTANDING:
Perjalanan 40 Hari Menuju Tujuan, Perpaduan, dan Kerjasama

https://shop.ingramspark.com/b/084?params=5E4v1tHgeTqOOuEtfTYUzZDzLyXLee30cqYo0Ov9941

https://www.amazon.com/COMPLETE-NOT-COMPETE-Journey-Collaboration-ebook/dp/B0FGGL1XSQ/

KOD KESIHATAN ILAHI - 40 Kunci Harian untuk Mengaktifkan Penyembuhan Melalui Firman dan Ciptaan Tuhan Buka Kuasa Penyembuhan Tumbuhan, Doa, dan Tindakan Nubuat

https://shop.ingramspark.com/b/084?params=xkZMrYcEHnrJDhe1wuHHYixZDViiArCeJ6PbNMTbTux

https://www.amazon.com/dp/B0FHJT42TK

Buku-buku lain boleh didapati di halaman pengarang
https://www.amazon.com/stores/Ambassador-Monday-O.-Ogbe/author/B07MSBPFNX

www.ingramcontent.com/pod-product-compliance
Lightning Source LLC
LaVergne TN
LVHW090211051026
849517LV00001B/36